福建省社会科学研究基地武夷学院朱子学研究中心项目

朱熹与邵武研究

张品端 主编
蔡忠明 副主编

厦门大学出版社
国家一级出版社
全国百佳图书出版单位

图书在版编目（CIP）数据

朱熹与邵武研究 / 张品端主编. -- 厦门：厦门大学出版社，2024.10
ISBN 978-7-5615-9332-5

Ⅰ.①朱… Ⅱ.①张… Ⅲ.①朱熹(1130—1200)-人物研究 Ⅳ.①B244.75

中国国家版本馆CIP数据核字(2024)第058731号

责任编辑	薛鹏志　林　灿
美术编辑	李嘉彬
技术编辑	朱　楷

出版发行	厦门大学出版社
社　　址	厦门市软件园二期望海路39号
邮政编码	361008
总　　机	0592-2181111　0592-2181406(传真)
营销中心	0592-2184458　0592-2181365
网　　址	http://www.xmupress.com
邮　　箱	xmup@xmupress.com
印　　刷	厦门市明亮彩印有限公司

开本　720 mm×1 020 mm　1/16
印张　19.75
插页　4
字数　330 千字
版次　2024 年 10 月第 1 版
印次　2024 年 10 月第 1 次印刷
定价　78.00 元

本书如有印装质量问题请直接寄承印厂调换

● 南平市人大常委会党组成员、副主任兰林和致辞

● 武夷学院党委委员、副院长廖斌主持会议

● 中共邵武市委书记陈显卿致辞

● 南平市政协原主席、福建省文史馆馆员张建光出席会议

● 武夷学院原党委书记、武夷文化研究院名誉院长吴邦才致辞

● 南平市政协原副主席、南平市朱子文化研究会会长林文志致辞

● 武夷学院原党委副书记、福建杨时研究会会长姚进生作研讨会综述报告

● 武夷学院朱子学研究中心主任张品端主持学术研讨会

● 邵武市政协党组书记、主席蔡忠明出席会议

● 会议现场

● 与会代表合影

（丁建发供图）

序　言

◎ 郭绯红

樵川形胜，紫云弦歌。邵武是福建省历史文化名城，在历史发展长河中，积淀了丰厚的历史文化，留下众多的历史文化记忆，也曾是朱熹最经常活动的地区之一，与朱熹的渊源颇为深厚。

熙春文脉，秀水出焉。朱子理学集大成于闽北，南宋时期邵武的理学发展空前繁荣，朱熹常到此著书讲学、传道授业、拜师交友，存留下来的诗文、笔墨、轶事不在少数。时至今日，朱子文化已深深镌刻在邵武的"文明气象"中，跨越时空，历久弥新。

习近平总书记强调指出："我们要特别重视挖掘中华五千年文明中的精华，弘扬优秀传统文化。"《朱熹与邵武研究》围绕朱熹与邵武的主题，从学术研究、交游事迹、文化影响、后裔溯源、传承弘扬等视角开展研讨，资料翔实，思维深邃，研究的深度和广度都有新的扩展，具有很高的学术价值，对于推动朱子文化的创造性转化、创新性发展发挥了积极作用，是我们不可多得的宝贵财富。

源头活水，千秋教化。我们要持续深入开展邵武朱子文化的挖掘、传承和交流活动，推动朱子文化的传承发展，守护好中华文脉，不断彰显中华优秀传统文化的生命和张力，为打响朱子文化品牌贡献更多的邵武智慧。

是为序。

（作者单位：邵武市人民政府）

目　录

导　言 …………………………………………………………… 1

* * * * * * * * *

早期闽中理学及其理论特征 …………………………………… 张品端/7
朱子学学术理论发展的特点 …………………………………… 徐公喜/18
朱熹易学的文化特色与历史地位 ……………………………… 黄黎星/31
朱熹对儒佛之异的辨识及其当代价值 ………………………… 黎晓铃/45
朱子的静心之道
　　——从《延平答问》对夜气的讨论谈起 ………………… 黄柏翰/54
朱子学与社会主义核心价值观相通相契的多维分析 … 胡华田　姚进生/70
朱子《答何叔京》中的若干范畴探讨 ………………………… 解光宇/78
朱熹与何镐的持敬思想及其时代意义 ………………………… 张　芸/95
朱子与邵武的情缘 ……………………………………………… 张建光/105
从《邵武道中》审视青年朱熹的忧患意识 …………………… 乔军豫/109

* * * * * * * * *

朱子与邵武师友门人交游事迹考 ……………………………… 兰宗荣/114
何镐对朱熹构建儒家道统的贡献 ……………………………… 周元侠/122
何镐《杂学辨跋》的学术史意义 ……………………………… 陈文庆/132
何叔京跋语一则的解读 ………………………………… 金　婷　陈国代/139
由乎中而应乎外，制于外所以养其中
　　——简论何镐与朱子一段学术争议的历史意义 ………… 吴吉民/150
从《邵武李公祠堂记》看朱熹与第三代主战派 ……………… 林振礼/157
李纲朱熹易学主张异同简论 …………………………………… 肖满省/166

1

杨时的承洛启闽与朱熹集理学之大成 …………………………… 廖远骝/179
杨时与李纲的忘年之交 …………………………………………… 肖胜龙/190
略论李郁对道南学派的贡献 ……………………………………… 罗小平/197

★★★★★★★★★

朱子对邵武书院教育的影响 ……………………………………… 王志阳/206
朱子与李纲咏武夷山水诗比较 …………………………… 程　荣　孙　滔/215
蒙谷拜师：朱子师事黄端明 ……………………………… 吴剑美　弋　人/229
朱子门人任希夷对理学家正统地位的确立 ……………………… 陈国代/238
李方子家族与朱熹 ………………………………………………… 黄太勇/248
两宋夷夏观视野下黄中的爱国情怀 ……………………………… 叶梦婷/255

★★★★★★★★★

闽北开展朱子文化研究的几点思考 ……………………………… 刘　倩/261
打响朱子文化品牌的思考 ………………………………………… 林文志/269
闽北朱子文化传承发展研究 ……………………………………… 陈芳萍/274
携手打造特色朱子文化品牌的路径探讨 ………………… 杨　贞　廖远骝/288
朱子五世孙朱煌迁居邵武溯源 …………………………… 丁芝斌　方田耕/300

★★★★★★★★★

后　记 ……………………………………………………………………… 310

导　言

◎ 姚进生

2021年3月22日，习近平总书记在南平武夷山朱熹园考察、了解朱熹生平及理学研究等情况，他说："我们走中国特色社会主义道路，一定要推进马克思主义中国化。如果没有中华五千年文明，哪里有什么中国特色？如果不是中国特色，哪有我们今天这么成功的中国特色社会主义道路？我们要特别重视挖掘中华五千年文明中的精华，把弘扬优秀传统文化同马克思主义立场观点方法结合起来，坚定不移走中国特色社会主义道路。"习近平总书记的这一重要讲话意义深远，第一次表达了马克思主义基本原理与中华优秀传统文化相结合这一重要论断，彰显了对中华优秀传统文化的高度重视和充分自信，表明了中国共产党传承中华优秀传统文化、推进文化创新达到了新高度，也为我们深化包括朱子学在内的中华优秀传统文化的研究和传承创新指明了方向。

朱熹作为继孔子之后中国历史上最有影响力的思想家，其一生极力捍卫和阐扬儒家道统，以理气、心性、格物致知为主干，构建起了一个广博精微的理学思想体系，而在他七十余载生涯中，除了外出为官、讲学外，有超过半个世纪的时间是在闽北南剑州（今福建南平市）度过的。朱熹的足迹遍布南平的山山水水，朱子理学在此萌芽、发展、集大成。邵武作为南平的一座历史文化名城，地处福建西北部，史称"南武夷"。这里生态优越，人杰地灵。2002年，习近平同志在福建工作时到邵武调研曾说："邵武是个好地方。"在宋代，由于邵武所据的战略要塞的位置受到朝廷的重视，从而把邵武的建置由县升格为军，成为中原文化的过化地。朱熹与邵武的士子有密切的学术交往，与邵武有深厚的文化渊源，只不过是以往研究不深，成果甚少而已。

2023年8月27日,由中共邵武市委、邵武市政府和武夷学院共同主办,政协邵武市委员会、武夷学院朱子学研究中心、中共邵武市委宣传部、邵武市文化体育和旅游局共同承办的"朱熹与邵武研究"学术研讨会在邵武市召开,来自安徽、江西和福建等地的50多位文化学术界人士参加了这次研讨会。本次会议时间虽短,但与会学者全心投入,各抒己见,对朱熹与邵武关系主题做了广泛、深入的讨论,获得了丰硕的学术成果,为推广"邵武是个好地方"城市名片贡献了学者们的智慧和力量。从各界专家学者提交的论文来看,主要是围绕朱熹与邵武的渊源、朱熹与邵武士友交往、朱熹与邵武书院文化、朱熹门人对朱子学传播与发展等方面进行深入研究和探讨。学术研讨会论文结集为《朱熹与邵武研究》,将朱子学与相关的地方文化研究相结合,较为全面反映了研究朱熹与邵武关系的新成果,有利于推动朱子学研究的新进展。我们相信,这次研讨会及其所形成的学术成果必将有助于邵武乃至国内深入开展朱子学与地方文化的结合研究,共同携手为推动社会主义文化繁荣兴盛贡献力量。

一、朱熹与邵武之渊源及士友交往密切

武夷学院旅游学院兰宗荣在《朱子与邵武师友门人交游事迹考》一文中,通过文献考察梳理发现朱子与邵武结下不解之缘,认为邵武是青年朱子劳生行役之地,也是朱子向黄中拜师、祭师之地。朱子还与邵武籍师友门人何镐、梁璆、吴英、方士繇等交游密切。武夷学院人文与教师教育学院乔军豫则在《从〈邵武道中〉审视青年朱熹的忧患意识》一文中,从青年时期的朱子在邵武写下的诗《邵武道中》阐述了朱子的忧患意识。

南平学者吴剑美、弋人的论文《蒙谷拜师:朱子师事黄端明》,详细论述47岁的朱熹到邵武故县拜师端明殿学士黄中先生,这是朱熹拜师延平先生之后的又一次求学之举,对朱熹为人、为学、为政都有深刻的影响。蒙谷拜师,是中华文明中尊师重教的典故,虽然定格在特定的历史时空中,却流传到一衣带水的韩国,并被人仿效。丁芝斌、方田耕的《朱子五世孙朱熉迁居邵武溯源》一文,从朱子五世孙迁居邵武生活的事例进行溯源,对谱牒、志书等文献记载略作梳理,发现徽州婺源朱松入闽后,子孙发展成为建州一系,其后的朱熹、朱塾、朱埜、朱在、朱鉴以及朱熉等,在侨居、迁居、定居的动态中融入当地生活圈,同时也将某种文化传衍开来。

二、朱熹的邵武籍士友对朱子理学思想的影响

武夷学院朱子学研究中心主任张品端研究员的论文《早期闽中理学及其理论特征》,阐述朱熹闽学产生和形成之前的早期闽中理学有着相对独立的发展历史、独特的学术风格和思想文化特点,无论在理论上还是在实践上,都为后来以朱熹为代表的闽学的产生和形成提供了丰富的思想来源和理论思维。早期闽中理学的理论特征可以概括为以理阐释太极,强调太极是至理之源;阐发理一分殊,强调以殊求一;既注重格物穷理,又强调反身而诚;默坐澄心,静中体认未发;重视对"四书"的诠释等方面,对早期闽中理学的深入研究,可以丰富唐宋中国文化重心南移这段历史的中国哲学。

安徽省朱子研究副会长、安徽大学中国哲学与安徽思想家研究中心解光宇教授在《朱子〈答何叔京〉中的若干范畴探讨》一文中,通过对《晦庵集》收集的朱子《答何叔京》书三十二通的研究,认为在这三十二通书信中,对理学范畴的讨论是其中的重要内容。主要有:第一,心说,即心为主宰。圣人不操而常存,众人则操而存之;心之体用始终有真妄邪正之分。还论及心仁关系、心性关系。第二,主敬,其内涵就是"必有事焉者";主敬必须持敬,即"敬以操之,使之常存而常觉",以及良心发见等问题。第三,仁义。关于仁义的讨论,涉及仁义与孝悌、仁义与道、仁义礼智与天理、仁无不统等问题。第四,天理人欲、理在气先、性即理等。

福建省社会科学院哲学研究所周元侠的论文《何镐对朱熹构建儒家道统的贡献》指出,何镐是朱熹早期思想发展过程中的重要讲友,他在朱熹心性论形成以及儒家道统建构中都起到非常重要的作用。何镐为朱熹《杂学辨》作跋,为《伊洛渊源录》拟定大纲,并参与编纂。何镐的家学以《中庸》研究最为精妙,在朱熹的两次中和之悟期间,《中庸》是二人讨论的重点问题,朱熹后来在《中庸章句序》中正式构建起儒家道统谱系。这反映出重视《中庸》的道南学派在儒家道统谱系中居于特殊地位,何镐在朱熹构建道统过程中具有重要的贡献。

福建省社会科学院历史研究所陈文庆的论文《何镐〈杂学辨跋〉的学术史意义》认为,何镐的跋文是《杂学辨》中有明确纪年的文本,可以借助判定朱子撰写《杂学辨》的时间坐标。何镐父亲是洛学入闽的先驱之一,传承道南学脉。何镐与朱子感情甚笃,讲论学问,笔墨交往频繁。何镐跋文透露道学不

明不传的忧患意识,折射道南一脉的群体共识,可以视为道统论的萌芽。从某种意义上来看,何镐的跋文是一篇浓缩版的《杂学辨》,揭橥《杂学辨》的学术意趣。

武夷山朱熹纪念馆金婷与武夷学院朱子学研究中心陈国代的论文《何叔京跋语一则的解读》,从何叔京为朱熹所撰的《杂学辨》作跋,指出朱熹"以孟子之心为心,大惧吾道之不明也,弗顾流俗之讥议,尝即其书破其疵谬,针其膏肓,使读者晓然知异端为非而圣言之为正也"。从"同孔孟之心,惧吾道之晦","作杂学之辨,辨诸家之失","以圣言为正,求至当之归"的不同角度做了深刻的阐释,对于引导人们通过儒家经典学习,努力探讨其中的政治社会思想和做人的方法都具有十分重要的意义。

南平市朱熹研究中心主任吴吉民的《由乎中而应乎外,制于外所以养其中——简论何镐与朱子一段学术争议的历史意义》认为,朱熹与何镐是在理学上的好友,但在理解"主敬"修养工夫上存在争议,并通过多封书信进行了研讨。朱子的观点是内外一体,以外为主。何镐认为内外一致,以内为主。他们的基本原则是相同的,但在内外修养的侧重点却有所不同。他们争议的本质是宋代理学家应怎样继承孔孟儒学、清除禅学对儒学影响的一个重大历史命题,对我们当代具有深刻的启发意义。

武夷山朱熹纪念馆张芸的论文《朱熹与何镐的持敬思想及其时代意义》,从朱熹《答何叔京》中关于"持敬"的书信入手,客观地还原了朱熹与何镐对"持敬"思想的辨析过程,指出朱熹有关"持敬"思想的形成,正是在与其讲学的人的共同讨论中形成的,并探讨了朱熹"持敬"思想为现代社会提供了工作伦理、强化人对自然的敬畏之心及自我约束、自我控制的敬畏伦理等方面的价值。

三、邵武籍朱子门人后学对朱子学传播与发展

上饶师范学院朱子研究所所长徐公喜教授的论文《朱子学学术理论发展的特点》,阐述了宋以后朱子学的形成、发展、完善以及盛衰的特点,认为有以下四个方面:第一,朱子学在融合中斗争、斗争中融合发展;第二,朱子学具有了形而上、形而下结合的体系全面性发展;第三,朱子学是与时俱进、重于实政经世的"全体大用"之学;第四,朱子学能够发挥新意与创新,具有时代先进性。

武夷学院朱子学研究中心陈国代在《朱子门人任希夷对理学家正统地位的确立》一文中认为,朱子门人任希夷出身官宦之家,考取进士后,脚踏实地从地方官员做起,晚年成为代理副宰相,人生达到巅峰,为家族赢得荣誉。而任希夷师从理学家朱子,在任礼部侍郎期间,奏请朝廷赐谥程颢、程颐,终于有程颢谥纯、程颐谥正的结果,对理学家正统地位的确立做出重要贡献。

福建省社会科学院哲学研究所的黄太勇的论文《李方子家族与朱熹》认为,南宋邵武军李方子从祖上到子孙都曾从学朱子,是当时福建以家族为单位受学朱子的典型代表,对朱熹思想的传播与发展有很大影响。

四、邵武书院对朱熹办学宗旨的继承与发展

武夷学院朱子学研究中心王志阳博士在《朱子对邵武书院教育的影响》一文中认为,朱子对邵武的影响十分深远,最显著的当属朱子对邵武书院文化的影响。根据《邵武府志》所载"嘉靖十一年(1532年)壬辰,学宪潘潢刻《朱陆讲义》《洞规》《学则》四章列于堂之东西",论证了朱子教育思想对包括邵武书院文化在内的中国书院文化的深刻影响:邵武府学的办学规则遵循朱子办学的规则。邵武府学吸收了朱子办学过程中的精神,并形成了一条完整的办学方针。

五、朱熹与李纲的比较研究

泉州师范学院林振礼教授的《从〈邵武李公祠堂记〉看朱熹与第三代主战派》一文,从《李公祠堂记》追溯朱熹于乾道三年(1167年)的"湖湘之行",探索朱熹与第三代主战派的关系及其对金立场的思想演变轨迹。

武夷学院人文学院程荣和孙滔的《朱子与李纲咏武夷山水诗比较》一文,通过对朱子与李纲咏武夷山诗歌的比较分析,阐述了朱子文化与李纲的精神品质,让自然的美丽与历史文化的厚重相互交融,促进武夷山文化发展,顺应时代发展潮流。

福建师范大学文学院肖满省的《李纲朱熹易学主张异同简论》指出,朱熹对李纲的政治功绩和人格精神高度崇敬。在学术思想上,李纲和朱熹则存在明显的不同。在易学思想上,李纲和朱熹两人都主张义理象数兼融且偏重象数,但求象的深浅不同。李纲主张《易》与《华严》融合,朱熹则反对儒释合一。

六、有关朱子文化在当代的继承与发展

南平市朱子文化研究会会长林文志的论文《打响朱子文化品牌的思考》,通过联系邵武的实际情况,从理论与实践相统一、历史与当下相贯通、文化与经济相协调出发,对南平市打响朱子文化品牌建设提出了深刻的思考和具体措施,并指出邵武市传承和发展朱子文化是大有可为的,邵武在传承发展朱子文化同样应走在前头。

三明将乐学者杨贞、廖远骝的《携手打造特色朱子文化品牌的路径探讨》一文,认为邵武与将乐山水相连,同为朱子文化的源头活水,可以从闽学文化、红色文化、生态文化入手,携手打造具有地域特色的朱子文化品牌基础雄厚、条件成熟,对于传承优秀传统文化、促进地域经济发展具有重要价值。

武夷学院朱子学研究中心刘倩的《闽北开展朱子文化研究的几点思考》一文,阐述了闽北研究朱子文化的重要意义以及开展朱子文化研究的思考。中共南平市委党校陈芳萍的论文《闽北朱子文化传承发展研究》,则从闽北朱子文化创造性转化、创新性发展取得的成效、存在的问题及其对策建议等三个方面阐述了自己的看法。

此外,福建师范大学文学院黄黎星教授的论文《朱熹易学的文化特色与历史地位》,认为朱熹是历史上影响最大的易学家之一,朱熹通过考辨之圣作《易》的区别与联系,强调"《易》本是卜筮之作",具有正源清本的意义。朱熹注重易象数特色,重视考辨各种象数问题,并有重大创新。朱熹对《周易》义理思想进行了富有创见的阐释,完成了对宋易义理学主体的总结,从而使朱熹的易学成为易学发展史上的又一个高峰,是后世研究易学之圭臬。廖远骝的论文《杨时的承洛启闽与朱熹集理学之大成》、肖胜龙的论文《杨时与李纲的忘年之交》、罗小平的论文《略论李郁对道南学派的贡献》、叶梦婷的论文《两宋夷夏观视野下黄中的爱国情怀》则以更大的视角探索了邵武的理学文化渊源。与会学者提出了许多真知灼见,这里不再一一细述。

可以展望,朱熹与邵武研究学术研讨会将大大拓展并进一步深化对朱熹与邵武多角度、多领域的研究,为"邵武是个好地方"提供了有力的文化解读。

(作者单位:武夷学院朱子学研究中心)

早期闽中理学及其理论特征

◎ 张品端

早期闽中理学指的是朱熹闽学产生和形成之前的福建理学。而闽学是指以朱熹为首包括其门人在内的南宋朱子学派的思想。闽学是指朱子学而言的,它与早期闽中理学之间存在思想上的渊源关系。早期闽中理学学者对理学思想的传播和阐发,为后来朱熹闽学思想体系的形成和成熟做了理论准备。应当指出,从本质上说,早期闽中理学是在特定历史条件下形成的,有着相对独立的发展历史,独特的学术风格和思想文化特点。但由于朱熹闽学在中国哲学史上显赫的地位,受到学术思想界的普遍关注,而早期闽中理学的存在并没有引起学者足够的注意。中国哲学史和宋明理学史著作都只论述朱熹的理学思想,而对早期闽中理学少有涉及。由此,我们对早期闽中理学的深入研究,可以丰富唐朝中后期至南宋初这段历史时期的中国哲学。

一、早期闽中理学形成的三个阶段

福建古时称为闽中,地处祖国东南,远离中原政治与文化中心,一直是文化学术的蛮荒之地。两晋以后由于中原战乱,大量中州人士入闽,带来了先进的中原文化,从而使十分落后的闽中文化得到一定程度的改观。特别是中唐以降,随着全国政治、经济中心的逐渐南移,闽中文化得到了迅速的发展。这就为早期闽中理学的形成带来了历史机遇。早期闽中理学的形成发展,大致经过了三个重要的阶段。

(一)唐朝中后期早期闽中理学的发端

安史之乱给唐王朝带来了严重的政治危机,暴露出盛行一时的佛教和道教的软弱无力。它表明佛道思想并非封建统治的最合理统治思想。于是当时一批封建统治阶级的知识分子,在为唐王朝寻求更有力的精神武器时,打出了复兴儒学的旗帜,力图恢复儒家在思想领域中的正统地位。以韩愈为代表的一批卫道者认为佛教让人们不知君臣之义、父子之情,佛教的教义和它的僧侣实践违背了中国传统社会的纲常伦理,因此任其发展就会破坏这个社会的伦理秩序,使社会无法维持。所以韩愈推出《大学》,用修身、齐国、治国、平天下的理想来打击和压制标举出世主义的佛教。通过这种方式扩大儒学影响,开始了儒学复兴运动。① 在这样的大背景下,早期闽中理学开始萌芽。

与韩愈同登"龙虎榜"(唐德宗贞元七年,791年)进士的闽中晋江人欧阳詹(字行周),不仅与韩愈情同手足,而且志同道合。他们都以儒家思想为正统,以周公、孔子为楷模,差不多同时提出了儒家道统。欧阳詹在闽中写给韩愈的诗中曾公开声明自己与韩愈一样,是"室在周孔堂,道通尧舜门"。清人李清馥在《闽中理学渊源考》中说:"闽中儒学开先,始于唐欧阳四门。"② 而与欧阳詹为挚友的闽中莆田人林蕴(字梦复),唐德宗贞元四年(788年)进士,亦与韩愈、欧阳詹一起提倡儒家道统,反对佛教。以欧阳詹和林蕴为代表的理学思想的出现,说明早在唐朝中后期,闽中就有了理学的端倪。值得注意的是,早期闽中理学形成伊始,就代表了传统儒家思想发展的趋势和方向。

(二)北宋初早期闽中理学的开创

北宋建立之初,统治者推行倚文重儒,崇信佛道的三教兼容并用的方针,使得宋初仍然继续保持着多元文化的格局,这对于巩固当时的封建统治起到了一定的作用。但是随着新的统一局面的出现和统治方式的实行,佛教、道教与儒学并立所造成的"学术不一"的状况,已很难适应现实的需要。重新建立一种适应于宋朝中央集权统治需要的统一的思想,"一道德"便成为当务之急。这时,以庆历新政为背景的儒学运动,在社会改革家范仲淹的倡导下,团结了一批知识分子,从经济、政治、教育、文学、史学、哲学等方面掀起了一股

---

① 陈来:《宋明学案》,《光明日报》2007年12月3日。
② 李清馥:《闽中理学渊源考·凡例》,南京:凤凰出版社,2011年,第14页。

改革思潮。作为这一思潮的理论指导而成为时代精神精华的哲学,则通过全面研究和发挥儒家经典,进而对自然、社会、人生问题展开了广泛的探讨,各自提出了具有理学特色的学说,从而揭开了理学的序幕。① 北宋初年的这一儒学运动,松动了思想界的重重大山,形成了秦汉以来中国学术史上罕见的活跃气氛。正是在这样的学术文化氛围中,早期闽中理学得以酝酿成长起来。

入宋以后,随着全国政治经济中心的进一步南移,闽中与外地的文化交流更加频繁。闽中的刘彝、游烈、徐唐俱、陈襄、陈烈、周希孟、郑穆与胡瑗、孙复、石介三先生在朝廷往来,共同倡导理学,后来又倡道于闽中。他们提倡儒家道统,宣扬知天尽性之说,讲《中庸》明经笃行,是早期闽中理学的开创者。全祖望曾说:"安定(胡瑗)、泰山(孙复)并起之时,闽中四先生亦讲学海上,其所得虽未能底于粹深,然而略见大体矣。"② 又说:"闽海古灵先生于安定盖稍后,其孜孜讲道,则与之相垺。安定之门,先后至一千七百余弟子,泰山弗逮也。而古灵亦过千人。"③ 李清馥说:"宋初所谓海滨四先生者与安定(胡瑗)、泰山(孙复)、徂徕(石介)同时,其学已有近里之功,彼时朋类未孚也。"④ 这里所说的"海滨四先生",就是指闽中陈襄、陈烈、周希孟、郑穆四先生。

(三)北宋末南宋初早期闽中理学的形成

到了北宋中期,理学思潮终于取代佛教而成为占主导地位的社会思潮。这时周敦颐、张载、邵雍、程颢、程颐等一批理学家相继而起,开始了对儒学的再创造活动。他们以儒家的六经,特别是《周易》以及《论语》《孟子》《大学》《中庸》著作为根据,以此批判佛道,同时又不同程度地吸收、融合了佛道思想,并从不同的角度探讨了所谓"天地万物之源"和"道德性命之源"以及"天人之际"等哲学基本问题。他们都各自建构了自己的理论体系,形成了各种学派,掀起了理学史上的第一次高潮。⑤ 早期闽中理学就是在这样的背景下

---

① 蒙培元:《理学的演变——从朱熹到王夫之戴震》,北京:方志出版社,2007年,第5页。
② 黄宗羲:《宋元学案》卷五,《古灵四先生学案》,北京:中华书局,1986年,第225页。
③ 黄宗羲:《宋元学案》卷五,《古灵四先生学案》,北京:中华书局,1986年,第228页。
④ 李清馥:《闽中理学渊源考》卷一,南京:凤凰出版社,2011年,第1页。
⑤ 蒙培元:《理学的演变——从朱熹到王夫之戴震》,北京:方志出版社,2007年,第8页。

形成的。

理学在北方形成后,闽中的杨时、游酢、陈渊、胡安国等一批学者纷纷北上,拜程颢、程颐、张载为师,以传播理学为己任。他们学成"载道南归"后,在闽中续传"北宋五子"的理学思想。清人蒋垣在《八闽理学源流》卷一中说:"周敦颐理学之教得二程而益盛。闽福清王蘋,将乐杨时,沙县陈渊、陈瓘,崇安游酢皆从二程受业。濂、洛之教入闽,由此而盛。"当时闽中不但出现了像杨时、胡安国等一批重要的理学家,而且形成了诸如道南龟山学派、武夷学派、艾轩学派等理学学派。他们授徒讲学、著述立说,互相辩论,相互启发,思想异常活跃,开辟了早期闽中理学的新时代。应该指出,正是由于闽中一批推崇理学的学者,将北宋中期在北方形成的理学移植到南方,才可能有后来朱熹闽学的创立。如果没有早期闽中理学的出现,没有杨时、游酢、胡安国等一批闽中学者续传濂学、洛学、关学等,奠定理学闽化的基础,那朱熹闽学的出现应该是没有前提的,也就是没有可能的。

二、早期闽中理学的理论特征

早期闽中理学的形成发展经历了一个较长的历史过程。它除了与北方中原理学有思想渊源关系,受佛、道思想的影响外,还受到闽中地理环境和社会环境,以及文化因素的深刻影响。应该说,早期闽中理学是在特定历史条件下形成的,有着独特的学术风格和思想文化特点。这一理论特征可以从早期闽中理学的代表者思想中得到体现。也正因为有这样的理论特征,早期闽中理学才能成为一个区别于其他学派的理学流派。早期闽中理学的理论特征大致可以概括为以下五个方面。

(一)以理阐释太极,强调太极是至理之源

"太极"一词始见于《易·系辞上》:"易有太极。"理学家讲"太极",肇始于周敦颐的《太极图说》:"自无极而为太极。""五行,一阴阳也;阴阳,一太极也。太极,本无极也。"周氏把"无极"作为产生世界万物的本原,而以太极为阴阳混沌未分之气。张载以"气"为本体,同时用"太极"一词来说明"气"。他在《正蒙·大易》中说:"一物两体,气也";"一物而两体,其太极之谓与?"二程以

"理"为本体,说:"万物皆是一理。"①二程讲理本,"太极"未提到基本范畴。邵雍主象数学,是最早把"太极"作为宇宙万物的根本。他在《无名公传》中说:"生天地之始,太极也。""能造万物者,天地也;能造天地者,太极也。"邵雍以"太极"为本体,而"理"则只是物的自然属性的体现而已。早期闽中理学学者对北宋五子的理学思想做了进一步的阐发。闽中学者杨时作为二程的门人,也是以"理"为宇宙万物的终极根源。他说:"盖天下只是一理。"②这个理是宇宙的最高原则,无论是自然界的万事万物,还是社会的伦理纲常,都"本于一理"。杨时认为理贯穿于一切事物:"有物必有则也,物即是形色,则即是天性。"③每个事物都是天理的体现。但是与北宋五子所不同的是,杨时以理为太极,他说:"既有太极,便有上下;有上下,便有左右前后;有左右前后四方,便有四维。皆自然之理也"。④ 太极就是自然之理,它是万物变化的根本原因。杨时的这一思想到再传弟子李侗那里,得到了更进一步的发展。李侗发挥了二程"天下只有一个理"的理本论,以其"理"的一元论来诠释周敦颐的《太极图说》。他认为太极动而生阳,"此只是理","太极动而生阳,至理之源,只是动静阖辟。至于终万物、始万物,亦只是此理一贯也。到得二气交感,化生万物时,又就人物上推,亦只是此理。……在天地只是理也。"⑤在这里,李侗提出了太极是"至理之源",是最高的理。这一思想是对周敦颐、二程本体论思想的一种很好发挥。应该说,以太极为至理之源,是早期闽中理学的重要特征,也是它区别于其他学派的标志之一。

(二)阐发理一分殊,强调以殊求一

"理一分殊"思想是程颐在回答杨时关于张载《西铭》的疑问时提出来的。绍圣三年(1096年),杨时去信向程颐请教:"《西铭》之书,发明圣人微意至深,然言体而不及用,恐其流遂至于兼爱。"⑥认为《西铭》虽阐发了"仁之体",却没有讲"仁之用",如此就可能导致墨子之兼爱说。程颐在复信中说:"明理一而

---

① 程颢、程颐:《二程集》(上),北京:中华书局,1981年,第157页。
② 杨时:《龟山集》卷一三,《余杭所闻》,《四库全书》第1125册,第241页。
③ 杨时:《龟山集》卷一三,《南都所闻》,《四库全书》第1125册,第245页。
④ 杨时:《龟山集》卷一三,《南都所闻》,《四库全书》第1125册,第243页。
⑤ 朱熹:《延平答问》卷二,朱杰人等主编:《朱子全书》第13册,上海:上海古籍出版社,合肥:安徽教育出版社,2002年,第329页。
⑥ 杨时:《龟山集》卷一六,《寄伊川先生》,《四库全书》第1125册,第266页。

分殊,墨氏则二本而无分。分殊之弊,私胜而失仁;无分之罪,兼爱而无义。"①程颐认为理一与分殊均不可偏废,就如仁与义。杨时正是通过对"理一分殊"概念的阐发,既继承了二程之学的立场,又说出了张载《西铭》之中的未尽之意,并且将"理一分殊"赋予普遍意义,使之成为早期闽中理学的一个重要的哲学范畴。

　　杨时认为"理一分殊"具有普遍意义的同时,进而以仁与义诠释理一与分殊。他说:"天下万物,理一分殊。知其理一,所以为仁;知其分殊,所以为义。"②这就将本体的"理"和现实的伦理紧密地联系起来,丰富了其伦理道德的意蕴。杨时还用体用关系来阐述"理一分殊",认为理一是体,分殊是用,体用不同,但又紧密联系,不可分割地结合在一起。他说:"用未尝离体也。且以一身观之,四体百骸皆具,所谓体也。至其用处,则履不可加之于首,冠不可纳之于足。则即体而言,分在其中也。"③体用就如人的身体与百骸,从人的全身来看,这是理一之体;从四体的百骸来看,这是分殊之用。故用不离体,分在理中。杨时从体用处说"理一分殊",把"理一分殊"之说应用到道德修养上,知如何去实现仁的品德修养,知所谓"分殊",使二程超越时空绝对的"理",与现实沟通更密切了。

　　杨时的门人罗从彦继承了其师的观点,也用体用关系阐发"理一分殊"的思想。他说:"仁,体也;义,用也。行而宜之之谓也。"④这就使其师杨时的观点更加明确。李侗对"理一分殊"的认识又有新的发展。他在杨时"体用兼备"思想的基础上,更重视分殊,强调阐明"理之用"的重要性。他认为:"理不患不一,所难者分殊耳。此其要也。"⑤又说:"然要见一视同仁气象却不难,须是理会万殊,虽毫发不可失,方是儒者气象。"⑥可见李侗特别重视"分殊",而且对分殊的认识强调要很细致,做到毫发不可失。同时,李侗还认为知其理一要在"知"字上用力。他说:"伊川夫子既言'理一分殊',而龟山又有'知其

---

① 程颢、程颐:《二程集》(下),北京:中华书局,1981年,第609页。
② 黄宗羲:《宋元学案》卷二五,《龟山学案》,北京:中华书局,1986年,第1278页。
③ 杨时:《龟山集》卷一一,《京师所闻》,《四库全书》第1125册,第214页。
④ 罗从彦:《豫章文集》卷二,《遵尧录二》,清正谊堂刻本。
⑤ 朱熹:《宋嘉定姑孰刻本延平问答跋》,《延平答问·附录》,朱杰人等主编:《朱子全书》第13册,第354页。
⑥ 朱熹:《延平答问》,朱杰人等主编:《朱子全书》第13册,第324页。

理一,知其分殊'之说。而先生以为全在知字上用着力,恐亦是此意也。"①李侗对"理一分殊"的认识,着眼于"知"字,强调对分殊的认识,因而也就具有"穷理"的认识论意义。早期闽中理学的格物穷理方法,正是注重从具体的分殊事物入手,认为经过对分殊的积累,自然会上升到对理的认识。这种注重对"理一分殊"思想的阐发,强调以"殊"求"一"的理论,亦是早期闽中理学的明显理论特征。

(三)既注重格物穷理,又强调反身而诚

格物致知说是早期闽中理学的一个重要内容。这一思想的形成与二程格物致知说有着密切的关系。在二程的诸多弟子中,闽中杨时是比较注重对格物致知说进行阐发的。就杨时"格物致知"的路向而言,明显地存在把外求的格物工夫与内省的明心涵养相结合的倾向。杨时说:"为是道者,必先乎明善,然后知所以为道也。明善在致知,致知在格物。"②又说:"致知必先格物,物格而后知至。知至,斯知止矣,此其序也。"③这就是说,要"明善"就必须致知,格物是致知的有效途径。杨时又认为:"致知格物,盖言致知当极尽物理也。理有不尽,则天下之物皆足以乱吾心之知。"④"凡形色之具于吾身者,无非物也,而各有则焉。目之于色,耳之于声,口鼻之于臭味,接乎外而不得循焉者,其必有以也。知其体物而不可遗,则天下之理得矣。天下之理得,则物与吾一也。"⑤杨时主张通过主体接触客体,以获得关于事物的道理或规律的认识,其格物之道就是要求通过多种途径遍格众物,以"极尽物理"。但是天下万物,如何穷尽?要格尽天下万物,杨时提出了"反身而诚,则举天下之物在我矣"⑥的办法。可见杨时的格物致知论既强调向外求索,又要求"反身而诚",并且认为只有在向外求索中,又"反身而诚",才能"举天下之物在我矣"。这里要指出的是,杨时讲"反身而诚"是作为"格物"过程中为了格尽天下万物而提出来的。但他并没有进一步讨论"格物"与"反身而诚"的先后次序关系。

李侗在主张静坐体认天理的同时,又强调要"于日用处着力","须就事体

---

① 朱熹:《延平答问》,朱杰人等主编:《朱子全书》第13册,第335页。
② 杨时:《龟山集》卷一八,《答李杭》,《四库全书》第1125册,第283页。
③ 杨时:《龟山集》卷二一,《答学者其一》,《四库全书》第1125册,第311页。
④ 杨时:《龟山集》卷二〇,《答胡康侯其一》,《四库全书》第1125册,第299页。
⑤ 杨时:《龟山集》卷二六,《题萧欲仁大学篇后》,《四库全书》第1125册,第355页。
⑥ 黄宗羲:《宋元学案》卷二五,《龟山学案》,北京:中华书局,1986年,第952页。

用下工夫"。他说:"大率有疑处,须静坐体究,人伦必明,天理必察。于日用处着力,可见端绪,在勉之尔。"①李侗还提出了"融释"说,他说:"为学之初,且当常存此心,勿为他事所胜。凡遇一事,即当且就此事反复推寻,以究穷理,待此一事融释脱落,然后循序少进,而别穷一事。如此既久,积累之多,胸中自当有洒然处,非文字、言语所及也。"②这里所说的"常存此心",就是要时时保持持敬之心,排除不符合天理,即排除一切不符合伦理道德的干扰,做到"心与理一"。遇事"反复推寻,以究其理",实际上也就是格物穷理。"融释"就是程颐所谓"今日格一件,明日又格一件,格得多后,自脱然有贯通处"。可见早期闽中理学学者都是采取外向探索和内省工夫,渐次积累和豁然贯通结合起来,从而建构了自己独特的格物致知论。

(四)默坐澄心,静中体认未发

早期闽中理学学者十分注重对《中庸》之中道思想的阐发,从《中庸》中寻找所谓未发之旨。杨时作《中庸义》曰:"学者当于喜怒哀乐未发之际,以心体之,则中之义自见。执而勿失,无人欲之私焉,发必中节矣。"杨时在给友人的书信中亦说:"夫至道之归,固非笔舌能尽也。要以身体之,心验之,雍容自尽,燕闲静一之中,默而识之,兼忘于书言意象之表,则庶乎其至矣。反是皆口耳诵数之学也。"③杨时这种"于喜怒哀乐未发之际,以心体之"之法,在于他认为通过默而识之的内心体验工夫,最终能够超然自得。但这所得既然来源于言意之表,也就无法言说传诵。由此可知,杨时由《中庸》而来的这种涵养心性,体验喜怒哀乐未发的工夫,不是如禅门的"悟无所得",而是有确定的内容,即"至道"。道出于书言意象之外,所以忘言忘象才能体道,而非口耳诵数所得识。杨时提出"以身体之,心验之"默识中道的存养工夫,后来成为闽中道南学派的重要课题。④

罗从彦对其师杨时"默识中道"的存养工夫,认真予以践履。他曾入罗浮山筑室静坐三年,"以体验天地万物之理"。他作诗云:"静处观心尘不染,闲中稽古意尤深。周诚程敬应初会,奥理休从此外寻。"⑤罗从彦"观心"所追求

---

① 朱熹:《延平答问》,朱杰人等主编:《朱子全书》第13册,第341页。
② 黄宗羲:《宋元学案》卷三九,《豫章学案》,北京:中华书局,1986年,第607页。
③ 黄宗羲:《宋元学案》卷二五,《龟山学案》,北京:中华书局,1986年,第952页。
④ 张立文:《论罗从彦的内圣外王之道》,《朱子文化》2007年第6期,第26页。
⑤ 罗从彦:《豫章文集》卷一四,《观书有感》,《四库全书》第1135册,第761页。

的"奥理",他认为可以从周敦颐的"诚"和二程的"敬"中去寻求。心中一尘不染,闲中体验天地万物之理,便可进入一种"彩笔书空空不染,利刀割水水无痕。人心但得如空水,与物自然无怨恩"的境界。① 如何体验"喜怒哀乐未发"的状态,罗从彦明确提出了"静中体验未发"之说。故后人多说罗从彦为学是"以主静为宗",理由有:一是罗从彦曾筑室于罗浮山,静坐穷理,即通过内心的体悟把握天理;二是罗从彦主张"于静中看喜怒哀乐未发时作何气象"。这种"以主静为宗"的修养论经过罗从彦的阐发,构成了早期闽中理学学者追求"静养"的境界特征。

李侗对"静中体认未发"做了进一步的阐发。他说:"某曩时从罗先生问学,终日相对静坐,只说文字,未尝及一杂语。先生极好静坐,某时未有知,退入室中,亦只静坐而已。先生看喜怒哀乐未发之谓中,未发时作何气象。此意不惟于进学有力,兼亦是养心之要。"②李侗的学生亦说:"李先生教人,大抵令于静中体认大本未发时气象分明,即处事应物,自然中节。此乃龟山门下相传旨诀。"③未发之"中"作何"气象",实际上只可意会不可言传,但毕竟包含"进学"和"养心"的双重内容,二者之间是一体互发的关系。李侗认为进学与养心的目的都在于"大本"未发时的"气象"。如此的"气象",既是指圣贤洒落超脱的境界,又同时意味着哲学的本体,后者也就是所谓"中"。可见早期闽中理学学者体验未发之中的心性锻炼,是一种追寻哲学本体和提高道德境界的综合进程。

(五)重视对"四书"的诠释

宋代以后,中国正宗的儒家思想主要体现在"四书"中。《宋史·列传·道学一》说:"表彰《大学》《中庸》二篇,与《语》《孟》并行,于是上自帝王传心之奥,下至初学入德之门,融会贯通,无复余蕴。"从这段文字可见,"四书"并行,最初是出于二程的提倡。闽中学者游酢师承二程,对"四书"予以高度重视。他为学重在发挥经书中的义理,以"本其躬行心得之言以说经"。游酢所撰写的《中庸义》《论语杂解》《孟子杂解》等,都是对"四书"诠释的重要著作。在他

---

① 罗从彦:《豫章文集》卷一三,《勉李愿中五首》,《四库全书》第1135册,第742页。
② 朱熹:《延平答问》,朱杰人等主编:《朱子全书》第13册,第322页。
③ 朱熹:《晦庵先生朱文公文集》卷四〇,《答何叔京》书二,朱杰人等主编:《朱子全书》第22册,第1802页。

的这些著作中,"足资深发者固已多",清人方宗诚说:"自二程夫子起,始独得于章句笺疏之外,而见圣贤立言之本心。先生(指游酢)及同门诸子,互有以发明之,于是经之大体大用始著。"①

杨时亦非常重视"四书"。他认为:"《大学》者,其学者之门乎,不由其门而欲望其堂奥,非余所知也。"②"《论语》之书,孔子所以告其门人,群弟子所以学于孔子者也,圣学之传,其不在兹乎?"③"《孟子》以睿知刚明之材,出于道学陵夷之后。……《孟子》之功不在禹下,亦足为知言也。今其书存其要,皆言行之迹而已。……世之学者,因言以求其理,由行以观其言,则圣人之庭户,可渐而进矣。"④"《中庸》之书,盖圣学之渊源,入德之大方也。"⑤杨时对门人说:"余以为圣学所传具在此书,学者宜尽心焉。"⑥

罗从彦于政和元年(1111年)在南京(今河南商丘)杨时门下学"四书",后写成《语孟师说》、《中庸说》和《议论要语》等名著,对"四书"亦进行了阐发。李侗拜师罗从彦后,"从之累年,授《春秋》《中庸》《语》《孟》之说"。⑦ 李侗在《延平答问》中,诸多条是回答学生关于《论语》《孟子》《大学》《中庸》等书中的疑问的。闽中武夷学派的胡宪对"四书"中的《论语》有极深的研究。他广泛收集数十家《论语》解说,后来以二程说为本,抄摘各家精要,并附以己意而写成《论语会义》。该书为后来朱熹以《论语》为核心的"四书"学奠定了根基。宋代以后,儒家从注重"五经"到注重"四书"的转变。这个转变始自二程,而由朱熹所完成。在这个转变过程中,早期闽中理学家提供了丰富的思想资料。

据美国著名朱子学家陈荣捷教授统计,朱子在《四书章句集注》中用了32位学者的731条语录,其中引述闽中学者杨时之论73条,李侗之论13条。⑧此外,还有引用游酢等闽中学者的语录。可见早期闽中理学家推崇"四书",诠释"四书",为朱熹诠释"四书"提供了重要依据。

---

① 游酢:《游定夫先生集》卷首,《诸儒论述》,清光绪十八年刻本。
② 杨时:《龟山集》卷二六,《题萧欲仁大学篇后》,《四库全书》第1125册,第355页。
③ 杨时:《龟山集》卷二五,《论语义序》,《四库全书》第1125册,第346页。
④ 杨时:《龟山集》卷二五,《孟子义序》,《四库全书》第1125册,第347页。
⑤ 杨时:《龟山集》卷二五,《中庸义序》,《四库全书》第1125册,第348页。
⑥ 杨时:《龟山集》卷二六,《题中庸后示陈知默》,《四库全书》第1125册,第357页。
⑦ 李清馥:《闽中理学渊源考》卷五,《文靖李延平先生侗》,第57页。
⑧ 武夷山朱熹研究中心编:《朱熹与闽学渊源》,上海:三联书店,1990年,第79页。

从上述可见,早期闽中理学的形成,不是一种孤立的理学文化现象,而是整个理学思潮的一部分。它同中原理学的发展,闽中社会、经济和文化的状况有着密切的关系。从理学渊源关系而言,它是中原理学南移后的一个发展。就理论特征而言,它是在特定的历史条件下形成的,有着自身独特的学术风格和思想文化特点。应该说,早期闽中理学的形成,无论在理论上,或是在实践上,都为后来以朱熹为代表的闽学产生创造了有利条件,提供了丰富的思想资料和有益的理论思维的经验教训。

(作者单位:武夷学院朱子学研究中心)

朱子学学术理论发展的特点

◎ 徐公喜

宋以后传统社会的学术是以宋明理学为理论主体,追求国家道德伦理化、道德化的统一,礼制与政治制度理性化、法律理学化,实现天下平的理想社会的治国之道。而其中又以朱子学为代表,从此时段看,朱子学的形成、发展、完善以及盛衰都有自己的特点。

一、朱子学在融摄与斗争中超越发展

朱子学学术思想理论是朱子及其门人、后学在吸收宋以前及同时代先进文化的元素,批判地继承与创新,超越了前人理论,发展成为具有时代性的学术理论。在理学内部,以朱子学为代表的义理之学以"致广大,尽精微,综罗百代"之精神,与心学、气学、性学以及数理之学等进行了融合中斗争、斗争中融合的反复,折中融合了宋儒之学和其他学派学术的成就,使之成为理学体系思想的重要部分,不断完善朱子理学体系。在理学外部,朱子学对于佛释、道家等学说采取既融合又斗争的方式,以树立儒家道统为目标,融释、道、法学术为一体,以"理一分殊"思维方式取代"一多相容"的佛学精华,又兼采道家的"道",将道家"道"本体之心兼容阴阳与"气"的学说,理气结合,使理气观更加丰富多彩。同时,对法家"辟以止辟"的观念表示了赞同,极力吸取并改造法家思想中有利于维护君主专制的思想,使思想更具有合理性、灵活性与可操作性。不仅如此,朱子学还融合了墨家思想的精髓,通过吸收墨家义利观等不同学说来修正先秦儒家思想,对传统的义利观、本末观、均贫富、抑兼并等思想观念进行新的思考和全新的诠释,强调"工商皆本"、"惠商恤民"、

"经世致用"和"义利双行",这是对传统的本末论重新的界定和评论。梁启超说:"宋代程朱之学,正衣冠,尊瞻视,以坚苦刻厉绝欲节性为教,名虽为儒,而实兼采墨道(吾尝谓宋儒之说理杂儒佛,其制行杂儒墨)。故墨学非乐之精神于不知不觉间相缘而起。然宋学在当时,政府指为伪学而禁之,其势力之在社会者不大,逮元代而益微。及夫前明数百年间,朝廷以是为奖励,士夫以是为风尚,其浸润人心已久。"①可以说,朱子学派与不同学派的学术论辩,对其学术体系建构与发展起到了重要作用,朱子学派学术思想是在论辩中不断明晰、不断反思、不断融合与不断超越的。

在程朱思想形成的过程中,以《中庸》"万物并育而不相害,道并行而不相悖"的精神,广泛地吸取了各学派学说中的合理内核,包容了儒、释、道及其他地域性学派思想。全祖望在《宋元学案》中指出,朱熹"综罗百代","遍求诸家,以收去短集长之益。若墨守而屏弃一切焉,则非朱子之学也"。② 在朱子学思想渊源中有众多源头活水,融摄文理学术,不愧为其一大特色。薛瑄说以朱熹为代表的理学"萃群贤之言,议而折衷,以义理之权衡,至广至大至密,发挥先圣贤之心,殆无余蕴"。③ 明代王祎认为:"自孔子而后,曾子、子思继其微。至孟子而后,周程张子继其绝。至朱子而复明,朱子之道,固集至贤之大成者也。"④钱穆先生也说,作为宋明理学代表的朱子不但"能集北宋以来理学之大成,并亦可谓其乃集孔子以下学术思想之大成",也"必兼罗汉唐以下迄于唐代诸家说而会通求之"⑤,而这种思想融合方式也正是对诸子百家所具有的善于选择、改造和综合的继承。宋明理学具有相当鲜明的"汇纳群流"包容性与多样性、均衡性的特点。

此外,朱熹为理学集大成者是历代学者的共识,但是仅仅认识到朱熹为理学集大成者是不够的,这并不能全面认识朱熹"致广大而尽精微",综罗百代思想框架。朱熹之学不仅是理学内外学术涵养,而且善于斗争,将朱子学与其他学士流派做出区别,保持学术的稳定性。朱熹时代就开展了无数次朱子闽学与湖湘学、婺学、江西之学、浙东之学以及释老之学的论辩,形成了朱子学的理论基础框架。元明清时期的朱子门人、后学更是在理学内外进行着

---

① 钱谷融主编:《梁启超书话》,绿林书房辑,杭州:浙江人民出版社,1999年,第6页。
② 黄宗羲:《宋元学案》卷四八,《晦翁学案》,北京:中华书局,1986年,第1495页。
③ 薛瑄:《读书录》卷二,文渊阁四库全书,第14页。
④ 王祎:《王忠文集》卷九,《重建徽国公朱先生家庙记》,文渊阁四库全书本。
⑤ 钱穆:《朱子学提纲》,北京:生活·读书·新知三联书店,2005年,第180~181页。

大大小小的学术争辩,如在程朱与陆王之辨、理学与心学气学之辨、宋学与汉学之辨、中学与西学之辨等过程中,朱子学派总是其中重要的一支。以朱王学术之争来说,随着明中叶阳明心学的崛起而与朱学对峙,以心学教天下、承续学脉,最终影响了理学发生转向,使阳明心学成为显学。如何看待对明清阳明学及其后学心学客观历史地位以及朱王学术之辨的态度问题,就成为重要的话题。从客观情形上看,阳明学的发展不仅是学术领域的一种冲击,而且对以朱学义理思想为代表的理学拓展,以及"思想观念"社会政治冲击,既影响着晚明学术层面的儒学宗教化以及三教合流的走向,也影响着社会各阶层思想观念、社会认知的"开放",以及整个社会思想文化的变化。这些都决定了朱子学研究与阳明学关联的重要性。由于政治与学术的因素,明正德至万历年间(1506—1617),阳明心学走过了一段辉煌的时期,并且引发明中晚期到清初"反朱""异端"之学的兴起,好似朱子学国家学术的大堤突然间被摧毁了。而实际上,朱子学作为传统社会的指导思想地位并没有改变,阳明学作为这一期间的学术风暴刮得相当猛烈,也是符合学术时代与阶段性发展特性的,风暴毕竟只是一时的。由于阳明心学先天受制于朱学,且又"述而不作""隐晦其辞",造成门人之间,尤其是后学之间的不一致,分裂为北方、楚中、浙中以及江右等不同王学,无法形成学术合力。明末清初反思学术,很快折中朱王转而尊朱扬王。此时对于王学的批判,主要是针对王学末流,溯及王学,"当良知说风行天下的时候,其后学也就远离其原初的宗旨,往往凭虚见而弄精魂,任自然而藐兢业。等而下之,议论益玄,习尚益下,高之放诞而不经,卑之顽钝而无耻。连带所及,自然要对王学进行一番清算。这种清算,简单地说,就是王门后学的放荡空谈,而纠正的办法也就是以朱补王"。① 朱子学派将明朝的灭亡归结于阳明心学学风空疏,对阳明之学进行多重批判:批判陆王心学"朝廷邦国,深中其祸"。张履祥指出:"畴昔之日,数十人鼓之,数千万人靡然从之。树党援,较胜负,朝廷邦国,无不深中其祸。政事之乱乱于是,官邪之败败于是,人心之溺溺于是,风俗之敝敝于是。今者祸乱已极,一时人士不能惩创既往,力图厥新,顾乃踵其失而加甚焉。"② 张伯行重刻《朱

---

① 庞朴主编:《中国儒学》第1卷,《明代:理学的式微与心学的崛起》,上海:东方出版中心,1997年,第307页。

② 张履祥:《杨园先生全集》卷一六,《纪交赠计需亭》,北京:中华书局,2002年,第490页。

子学的》,在序中就说:"当其时金溪之说未炽也,而文庄丘氏依仿《论语》二十篇,采朱子言次为《学的》,以为吾道之体要,圣学之统宗……迨金溪之学盛,姚江、新并起争衡,群言淆乱,莫知所宗,学者罕能窥于道德之要。又丰蔀以制科之帖括,燀乱以剽窃之词章,然后朱子之学日以益晦。"①因而造成王学"游谈无根""竭而无余华",批判阳明心学"非毁朱子,盛气毒诟"。基于"嘉隆而下讲学者遍天下,人人各树宗旨,卒之纳于佛老,流行杂霸,总以成其争名利攘富贵之私,辱圣门甚焉。而溯其原始,阳明实为首祸"②的认识,程朱理学被认为遭到了诋毁。戴南山指出,阳明学末流多有门户之见而非毁朱子:"近日多有以非毁朱子为能,往往盛气毒诟,若以为共戴天之仇雠也者,其人皆用朱子之说以取科名者也。其说本出于良知家言,彼等吠声吠影,其实并良知家言亦未窥见。"③批评阳明心学"功于佛者,空谈心性",熊赐履说:"后世邪说倡、异学炽,猖狂恣肆,波流云扰,圣门敬字,直破碎于浮屠拳棒下矣。即如有明之季,士大夫为王氏之学者,群居聚会膜拜,诵《金刚经》,谈《指月录》,依旧参和孔、孟,号称讲学。时人目之为白莲。"④经过明中晚期的朱王之辨,以及清初康熙推崇朱子,升为孔庙,配祀十一哲,朱子学具有了独占鳌头地位,在理学内部无论是政治层面还是学术层面的道统与正统问题基本解决。自此后,很少再着重讨论这一问题而是关于纯理学的具体学术问题。程朱陆王都注重以不同论证研究的方法、范式来表达自我,诸多学人都是通过回归朱陆文本原典,结合义理分析到考据方法来考辨朱陆异同问题。当然,清康熙以后强调宗程朱,但并不意味着就一定排斥陆王,事实上朱陆会通再次成为发展清代学术的趋势,也有大批学者致力于陆王学术,大量陆王心学,尤其是阳明学著述被刊刻,李绂等甚至还有着"为陆王争正统"目标。清晚期,康有为将王学与孔学相联系,又在宋学谱系中为陆王心学挤占一席之地,这些都说明了陆王心学在晚清学术史,尤其是在朱子学学术史中的一个重要问题。

---

① 《朱子学的·张序》,朱杰人等主编:《朱子全书》第27册,第791页。
② 张烈:《读史质疑三》,严佐之等主编:《历代"朱陆异同"典籍萃编》第3册,上海:上海古籍出版社,2018年,第469页。
③ 戴名世著,王树民等编校:《戴名世遗文集·忧庵集》,北京:中华书局,2002年,第121页。
④ 熊赐履:《学统》卷九,《伊川先生》,第140页。

二、朱子学具有形而上与形而下体系的全面发展

贺麟指出:"朱子之所以成为儒学之集大成者,乃在于他把握了孔孟的真精神和活灵魂,而不拘于儒家先学的个别思想和言论,既将这种真本质加以弘扬广大,又能够兼容并蓄佛、道二学,熔诸子百学为一炉,从而才能建立一个博大恢宏、蔚为壮观的理学思想体系。且扩至知识学、道德学、教育学、政治学、自然科学等旁支,从而为儒家思想增添了新的血液、新的生命力,开创儒学发展的一代新风,使儒家思想生机勃发,绵延至今。这便叫作'言孔孟所未言,而默契孔孟所欲言之意;行孔孟所未行,而吻合孔孟必为之事'。"[①]朱子学的学术范围由宋元时期的性理、考据之学向明清时期的理性之学、考据之学、文章之学、经济之学等发展,并适时地吸收西学的一定成分,使之学问体系成为具有多学科交叉、综合性的理学体系,理论构架更加全面与完善。

朱子学在宋元明清时期始终将义理性理之学作为其学术体系结构的基础。宋代朱子及其门人、后学主要的使命就是构建"义理性理之学"。他们提出命题、解析概念、陈述理论,解释系统以及发明学说架构。这些命题、概念有的源于前人,有的是创新,有的是新说。按照何俊的说法,晚宋时代朱子学主要是在勾勒其思想形态化及其向生活落实"政治化""学术化"。[②] 朱子门人、后学努力梳理程朱在孔孟之道湮没千载后是如何接续、建立新道统的,阐明朱子的思想内涵与意义,注重思想实体化的认证,以维系与延续师承学统传衍,并反映出这一时期这一学派由坚持思想保守性逐渐向学术师承、地域以及思想丰富性、创新性发展。

朱子时代的朱子学在本体论、心性论、工夫论等问题领域就已经有了独特的理论框架,而朱子门人、后学在不同时段又有着不同的"体认和阐发""修正和突破"朱子之学,不断形成了新的学术取向。元代朱子学为补朱子之学不足,重视六经,特别强调对经学文献的编辑、整理与解析,创新附录纂疏考据工夫、六经旁注义理解析等诠释方法与手段,发明《四书》学余蕴,不废五经。汪克宽"六经皆有说"(程敏政)、郝经"六经一理"都是那个时代的理论发

[①] 贺麟:《弘扬朱子思想之真精神》,《朱子学新论——纪念朱熹诞辰860周年国际学术会议论文集》,上海:三联书店,1991年,第32~33页。

[②] 参见何俊:《南宋儒学建构》第五章,上海:上海人民出版社,2004年。

明。张履祥不仅有《大学章句疏义》《论语孟子集注考证》等四书著述,还著有《尚书表注》《通鉴前编》等五经典籍。经过朱子学派元代至明初对朱子经学整理集释的努力,在明前期有了四书五经性理三部《大全》系列著作,完成了以永乐大全系列为代表的朱子学经学的全面整理。在朱子学的影响下,元代特别注重王道德治政治实践,强调伦理政治,对朱子学"天理纲常"有了更积极的体察。元儒虞集、许衡、胡三省等发挥朱学的心性之学,延续朱子"正君心"的理论与政治实践意义,将"正心"由"正君心"的要求推广到"正臣心""正民心"的更大范围,密切了"君心"与"民心"的联系,使得朱子学理治目光不仅是向上的,也是向下普及的。例如此时段朱子学传衍流布的地域性与家族性特征就非常显著。元代至明初,朱子学派大大推进了朱子学内在体系的发展,巩固了朱子学的理论根基,使得朱子学学术地位乃至政治地位得到提高,其他学派无与伦比。这也是朱子学在元代官学化、制度化的最重要原因。而在学术范围上,元至明初期朱子学派重视义理之学与文章之学、考据之学的结合,文道合一,注意将"朱子之学髓"与"朱子之文澜"相结合,正是元至明初期朱子学发展之大势。

明代朱子学回归到理学体系的创新构建,在本体论、工夫论与境界论上,注重理学与心学、气学、性学等融合。尤其是提高"气""心"的地位,理气论、心理融合成为这一时期学术创新的重要内容。胡居仁提出的"有此气则有此理,理乃气之所为",就是对朱子之学延续和发展,北方关学群体更是成为朱子学派中提倡气学的重要力量。吴与弼重视心学,成为阳明心学的先导,丰富理学发展路径,使得明代心学发展成为最为显著的学术领域。此外,明代朱子学特别关注心性论,继承了程朱的"性即理"基本原则,对"主敬穷理""复性"都有了新的阐发。这为朱子学在明代多流派并行发展创造了有利条件,也使得程朱理学与陆王心学竞合成为此阶段非常重要的内容。

宋元学术以义理之学、训诂之学、文章之学为主体,而明清学术有所发展。学术强调"明天下之理,载天下之事",多为明道之文。李东阳总结明代学术时指出:"夫所重乎立言者,必能明天下之理,载天下之事,理明事尽则其言可以久而不废。经传之学弊而词章作,其所著作能述事明理,以翼圣道,裨世治,君子有取焉。"[①]更加强调六经之本,将六经诸儒之言视为文之至者。宋

---

① 李东阳:《文稿》卷一二,《曾文定公祠堂记》,《李东阳集》,长沙:岳麓书社,2008年,第535页。

濂作《六经论》,主张"六经皆心学",六经成为理学与文学思想的重要内容,《徐教授文集序》云:"文者,道之所寓也。道无形也,其能致不朽也宜哉。是故天地未判,道在天地;天地既分,道在圣贤;圣贤之殁,道在六经。"[1]以"道在六经"赋予六经至高的地位。朱善亦认为"本之以四书五经之学,充之以诸史百家之言,浩瀚宏博,汪洋浸渍"[2]。明代理学家重在"文以载道","道在六经",经艺、文章合一,注重通过义理、学问、文章汇通来推崇朱子学。后自宋濂、曹端始,明朝廷在追求文明之盛中,热衷于道统之传与经济之学,朱子学者愈加重视,宋元以来的义理诠释与考据训诂的结合,适应学术趋势,将义理、考据、词章之学统合起来。到清代的江永时代,朱子学已经成为蕴含义理、词章、考据与经济学术系统之学。曾国藩更是将朱子学对象扩大到义理、考据、词章、经济和西学等五学体系,使之发展为多元学术,激发朱子学内在活力潜能,提供新生命力的养料。在新学与旧学中,要求朱子学坚持中学为体,西学为用,并没有脱根化,保证了传统学术的经脉。

朱子学在官学化、制度化过程中,官府更多地从政治伦理等级层面以及文化精神层面加以把控,更注重朱子学"形上思维"的意识形态层面引导,从而制约朱子学的理论发展,也导致了清中期以来对朱子学理论研究偏重于文本考据以及概念化的理学分析。为了克服汉儒宇宙生化论的神性主宰以及缺乏本体论天人合一说的弊端,朱子学借鉴佛教的本体论视角,以道德理性的超越性与绝对性构筑了包括理气论、太极说与"理一分殊"形上学的天理观。程伊川、朱熹提出"性即理""太极只是理"的命题,吸取"无极"为宇宙本原之说,将"太极"与绝对的理、"义理""性""道""心"等同起来,而且主张性、理、太极即是"天地之心",也是"形式"之理,建立以"理"为宇宙本原的宇宙生成论。同时宋明理学将物质性、生理性、功能性的"气"与天之理沟通,融合儒、佛理气二元,强调"理一分殊"的理气关系,于人性论、价值论、伦理说、修养论等方面进行"理一分殊"的逻辑推衍,以"天命流行""天理流行""化育流行"论证道德形上学,形成一个道德形上学的庞大系统。宋明理学坚持和发展了"天人合一"的思想观,创新"天人一体"理念。朱子学的天人一体并不是通过直观的表达方式来显现的,而是以"理"的范畴来阐发的,"理"既体现了

---

[1] 宋濂:《芝园后集》卷一,《徐教授文集序》,《宋濂全集》,黄灵庚校点,杭州:浙江古籍出版社,2014年,第1351页。

[2] 聂铉:《朱一斋先生文集序》,《朱一斋先生文集》卷首,明成化二十二年朱维伋刻本。

"天人一体"的宇宙观,又体现了人与自然、社会与自然达到合一,有着很高的思辨哲理性及社会实用性。

程朱理学较先秦儒家更具进步性在于运用形上学的论证方式,借鉴佛教和道教在存在论上的先进成果,从儒家原典中挖掘其形上学的因素,提炼出天理、理气、太极说与"理一分殊",完成道德形上学建立的可能性问题,道德信条式的理论体系终于变成了形而上学的哲学理论体系。可以说,朱子理学是具有很强烈的科学理性精神的。仍以《大学》为例,《大学》表面上看以"修身"为本,但最终的目的却是治国、平天下,就是以维护专制制度为出发点的。朱熹发现了《大学》能够维护统治的政治功用,所以他对《大学》推崇备至。这也是朱熹把《大学》从《礼记》中抽出并编入"四书"的根本原因。而且从限制和规范君主行为角度来讲,理学文化优于先秦儒家、法家或其他文化。在阐述天人关系中,朱子理学能够较多地以丰富的自然科学知识使其思想更加具有科学理性精神。

三、朱子学是重实政经世的全体大用之学

朱子积极构建以理气为本体的学术体系,强调"全体大用"之学,提出"心具众理而应万事",并以此成为朱子晚年定论。"全体大用"不仅体现朱子学术理论的基本精神,而且是朱子政治实践的目标。朱子打造《四书》学全新的义理系统,就是为了探求修德成圣之路,朱子上封事说:"必先格物致知,以极夫事物之变,使义理所存,丝悉毕照……吾心之全体大用无不明。""全体大用"之学既是理论性的,更是实践性的。蒙文通曾指出:"汉儒言政,精意于政治制度者多,究心于社会事业者少。宋儒则反是,于政、刑、兵、赋之事,谓'在治人,不在治法'。其论史于钱、谷、兵、刑之故,亦谓'则有司存',而谆谆于社会教养之道。"[①]的确如此,如朱子《家礼序》云:"凡礼有本有文,自其施于家者言之,则名分之守,爱敬之实者,其本也。冠婚丧祭仪章度数者,其文也。"钱穆先生对于朱子学体用皆备深有体会,指出:"朱子之学,重在内外合一,本末兼尽,精粗俱举,体用皆备。"[②]他认为,"朱子于政事、治道之学,可谓于理学中

---

① 蒙文通:《儒学五论》,桂林:广西师范大学出版社,2007年,第131页。
② 钱穆:《朱子学提纲》,北京:三联书店,2005年,第188页。

最特出……能绾经学、理学为一途,则端赖有朱子"。① 真德秀所撰《大学衍义》,沿袭朱子精髓,提出"况有其体,则有其用,即既成乎己,当成乎人"。后来明代丘濬指出:"朱子《章句》《或问》一出,天下家传,而人诵之。皆知圣门有全体大用之学,为学者不能外此以求圣贤之道,为治者不能外此以成帝王之功。"②其《大学衍义补》"成夫全体大用之极功"③,以实用的知识,成就治世的大典。元代金履祥、熊禾接受了对朱子晚年论学之旨"全体大用之学"的定位,同时发展朱子之学,融合胡瑗"明体达用"之学以及陈亮事功之学。他们强调"达用"文治武功之意义:"朱子虑穷乡晚进之有志于学者,或无明师良友以先后之,而辑《近思录》为入德之门。蔡氏、熊氏以至汪氏六先生,又恐朱子之书遽难卒读,爰择其精粹明显、关于身心、切于行习者,各出己意而纂集之,务使全体大用靡不具备,固亦犹是朱子之意也。"④

明清朱子学者也是能够与时俱进的。《闽中理学渊源考》梳理了宋明时期福建理学师承与学术宗旨,推崇朱子全体大用之学:"至朱子之学,内圣外王之要,全体大用之详,前贤述之备矣。"⑤而顾炎武学术结合了性理之学与经史之学,他"所推崇的朱子,并不是言心言性的朱子,而是能于经学上能继往开来,且能'发挥王道'的朱子"⑥,将强调"上达"大义微言之学,发展成为重视"下学"学以致用的全体大用实学。晚清曾国藩并不仅仅强调性道,而将"求内圣外王之全体大用"作为立德立功的目标:"道、咸间,罗罗山、曾涤生、胡林翼诸氏,又皆宗主宋学,而足宁一时之乱……故由宋学演变观之,浸浸上追孔氏,而求内圣外王的全体大用,不复孤穷性道矣。"⑦

朱子及其门人、后学在建构内圣心性教化理论学说的同时,积极践履外王之实效,建立政治社会制度,塑造新的生活方式。以四书五经化的科举制度实现士人共同体,以讲会论辩式的书院制度形成学人共同体,以《家礼》、祠堂为重点的宗族制度凝聚血缘共同体,以乡约社学规范共建地缘共同体,重

---

① 钱穆:《朱子学提纲》,北京:三联书店,2005年,第24页。
② 丘濬:《大学衍义补》,北京:京华出版社,1999年,第660页。
③ 丘濬:《大学衍义补》,北京:京华出版社,1999年,第2页。
④ 程水龙:《〈近思录〉集校集注集评》,上海:上海古籍出版社,2012年,第1120页。
⑤ 李清馥:《闽中理学渊源考》卷一六,《文公朱晦庵先生学派》。
⑥ 林聪舜:《明清之际儒家思想的变迁与发展》,台北:学生书局,1990年,第83页。
⑦ 熊十力:《复性书院开讲示诸生》,《十力语要》,沈阳:辽宁教育出版社,1997年,第167~168页。

建不同层次的秩序。在朱子学进入制度化时期以后,朱子学派既注重内在道德的提高,又不断将其学术思想融入社会生活。在明清政权的支持下,对于作为官学的朱子学政治建议、社会构建以及实践运用能够得到更好的实施,朱子《家礼》所设计祠堂家族制度,《白鹿洞书院学规》规范下的书院制度日益完善。朱子学的"下学"很多都是涉及小学、家礼等社会基层的运用,理论具有治道的针对性与实用性。朱子及其门人、后学十分重视学说实现普及和通俗化,通常运用比较通俗浅近的词语解说理论,尤其擅长使用日常生活性的比喻来阐述理学,传播理学。朱子《家礼》就是对古制的大胆革新,显示出"从俗、从众、变通"的精神,所定礼仪与古之礼语言比较简洁、简约,礼仪安排实用,便于操作易行,而且因情循俗,使之适应不同等级身份的人,为社会民众实际实施留下了较大的余地。宋明之际,从官府到民间无不遵从朱熹家礼。再从家族法规上来说,从宋以后,呈现家训—家规—家礼—家法不同的形式,成为中国传统法律体系的一个重要组成部分,国家法与民间法家族法规互补与支持,这也是宋以后法律形式一个巨大变化。显然,朱子学的新思想体系较之于其他学派更具有经世致用的社会性。

又如朱子学派创新了诸多地方民间组织形式,形成了宋代以后基层社会控制组织形式的多样化。朱熹身体力行和率先倡导的则是社仓。朱熹编纂《家礼》、修订《吕氏乡约》、编辑《童蒙须知》,金溪陆氏家族伦理管理秩序成效显著。吕坤第一个提出"乡甲约",王阳明创"十家牌法""南赣乡约"。士大夫已明确地认识到治天下必须从建立稳定的地方制度开始。理学家创新了诸多地方基层组织形式,使宋代以后乡治组织形式多样化。同时,朱子学派还注重基层社会控制组织形式乡约、保甲、社仓、社学等的融合。黄佐著有《泰泉乡礼》,提出"乡约以司乡之政事,乡社以祀乡之祀事,保伍以司乡之戎事,社学以司乡之教事,社仓以司乡之养事"[1],集乡约制度、朱子社仓、里礼祭祀、社学为一体。吕坤《实政录·乡甲约》将乡约、保甲"会而通之"。[2] 刘宗周《保民训要》提出"寓乡约于保甲,寓保甲于乡约"[3],聂豹、罗钦顺、胡直《永丰乡约》则是以乡约为中心,保甲、社学、社仓寓乡约之中。耿定向《牧事末议》:

---

[1] 黄佐:《泰泉乡礼》卷一,《乡礼纲领》,《文渊阁四库全书》第142册,第600页。
[2] 吕坤:《实政录·乡甲约》,《续修四库全书》第753册。
[3] 刘宗周:《保民训要》,吴光主编:《刘宗周全集》第4册,杭州:浙江古籍出版社,2007年。

"饬保甲于里甲之中,行乡约与保甲之内。"①康熙九年(1670年)十月,颁行《圣谕十六条》于全国,"通行晓谕八旗,并直隶各省、府、州、县、乡村人等,切实遵行"②。在《圣谕十六条》中就有"敦孝弟"、"笃宗族"、"和乡党"、"尚节俭"、"黜异端"和"明礼让"等伦理道德规范的内容。《圣谕十六条》作为最高统治者颁布推行于全社会的乡约式法律条例,正是对宋代以来乡约制度的继承和发展。传统农村的治理体制,反映了国家与乡绅、宗族之间控制地方社会的一种互补关系,国家政权与乡村自治具有一定的目标性。国家政权将地方居民组织起来实现协助政府维持地方秩序,承担大量官府根本无力去做的工作,极大地延伸了国家政权的统治力和影响力。

朱子学体用皆备,重于政事治道。朱子学富有经世致用的实践精神,是把治国之理的政治哲学作为其理论基础,较多地关注治道,并没有将德礼政刑排斥在治国方略之外,而是将其纳入在义理指导下的"治国平天下"之道。朱熹思想所具有的深刻政治性,才使之能够成为引导中国社会后期几百年政治活动的思想意识。

四、朱子学善于发挥新意与创新,具有时代先进性

可以说,朱子学是能够明得前人本意,发挥自己新意,最能创新意、守传统,是承续性与创新性的结合。钱穆先生在《朱子学提纲》中多次提出朱子学最大的精神就是创新与守旧的完美结合,能够依据原有的思想学术加以发挥,对原有思想体系进行更新,注重对前人思想本意的推敲与阐发,发挥自己新的见解,旧义新解,以自己新的思想替代前人旧有概念与观念,"唯朱子,一面最能创新义,一面又最能守传统"。钱穆就认为"朱子称赞横渠此一语,不仅谓其胜过了二程,抑且谓其胜过了孟子"。此处即可见宋代理学家精神,一面极具传统性,另一面又极具开创性,而以朱子尤为代表。创新有两个方面:一方面是能够依据原有的思想学术加以发挥,对原有思想体系进行更新,在对待汉唐经学上,朱子就是"欲创造出一番新经学",贵在发挥;另一方面就是能自立说,"朱子终是一卓越之理学家,因其有创见,能自立说,与标准之经学

---

① 耿定向:《牧事末议》卷一八,《杂著·保甲》,《耿天台先生文集》,明万历二十六年刊本。
② 《清圣祖实录》卷三四,《康熙九年十一月己卯》,北京:中华书局,1986年。

家毕竟不同",不仅满足于旧有体系的阐发,而且"实欲发展出一番新理学"[1],从旧思想中发展出新体系。

康熙皇帝就认为先秦以来的各种思想,"不偏于刑名,则偏于好尚;不偏于杨墨,则偏于释道;不偏于词章,则偏于怪诞。皆不近乎王道之纯"[2],而朱子学"见其穷天地阴阳之蕴,明性命仁义之旨,揭主敬存诚之要,微而律数之精意,显而道统之源流,以至君德圣学,政教纲纪,靡不大小皆该,而表里咸贯。洵道学之渊薮,致治之准绳也"。[3] 而且"体道亲切,说理详明,开发圣贤之精微,可施诸政事,验诸日用,实裨益于身心性命者。惟有朱子之书,驾乎诸家之上"。[4] 这是理学对包括儒、释、道、法等思想学说进行折中与改造的功效,也使理学极大满足了"人君治天下"的政治要求。

朱子学强调随时顺理,治道就要以顺理为核心内容,思想的损益和创新也必须把握维持天理的中心内核。在论证三纲五常伦理等级制度时,宋明理学引入了"理一分殊"的理论,以阐发等级制度的合理性。朱熹将义理视为判断是与非的最主要标准,认为"合于义理者为是,不合于义理者为非"。[5] 理也与孔孟所倡导的仁礼一样,具有道德原则的规范要求,是人们有目的行为所应当遵循的基本准则,"君尊于上,臣恭于下,尊卑大小截然不可犯"。[6]

朱子学学问渊博,"致广大,尽精微",在学术上涉猎范围极广,对自然科学中的气化、宇宙演化结构等进行广泛的研究和深入探讨,取得显著的自然科学研究成果,不仅对中国自然科学的发展起了重要的作用,而且通过将自然科学研究成果与理学思想贯通在一起,推动了理学思想的发展。朱熹以较为丰富的自然科学知识,在其思想体系中加进更多的唯物客观的因素,包含着科学思辨理性的意义。

朱子学以宗法制度中"天地君亲师"的信仰代替了对佛道偶像的崇拜,以积极入世的态度克服了佛道消极出世的弊病。强化三纲五常伦理说教,使朱子学更具有经世致用性,而成为中国传统社会后期的正统思想。朱子学思想属于义理思想,但和儒家、法家一样倡导等级、尊卑上下,朱熹指出法家思想

---

[1] 以上均见钱穆:《朱子学提纲》,北京:三联书店,2005年。
[2] 《康熙御制朱子全书序》,朱杰人等主编:《朱子全书》第27册,第844~845页。
[3] 章梫:《康熙政要》卷一六,郑州:中州古籍出版社,2012年,第312页。
[4] 章梫:《康熙政要》卷一七,第334页。
[5] 《朱子语类》卷八三,朱杰人等主编:《朱子全书》第17册,第2841页。
[6] 《朱子语类》卷六八,朱杰人等主编:《朱子全书》第16册,第2285页。

坚持"秦之法尽是尊君卑臣之事,所以后世不肯变"。[①] 他们的思想以是否违反了三纲五常为准则,较前人更为直截了当地指出"凡听五刑之讼,必原父子之亲,立君臣之义以权之。盖必如此,然后轻重之序可得而论,浅深之量可得而测""凡有诉讼,必先论其尊卑上下、长幼亲疏之分,而后听其曲直之辞"。[②] 他所讲的"道"与"理",包括伦常的仁义礼智、宗法等级之制,以理喻道之统,以道补儒,以"三纲五常"为内容的义理所具有的绝对性、不可侵犯性的思想性,为以后的统治提供了依据。同时,这也使宋明理学义理思想更具有现实性意义,摆脱了法家少恩的机械性,使法、理、情很好地结合在一起,易于上上下下的实施与接受。

朱子学发展了孔孟以来的德礼政刑观,强化了德礼政刑的作用与适用,确立了"平天下"的价值观,推行一整套"阳儒阴法"的措施,促成了理学的法典化。在实际运用中,朱子学将人治与法治相结合,正君心,严吏治,举贤才,公平慎刑,适应社会发展的需要,成为维护与巩固传统社会专制统治需要的正统思想。

(作者单位:上饶师范学院朱子学研究所)

---

① 《朱子语类》卷一三四,朱杰人等主编:《朱子全书》第18册,第4189页。
② 《朱文公文集》卷一四,《戊申延和奏札一》,朱杰人等主编:《朱子全书》第20册,第656~657页。

朱熹易学的文化特色与历史地位

◎ 黄黎星

朱熹博览群书,精思明辨,讲学不辍,勤于著述。其学术思想以儒学为主体,上承五经及孔孟,下续二程及周、张、邵五子,集宋代理学之大成,而且其学术视野,自经史子集,至天文地理,又旁及释道、丹药、医术、筮占、术数等诸多领域、科目,无所不窥,从而建构了庞大的思想体系,标志了中国传统文化形态的基本定型。其学术思想被元、明、清三个朝代钦定为正统思想,影响中国历史近千年。

据《四库全书》的著录统计,朱熹现存著作共有二十五种六百余卷,总字数达两千万字,这还是不完全的统计,但仅此数字已极为可观,足以树立起一座辛勤撰作的思想家的丰碑。[①] 其易学著作有《周易本义》《易学启蒙》《朱文公易说》《太极解义》《周易参同契考异》等。《礼记·中庸》曰:"君子尊德性而道问学。"朱熹注解说:"尊德性,所以存心而极乎道体之大也。道问学,所以致知而尽乎道体之细也。"亦即认为"尊德性"是"存心养性","道问学"是"格物穷理"。如果将朱熹全部学术思想归结为"尊德性"与"道问学"这两个方面,那么,朱熹易学正是这两个方面的理论基石、思想根柢,而且朱熹易学思想流贯于这两个方面,融通为"天人合一""乾坤衍育""三才并秀"的整体系统。

朱熹留下的《易》学专著及涉《易》的多种形式文献,非常丰富。朱熹的《易》学思想也广博而精深。综观朱熹易学全貌,其文化特色可以归结为以下

---

① 黄黎星:《朱熹与〈朱文公集〉》,何少川主编:《闽人要籍评鉴》(上册),福州:海峡文艺出版社,2016年,第107~115页。

三个方面。

一、考辨三圣作《易》的区别与联系，强调《易》为卜筮之作

朱熹研究阐发《易》学，具有追本溯源、探赜索隐的精神。对于《周易》的创制，朱熹认同并采用了"三圣作《易》"（汉以后，又将文王重卦改为文王重卦并作卦辞，周公作爻辞，故又称"四圣作《易》"）的传统观点，此观点明晰的表述见于《汉书·艺文志》："《易》道深矣，人更三圣，世历三古。"《易》非成于一人一时，应该看到其间的区别，所以朱熹说："故学《易》者，须将《易》各自看。伏羲《易》自作伏羲《易》看，是时未有辞也。文王《易》自作文王《易》，周公《易》自作周公《易》，孔子《易》自作孔子《易》，必欲牵合作一意看不得。"①认识并强调"三圣作《易》"的区别与差异，以历史的眼光分别看待不同时期的《易》作，这是朱熹易学区别于前人的理论贡献。

那么，对"三圣作《易》"与"三圣一揆"该如何认识？其间的贯通性与关联性如何认识？朱熹以精蕴之"具"与"发"的说法进行了阐释。朱熹认同周敦颐的说法："圣人之精，画卦以示；圣人之蕴，因卦以发。"亦即认为伏羲始画卦，其精义已具备于卦中，但其蕴尚未发见于外。因此，"谓之已具于此则可，谓之已发见于此则不可。方其始画也，未有今《易》中许多事，到得文王、孔子推出，而其理却不出乎画也"。②可见朱熹认为尽管不同时期圣人之《易》在形式、内容上有所区别，但其间存在不可分割的内在联系。

朱熹明确地指出，《易》为卜筮之作。"伏羲、文王、周公、孔子这些圣人，也都将《易》看作卜筮之书。朱熹说："伏羲画八卦，那里有许多文字言语？只是说八个卦有某象，乾有乾之象而已。其大要不出阴阳、刚柔、吉凶之理，然亦未尝说破，只是使人知得此卦如此者吉，彼卦如此者凶。"③"上古之时，民心昧然，不知吉凶所在，故圣人作《易》教之。卜筮吉则行之，凶则避之。此是开物成务之道，故《系辞》云'以通天下之志，以定天下之业，以断天下之疑'，正

---

① 《朱文公易说》卷一八。
② 《朱文公易说》卷一九。
③ 《朱文公易说》卷一八。

谓此也。"①"盖《易》本为卜筮作,故夫子曰:'《易》有圣人之道四焉:以言者尚其辞,以动者尚其变,以制器者尚其象,以卜筮者尚其占。'文王、周公之辞,皆是为卜筮。后来孔子见得有是书必有是理,故因那阴阳消长盈虚,说出个进退存亡之道理。"②伏羲时有八卦之画与八卦之象,没有文字,"本意只是要作卜筮用",教人趋吉避凶;文王、周公时有了卦爻辞所示的一般道理,"然犹是就人占处说";孔子作《易传》,"因那阴阳消长盈虚,说出个进退存亡之道理",也是从"卜筮上发出许多道理"的。圣人作《易》是为了断天下之疑,以知吉凶之所在,因此,《周易》是一部卜筮之书。

朱熹提出"《易》本卜筮之书"的论断,只是为了恢复《周易》的本来面貌,并非否定《周易》的经典性地位。由卜筮之书演为哲学经典,于卜筮之树绽放出哲理之花,本就是《周易》的特色。恢复《周易》的本来面貌,有利于准确地理解与把握《周易》的精蕴之义,有利于分辨象数、卦爻辞与《易传》的区别与联系,有利于厘清学习儒家典籍的先后次第。

二、注重《周易》象数特色,系统考辨各种象数问题

朱熹易学的基本理路是通过象数而入于义理,强调象数与义理融通。对认识、把握象数,朱熹曾有"过剑门"的生动比喻:"某之说《易》……如过剑门相似。须是蓦直撺过,脱得剑门了,却以之推说《易》之道理,横说竖说都不妨。"③反过来说,如果未过象数这一"剑门关",在理解、把握《周易》义理时,就可能出现脱离本义之偏差。

《系辞上传》有一段关于"言意象"的著名论说:"子曰:'书不尽言,言不尽意。'然则圣人之意,其不可见乎?子曰:'圣人立象以尽言,设卦以尽情伪,系辞焉以尽其言,变而通之以尽利,鼓之舞之以尽神。'"朱熹解说:"言之所传者浅,象之所示者深。观奇偶二画,包含变化,无有穷尽,则可见矣。"④言不足以尽意,所以圣人立象以尽言,这就是凸显"象"的价值意义。北宋学者颇有对象数持轻忽乃至否定态度,朱熹则坚持认定象数不可轻易抹杀,学者从象上

---

① 《朱文公易说》卷二一。
② 《朱文公易说》卷一八。
③ 《朱文公易说》卷一八。
④ 《周易本义》卷七。

所得到的启示,远比从言上得到的意思深得多,他说:"惟其言不尽意,故立象以尽之。故学者于言上会得者浅,于象上会得者深。"①在《易学启蒙序》中,朱熹又对否定象数的倾向提出了批评说:"近世学者类喜谈《易》,而不察乎此。其专于文义者,既支离散漫,而无所根着;其涉于象数者,又皆牵合傅会,而或以为出于圣人心思智虑之所为也。若是者,予窃病焉。"

朱熹强调《周易》象数的特色,重新梳理了自先秦、汉唐,而至北宋及其"当代"的易学象数系统。朱熹的象数观念及具体阐释,远则取资于汉魏时期的象数学,但主要是在吸收整合、充分消化周敦颐的太极图说、邵雍先天河洛学等宋代"图书学"的基础上形成的,建构了以太极为最高范畴的易学结构系统。朱熹的象数观主要涉及以下几项彼此间相互关联的内容。

(一)关于太极

朱熹曾阐说过"画前《易》为《易》之本源"的观点,所谓画前之《易》,就是太极,朱熹说:"当其未有卦画,则浑然一太极。在人则是喜怒哀乐未发之中,一旦发出来,则阴阳吉凶事都在里面,人须是就至静虚中见得这道理。"②从画卦的意义上说,太极是源头。他说:"当未画卦前,太极只是一个浑沦底道理,里面包含阴阳刚柔奇耦,无所不有。及画一奇一耦,是生两仪。……所谓八卦者,一象上有两卦,每象各添一奇一耦,便是八卦。"③也就是说,太极中备有可以画出两仪、四象、八卦,乃至六十四卦、三百八十四爻之理。"以物喻之,《易》之有太极,如木之有根,浮图之有顶。但木之极、浮图之极,是有形之极,太极却不是一物,无方所顿放,是无形之极。……然太极所以为太极者,却不离两仪、四象、八卦。"④太极虽无象数可言,但周子太极图有"无极而太极"之象,河图洛书有虚中之象,则太极当有无象之象。

(二)关于河图洛书

河图洛书之说,先秦典籍颇有零星记载,至于其具体的来源、传承、图式、意涵等,古代学者曾有过争议,确属《易》学史上的一大公案。宋代学者将河

---

① 《朱文公易说》卷二。
② 《朱文公易说》卷一。
③ 《朱文公易说》卷一二。
④ 《朱文公易说》卷一二。

图、洛书与《周易》的其他图式及《易》理相联系,成为宋《易》"图书学"的重要内容。朱熹《周易本义》将"河图""洛书"载于卷首并做解说后,河图洛书的图式及基本意涵被此后的绝大多数学者所认同,当然,怀疑与反对其说者代不乏人。朱熹《周易本义》云:"河图"十数,排成"一六居下,二七居上,三八居左,四九居右,五十居中"的方位;"洛书"九数,所谓"戴九履一,左三右七,二四为肩,六八为足,五居中央","盖取龟象"。朱熹、蔡元定对图式的由来做过考证,以说明其渊源有自,但尚难确证。其实,朱熹对河图洛书的认定,主要是从学理的层面上论证和阐释,其内容相当丰富,辨析非常细致。如《易学启蒙·本图书第一》曰:"河图之位,一与六共宗而居乎北,二与七为朋而居乎南,三与八同道而居乎东,四与九为友而居乎西,五与十相守而居乎中。盖其所以为数者,不过一阴一阳,以两其五行而已。……天数、地数各以类而相求,所谓五位之相得者然也。天以一生水,而地以六成之;地以二生火,而天以七成之;天以三生木,而地以八成之;地以四生金,而天以九成之;天以五生土,而地以十成之。此又其所谓'各有合'焉者也。积五奇而为二十五,积五耦而为三十,合是二者,而为五十有五。此河图之全数,皆夫子之意,而诸儒之说也。""河图以五生数,统五成数,而同处其方,盖揭其全以示人,而道其常,数之体也。洛书以五奇数统四耦数,而各居其所,盖主于阳以统阴,而肇其变,数之用也。"

(三)关于先天图

朱熹所说的先天图,指的就是列于《周易本义》卷首的伏羲八卦次序图、伏羲八卦方位图、伏羲六十四卦次序图、伏羲六十四卦方位图。在《易学启蒙·原画卦第二》中对这四幅图都进行了解说,但只收入了伏羲八卦图(即伏羲八卦方位图)与伏羲六十四卦图(即伏羲六十四卦方位图)。朱熹在评论先天图时说:"'易有太极,是生两仪'者,一理之判,始生一奇一耦而为一画者二也。'两仪生四象'者,两仪之上,各生一奇一耦而为二画者四也。'四象生八卦'者,四象之上,各生一奇一耦而为三画者八也。爻之所以有奇有耦,卦之所以三画而成者,以此而已。皆自然流出,不假安排,圣人又已分明说破,亦不待更着言语别立议论而后明也。此乃易学纲领,开卷第一义,然古今未见有识者。至康节先生始传先天之学而得其说,且以此为伏羲之《易》也。《说卦》'天地定位'一章,先天图'乾一、兑二、离三、震四、巽五、坎六、艮七、坤八'之序,皆本于此。若自八卦之上,又放此而生之,至于六画,则八卦相重而成六十四卦矣。"①朱熹认为《系辞上传》"太极—两仪—四象—八卦"生成序列之说,是"大纲领处"。"圣人作《易》纲领次第,惟邵康节见得分明"②,其先天图与这个大纲领完全吻合。朱熹重视并推崇邵雍的先天图说,认为它揭示了圣人作《易》的纲领次第,反映了圣人通过《易》所表达的阴阳动静之理与生生不已之意。

（四）关于后天图

朱熹《周易本义》卷首所载的文王八卦次序与文王八卦方位二图,即邵雍所谓"后天之学"。朱熹说:"太极、两仪、四象、八卦者,伏羲画卦之法也。《说卦》'天地定位'至'坤以藏之'以前,伏羲所画八卦之位也;'帝出乎震'以下,文王即伏羲已成之卦而推类之词也。"③伏羲画卦次序与方位以及顺此推演的六十四卦的次序与方位,为先天之学;文王依人用所推出之卦序,为后天之学。除文王八卦之外,《易传》的卦变说、汉代流行的卦气说等,也都被看作后天之学。所谓文王八卦(即后天八卦),邵雍认为是由先天八卦改换而成,体现了王者之法。朱熹认同其说,并做解说:"盖自乾南坤北而交,则乾北坤南而为泰矣。自离东坎西而交,则离西坎东而为既济矣。乾坤之交者,自其所已成而反其所由生也。故再变则乾退乎西北,坤退乎西南也。坎离之变者,东自上而西,西自下而东也。故乾坤既退,则离得乾位,而坎得坤位也。震用事者,发生于东方;巽代母者,长养于东南也。"④这种方位变换,邵雍、朱熹都认为是文王将先天自然流出的八卦改为适于人用的结果,他们的意图在于说明先天图与后天图之间存在密切的关联。

（五）关于卦变图

朱熹《周易本义》卷首所列九图中第九图即"卦变图",注曰:"《彖传》或以卦变为说,今作此图以明之,盖《易》中之一义,非画卦作《易》之本指也。"其图的基本章法是依一阴一阳、二阴二阳、三阴三阳、四阴四阳、五阴五阳之序推排出来的,图中虽多有重叠之处,如一阴一阳之卦,同时也是五阳五阴之卦,

---

① 《朱文公易说》卷一。
② 《朱文公易说》卷一九。
③ 《朱文公易说》卷一。
④ 《朱文公易说》卷二。

又二阴二阳之卦,同时也是四阳四阴之卦,但从数理上说这样推排亦无不可。当然,这样的排列存在很大的局限性,不少合于卦变之理的现象却排列不进去。所以《周易本义》中随文就释时,便尽量将这些现象补充进去,以力求与文意相合。朱熹说:"如卦变图刚来柔进之类,亦是就卦已成后用意推说,以此为自彼卦而来耳,非真有彼卦而后方有此卦也。古注说《贲卦》自《泰卦》而来,先儒非之,以为乾坤合而为泰,岂有泰复变为贲之理?殊不知若论伏羲画卦,则六十四卦一时俱了,虽乾坤亦无能生诸卦之理。若如文王、孔子之说,则纵横曲直,反复相生,无所不可,要在看得活络,无所拘泥,则无不通耳。"①这可以看出朱熹对"卦变图"的灵活性认识。

(六)关于汉易诸种象数条例

朱熹对汉代的诸多象数条例取分析态度,审慎取舍。朱熹说:"汉儒求之《说卦》而不得,则遂相与创为互体、变卦、五行、纳甲、飞伏之法,参互以求而幸其偶合。"②但过分追求卦象与卦爻之辞的吻合,却导致"其说虽详,其不可通者终不可通,其可通者又皆傅会穿凿而非有自然之势,唯其一二之适,然而无待于巧说者为若可信。"③也因此,王弼、程颐等乃破汉儒"胶固支离之失,而开后学玩词玩占之方"。然而王、程等又过于忽略易象,故朱熹"疑其说亦有未尽者",所以认为对汉儒象数条例"不可直谓假设而遽欲忘之也"。④朱熹对汉易的"纳甲法",认为可与先天图相通。汉末魏伯阳《周易参同契》以八卦纳甲配月相,以寓其修持之进退火候,朱熹认为先天图与其存在一定渊源。朱熹曾作《周易参同契考异》进行专门探讨。对"卦气说",特别是其中"十二辟卦"之例,朱熹取认同态度,《周易本义》诠释十二辟卦时多以卦气为据。对一般纳甲以及飞伏、互体等条例,朱熹取分别对待的态度。他说:"纳甲是震纳庚、巽纳辛之类,飞伏是坎伏离、离伏坎、艮伏兑、兑伏艮之类,此等皆支蔓,不必深泥也。"至于互体,他在评价朱震的互体说时指出:"王弼破互体,朱子发用互体。""朱子发互体,一卦中自二至五,又自有两卦,这两卦又伏两卦。林黄中便倒转推成四卦里又伏四卦,此谓互体。"⑤朱熹认为互体之法,由一卦自

---

① 《朱文公易说》卷二。
② 《朱文公易说》卷八。
③ 《朱文公易说》卷八。
④ 《朱文公易说》卷八。
⑤ 《朱文公易说》卷二〇。

二至五互出两卦即可,不必再烦琐推衍。

总之,朱熹的象数观,以邵雍的先天河洛学为前提,兼容周敦颐的太极图说,并文王八卦以及孔子卦变图,作为后天学纳入其象数观系统。对于汉代象数条例,则视其与先天学或后天学的关联,分别对待。朱熹象数观的一个重要特征是讲究易学象数的自然流出,反对象数学说中刻意雕琢与烦琐拘泥的倾向。

三、阐发《周易》义理思想,贯通融会易蕴与儒理

正如学术界趋同的主流认知,朱熹的理学思想是以其《易》学为基础、为根柢、为源脉的。朱熹易学于象数研探系统而精微,可谓蓦过"剑门关",而且朱熹又承续了程颐《易》学融会儒理的精神内涵,融入对宋代理学有关理气、体用、格物、心性等思辨学说内容,对《周易》的义理思想进行富有创见性的申发阐释,从而完成对宋《易》义理学主体的总结。

《周易·系辞传》中"是故《易》有太极,是生两仪,两仪生四象,四象生八卦"之语,被朱熹视为易学象数之纲领,同时,它也被视为理解《周易》义理的纲领。朱熹将"太极"诠释为尽善尽美、无所不备的"理",这一具有完美意义的"理",又是与气不可分离的。当气化流行而生物之后,这个理寓于物中,寓于物中之理又被称为道。理与道属形而上,而气与物则属形而下,形上与形下是不可分离的。这是朱熹通过《易》所提出的关于义理方面的基本构想,这一构想是通过以下论述实现的。

(一)理气论上的"本原""禀赋"二重观

朱熹说:"天下未有无理之气,亦未有无气之理。"理与气互相依存,"此本无先后之可言","然理形而上者,气形而下者,自形而上下言,岂无先后"?[①]在《周易》中,形而上与形而下者以形分,形之上者为道,形之下者为器。《易传》所谓形器,当指气分阴阳、五行、万物而言。朱熹认为《周易》形上形下之说,也适用于理气关系,即理是形而上者,而气为形而下者,形上之理是对气之所以能分阴阳、生五行与万物之类形而下的规定。所以当先说有此形而上

---

① 《朱子语类》卷一。

之理,然后方可说形而下的气如何分阴阳,如何"即形器之本体而不离乎形器"。① 这说明从另一视角来看,理与气又是相分的,而且理被看作气之本,理与气有先后之分。他说:"形是这形质,以上便为道,以下便为器。这个分得最精切。"② 从形上形下的意义上看理气,是他在理气关系上的本原论,而从理气的实存状态上看理气,则是他在理气关系上的禀赋论。

"本原",指逻辑之源头;"不可偏全",指太极在本原论意义上只是个理而不包括气。从逻辑的源头说,当先言理而后言气,理气相分,形上与形下不能混同,所以理不包含气。但若从禀赋上说,则理随气而具,理不可与气相分离,即形上与形下不可相离,有是气即有是理,无是气则无是理。从本原与禀赋两个方面来看理气,可以称为朱熹在理气论上的二重观。正是从这种二重观出发,他对"太极"一词的规定大致有三方面的意蕴:一为至极之理,二为气,三为理气之合一。在大多数场合,太极都是作为理这一意蕴而被运用,这说明在本原论与禀赋论的二重观,禀赋论是其思想展开的一条自然线索。尽管如此,把握朱熹理气论上的二重观的关键仍然应当是注意他在何种意义上使用"太极"。

朱熹论理与气的关系,既分辨了形上与形下的不同,同时又指出了形上与形下之间的相即不离。这样理解理气关系,强化了理的逻辑地位,弥补汉代以来盛行的只重视形而下的元气论的偏颇。在理气关系上,朱熹兼取程颐与张载,并将二者磨合成为一个有机的系统。这个理论系统可以称为本原与禀赋二重观意义上的理气合一论。

(二)道依于器的道器论

在太极生阴阳、阴阳生万物以后,理气关系便转化为理与物的关系,也即是道器关系,这种关系也是相即而不离的。这种相即不离的互相依存关系,主要表现为道对器的依存。朱熹说:"'形而上者谓之道,形而下者谓之器。'道是道理,事事物物皆有个道理;器是形迹,事事物物亦皆有个形迹。有道须有器,有器须有道,有物必有则。"③ 道器相须,强调的仍然是道器相即不离。而"有物必有则",便进到了"则"对物的依存性问题,"则"即是道。朱熹还说:

---

① 《朱文公易说》卷一二。
② 《朱文公易说》卷一二。
③ 《朱文公易说》卷一二。

"道未尝离乎器,道只是器之理。……理只在器上,理与器未尝相离。"①这是明确地认定道依于器,道只是器之道,理即是物之理。

朱熹又认为有形器的物之所以能够形成,与道的作用分不开。他在诠释"一阴一阳之谓道"时说:"阴阳,气也;所以阴阳,道也。道也者,阴阳之理也。"②"一阴一阳虽属形器,然所以一阴一阳者,是乃道体之所为也。故语道体之至极,则谓之太极;语太极之流行,则谓之道。虽有二名,初无两体。"③阴阳属于形器,而阴阳之所以有迭运之状态,原因却在于道体的作用。道体的至极为太极,故太极所包之理无所不备。气之所以能分阴阳,阴阳迭运之所以能生出许多物事来,正是由于每一物事都有与气合一的理,事先含藏于太极之中,又散而具于阴阳形器之内。

朱熹多次说到的物物一太极,事事一太极,人人一太极,合于其月映万川的理一分殊之说。事事物物中的太极,是阴阳未分理气合一状况之太极的转换形态。从太极流行的意义上说,事事物物都是未转换之前的太极体现,因而具有共性;太极之理一,而散见于事事物物,则又从其分殊上体现出差异性。

(三)格物论

格物论是朱熹学术思想中的一个重要问题,朱熹易学也多有涉及。朱熹格物论的前提是人与万物莫不有性,这个性也就是理。而理不离物,故于物上可以求理。他说:"形而上者指理而言,形而下者指事物而言。事事物物皆有其理。事物可见,而其理难知。即事即物,便要见得此理,只是如此看。但要真实于事物上见得这个道理,然后于己有益。"④形而上之理与形而下之事物,二者不能混同但又不可分离。所谓"道未尝离乎器""理只在器上""有物必有则""事事物物皆有其理",都是强调通过格物可以求理的前提条件。理无行迹,不可察睹,其理难知而事物可见,因而必须通过格其可见之物方能达到知其难知之理的目的,这是强调格物是求理的必要条件,即"即事即物,便要见得此理",而舍此则无其他更可靠的条件。

---

① 《朱文公易说》卷一二。
② 《朱文公易说》卷一〇。
③ 《朱文公易说》卷一。
④ 《朱文公易说》卷一二。

《大学》只讲"格物"而不讲"穷理",《周易》只讲"穷理"而不讲"格物",其实二者是一致的。《大学》讲格物,就是要"使人就实处穷尽事事物物上许多道理",而《周易》讲穷理,则是进一步强调"穷之不可不尽"之意。"《易》中自具得许多道理,便是教人穷理循理。"①既然讲穷理,就不能仅局限于一事一物,而必须是事事物物。穷理是为了循理,穷理是知,而循理是行。朱熹在诠释《周易》《说卦传》"穷理尽性以至于命"时说:"穷理是理会得道理穷尽,尽性是做到尽处。""物物皆有理,须一一推穷。性则是理之极处,故云尽。命则性之所自来处。"②穷理、尽性、命三个层次,穷理是关键。理未穷则不能尽性之行,性未尽则不能至于命,即不能达到与造化一般的境界。

朱熹在诠释《系辞传》"崇德而广业""知崇礼卑,崇效天,卑法地"句时说:"穷理,则知崇如天而德崇;循理,则礼卑如地而业广。"③"崇德广业,知崇天也,是致知,事要得高明。礼卑地也,是践履事,凡事践履将去,业自然广。"④知崇如天,指通过穷理尽性之后,其智应达到"至于命",即与天德合一的崇高境界。礼卑如地,谓卑谦礼让达到如地无所不载的程度,以此德行践履事业,则其事业必定广大兴盛。由穷理到循理,既是一个由知到行的过程,也是一个进德修业的过程。这个过程以格物为起点,而以广业为归属。

(四)心性论

朱熹的心性论探讨的是心与性之间的关联。心是人身之主宰,性是人受命之初所形成的本质特性。朱熹认为人之性能否生生不已,完全在于心是否能将此性存之又存。朱熹说:"心有动静,其体则谓之易,其理则谓之道,其用则谓之神。"⑤因为心有动静,即有未发已发的诸种状态,故亦为变易之体,与易之义相同。而"太极者,性情之妙也,乃一动一静未发已发之理也"⑥,这个理就心而言,也就是道神,谓神明,指知觉认识之能力与情感之动,此其用也。体为质,指未发,而用则为已发。未发之时,理归于寂,是太极之静,在人则为心之静;已发,是太极之动,在人则为心之动。因此从心具众理的意义上来

---

① 《朱文公易说》卷一七。
② 《朱文公易说》卷一七。
③ 《周易本义》卷七。
④ 《朱文公易说》卷一一。
⑤ 《朱文公易说》卷一。
⑥ 《朱文公易说》卷一〇。

说,心为太极亦无不可。但不能仅仅说未发是太极,也不能仅仅说已发是心。朱熹说:"人之一身,知觉运用,莫非心之所为。则心者,固所以主于身,而无动静语默之间者也。方其静也,事物未出,思虑未萌,而一性浑然,道义全具。其所谓中,是乃心之所以为体,而寂然不动者也。及其动也,事物交至,思虑萌焉,则七情迭用,各有攸主。其所谓和,是乃心之所以为用感而遂通者也。然性之静也,而不能不动也,而必有节焉。是则心之所以寂然感通,周流贯彻,而体用未始离者也。"①心是人身之主宰,其或动或静,或语或默,此外更无其他状态。当其静之时,事物未现于前,思虑未曾萌发,人之性浑然存于心中,仁义礼智之道义则具于此浑然之性内。

朱熹在诠释《系辞传》"成性存存,道义之门"时说:"性是自家得于天底道义""成性只是一个浑沦之性存而不失,此便是道义之门,便是生生不已处"②。心静之时,道义存于浑沦之性,这就是《中庸》所说的"未发"之"中",而此寂然不动之体即为心之体。当其动之时,事物纷纷交错而至,思虑因此而萌发,喜怒哀乐忧思恐等七情应事而更迭为用。只有在此七情之用时,能感而遂通天下之故,即通晓天下之事的缘故,且其情之发皆与其事相应而无所不当,便是《中庸》所说的"已发"之"和"。

朱熹认同人之性有天命之性与气质之性之说。天命之性受之于天道,而气质之性则受之于阴阳二气。他主要强调的是天命之性,气质只是这个天命之性的载体。他说:"乾之元亨利贞,天道也。人得之,则为仁义理智之性。"③由于人受命成性之初,所受之气有厚薄精粗之别,成性之后养生之资又有厚约之分,故气质这种载体对天命之性的反映不一。

心何以有调节情性之用呢?因为心具众理,变化感通,生生不穷,所以心能辨是非,明得失,而致中和,以成性存存。由于心有此功能,"故谓之易","此其所以能开物成务而冒天下也"。朱熹认为心的感通变化,表现为"圆神"和"方知"两个方面,而"圆神方知变化,二者阙一则用不妙。用不妙,则心有所蔽而明不遍照"④。要使心能充分发挥其调节情性的功能,就必须使心无蔽,其途径就是洗心。所谓"洗心,正谓其无蔽而光明耳,非有所加益也"⑤。

---

① 《朱文公易说》卷一二。
② 《朱文公易说》卷一一。
③ 《朱文公易说》卷一五。
④ 《朱文公易说》卷一二。
⑤ 《朱文公易说》卷一二。

将遮蔽心灵的物欲洗去，其光明便会自然显现。

所谓圣人的操存之道，朱熹在早年将其归结为一个"静"字，晚年又将其改为"敬"。心对人身的主宰是不分动静语默的。君子以敬作为自身的操存之道，亦无分动静语默之时。当心之用未发之时，君子当用敬以存养自己的本性。此时，虽然思虑未尝萌发，但知觉并不暗昧，是为静中之动，合与复卦的《象传》所说的"复其见天地之心"之义。当心之用已发之时，君子亦当用敬以省察事物的真实情形及其微妙变化，而事物虽然纷纷扰扰，但其性则是相对稳定的，是为动中之静，此种状况合于艮卦卦辞"不获其身""不见其人"之义。所以在静中之动时用敬，则虽寂而未尝不感通；在动中之静时用敬，则虽感通而未尝不寂。心之所以能"寂而常感，感而常寂""周流贯彻而无一息之不仁"，关键正在于一个敬字。《中庸》所谓"致中和，天地位焉，万物育焉"，也是在此敬字的工夫上。仁为心之道，而敬则为心之贞。贞者，正也。用敬可以使心归于正，心正则仁义之道自显，其性其情自然致达于中和。故一个敬字，可以统明圣学之根本。用敬，是朱熹心性论中的工夫论，是明心见性的关键所在。

以上就朱熹关于"三圣作《易》""《易》本卜筮之书"的阐释，以及朱熹易学象数、义理观的特色、内涵进行了阐析论述。作为"致广大，尽精微，综罗百代"（全祖望《宋元学案·晦翁学案》）的理学大师、创获丰硕的杰出《易》学家，朱熹易学的成就是多方面的。

朱熹以超凡的洞察力、深刻的理解力，追本溯源，依据对文献的考辨思索，还原《易》书演化的历史情境，确立"《易》本卜筮之书"这一理据充足的观点，在源头上把握住易学研究的正确路径和方向，这一看似平常的论断，事实上影响了宋以后直至当今的易学研究。

朱熹尊崇以儒理阐《易》的程颐《周易程氏传》（《伊川易传》），但他对程颐"唯尚言辞"的取向并不完全认同。朱熹注重象数，既考证汉代易学的象数学说，更继承、融合了周敦颐、邵雍等象数思想观念与先后天学说、河图洛书等象数模式，确立了图书学象数内容在易学史中的地位。由于朱熹对《易》的注重与倡导，宋代河图洛书学者苦心建构的学说才得以流传，俨然成为易学诠释的核心。

朱熹注重《周易》的卜筮原貌与象数基础，并加以精彩地论析，细致地阐释，更着力于在卜筮语境中形成的象数形态里开显蕴含的深邃义理。在精研象数的同时，朱熹站在义理派的立场上对易学史的发展进行回顾与总结，吸

43

收、融通北宋以来周敦颐、张载、程颢、程颐、邵雍等前贤的易学思想，维护并发展了儒家义理易学，建构了以"太极"（"理"）为核心，贯通天道物理与心性存养等诸多内涵的易学思想体系。朱熹是继程颐之后以"儒理阐《易》"的最杰出易学家，后世以《程传》《朱义》并称，作为宋代《周易》义理学的代表。实际上，后来的易学史发展历程证明，朱熹的《周易本义》及《易学启蒙》，虽然篇幅不大，影响力却是极其深远的。

总而言之，朱熹易学的文化特色主要表现为朱熹考辨三圣作《易》的区别与联系，强调"《易》本卜筮之作"，并产生了重大影响，具有正本清源的意义。在宋代易学文化背景下，朱熹注重《周易》象数特色，系统考辨各种象数问题，取得重大的创获。朱熹对《周易》义理思想进行富有创见的阐释，完成对宋《易》义理学主体的总结。朱熹是历史上影响最大的易学家之一，朱熹易学是易学发展史上的又一个高峰，是后世易家研究易学的圭臬。甚至可以说，朱熹易学在很大程度上成为至今仍影响中国易学的主流模式和典范形态。

（本文的撰写承续和援引业师武汉大学哲学学院萧汉明教授著述之说，未予详注，特此说明。）

（作者单位：福建师范大学文学院）

朱熹对儒佛之异的辨识及其当代价值

◎ 黎晓铃

为了谋求佛教在中国的生存和发展之路,高僧们大多致力于佛、儒会通的思想研究。久而久之,儒学与佛教的边界越来越模糊,以致相当部分高举儒学大旗的儒士因不明儒、佛之异的要领,非但没有很好地宣扬儒学,反而陷于佛法不能自拔。南宋时期,小朝廷偏安一隅,社会矛盾异化突出,沉迷于佛教理论的各阶层人们逃避原本应勇于承担的责任,社会日异堕落腐化。年轻时同样沉迷于佛理的朱熹在接触社会现实后,进入了相当困惑的"困学"时期。经过李侗的点拨和开导,朱熹开始意识到儒、佛不分所造成的人心危机和社会危机,并开始了漫长的探索和正视现实的理学之路。凭借对佛学缺陷的批判以及对儒佛之异的辨别与细致分析,朱熹成功地建立了致广大尽精微的朱子理学。为此,我们就朱子对儒佛的辨识做一番梳理。

一、从具体现实事物中探求实在之理

在宋代,相当一部分士子沉迷于佛教禅宗的玄理之中,年轻的朱熹也不例外。19岁的朱熹凭借既浸透于佛老又有二程理学的涵养考取进士,以佛老释儒是年轻的朱熹理解儒学的得意方式。当朱熹面对赃吏恣奸、富豪横行、百姓穷困、民生凋敝的社会问题时,意识到其用主观之悟去处理客观事物的方法在现实中有重大的问题。此时朱熹想起初见李侗时所听到的教诲:"汝恁地悬空理会得许多,而面前事却有理会不得。道亦无幽妙,只在日用间着

45

实做工夫处理会,便自见得。"①这才明白其批评自己的深意。为此,朱熹开始虚心向李侗请教。然而李侗并没有告诉朱熹太多的大道理,而是"只教看圣贤言语"。于是朱熹"遂将那禅来权倚阁起,意中道禅亦自在,且将圣人书来读。读来读去,一日复一日,觉得圣贤言语渐渐有味,却回头看释氏之说,渐渐破绽罅漏百出"。②那么,朱熹从圣贤言语中悟到什么,又看到佛教言语中的怎样破绽罅漏百出呢?

朱熹首先着重研读了《论语》。《论语·里仁》中辑录了一句孔子与曾子的对话:"子曰:'参乎!吾道一以贯之。'曾子曰:'唯。'子出,门人问曰:'何谓也?'曾子曰:'夫子之道,忠恕而已矣。'"③佛、道对于"道"的概念理解,总是用玄之又玄、形而上的方式来解释,而孔子却用形而下的"一以贯之"来概括,曾子更用现实中的"忠""恕"来解答,这明显是与佛道不同的方法论。李侗提醒朱熹从"理一分殊"中体认儒佛之差别:"天下理一而分殊,今君于何处腾空处理会得一个大道理,更不去分殊上体认?"④李侗认为若只从看不见、摸不着的理一腾空理解所谓大道理就会陷入佛老以空言空的旋涡,而真正的儒学则应该是以实探实,即从具体实实在在的事物(分殊)上去探求客观实在的道理。

然而接触具体的事物是否就能明白其客观的道理呢?对此,韩愈的学生李翱的观点是"物至之时,其心昭昭然明辨焉,而不应于物者,是致知也,是知之至也",意思是接触了事物之后,心中自然而然能够脱离事物外在形象而获得至高的智慧。对此,朱熹不敢再苟同,因为此观点与佛教中大慧宗杲提出"于日用中看话头"——接触事物的目的是顿悟玄之又玄的道相类似,缺陷都在于没有从在日用中下工夫,所探寻的是主观的认识而非客观的道理,而此主观认识无法处理现实中具体的问题。

为此,朱熹用非常形象的比喻加以说明:"如这片板,只是一个道理,这一路子恁地去,那一路子恁地去。如一所屋,只是一个道理,有厅有堂;如草木,只是一个道理,有桃有李;如这众人,只是一个道理,有张三有李四,李四不可为张三,张三不可为李四。"⑤现实的事物是非常复杂的,只有从复杂而具体的

---

① 李侗:《李延平集》卷三,北京:中华书局,1985年,第43~44页。
② 黎靖德编:《朱子语类》,北京:中华书局,1986年,第2620页。
③ 朱熹:《四书章句集注·论语集注》,朱杰人等主编:《朱子全书》第6册,上海:上海古籍出版社,合肥:安徽教育出版社,2002年,第95~96页。
④ 金履祥:《仁山集》卷五,上海:商务印书馆,1937年,第91页。
⑤ 黎靖德编:《朱子语类》,北京:中华书局,1986年,第102页。

事物中下大工夫去分析其不同的特征,才能总结出客观的规律。不仅如此,朱熹还提出"分得愈不同,愈见得理大",认为越是深入分析多种复杂的现象就越能明白更深奥的道理。

在朱熹看来,儒与佛最根本的差异就在于是否从现实出发并下工夫理解客观而非主观的理。所以当陆九渊提出"儒佛差处是义利之间",朱熹表示否定,说:"此犹是第二着,只它根本处便不是。……吾儒却不然。盖见得无一物不具此理,无一理可违于物。佛说万理俱空,吾儒说万理俱实。从此一差,方有公私、义利之不同。"①

二、区别于佛教的儒家修养方法的建立

（一）儒家的修养方法夹杂佛学的困惑

在确立了儒、佛的根本差异之后,朱熹开始探寻区别于佛教的儒家修养方式。而儒家的修养方法则主要体现在子思的《中庸》中。思孟学派是推崇性善论的,天赋予每个人以至善的本性,而现实中的人因气禀之异,所以总是有过或不及的差别,人性总是被遮蔽或扭曲。因此,人们需要通过修养来恢复其本有至善的天性。在佛教中也有类似的说法,如东晋时竺道生就提出人人皆有至善无伪的佛性,但众生所秉的佛性却受到情欲烦恼而被掩蔽,只有经过修行思悟才能见性成佛。可见儒、佛这两派都赞成通过一定的修养方式来恢复本有之性。然而儒家入世,佛教出世,区别应该就在于修养方法的不同。

朱熹向李侗求教儒家的修养方法,李侗则为朱熹指引了一条静中体认的道路。《中庸》曰:"喜怒哀乐之未发,谓之中;发而皆中节,谓之和。中也者,天下之大本也;和也者,天下之达道也。"②对此,李侗解释说:"虚一而静,心方实,则物乘之;物乘之则动,心方动,则气乘之;气乘之则惑,惑斯不一矣,则喜怒哀乐皆不中节矣。"③意思是只有把心放空,没有任何喜怒哀乐干扰的状态才是性之本然状态,而心动时气必乘之,气乘,必乱之。因此人的修养就必须

---

① 黎靖德编:《朱子语类》,北京:中华书局,1986年,第379～380页。
② 朱熹:《四书章句集注·中庸章句》,朱杰人等主编:《朱子全书》第6册,第33页。
③ 李侗:《李延平集》卷三,北京:中华书局,1985年,第46页。

体认喜怒哀乐等情感未萌发时的"中"。这是与佛教默照禅非常相似的修养方法。但是这种修养方法与李侗重视已发后的现实中似乎是自相矛盾的。这也是李侗难以解答的问题。

对此,李侗说:"向来尝与夏丈言语间,稍无间,因得一次举此意质之,渠乃以释氏之语来相淘,终有纤巧打讹处,全不是吾儒气味。"①可见李侗对这样的修养方法也表示过怀疑,甚至责怪他的朋友也曾用佛教的语言来搪塞这个问题,不是真正的儒者所该用的方式。然而李侗对朱熹说:"圣人廓然明达,无所不可,非道大德宏者,不能尔也。"一再要朱熹从"观心廓然""遇事廓然"而达到对此的认识,实际上没有具体的回答,因此,朱熹依然十分疑惑。所以延平之会后,朱熹在其《题西林壁》中留下了自己当时"却嫌宴坐观心处,不奈檐花抵死香"的困惑。"不奈檐花抵死香"就是借喻他昔日就里面体认的禅家工夫在李侗这里终不能连根断绝,"抵死犹香"。

后来张栻告诉朱熹湖湘学的修养方法不是李侗的静中涵养,而是察识于已发。朱熹欣喜地感慨道:"衡山之学只就日用处操存辨察,本末一致,尤易见功。"似乎找到了儒家正确的修养方法。然而否定了"未发"的工夫而强调于已发处的察识,又使朱熹感觉到从李侗的一偏于静,矫枉过正地转向了一偏于动。究竟如何存养,朱熹依旧不知怎样下手。张栻告诉朱熹湖湘学"持敬主一"的方法。就此,朱熹开始明确把"居敬"作为存养方法,代替了李侗的"未发"工夫。然而就在高扬"居敬"湖湘学派中,朱熹依然看到了普遍的"拈槌竖佛"的禅病。主要体现在两个方面:一是指在仁说上"以觉说仁",同于释氏的以觉说佛性;二是在察识说上"以心识心",同于释氏的识性见心。这都是朱熹所批判的佛教以主观代替客观的方式。这使朱熹又对湖湘学派十分失望。

在此,朱熹为没能找到正确的修养方法而深深忧虑,因为这是人们落入佛老虚空的重要原因。若要真正辟除佛老对儒士的影响,必然要建立一种能同佛老完全划清界限的更高理学大旨。因此,朱熹开始重新整理自己的思绪,思考不同于佛教又能高于佛教的儒学修养方法。

---

① 朱熹:《延平李先生师弟子答问》,朱杰人等主编:《朱子全书》第13册,第323页。

（二）区别于佛教的儒家修养方法的建立

1. 未发时的主敬涵养——持敬的客观实在性

首先，朱熹推翻了原本认定的以心为已发的思想，提出心不仅为已发，也包含未发。由此，心既可以感知喜怒哀乐未发时的"中"，又能感知已发的情绪，所以能够通过对未发之中的体悟来控制人将发的情绪。朱熹说："思虑未萌、事物未至之时为喜怒哀乐之未发，当此之时即是心体流行寂然不动之处，而天命之性体段具焉。以其无过不及、不偏不倚，故谓之中。"① 无所思虑时，此时思维作用没有主动发挥，也未被动反应。因此，心可以通过知觉从喜怒哀乐未发之中感受到"天命之性"之体段。由此，李侗的静中修养变为可能。

不仅如此，朱熹还提出，感知未发不仅是体悟其中之静，更重要的是静中持敬，即在未发之静中的"主敬涵养"。为何要将"静"改为"敬"？朱熹说："未发之前谓之静则可。静中须有物始得，这里最是难处，能敬则自知此矣。"② 可见静中修养并不是体悟静的状态，而是在静中思考应有的道理，由此朱熹提出了以儒教之敬区别于佛教之静。

那么，儒家之敬究竟是如何区别于佛教之静的呢？需要注意的是，儒家对"敬"的认识在当时并未得到合理的诠释。如湖湘学派所尊崇的"敬"是不明是非的滞敬。在湖湘学派看来，只要是尊敬的对象，不管其说如何，都应该遵守，显然是一种盲目崇拜。对于上蔡谢良佐的"敬"，不容对师说有任何怀疑，胡实宣称："心有所觉谓之仁，此谢先生救拔千余年陷溺固滞之病，岂可轻议哉。"③ 胡大原也肯定"心有知觉之谓仁，此上蔡传道端的之语"。④ 为此，朱熹首先提出了自己对敬的看法："敬有死敬，有活敬。若只守着主一之敬，遇事不济以义，辨其是非，则不活。"⑤ 意思是虽然在心中要保持敬意，但是如果是不辨是非的盲目之敬，就是死敬。只有在内心就是非分析明了，再以尊敬的态度对待才是活敬。因此，朱熹说："敬不可谓之中，但'敬而无失'即所以

---

① 朱熹：《晦庵先生朱文公文集》，朱杰人等主编：《朱子全书》第23册，第3267～3268页。
② 朱熹：《晦庵先生朱文公文集》，朱杰人等主编：《朱子全书》第23册，第3267页。
③ 黄宗羲：《宋元学案》卷四二，《五峰学案》，北京：中华书局，1986年，第1385页。
④ 黄宗羲：《宋元学案》卷四二，《五峰学案》，北京：中华书局，1986年，第1386页。
⑤ 朱熹：《四书章句集注·大学章句》，朱杰人等主编：《朱子全书》第6册，第378页。

中也。"①

所以在"主敬涵养"中所敬的并不是某个人的主观思想而是客观的道理。朱熹致张栻书说:"愚意窃谓此病,正坐平时烛理未明,涵养未熟,以故事物之来,无以应之。……儒者之学,大要以穷理为先。盖凡一物有一理,需先明此,然后心之所发,轻重长短,各有准则……若能常操而存,即所谓敬者纯矣,纯则动静如一,而此心无时不存矣。"②因此,涵养中所敬的是"一物有一理",即在未发或接物之前先提醒自己事物有其客观的道理,才能保证在已发或接物之后,不做先入为主的主观妄解。

由此可知,朱子所强调的未发时"主敬涵养"的"敬",不仅指心里的尊敬,更指对客观之理的尊重,这是佛教静中修养所不能比拟的。

2.已发后的格物致知与敬贯始终——下大工夫研究具体事物之理

未发时的对事物的客观事理保有应有的尊重,其实是为已发后能够正确探究事物之理、正确应对事物提供尽可能的保证。因此,已发之得当才是未发涵养的目的。

对此,朱熹对《大学》中的"格物致知"论做了补充说明:"所谓致知在格物者,言欲致吾之知。在即物而究其理也。盖人心之灵莫不有知,而天下之物莫不有理。惟于理有未究,故其知有不尽也。是以大学始教,必使学者即凡天下之物,莫不因其已知之理而益穷之,以求至乎其极。"③朱熹在格物和致知中加上了穷理,强调在接触现实事物的过程中,不能浅尝辄止,要求研究物理,更要求穷理需"至其极处无不到",才能真正认识事物并找到解决问题的方法。不仅如此,由于理普遍存在于一切事物之中,事物大小精粗莫不有理,所以朱熹的格物绝非简单了解眼前的几件事,其格物的对象极为广泛。他说:"若其用力之方,则或考之事为之著,或察之念虑之微,或求之文字之中,或索之讲论之际,使于身心,性情之德、人伦日用之常,以至天地鬼神之变、鸟兽草木之宜,自其一物之中,莫不有以见其所当然而不容已与其所以然而不可易者。"④

可见由格物到穷理,再到致知是需要下大工夫的。然而人的思想很多时

---

① 朱熹:《晦庵先生朱文公文集》,朱杰人等主编:《朱子全书》第23册,第3267页。
② 朱熹:《晦庵先生朱文公文集》,朱杰人等主编:《朱子全书》第21册,第1313～1314页。
③ 朱熹:《四书章句集注·大学章句》,朱杰人等主编:《朱子全书》第6册,第20页。
④ 朱熹:《四书或问·大学或问》,朱杰人等主编:《朱子全书》第6册,第527～528页。

候会有惰性的,遇到困难会想偷懒,如此则很有可能得出一个并不符合客观之理的主观结论。若把这样不符合客观之理的主观认识运用到客观实际中,现实世界就会出现混乱。因此,朱子强调要将其"活敬"的思想贯穿于未发与已发之中。朱熹说:"敬字之说,深契鄙怀,只如《大学》次序,亦须如此看始得,非格物致知全不用诚意正心,及其诚意正心,却都不用致知格物,但下学处须是密察,见得后便泰然行将去,此有始终之异耳。其实始终是个敬字,但敬中须有体察工夫,方能行著习察。不然,兀然持敬,又无进步处也。观夫子答门人为仁之问不同,然大要以敬为入门处,正要就日用纯熟处识得。"①

3.分殊中体现理———具体事物客观道理统一于天理

其实,就理论结构的外观而言,宋代理学的"理一分殊"与佛教华严宗的"理事无碍"是非常相似的,甚至同时都用"月印万川"来形象地加以解释。然而朱子理学与佛学毕竟是不同的,华严宗的"理事无碍"虽然也强调面对现实世界中的各种事情,提出复杂现实世界与形而上的理一是可以贯通无碍的,但是从形而上这样非常玄妙的理出发,"用向下回向的办法,投到现实世界上面来说明现实世界里面的一切事物"。② 现实中的一切透过其所谓"理性"的解释,便可以证明它是"事事无碍法界"。这种自上而下的方法,首先面临的是了解"昭昭灵灵"形而上的理究竟是什么,然后用自己所了解的理去解释客观的世界。此"昭昭灵灵"形而上的理毕竟是一个悬空之理,人们如何才能理会?依照这种方法,人们对此形而上之理的理解必然是非常主观的。因此,在佛教华严宗中,人们也面对现实,但在现实中却往往不顾客观现实之理而用自己非常主观的态度去解释现实客观。在儒家看来,这种从形而上出发去解释形而下的现实,是一种不顾现实的自我麻醉。

朱熹从《论语》中"吾儒之理,一以贯之"中领悟到了儒学与佛老的差别就在于儒学是从现实出发,真实地理解客观的道理,最终贯通现实的各种道理,从而对形而上之理以真实客观的了解。虽然都想打通形而上与形而下,佛学用的是自上而下主观的方法,而理学用的是自下而上、真实了解客观的方法。显而易见,儒学的方法才能真正解决现实中的问题,而大乘佛学的方法虽然也面对现实,但实际上是用自我麻痹的方式逃避现实。

---

① 朱熹:《晦庵先生朱文公文集》,朱杰人等主编:《朱子全书》第22册,第1923页。
② 方东美:《华严宗哲学》,北京:中华书局,2012年,第123页。

三、朱子儒佛之辨的当代价值

近代以来,随着人类社会的发展,人们已用更积极的态度探索现实、改造现实并取得了可观的成效。在此过程中,人们对自身的主体地位的认识大大提高,对自身掌控自然的能力越来越自信,渐渐把先前对客观规律的关注放在了对现实的任意改造中。与农业社会相比,人与人之间的关系、人与物之间的关系都变得复杂很多。一部分人因无力面对越来越复杂的社会现实出现消极的情绪,甚至各种难以医治的心理疾病;另一部分人则认为人的主观可以随意决定客观,为满足自己的私欲而不择手段地破坏现实。其实二者都是朱熹所批判的不合理、非理性思维。出现极端消极情绪的人类似朱熹所批判佛教中的"默照禅",因没有勇气面对现实而消极避世。任由主观随意解读客观,进而破坏现实的人类似宗杲以主观代替客观的"看话禅",都是朱子所极力批判的。反观朱子的思想,一方面强调依客观的规律和道理一定能够解决现实中的问题,为消极避世的人们提供了面对现实勇气;另一方面,应对现实的过程中必须下大工夫了解客观中蕴含的道理,并依理而行,为应对现实的人们指明了正确的道路。

当代社会普遍出现了价值观迷失的现象,缺少既有力地支持人们世俗的经济活动,又能够给予有效规范和约束的文化观念。其实朱子早已提出这个问题,并通过严密的思辨给予了答案。朱子说:"人莫不有是形,故虽上智,不能无人心。"世俗中的人们可以有人心(追求自身的经济利益),但是"必使道心常为一身之主,而人心每听命焉"[1],即用正义的道心来管理追求自身利益的人心。如何才能保证人们用道心来管理人心呢?朱子则把道心提到了终极信仰的位置上。但此终极信仰,与宗教中主观的佛、神不同,是客观的天理。因此,要感知终极信仰的天理是什么,必须从现实中的格物出发,"至于用力之久,而一旦豁然贯通焉,则众物之表里精粗无不到,而吾心之全体大用无不明矣"。朱子指出一旦把现实中的事物道理一件一件、明明白白地都弄清楚并融会贯通之后,自然能够领悟形而上的天理,也就获得了终极的信仰。

因此在坚持从现实出发的原则上,将形而下的现实规律和规则与形而上的天理贯通起来,既解决了人们向往形而上的终极信仰问题,又使向往形而

---

[1] 朱熹:《四书章句集注·中庸章句序》,朱杰人等主编:《朱子全书》第6册,第29页。

上的人们脚踏实地,从而回到真正面对现实的理性中来。如果因为朱熹理学思想与大乘佛教同样试图贯通形而上与形而下,便认为朱子理学是"阳儒阴释",这种认识是不明智的。

(作者单位:武夷学院朱子学研究中心)

朱子的静心之道

——从《延平答问》对夜气的讨论谈起

◎ 黄柏翰

　　静坐之法,对于大部分的人而言,可能比较多的是联想到佛家的静坐或道家的静坐。大家可能会想到一个结跏趺坐、闭目合眼的修行者形象。其实,"静"的概念早在先秦时期就已经在儒家的经典中出现。到了二程,"静坐"之法成为儒家工夫论中的重要概念,两宋诸儒对于静坐都相当重视。集理学大成的朱熹,亦曾以"半日静坐,半日读书"的观点教导学生,并留下了许多关于静坐法的讨论。朱熹"半日静坐,半日读书"的观点,这是他对弟子郭友仁在修养工夫上的指点,他说:"人若于日间闲言语省得一两句,闲人客省见得一两人,也济事。若浑身都在闹场中,如何读得书!人若逐日无事,有见成饭吃,用半日静坐,半日读书,如此一二年,何患不进!"[①]静坐一法,应当是儒释道三家所共有的修身之法。虽三家的操持方法及价值归依不一,但崇尚修身与实践的静坐文化具有浓厚的东方哲学气息,有别于西方强调思辨的哲学传统。静坐或对于"静"的实践与体验问题,对于宋明理学或是中国哲学的理解,是个重要的议题。

　　朱子是理学静坐史的核心人物,从朱子的著作中,可发现理学传统中最密集的静坐理论。有著名的调习法:"鼻端有白,我其观之。随时随处,容与猗移。静极而嘘,如春沼鱼。动极而翕,如百虫蛰。氤氲开辟,其妙无穷。"[②]"跏趺静坐,目视鼻端,注心脐腹之下,久自温暖"[③]的治病法,并为《周易参同

[①] 黎靖德编:《朱子语类》卷一一六,北京:中华书局,1986年。
[②] 朱熹:《朱子文集》卷三二,台北:德富文教基金会,2000年,第三册,第1242页。
[③] 朱熹:《朱熹集》,成都:四川教育出版社,1996年,第2515页。

契》批注以及一连串的静坐言论。①朱熹承续了二程以来将静坐纳入儒家工夫论体系的工作,使静坐和儒家修身成德的工夫有了紧密的联系。

本文不以"朱子的静坐理论"作为题目,而改以"朱子的静心之道",是因为朱熹虽推崇静坐,却也非拘泥于静坐,而是一种涵摄静坐理论而贯于日用平常的静心之理与摄心之法。朱熹主张"涵养须用敬","格物在致知",其"敬"之一字涵摄了"静中涵养"的工夫进路,故以"静心之道"称之。

朱熹的静心之道别于佛老的静坐思想,亦有别于陆、王等心学的工夫论对于天理的直截把握。"静"之一字,于各家而言,不仅方法、理念不同,价值目的不一,其精神体验和意识活动都不一样,而呈现出全然不同的"静中体验"。笔者以"夜气"的概念作为讨论的起点,是为了更能贴近朱熹的思想,点出朱子"静中体验"的独特性。透过对"静中体验"的具体把握,有助于对朱子静心之道的实践与领会,或作为学人间交互参照或讨论的基础。

一、儒家"静"的概念与修身成德的工夫

(一)儒家"静"的概念的提出

"静"的概念早在先秦时期就已经在儒家的经典当中出现,如《大学》中"定、静、安、虑、得"的概念。《乐记》有"人生而静,天之性也;感于物而动,性之欲也"。到了北宋周濂溪,他将"静"的概念提到了一个较高的地位,他在《太极图说》里提出"主静立人极"的概念。他说:"圣人定之以中正、仁义而主敬,立人极焉!故圣人与天地合其德,日月合其明,四时合其序,鬼神合其吉凶。君子修之,吉;小人悖之,凶。"此言主敬立人极之功,人心一静,自可将宇宙天地人我打成一片,合为一体。② 在周子的提倡下,"静"成为儒家一种重要的修养工夫,并有许多种表现模式(包括静坐、调息、养气等等)。

(二)"主静"乃儒家工夫论的要旨

"主静"是宋儒的工夫论传统,源自周濂溪所倡"主静立人极"的概念。若由历史的角度来看,"静坐"概念的使用,目前最早可见于先秦的《韩非子》,意

---

① 杨儒宾:《主敬与主静》,《台湾宗教研究》2010年第1期,第4~5页。
② 萧天石:《大学中庸贯义人生内圣修养心法》,北京:华夏出版社,2007年,第174页。

指"平静的端坐"。韩非虽使用了"静坐"概念,但并无工夫或修养的意涵。二程是儒门中首先将"静坐"引进工夫论殿堂的儒者。① 二程提倡的"观喜怒哀乐未发前气象"和"参中和"等工夫论上的核心命题,和静坐思想有很大的渊源。

周濂溪提出圣人可学的观点,并提出具体工夫和步骤,这个工夫论的核心主要体现在《太极图说》的"主静立人极"和《通书》中的"圣可学,一为要"等概念。在此,"静"和"一"既是工夫的入手处,也是工夫的根本要义。自此,主静之说和静坐的理论一直主导着宋明儒学的发展。② "伊川先生每见人静坐,便叹其善学。此一静字,自濂先生主静发源,后来程门诸公递相传授,至于豫章,延平,尤提此教人,学者亦以此得力"。③

然二程对"静坐何善？静坐何学？如何入手？静坐中的意识有多少层次的转化阶段？"这些问题着墨不多。④ 朱子是理学静坐史的核心人物。钱穆认为朱子从两方面来解说周敦颐"主静立人极"的概念。一是从工夫的观点,讲"静定其心,自坐主宰";一方面从境界的观点,讲主静立极之静是一种"此心湛然纯一"的心体。朱熹也分别了儒家之静与释老之静。朱子以"白的虚静"来说明儒家之静,是种"知觉炯然不昧"的状态；释老之静乃"黑的虚静",呈现"萌然都无知觉"的状况。⑤ 因此,朱熹更喜从二程讲"主敬",用以代替"主静"的用法。据《朱子语类》记载,有人问朱熹说:"周先生说静,与程先生说敬,义则同,而其意似有异？"朱熹回答说:"程子是怕人理会不得他'静'字意,便似坐禅入定。周子之说,只是'无欲故静',其意大抵以静为主,如礼先而乐后。"⑥

---

① 杨儒宾:《宋儒的静坐说》,《台湾哲学研究》2004 年第 4 期,第 39～86 页；杨儒宾:《一阳来复——〈易经·复卦〉与理学家对先天气的追求》,杨儒宾、祝平次主编:《儒学的气论与工夫论》,上海:华东师范大学出版社,2008 年,第 97 页。
② 张亨:《〈定性书〉在中国思想史上的意义》,张亨著《思文之际论集》,台北:允晨文化出版公司,1997 年,第 407～468 页。
③ 陈献章:《白沙子》卷三,《白沙与罗应魁书》,《四部丛刊初编》,台北:台湾商务印书馆,1979 年,第 539 页。
④ 杨儒宾:《主敬与主静》,《台湾宗教研究》2010 年第 1 期,第 4 页。
⑤ 钱穆:《朱子论静》,《朱子新学案》第二册,台北:联经出版公司,1997 年,第 405～427 页。
⑥ 黎靖德编:《朱子语类》卷九四,北京:中华书局,1986 年,第 2386 页。

二、朱子的静心之道

(一)承自李侗"默坐澄心,体认天理"的观点

二程最早提出静坐和"观静中气象"的方法论,但对于细节却着墨不多。二程的弟子和再传弟子,有许多人依此方法修行,其中李侗是最典型的代表。朱熹的静坐理论即师承自李侗。① 朱熹由李侗处得到"默坐澄心,体证天理"的指点。李侗教朱熹,令从静中看喜怒哀乐之未发之谓"中",未发时作何气象,这一指诀。朱熹说:"李先生教人大抵令于静中体认大本未发时气象分明,即处事应物自然中节。此乃龟山门下相传指诀。"②此一指诀乃由杨时、罗从彦一脉相承下来的二程思想,渊源于《中庸》。③ 观未发时之气象也就是体认天理,是二程乃至朱熹理学思想的至要之处。

如何能够达到这种工夫呢?李侗认为治学的要点在于静中的操持涵养:

> 大凡人礼义之心何尝无,惟持守之即在尔。若于旦昼间不致牿亡,则夜气存矣,夜气存则平旦之气未与物接之时,湛然虚明气象自此可见。孟子发此夜气之说,于学者极有力。若欲涵养,需于此持守可尔。④

关于静中的操持涵养与体验未发的工夫,李侗举孟子"夜气说"为例(见丁丑年的书信),用以说明孟子的用功之处,借此勉励朱熹默坐澄心的工夫,并以此作为体证天道的基础。"夜气"的概念最早由孟子提出,是指从入夜到平旦这段时间,因为人尚未与外界事物接触,故而产生清明纯净之气,在这个时候良知最容易呈现。(《孟子·告子》:"夜气不足以存,则其违禽兽不远矣。")李侗指导朱熹必须于此入手("若不如此存养,终不为己物"),并要在平日中操持存养,扩而充之。

李侗本身即是实践此一修养工夫的典型例示。朱熹常称:

> 李先生居山间,亦殊无文字看。不著书,不作文,颓然若一田夫

---

① 朱熹在24岁时任同安主簿,开始从学于李侗,先后有十余年的交往,其论学过程主要记载于《延平答问》中。
② 朱熹:《朱子文集》卷四〇,《答何叔京书》之二。
③ 《中庸》:"喜怒哀乐之未发,谓之中;发而皆中节,谓之和。中也者,天下之大本,和也者,天下之达道也。致中和,天地位焉,万物育焉。"
④ 朱熹:《延平答问》卷二。

野老。

又曰：

> 李先生初间，也是一豪迈底人。夜醉，驰马数里而归。后养成徐缓，虽行一二里路，常委蛇缓步，如从容室中。

又曰：

> 李先生涵养得自是别，真所谓不为事物所胜。古人云："终日无疾言遽色。"他真是个如此，如寻常人去近处必徐行，出远处行必稍急，先生去近处也如此，出远处只如此。寻常人叫一人，叫之二三声不至，则声必厉。先生叫之不至，声不加于前。又有坐处壁间有字，予每常亦须起头一看，若先生则不然，方其坐时固不看，若是欲看，必就壁下视之。

又曰：

> 李先生终日危坐，而神采精明，略无隤堕之气。

从上述引文中，可以看出李侗对于静坐之道的身体力行，以及朱熹的推崇与体认。朱熹从李侗处所继承的是一种"默坐澄心，体认天理"的观点，其工夫之深，可贵处在于能够"无间断"，并表现在日常生活的行住坐卧中。朱子自述每回和李侗论学后，学问体会都会进入一新的境界，与前不同。[①]"半亩方塘一鉴开，天光云影共徘徊。问渠那得清如许，为有源头活水来""昨夜江边春水生，蒙冲巨舰一毛轻。向来枉费推移力，此日中流自在行"，这两首《观书有感》即是在与李侗交往期间的诗作。一般人都以"学习"作为"源头活水"的理解，而忽略掉"静中涵养"的把握。若能体会得这般心地工夫，则更能把握为学的顺势之道。

然而此等心地工夫却是最难以体会的。李侗教导朱熹，"令静中看喜怒哀乐未发之谓中，未发时作何气象"，朱熹最初也未能完全省察这层道理。在我们研究宋明理学工夫论的课题上来说，也是个难以掌握的关口。

对于心地工夫的把握，朱熹因为有早年学禅的经验，钱穆在《朱子新学案》第三册《朱子从游李侗始末》中指出，朱熹在初认识李侗的时候，李侗对于朱熹的赞赏。由于朱熹最初学禅的经验是对于李侗的教学格外有体会，因为禅修和李侗有许多相似之处，都是在心地上下工夫。但是李侗对于朱熹也有一些斥责，说他对于这些方法和理论都说得特别好，却独独在心地上的工夫

[①] 朱熹：《朱子文集》卷九七，《延平行状》："熹获从先生游，每一去而复来，则所闻必益超绝。盖其上达不已，日新如此。"

没有落实。(李侗说:"汝恁地悬空理会得许多,而前事却理会不得。")朱熹后来对于这段交往过程也有一些回忆:"道亦无玄妙,只在日用间着实做工夫处理,便自见得。后来方晓得他说。"朱子对于李侗的教学核心"默坐澄心,观喜怒哀乐未发前气象"事实上还未完全契入。

朱子的静坐观虽然师承自李侗,但是在朱子融会贯通之后,和李侗最初的默坐澄心之教已是不同。钱穆认为朱熹从李侗处所继承的学术有三要点:一曰须于日用人生上融会,一曰须看古圣经义,又一曰理一分殊,难不在理一处,乃在分殊处。朱子循此三番教言,自加寻究,而不自限于默坐澄心之一项工夫上。[1] 以下概述朱子静坐法的特色。

(二)由"主静"到"主敬"的工夫论转向

朱熹曾提出"半日静坐,半日读书"的观点,从这句话可以看出朱熹对于静坐的重视。但"半日静坐,半日读书"一语也让朱熹遭到后人的诟病,被认为是释氏之徒,背离圣学。[2] 其实,这句话可视为针对个别学生的禀性所做的随机指点语,是有对象性的。[3] 因此,不能认定朱熹主张全然地静坐,而昧于世事。本文的研究重点就是在于点出朱熹静心之道的独特性。

对于"在静中观未发时气象"的问题上,朱熹和李侗有着不一样的看法,比较接近程颐的观点。明道—杨时—罗从彦—李侗一脉传承下来的"观未发"的指诀,强调的是于静中把握天理,是一种直接的、当下的体悟。而程颐则不以这种圆融、直观的把握作为体证天理的依据,比较强调由小处渐进、累积的实见。[4]

程颐将《中庸》首章的重心移于"参中和",并区分心之体用,主张工夫应该用在"主敬"上。二程对于"敬"字的把握是采《周易·文言》"敬以直内,义以方外"的概念。"敬"的意思并非因为外在对象而表现出的"恭敬",乃是发自内心的"诚敬",是一种内在自我要求的态度。程颐曾说:"切要之道无如

---

[1] 钱穆:《朱子新学案》第三册,台北:联经出版公司,1997年,第35页。
[2] 清儒颜元语:"朱子半日静坐,是半日达摩也。半日读书,是半日汉儒也。试问十二个时辰,哪一刻是尧舜周孔乎?宗朱者可以思矣。"《颜李丛书》第六册,《朱子语类评》,第24页上。
[3] 参见杨雅妃:《朱熹静坐法》,《兴大中文学报》2006年第18期,第1~16页。
[4] 程颐担心的是于此而产生的好高骛远的问题,他曾说:"后之学者好高,如人游心于千里之外,然此身却只在此。"《二程遗书》卷一五。

"敬以直内"。以"敬"作为执持心术的纲领：

> "敬以直内"，有主于内则虚，自然无非僻之心。如是则安得不虚？"必有事焉"，须把敬来做件事着。此道最是简，最是易，又省工夫。为此语，虽近似常人所论，然持之一本有久字。必别。①

朱熹曾说："程先生所以有功于后学者，最是敬之一字有力。"又说："敬者工夫之妙，圣学之成始成终者皆由此。秦汉以来，诸儒皆不识这敬字，直至程子方说得亲切。"②朱熹继承了程颐的"主敬"观点，至此，"涵养需用敬，格物在致知"成为宋明理学一贯之教，静坐法门在朱子理学中成了一种本质上相当不同的工夫进路。

杨儒宾先生于《主敬与主静》一文中，对于朱熹的静坐理论提出深刻的剖析，认为"主敬"的提出是一种告别"心学的静坐论"的工夫论转向，放弃了直证心体的工夫论模式，而改以主敬穷理的方式。杨先生归纳朱子的静坐法有如下特色：(1)不特别强调坐姿与任何特殊的调心、调气法门。(2)不着重特别的时间。(3)静坐的目标之一固然是希望不要闲思量，但是如果有念头生起，不妨暂且随意所之，不要强硬断绝。(4)支持静坐可以有正思量的方式。(5)静坐与直接"体道""明心见性"的功能脱钩，变成"主敬"与"格物穷理"的辅助工具。③

(三)"主敬"体现于日常生活大小事物之中

杨儒宾先生将朱熹的"主敬"视为是一种"行为的静坐"，除强调行为上的收敛专一，也包含静坐及意识层面的修行在内。朱熹对于禅佛、象山、胡五峰都是有所批判的，甚至其出身的门庭——道南学派也有所怀疑。朱熹认为藉由静坐，并以此体认天道，违背了儒家的基本价值，"提出'主敬'的工夫论，用以代替流传已久、传播甚广的静坐法门"。其目的乃是要与所有心学工夫的静坐法决裂，而走向一种可落实于日常生活中的精神修炼方式。程朱工夫论的概念是"主敬"，静坐在理学工夫论中并非只是为了明心见性而设，而是强化身心修行的工具性意义以及作为"主敬穷理"说的辅助功能。然而不管是

---

① 《二程遗书》卷一五。
② 《朱子语类》卷一二，北京：中华书局，1986年。
③ 杨儒宾：《主敬与主静》，《台湾宗教研究》2010年第1期，第5页。

程朱或是陆王,其核心思想总在如何深化人的意识,以作为进德修业的基础。①

程颐认为内心涵养不是屏去闻见思虑的禅定,而在于交感万物的思虑中能使心有所主,"如何为主,敬而已矣"。②"敬"有"主一"的意思:"敬只是主一也。主一,则既不之东,又不之西,如是则只是中。既不之此,又不之彼,如是则只是内。存此,则自然天理明。""一"即"收摄","专一",指行为的收敛和心志的专一。而"主"则是内心有主的意思,"有主于内则虚,自然无非僻之心",不为外物所干扰和动摇。③ 因此,"主敬"其实是一种收敛心气、涵养未发的工夫,其本质与内涵相当接近于"主静"的意思。

朱子论"敬"时常言及"唤醒""提""常惺惺""湛然"等语词,与心学工夫论所用者类似。杨儒宾先生于《主敬与主静》文中罗列其语:

(1)"唤醒":

"人之本心不明,一如睡人都昏了,不知有此身。须是唤醒,方知。恰如瞌睡,强自唤醒,唤之不已,终会醒。某看来,大要工夫只在唤醒上。"

"放纵只为昏昧之故,能唤醒,则自不昏昧;不昏昧,则自不放纵矣。"④

(2)"提":

"只是频频提起,久之自熟。"

"学者常用提省此心,使如日之升,则群邪自息。他本自光明广大,自家只着些子力去提省照管他便了。"⑤

(3)"常惺惺":

"心既常惺惺,又以规矩绳检之,此内外交相养之道也。"

"心常惺惺,自无客虑。"⑥

(4)"湛然":

---

① 参见杨儒宾:《主敬与主静》,《台湾宗教研究》2010年第1期,第1~27页。
② 程颐:"学者先务,固在心志。有谓欲屏去闻见知思,则是'绝圣弃智'。有欲屏去思虑,患其纷乱,则是须坐禅入定。如明鉴在此,万物毕照,是鉴之常,难为使之不照。人心不能不交感万物,亦难为使之不思虑。若欲免此,唯是心有主一作在人,如何为主?敬而已矣。"参见程颢、程颐:《二程集》上册,北京:中华书局,1981年,第168~169页。
③ 参见《二程遗书》卷一五。
④ 黎靖德编:《朱子语类》卷一二,北京:中华书局,1986年,第200页。
⑤ 黎靖德编:《朱子语类》卷一二,第201页。
⑥ 黎靖德编:《朱子语类》卷一二,第200页。

"一者,其心湛然,只在这里。"①

"心要精一,方静时,须湛然在此,不得困顿,如镜样明,遇事时方好。心要收拾得紧。"②

从上述引文中可以看出朱子的"主敬"观点是一种针对内心涵养的修持与把握之道,相当接近于静坐法门。可以说,朱子在静坐法门的基础上,扩张了静坐理论的内涵,而发展出一种理学的静心之道。

笔者认为这种理学进路的静心之道适合作为学习静坐的入门指引。在静坐的实践中,关于静中的体验等问题,朱熹比较少有这方面的论述。研究佛老静坐理论或心学静坐理论的人,会有较多相关论述,而研究理学一脉者很少有人谈论。可是这个问题又是在实践过程中自然会碰到的问题,有说一说的必要,彼此也能提供一些交互的参照或讨论。以下笔者以"夜气"的概念,试着点出朱子静心之道的独特性与实践的要领。

三、从"夜气"的概念谈"静"的体证与实践

"涵养需用敬"是工夫的基础,能不能体会得此"静中气象",是学习理学工夫论的一道关口,也是区分实践之知与见闻之知的关键。静坐的实践容易产生主观性和神秘主义的色彩,至于如何能够把握"未发"等问题,更是难以有个定论。笔者以"夜气"的角度诠释这个问题,目的在于便于把握,以及凸显朱子理学静心之道的独特性,并非给予概念上的定义或限制。

(一)孟子"夜气说"的意义

"夜气"又称"平旦之气",孟子用来指称一种于夜间升起、尚未与外物应接的清明平旦之气。"夜气"是李侗和朱熹论学的一个核心问题,李侗曾提醒朱熹:"孟子有夜气之说,更熟味之,当见涵养用力处也。于涵养处着力,正是学者之要。若不如此存养,终不为己物也。"③"终不为己物"除强调出实践的必要性,也点明道德学问是要靠自家体会出来的,是一种内在的德性之知,而

---

① 黎靖德编:《朱子语类》卷一二,第206页。
② 黎靖德编:《朱子语类》卷一二,第219页。
③ 朱熹:《延平答问》卷一。

不是停留于言说的闻见之知。① 又说:"孟子发此夜气之说于学者极有力。若欲涵养,须于此持守可尔。"② 由此不仅可以看出李侗对孟子"夜气说"的重视,同时也是提醒朱熹以此作为涵养工夫的入手处。

孟子对夜气的讨论,主要见于《孟子·告子上》的《牛山之木章》:

> 牛山之木尝美矣,以其郊于大国也,斧斤伐之,可以为美乎? 是其日夜之所息,雨露之所润,非无萌蘖之生焉。牛羊又从而牧之,是以若彼濯濯也。人见其濯濯也,以为未尝有材焉,此岂山之性也哉? 虽存乎人者,岂无仁义之心哉? 其所以放其良心者,亦犹斧斤之于木也,旦旦而伐之,可以为美乎? 其日夜之所息,平旦之气,其好恶与人相近也者几希,则其旦昼之所为,有梏亡之矣。梏之反复,则其夜气不足以存;夜气不足以存,则其违禽兽不远矣。人见其禽兽也,而以为未尝有才焉者,是岂人之情也哉? 故苟得其养,无物不长;苟失其养,无物不消。孔子曰:'操则存,舍则亡。出入无时,莫知其乡。'惟心之谓与?

孟子以"牛山之木"来比喻人性之本善,是一种人人本具的内在本性。但此天资美才,经不起"旦旦而伐之"的消损。"夜气"指的是尚未与外物接触而保持着的清明之气,是这种内在而本有的德性。

旦昼之所为,若只是顺从人欲的种种行为,会使得这种清明之气逐渐消损梏亡,以致淹没了人性的本质。("梏之反复,则其夜气不足以存;夜气不足以存,则其违禽兽不远矣")因此,对于"夜气"的体察与涵养,是修身成德的重要工夫,也是道德学问的基础。("苟得其养,无物不长;苟失其养,无物不消")

这种操持存养的心地工夫,一方面是最具体可为的,提起来就有,放下了就失掉了。却也是最精微难辨的,要在起心动念处下工夫。正如孔子所说:"操则存,舍则亡。出入无时,莫知其乡。"因此,工夫的难处在于对心性的体察与涵养,其可贵之处在于能够不间断并扩而充之,渗透于日用平常的行住坐卧之间。

---

① 程颐:"闻见之知,非德性之知。物交物则知之,非内也。今之所谓博学多能者是也。德性之知,不假闻见。"这种内在本具的德性之知,必须有足够的反省才能体察得到。

② 朱熹:《延平答问》卷二。

(二)"夜气"概念的特点

杨儒宾先生归纳孟子的"夜气"有以下几项特点:[①]

第一,"夜气"具有道德价值。此种类型的气并非只是中性意义的体气。诚如孟子所述,它"好恶与人相近",换言之,也就是它与常人一样具有善的性向。

第二,"夜气"是自然产生的,由于尘虑不起,反可顺流行,是一前知觉的、先验的气。此种气的生成并非缘于个人主观的能力,相反,正因为人在睡觉或在初醒时,诸缘放下,尘虑不起,所以它反而可以顺遂流行。配合孟子"乍见孺子将入于井"的例子来看,我们可以说:孟行文的策略都是用以强调人心有种非经验性的机能。引而申之,也就是孟子主张有种前知觉的、先验的道德意志。同样的,也有种前知觉的、先验的气。

第三,"夜气"如"草木之萌蘖",只要不受到后天干扰,其潜能皆可先后实现。我们发现到孟子此处的譬喻"草木之萌蘖",意指植物的生命与人的道德生命都有一种有机的生长,只要不要受到后天因素的阻挠,它们内部的潜能都可以先后实现。

第四,"夜气"的概念与医学和养生思想有关。孟子使用"夜气"的概念时,很可能与当时的医学及养生思想有关。据《黄帝内经》所示,人身的体气不是等价的,经由一夜的滋息,及乎平旦时的"气"乃是善的。屈原在《远游》一文中也说及炼气的奥旨:"于中夜存。"

透过杨儒宾先生的分析和归纳,让我们对"夜气"有更进一步的理解:(1)"夜气"的概念,不仅仅只是一种清明之气,也可视为具有"良知"等概念的道德内涵。(2)这种本性是内在且人人生而本具的,具有实现的潜能。(3)"夜气"概念接近于"未发"的解释,是尚未与物接的意思,而且有一种生发的作用在内,是道德良心发用的本源。(4)"夜气"和"身体"的概念有关,有身心交互影响的作用在内。

(三)"夜气"的道德属性与工夫论内涵

程颐曾特别提醒学者,"夜气之所以存者,良知也,良能也,苟扩而充之,

[①] 杨儒宾:《儒家身体观》,台北:"中研院"文哲所,1996年,第151~153页。

化日昼之所害为夜气之所存,然后可以至于圣人"。① 在此可看出程颐与孟子观点的一致性。夜气概念和良知是紧密联系在一起的,是人人本具之性。只要对此夜气操持存养、扩而充之,则能达到成圣的目的。

在宋代以前,"夜气说"并没有受到儒者太大的重视。程颐虽然也重视"夜气"章,但对于"夜气说"并没有大多的阐释。这样的现象直到李侗和朱熹的论学才有一个转变。李侗极为强调夜气的存养、持守工夫,在教导朱熹时,他说:

> 大凡人理义之心何尝无,惟持守之即在尔。若于旦昼间不至牿亡,则夜气存矣。夜气存则平旦之气未与物接之时,然虚明气象自可见此。孟子发此夜气之说,于学者极有力。若欲涵养,须于此持守可尔。②

理义之心人皆有之,之所以隐而未见,是因为不能操持存守罢了。夜气说的重要处就在于这种人人本具的内在良知,容易在夜晚这种尚未与物接应的时刻显现,而操持涵养就要在此关键时刻下工夫。存养夜气即持守理义之心,也就是在体认天理。

在两者的讨论中,"夜气"成为理学工夫论的一环,与"静坐"和"参中和"并列。夜气"未与物接"的含义,相当于"喜怒哀乐之未发"的时刻,可从静中去细心体察。操持涵养到得力之处,便能扩充到日常生活的待人处事,自然能应物中节。此乃道南一脉的修行指诀。如朱熹所说:"李先生教人大抵令于静中体认大本未发时气象分明,即处事应物自然中节。此及龟山门下相传指诀。"③李侗说:

> 先生(指罗从彦)令静中看喜怒哀乐未发谓之中,未发时作何气象。此意不惟于进学有力,兼亦是养心之要,元晦偶有心恙,不可思索,更于此一句内求之,静坐看如何? 往往不能无补也。④

这种从静处把握未发的工夫,是李侗传自罗从彦的心法,不仅于为学有力,也是养心之要。

(四)"未发"的问题可透过"夜气"来把握

朱子的静心之道是一种理学的工夫论。儒家工夫论的终极目标在于修

---

① 《二程遗书》卷二五,《二程集》上册,北京:中华书局,1981年,第321页。
② 朱熹:《延平答问》卷二。
③ 朱熹:《延平答问》卷三。
④ 朱熹:《延平答问》卷二。

身成德①,其目的不是停留在闻见之知的分辨上,可贵处在于能够透过实践,掌握德性之知的内涵。工夫论的关键在于"如何呈现本体"的问题,除了方法层面的讨论之外,更重要的是"体证"等问题。关于工夫论"如何呈现本体"的问题,近代学者中以牟宗三的影响最大。牟宗三认为朱熹对于李侗"静坐以验未发前气象"之"超越的体证"并没有得到要领,并且和先秦儒家"逆觉的体证"不同,是一种"歧出"。在道德践履的工夫论问题上,李侗对于朱子只算是供给一题目,至多供给一着手之入路,即只指点其自"致中和"入手。②

"逆觉"一语,是牟宗三所创用的,即反省觉察的意思,相当于静坐法门中观照、体证的意思("逆觉"即牟宗三所谓"反察而觉识之、体证之"之义,其用法是根据孟子所谓"汤、武反之也"之"反"字。"觉"字亦是孟子之所言,如"先知觉后知,先觉觉后觉",依孟子教义,最后终归于觉本心)。"逆"字除有反察之义外,亦有不溺于流,不顺利欲,扰攘滚落下去之义。依此,"逆觉"有儒家道德工夫论中强调修身成德的实践精神。③

牟宗三将"逆觉"的工夫分为"内在的体证"及"超越的体证"两种形态。前者指就现实生活中良心发见处直下体证而肯认之为体之谓也。不必隔绝现实生活,单在静中闭关以求之。李侗的静坐以观喜怒哀乐未发前之气象为"超越的体证",必须闭关(静坐)以求之,须与现实生活暂隔一下。牟宗三认为朱熹对于这两种形态的逆觉皆未能掌握。④

牟宗三的观点,当属当代工夫论研究的经典之作,然非议者也并非少数。本文关注的焦点不在于回答工夫论上关于"逆觉的体证"或"参中和"等问题,其牵涉的内容并非这篇文章所能论及。对于李侗教导朱熹的静观之法,朱熹自有一套不同的把握,其"涵养需用敬"的观点,仍是在"静中观未发时气象"的基础上发展出来的。

李侗教人于静中体认未发前气象,自然能够发而皆中节的教诲,朱熹曾

---

① 工夫论的讨论,正如牟宗三所言,是"如何成德,如何成就人品的问题。"参见牟宗三:《中国文化的省察》,台北:联合报社,1984年,第104页。
② 朱子所受用于延平者,一在知释、老之非,一在于分殊之缜密处着力,至于对其"静坐以验未发前气象"之超越体证之实路盖未之有得也。然于分殊之缜密处着力,毕竟只是一读书之方法,而朱子毕竟非空泛读书者。渠必须于道德践履之工夫有一本源上之透彻明白。牟宗三:《心体与性体》第三册,第49页。
③ 牟宗三:《心体与性体》第二册,第493~494页。
④ 牟宗三:《心体与性体》第二册,第493~494页。

坦言未能尽心于此,至于师殁,仍不得要领。这并非出于对静坐之法的排斥,而是因为对于"心"的理解不同而产生的认知差距。朱熹早期认为"心为已发,性为未发"[①],而不能参透"观未发前气象"的问题。朱熹40岁之后对于"心"有了新的看法("己丑之悟"),认为"心贯乎已发未发",而提出中和新说。在修养方法上,朱熹也一改旧说的"先察识后涵养"而为新说的"涵养于未发,察识于已发"。而对于"未发"的体证与把握,虽不能直接成为体证天理的依据,却也是朱熹理学工夫论的基础。因此,静心一法的工夫进路虽不相同,但从总的来说,都是涵养德性之知的基础。

另外,本文的主要关怀在于从实践的角度来看,需要对静坐时的体验或意识状态有更为详细的解释,而作为实践上的指导。静中之体验在研究程朱理学一脉的人谈论较少,这可能和朱熹对于体悟的警戒态度有关。可是在静心之道的实践过程中,很自然会碰触到静中体验的问题。若想在朱熹的理论下提出讨论,而非从异教别宗的理论提出看法和解释,可以试着回到李侗最初给朱熹的教法上谈起。"静"的要旨,还是要回到李侗教给朱熹的关于"未发"的体证上去推敲。"未发",若用概念分析的方法来解释,是抽象而难以理解的,但是由"夜气"的概念来把握,就显得亲切且具体许多。

夜气说的讨论,除了有具体明晰、便于把握的特点之外,还具有一诉诸于身体经验的共感性,而便于彼此的交流讨论。以下以共感性和身体意义的观点加以引申。

(五)"夜气"概念具有身体经验的共感性

关于体验的问题,可参考陈来先生关于朱子心性论的讨论:

> 未发的心理体验有极大的偶发性,它不能通过普遍的规范加以传授,必须经由个体的独自体认,且要经教长时间的训练……不是所有的人经由遵循简单规范的训练便能掌握,相反,大多数人常常难以感受到那种心理体验。这样,这种内心体验作为道德修养的一种方式,其普遍性和可靠性就成为疑问,从而在如何对待未发静中工夫上,也就产生了

---

① 朱熹:"人自婴儿以至老死,虽语默动静之不同,然其大体莫非已发,特其未发者为未尝发耳。"(《中和旧说序》)人从出生至老死,心的觉知作用一刻不曾停歇,即使在睡眠或无所思虑的时候,心也是处于已发的能觉知状态(用)。所谓未发者,指的是性(寂然不动之本体)。朱熹曾与张栻会晤后,谈论"心"究竟为"已发"或是"未发"的问题,赞成张栻的主张,认为"心为已发",接受湖湘学派的心法:"先察识后涵养。"

理学的派别分异。①

陈先生这段话点出了"体验未发"这个理学工夫论核心问题的困难性以及重要性。对于未发的体验不同,于工夫进路的本质上会有不同,因此不好采取笼统或随性的把握。然而这种诉诸于心理体验的问题,又具有极大的主观性和偶发性,不仅有理论解释上的难度,对于身体力行的实践而言,也有让人望之却步的感叹。

儒家工夫论的谈论,大抵把焦点放在"心"的问题上,认为"心"是"身"的主宰。杨儒宾先生曾发表许多关于"身体"的论述,这些文章呈现出一种由"心"到"身"的研究转向。杨儒宾认为"夜气"的概念可能不是孟子突然创造出来的,它与战国时期学人对身体知识的理解有关,它伴随着晚周时期医学与修炼之学的进展而跃上了历史舞台。如屈原曾在《远游篇》里提到,修炼最好的时辰在子夜:"一气神兮,于中夜存。"②或如《黄帝内经·灵枢》所示,人有阴阳等各类体气在体内每个时辰并不是等价的,不同时辰的体气会影响人的精神表现。

在身心交互作用的观点里,可以用中医学对于"气"的概念作为切入。"气"在"身体"中的运行具有一定的规律,十二个时辰中有与之相互对应的经络以及脏腑的运作机能,人也会产生相应的精神状态。"夜气"的概念和十二个时辰以及经络的运行有关,如"春生夏长,秋收冬藏"等大宇宙中的节气变化一样,在一天十二个时辰中,人体的小宇宙也会经历从生发到收藏的循环规律。"子时"指的是从晚上十一点到凌晨一点的这段时间,是一个循环的开始,代表了从冬季迈向春季的临界点。这个临界点也可视为是太极图黑白鱼中黑鱼当中的小白点,乃一阳初动的时机,此时身中会升起一股生发之机。道家养身理论就相当重视对于"子时"生发之机的把握。本文仅以"气"在"身体"中的运行规律作为引申,关于身心交互作用的问题,可作为未来研究的方向。

孟子的"夜气说"除理解为白天与黑夜有没有关于人事的对接等问题之外,也蕴含了上述天地长养万物的形上学观点。另外,透过夜气的长养,人的觉察之心在此时会特别敏锐。大家可能都有一种在夜阑人静中特别容易反

---

① 陈来:《朱子哲学研究》,北京:三联书店,2010年,第186页。
② 参见杨儒宾:《一阳来复——〈易经·复卦〉与理学家对先天气的追求》,杨儒宾、祝平次主编:《儒学的气论与工夫论》,上海:华东师范大学出版社,2008年,第97页。

观自省的经验,除了是暂时隔绝于外物的因素之外,也有一定程度的身体因素(生理因素)在内。这种自发的、直觉的感受,就是夜气说的独特意义。夜气说具有一定的身体意义,而且容易有共感经验,因此,透过对于"夜气"的感受,比较容易理解"体验未发"的问题。

结 语

儒学作为一成德之学,具有浓厚的实践性,其终极目标在于如何修身成德以达到圣人的境界。朱子的理学工夫论虽有从"主静"到"主敬"的理论转折,仍不出孔孟以"涵养未发"作为工夫的基础。理学的实践与工夫论的关系,正如杨儒宾先生所指出的,是一种关于"本体"的体证与呈现的问题。[①] 朱子的静心之道,也就是这种对于"本体"的体证和呈现。本文以"体验未发"作为扣紧儒家工夫论传统的核心议题,唯有透过此一问题的把握,才能体现圣贤之道、德性之知的内容。

然而"未发"问题的体证,奠基在心理经验的基础上,具有一定的主观性与偶发性,若以概念分析的方式掌握,恐怕很成问题。本文以"夜气"的概念把握"未发"的问题。"夜气"最接近于"未发"的概念,由"夜气"入手理解"未发",有助于体现朱子静心之道的精义。"夜气"的概念较为清楚、简明且易于掌握。此外,"夜气"具有一种身体经验的共通性,容易引发共鸣,并可作为学人间交互参照或讨论的基础。

从"气"在人体运行的规律来看,"夜气"所体现的是一种"静中有动"的精神,不同于释老的"涅盘寂静"或"虚静"。"夜气"的概念蕴含着"一阳初动"的生发契机,充满着儒家积极的入世性格。回应着前文儒家工夫论的实践性,此"夜气"的概念最能贴近朱子的静心之道。更多关于"夜气"身体概念的讨论,可能折射出关于身心交互作用的议题,可作为未来研究方向。

(作者单位:武夷学院朱子学研究中心)

[①] "理学家的实践,乃意味着'本体的体证',而理学家的工夫论,乃意味着'本体的呈现'之学问。由于'本体'的概念是理学整个思想体系的核心石,因此,'如何呈现本体'的工夫论才会变成理学的要因"。参见杨儒宾:《宋儒的静坐说》,《台湾哲学研究》第四辑,台北:台湾哲学学会,2004年,第40页。

朱子学与社会主义核心价值观相通相契的多维分析

◎ 胡华田　姚进生

朱子学蕴含着丰富的思想道德资源,为培育和践行社会主义核心价值观提供有益的道德规范和思想借鉴。特别是朱子民本观与群体本位精神,和谐观与追求大同理想,爱国情怀及重视理想人格的培养等思想,为当今弘扬集体主义精神、追求共产主义理想、建设中国特色社会主义及高校立德树人都具有深刻的启示意义。

中华优秀传统文化,特别是朱子文化,是中华文化的精髓,蕴含着丰富的思想道德资源,为社会主义市场经济实践中产生的时代问题提供有益的道德规范和思想借鉴,对培育和践行社会主义核心价值观具有重要启示意义。有鉴于此,我们研究朱子学所蕴含的价值观与社会主义核心价值观相通相契的价值资源,有助于我们科学地借鉴和利用这一道德思想文化中可转化的资源,服务于我们的社会主义建设事业,尤其是思想道德建设。

一、朱熹民本观、群体本位精神为社会主义核心价值观国家层面价值目标提供思想渊源

朱子学价值观与社会主义核心价值观都重视现实社会关系中的人。朱熹的理学思想更是继承了孔孟儒学中的重民爱民的民本思想,提出了"盖国以民为本,社稷亦为民而立。"[1],又说:"若人民皆归往之,便是天命之也。"[2]朱

---

[1] 朱熹:《四书章句集注》,上海:上海古籍出版社,2006年,第462页。
[2] 黎靖德编:《朱子语类》卷一六,北京:中华书局,1986年,第315页。

熹通过形而上的方法论证了"民心""王道"都源于作为世界本原的"天理",从而将中国民本的政治传统演变成具有内在独立性的普遍符合"天理"的道义法则,成为治国理政必须遵循的政治原则和道德价值取向。朱熹把"恤民"作为天下之大务,把"养民""富民""教民"作为"得民心"的治国理政的基本原则,把行荒政、劝农事、制民产等作为"民生"的基本措施而加以大力推行。朱熹民本思想所表达的重民、爱民、恤民的价值理念与社会主义核心价值观所表达的"人民至上""以人民为中心"的价值理念是相通相契的。社会主义核心价值观所倡导的富强,就是国富民强,是社会主义现代化国家经济建设的应然状态,也是人民幸福安康的物质基础,把我国建设成为社会主义现代化强国,必须坚持以人民为中心的发展理念,让现代化建设成果更多更公平惠及全体人民,习近平总书记在党的二十大报告中把"全体人民共同富裕"作为中国式现代化的中国特色之一,充分体现了我们党以人民为中心的根本立场和扎实推进全体人民共同富裕的坚定决心。社会主义核心价值观所表达的民主,是人民民主,其实质是人民当家做主,它是创造人民美好幸福生活的政治保障,而人民当家做主是社会主义民主政治的本质和核心,也是社会主义核心价值观民主价值理念的本质与核心所在。文明是社会进步的重要标志,它是社会主义现代化国家文化建设的应有状态,是对面向现代化,面向世界,面向未来的民族科学的大众的社会主义文化的概括,其中"民族"和"大众"表明社会主义文化建设是为民族和人民大众服务的,而其"三个面向",是为实现中华民族伟大复兴提供重要的文化支撑,最终还是为民族振兴和人民幸福服务的。和谐是中国传统文化的基本理念,建设社会主义和谐社会,当然应以人民为主体,以人民为中心,它是社会主义现代化国家在社会建设领域中的"以民为本"的价值诉求,是经济社会和谐稳定、持续健康发展的重要保证。

"自由、平等、公正、法治"是社会主义美好社会的生动表述,贯穿其中的仍是"以民为本"的价值理念。我们知道,朱子学的民本思想还认为人是以群为居的,故而朱熹主张尊公蔑私,认为社会的价值高于个人的价值,由此形成了重群体、重社会的群体本位的社会价值取向。父慈、子孝、兄友、弟恭等都是每个人对社会的责任与义务,也是以家族为本位进而实现人的社会价值的有效载体,在个人与社会,个人与民族之间的关系上,朱熹主张"循理而公",即个人的利益服从集体的利益。这同社会主义核心价值观在社会层面倡导集体主义的价值取向,倡导公平正义、公而忘私等美德是一致的。总之,以民为本是社会主义核心价值观的核心理念,集体主义是社会主义核心价值观社会价值取向,朱子学价值观中的民本思想及其群体本位的价值诉求,理应成为社会主义核心价值观"以人民为中心"和集体主义精神的思想渊源。

二、朱熹和谐观、追求大同理想为社会主义核心价值观社会层面价值取向提供了思想智慧

朱熹的"和谐"思想是我国传统和谐文化的重要组成部分,它对中国近古以来的社会稳定、经济发展、文化繁荣都起到重要的作用。朱熹所谓"和谐"是"和而不同"的和谐。是建立在"己欲立而立人,己欲达而达人""己所不欲,勿施于人"的伦理价值观基础上的"和谐"。这种"和谐"观要求人们彼此了解,相互尊敬,求大同而存小异,从而使人与人的关系趋于和谐,进而达到群体社会的和谐,这种"和谐"观之于国与国之间关系,就是国际之间和谐、世界和谐。

和谐是社会主义核心价值观的重要理念,从个人修养方面来说,马克思认为一个人的发展取决于和他直接或间接进行交往的其他一切人的发展,也就是说,人的发展必然通过一种人与人之间的和谐共存才能够得到真正的全面发展。[①] 可见在个人修养方面,朱熹的思想与马克思的思想是非常接近的。

在国家治理方面,构建社会主义和谐社会是中国特色社会主义的重大战略任务,体现了全党全国人民的共同愿望。对于推进党和人民的事业发展,保证党和国家的长治久安具有十分重要的意义。社会主义和谐社会就是人与自然、人与社会、人与人之间和谐统一、协调发展的社会,是崇尚自然、敬畏生命、万物共生共荣的社会,是民主法治、公平正义、诚信友善、充满活力、安定有序的社会,社会主义和谐社会的上述内涵,都已涵盖于社会主义核心价值观的内容中,它们与朱子学所主张的和谐观是基本相契合的。

就国与国之间关系而言,儒家传统文化中的"协和万邦"思想与社会主义和谐世界观是息息相通的。如前所述,朱熹的和谐观是"和而不同",是"求大同存小异"的求同存异的和谐,其最本质的理念就是"己所不欲,勿施于人"的这一价值理念。习近平总书记在第70届联合国大会的发言指出,"和平、发展、公平、正义、民主、自由"六大理念是"全人类的共同价值",陈来认为:"总

---

① 《马克思恩格斯全集集》第5卷,第515页。

体而言，可以说'己所不欲，勿施于人'的金律是'和平、发展、公平、正义、民主、自由'六大理念的伦理基础。分而言之：第一，'己所不欲，勿施于人'是'公平'的基础；第二，'己欲立而立人，己欲达而达人'是'发展'的基础；第三，'和而不同'是倡导宽容、多元的对话，是'民主'的基础；第四，'以德服人'，王道正直，是'和平'的基础；第五，'天下为公'，不以私利为原则，是'正义'的基础。"①陈来认为："这六项不仅可以指向'和平、发展、公平、正义、民主'，成为这些价值后面的深层理念，它们本身也是人类生活最基础的道德价值。……由此可以体现出中华文明原理的普遍意义。"②正如习近平总书记指出的："中华文化崇尚和谐，中国'和'文化源远流长，蕴含着天人合一的宇宙观、协和万邦的国际观、和而不同的社会观、人心和善的道德观。"③朱子学的和谐观与社会主义核心价值观息息相通。

在理想社会建构层面，儒家理想社会是《礼记·礼运》篇中的大同社会，大同社会的最大特点就是"天下为公"，这里的"公"主要是指政治学意义上的公平、正义，着重强调执政者的公平、公正，不偏私。而在朱子学中，这种公平、公正就是所谓"中"。朱熹认为"中"即理，"中"即道，中是大本，所谓"大中至正"的实质是正义。"中"具有正当性原则，"中者，天下之正道。庸者，天下之定理"。④这个"中"就是客观事物自身的合目的性与合理性，即物之所当是，所当有。"道者，天理之当然，中而已矣"。⑤朱子理学中的正义、公正性、公平的准则，是以正道、天理之当然而体现出来的。在大同理想社会里，讲求为人处世公平公正，男女老幼都能实现自身价值，人与人之间和谐相处，这也是朱熹所说的，"盖天地万物本吾一体，吾之心正，则天地之心亦正；吾之气顺，而天地之气亦顺矣"。⑥这也是《中庸》说："中也者，天下之大本也；和也者，天下之达道也。致中和，天地位焉，万物育焉。"⑦天下为公的大同社会，深刻表明了中华文明对美好社会的追求，这种崇高境界，与马克思对未来共产

---

① 陈来：《仁与人类共同价值》，《国际儒学》2022年第2期，第31页。
② 陈来：《仁与人类共同价值》，《国际儒学》2022年第2期，第31页。
③ 2014年5月15日习近平在《中日国际友好大会暨中国人民对外友好协会成立60周年的纪念活动上的讲话》。
④ 朱熹：《中庸章句》，《四书集注》，长沙：岳麓书社，2004年，第34页。
⑤ 朱熹：《中庸章句》，《四书集注》，长沙：岳麓书社，2004年，第34页。
⑥ 朱熹：《中庸章句》，《四书集注》，长沙：岳麓书社，2004年，第22页。
⑦ 朱熹：《中庸章句》，《四书集注》，长沙：岳麓书社，2004年，第22页。

主义社会的理想状态是不谋而合的。儒家所构想的天下为公的大同社会,作为中华民族对美好未来的一种精神追求,已深深扎根于中国社会的深厚土壤,融入了中华民族的血脉之中而成为推动社会、历史发展进步的强大精神动力。大同社会的理想,不仅对于我们今天的社会主义核心价值观建设具有启迪意义,对于整个人类社会的发展,也贡献了中华民族的智慧。

面对当今世界百年未有的大变局,中国提出了构建人类命运共同体的理念,就是儒家"天下大同"政治理念在新时代的延伸和拓展,这种延伸和拓展当然不是简单的重复,而是在习近平新时代中国特色社会主义思想的指导下的理论创新。

三、朱熹爱国情怀、培育理想人格为社会主义核心价值观个人层面的价值准则提供了深厚的道德情感基础

爱国主义是中华民族的优良传统,也是社会主义核心价值观的重要内容。朱熹所处的年代正是南宋内忧外患、积贫积弱的衰世,国家和民族面临生死存亡的时期,他以国家中兴为己任,主张富国强兵,抗击金人入侵和恢复中原失地,朱熹曾多次上书朝廷,如对孝宗皇帝说:"今日之计,不过乎修政事,攘夷狄而已矣。"[①]这里,朱熹说的"攘夷狄"不仅有拒"夷狄"于国门之外,并且有变"夷"为"夏",即以华夏文明"开化夷狄蒙昧"的意义。朱熹还针对当时南宋朝政腐败、国力虚弱的情况,在提出"主抗金"攘夷狄的同时,提出必须先整顿朝纲,革除弊政,励精图治,才能实现国家的统一,并认为"正君心"是重中之重的"大根本"。此外,朱熹还强调爱国要"利国""利民",他说:"古人做事,苟利国家,虽杀身为之而不辞。"[②]并提出士大夫应"为国为民,兴利除害,尽心丰职"。[③]朱熹还提出爱国就必须有担当精神,在其从政的经历中,处处表现出了爱国爱民的高尚情怀,在其为师从教的历程中,无时不以高尚的精神教导学生实现儒者"修齐治平"的远大志向,正如朱熹在任福建漳州知事时,曾为创办的白云岩书院写过一副对联那样:"地位清高,日月每从肩上过;

---

① 朱熹:《晦庵先生朱文公文集》卷一一,《壬午应诏封事》,朱杰人等主编:《朱子全书》第20册,上海:上海古籍出版社,合肥:安徽教育出版社,2002年,第537页。
② 黎靖德编:《朱子语类》卷八一,北京:中华书局,1986年,第2114页。
③ 黎靖德编:《朱子语类》卷一三,北京:中华书局,1986年,第245页。

门庭开豁,江山常在掌中看。"这种担当精神正是中国仁人志士的爱国主义追求。爱国主义精神培育和熔铸出了无数心怀天下、为国捐躯的民族英雄,它对于维护祖国统一、增强民族凝聚力发挥了重要作用。社会主义核心价值观所倡导的爱国主义精神,要求人们以振兴中华为己任,促进民族团结,维护祖国统一,自觉报效祖国,它是同社会主义紧密结合在一起的,它不仅是一种个人对自己祖国的深厚情感,也是调节个人与祖国关系的行为准则。朱子理学中的爱国情怀与社会主义核心价值观有着共同的民族文化传统和社会基础,在爱国主义内容的价值诉求上都是要使国家富强、人们幸福、民族团结、国家统一,在个体对国家的关系上都是讲求尽忠报国、无私奉献、勇于担当。可见朱熹的爱国思想与社会主义核心价值观的爱国理念是相契合的。

朱熹的道德教育思想突出了伦理本位,极重视个人道德修养的完善。可以说,重视人的道德修养和人格完善是朱子理学的重心所在,朱熹将"明人伦",培养理想人格作为教育,尤其是道德教育的目的,主张不论是乡学,还是国学,都要以"明五伦"作为教育尤其是道德教育的目的。他在《孟子集注》中也明确提出:"父子有亲,君臣有义,夫妇有别,长幼有序,朋友有信,此人之大伦也。庠序、学、校,皆以明此而已。"在其著名的《白鹿洞书院揭示》中,更是开宗明义将此作为"五教之目",明确宣布"学者学此而已"。可见朱熹是把"明人伦",更具体地说,是把"明五伦"作为教育,尤其是作为道德教育目的的。

朱熹以"明人伦"为教育目的,其实质意义在于培养一种理想的人格。所谓培养理想人格,在朱熹看来,就是要把培养"讲明义理以修身"的"贤君""忠臣""孝子"作为其教育,尤其是道德教育的根本目的。他说:"故圣贤教人为学,非是使人缀辑语言,造作文辞,但为科名爵禄之计,须是格物、致知、诚意、正心、修身而推之以至于齐家、治国,可以平治天下,方是正当学问。"[①]可见教育不是为了"科名爵禄之计",而是要培养"讲明义理以修身"的"齐家、治国平天下"的人才。所谓"义理",是指"明五伦"的纲常名教,这也是朱熹哲学中所说的"天理"的基本内容。

朱熹所设计的最高层次的理想人格是"圣人"人格,这种"圣人"人格就是达到了"仁"的道德境界,具备"仁"的道德品质,一个真正做到大公无私的人也就是一个真正的"圣人",就能"讲明义理",当人君就可以成为"贤君",当人

---

① 朱熹:《朱文公文集》卷七四,《王公讲义》,第 3587 页。

臣就可以成为"忠臣",当人子就可以成为"孝子",然后"推己及人",就能实现"修齐治平"之大道。

朱熹所设定的"圣人"人格的目标,虽有悬之过高,脱离实际,难以在现实生活中达到,从而导致虚伪人格产生的弊病。但是朱熹也十分重视对普通百姓的道德教化。朱熹的道德教化思想是建立在他的心性论基础上的。他认为人所具有的"天命之性"是至善的,人都具有内在的价值和向善追求,通过自身道德修养,可以达到"人人皆可以为尧舜"的"成圣"目标,但由于受后天环境的影响,"气质之性"有清有浊,使人因"物欲之弊",失去本善之性而化为恶,这就需要通过道德教化,变化气质,恢复先天之善性,"乃复其初"。为此,朱熹重视道德教化中人的主观能动性,主张由外在道德要求到内在道德自觉,注重人的道德践履,主张区分小学与大学不同的教育阶段并提出了循序渐进过程教育和因材施教的教育方法。总之,在朱熹的道德教育目标中,不仅仅只是针对贤君忠臣的"圣人"人格的一种模式,亦有成士、成工、成农、成商的道德人格要求,如朱熹说:"士其业者,必至于登名;农其业者,必至于积粟;工其业者,必至于作巧;商其业者,必至于资。"[1]这就是说从事各行各业的都必须遵守"敬业"的道德规范,专心致志,以事其业。在道德教育内容上,也不仅仅只有"天理""仁爱""至善"等德目,更有"爱国""循理守法"、"诚信""宽""孝""慈""悌""省""俭""恭""智"等,既有大学阶段的教理,也就是"穷理、正心、修己、治人之道",即大学的"三纲领""八条目"所构成的四书之教为核心,包括六艺在内的大学道德教育内容体系,也有针对少年儿童的小学教育的主要内容,即"教人以洒扫、应对、进退之节,爱亲、敬长、隆师、亲友之道"[2]等所谓"打好圣贤坯模"的道德教育内容。总之,朱熹的道德教育内容是十分广泛的,大到君主大臣、治国理政的德性要求,士人学子修养治平、内圣外王的"为己之学",小到农工士商,寻常百姓的人伦日用常行所必须遵守的道德规范。无一不是其道德修养和培养理想人格的题中应有之义。

所以朱熹高昂的爱国主义情怀和重视人的道德修养培育理想人格的道德教育观与社会主义核心价值观重视公民个人层面的基本道德规范培养,以标显公民个人道德行为的基本价值标准的选择有着高度的契合。个体层面

---

[1] 朱熹:《朱熹外集》卷二,《不自弃文》,《朱熹集》第九册,郭齐、尹波点校,成都:四川教育出版社,1996年,第5755页。

[2] 朱熹:《朱文公文集》卷七六,《题小学》,第3671页。

的道德价值准则是一个社会核心价值观的重要基础,其中爱国主义的价值准则是基础中的基础。如前所述,朱子学格致观强调爱国,就是要树立一种为国家而尽忠献身的崇高精神和高尚的道德境界,有了这种精神就能胸怀天下,爱国爱民,为国家的富强、社会的文明进步和社会的和谐而努力奋斗,就能做到公而忘私,清正廉明,循礼行法,见利思义;就能做到敬业乐群,待人友善,遵守职业操守。可见在爱国理念及个人层面的基本道德规范和基本价值标准上,朱子理学价值观与社会主义核心价值观是相通相契的。

结　语

朱子学蕴含有丰富的思想道德资源和丰富成熟的道德涵养方法体系,从国家价值目标、社会价值取向和个人价值准则等多维度为培育和践行社会主义核心价值观提供借鉴和参照价值。从国家价值目标维度,朱熹民本观、群体本位精神为社会主义核心价值观国家层面价值目标提供思想渊源;从社会价值取向维度,朱熹和谐观、追求大同理想为社会主义核心价值观社会层面价值取向提供了思想智慧;从个人价值准则维度,朱熹爱国情怀、培育理想人格为社会主义核心价值观个人层面的价值准则提供了深厚的道德情感基础和道德规范借鉴。所以培育和践行社会主义核心价值观,要求我们必须把马克思主义基本原理与中华优秀传统文化相结合,挖掘和传承朱子学的丰富思想道德价值及其蕴含的中华传统美德资源。

(作者单位:武夷学院朱子学研究中心)

朱子《答何叔京》中的若干范畴探讨

◎ 解光宇

何镐(1128—1175),字叔京,号台溪,邵武人,历任汀州上杭丞、善化县令。乾道二年(1166)问学于朱子。乾道、淳熙间,何镐曾多次造访寒泉精舍,与朱子论学,书信往来不断。何镐是朱子的及门弟子,《晦庵集》收集朱子《答何叔京》书三十二通,所涉内容较为广泛,本文就朱子《答何叔京》书信中的若干范畴做一探讨。

一、心 说

(一)心为主宰

"心"是什么?朱子认为心为意识器官,神明不测,"故见闻之际必以心御之,然后不失其正",即心为主宰。朱子《答何叔京》书信中说:

> "耳目之官即心之官也",恐未安。耳目与心各有所主,安得同为一官耶?视听浅滞有方,而心之神明不测,故见闻之际必以心御之,然后不失其正。若从耳目之欲而心不宰焉,则不为物引者鲜矣。观上蔡所论颜、曾下功处,可见先立乎其大之意矣。[①]

何叔京将耳目之官的功用等同心的功用,朱子认为不妥。朱子认为耳目与心各有其功能,不能等同。视听感受外界的形色和声音,是见闻之知,是感

[①] 《晦庵先生朱文公文集》卷四十,《答何叔京·七》,朱杰人等主编:《朱子全书》第22册,上海:上海古籍出版社,合肥:安徽教育出版社,2002年,第1815页。

性认识;而"心"之功能神妙,"心之官则思",可以思维,还主宰见闻之知,并且形成理性认识和价值判断,如放纵耳、目的欲望,而心不去主宰,那么,不被外物牵引的就很少了。前贤都非常重视确立"心"的重要地位,不要受耳目见闻的限制,要用心思考,形成正确的认识和判断。

(二)圣人不操而常存,众人则操而存之

朱子就"心"的特质和圣人之心、众人之心的特点示喻何叔京:

> "心说"已喻,但所谓"圣人之心如明镜止水,天理纯全"者,即是存处。但圣人则不操而常存耳,众人则操而存之。方其存时,亦是如此,但不操则不存耳。存者,道心也;亡者,人心也。心一也,非是实有此二心,各为一物、不相交涉也,但以存亡而异其名耳。方其亡也,固非心之本。然亦不可谓别是一个有存亡出入之心,却待反本还原,别求一个无存亡出入之心来换却。只是此心,但不存便亡,不亡便存,中间无空隙处。所以学者必汲汲于操存,而虽舜、禹之间,亦以精一为戒也。①

朱子认为圣人之心所存是纯正天理,因为圣人之心如明镜止水,并且不操而常存。众人则需要修行才能存天理于心,但不修行天理就不存。存者是道心,亡者是人心。心只有一个,道心和人心都是心的特质,而不是两种心。心不存天理则道心丢失为人心,心存天理则为道心,二者必居其一,即使是舜、禹,也把道心的"精一"当作座右铭。

(三)心之体用始终有真妄邪正之分

在讨论到心的特质即心的体用关系时,何叔京认为:"入而存者即是真心,出而亡者亦此真心,为物诱而然耳。"朱子对这一观点给予纠正,强调心就一个心,存亡出入是心之体用关系的表现,心之体用始终有真妄邪正之分:

> 伏蒙示及心说,甚善,然恐或有所未尽。盖入而存者即是真心,出而亡者亦此真心,为物诱而然耳。今以存亡出入皆为物诱所致,则是所存之外别有真心,而于孔子之言乃不及之,何耶?子重所论,病亦如此,而子约又欲并其出而亡者,不分真妄,皆为神明不测之妙,二者盖胥失之。熹向答二公有所未尽,后来答游诚之一段方稍稳当。今谨录呈,幸乞指

---

① 《晦庵先生朱文公文集》卷四十,《答何叔京·二十六》,朱杰人等主编:《朱子全书》第22册,第1837页。

诲。然心之体用始终虽有真妄、邪正之分,其实莫非神明不测之妙;虽皆神明不测之妙,而其真妄、邪正又不可不分耳。不审尊意以为如何?①

何叔京把"入而存者即是真心,出而亡者亦此真心",就是没有理清心的两种特质,道心和人心。道心和人心二者必居其一,不存便亡,不亡便存,中间无空隙处。如果把"存亡出入"都归于"真心",则人心、道心之辨就无意义。朱子转录二程先生语:"心之体用,始终虽有真妄、邪正之分。"即心之体用体现人心道心、天理人欲之辨。心主神明,真妄、邪正都要辨别分明。

(四)心仁关系

就心与仁的关系,朱子和何叔京进行过讨论。虽看不到何叔京原信,但信中就心与仁的关系,何叔京请教朱子。朱子说:

> 熹所谓"仁者天地生物之心,而人物之所得以为心",此虽出于一时之臆见,然窃自谓正发明得天人无间断处稍似精密。若看得破,则见"仁"字与"心"字浑然一体之中自有分别,毫厘有辨之际却不破碎,恐非如来教所疑也。②

朱子认为天地生物为仁,人物是自然界的产物,故心的根本特征为仁,仁和心二者统一,浑然一体。朱子批评将心与仁看成是体用关系:"'仁者,心之用;心者,仁之体',此语大有病。"③可见朱子在诠释心的时候,贯彻孔子的"仁"说和孟子的"天人合一""性善"说。

同时,朱子认为仁虽然是人心的根本特质,但是容易受物欲的影响而失去,所以必须用功,方可保持或复得其本心之仁:

> 人之本心无有不仁,但既汩于物欲而失之,便须用功亲切,方可复得其本心之仁。故前书有"仁是用功亲切之效"之说。以今观之,只说得下一截;"心是本来完全之物",又却只说得上一截,然则两语非有病,但不圆耳。若云"心是通贯始终之物,仁是心体本来之妙,汩于物欲,则虽有是心而失其本然之妙,惟用功亲切者为能复之",如此则庶几近之矣。孟

---

① 《晦庵先生朱文公文集》卷四十,《答何叔京·二十五》,朱杰人等主编:《朱子全书》第22册,第1835~1836页。
② 《晦庵先生朱文公文集》卷四十,《答何叔京·十八》,朱杰人等主编:《朱子全书》第22册,第1829页。
③ 《晦庵先生朱文公文集》卷四十,《答何叔京·十七》,朱杰人等主编:《朱子全书》第22册,第1829页。

子之言固是浑然,然人未尝无是心,而或至于不仁,只是失其本心之妙而然耳。然则"仁"字、"心"字,亦须略有分别始得。记得李先生说:"孟子言仁,人心也,不是将心训仁字。"此说最有味,试思之。①

何叔京来信说到两句话,即"仁是用功亲切之效""心是本来完全之物",朱子认为这两句话没问题,如果分开说则只言下一截和上一截,不全面。应该这样说:心是贯穿人生的始终,仁是心的根本特质,心往往受物欲干扰而失去心之仁,但可着力用功,可恢复心之仁,这样说应该比较准确。虽然说从"天人合一"角度来看,心、仁浑然一体,但二者还是有所区别,李侗先生曾说到孟子对心、仁的解释,即仁是人心的根本特质,而"心"字本身不是"仁"。

(五)心性关系

何叔京在给朱子信函中,对学术界的许多说法存有疑惑,"如云'持志则心自正,心正则义自明',又云'能体认之则为天德,又云心性仁义之道相去毫发之间','心者发而未动,及论鬼神能诚则有感必通'"等,特请教朱子。朱子回复曰:

> 《大学》之序格物致知,至于知至意诚,然后心得其正。今只持志便欲心正义明,不亦太草草乎?性,天理也,理之所具,便是天德,在人识而体之尔。云能体认之便是天德,体认乃是人力,何以为天德乎?性、心只是体用,体用岂有相去之理乎?"性即道,心即仁",语亦未莹,须更见曲折乃可。心者体用周流,无不贯彻,乃云"发而未动,则动者不属心矣",恐亦未安也。鬼神之体便只是个诚,以其实有是理,故造化发育,响应感通,无非此理,所以云"体物而不可遗",非为人心能诚则有感应也。②

朱子认为何叔京所说的几条都有问题,并逐条给予解答,从解答中可看出朱子对心、性、理的看法。朱子指出,"持志"就"心正义明",这太简单化了。关于这一点,朱子的"持志"和"持敬"的修养工夫有共同之处,即朱子重视修养,重视践履,"敬以操之,使之常存而常觉",加强"操持"之功,做到知行合一,像《大学》所说"格物致知,至于知至意诚,然后心得其正"。

---

① 《晦庵先生朱文公文集》卷四十,《答何叔京·三十》,朱杰人等主编:《朱子全书》第22册,第1841页。
② 《晦庵先生朱文公文集》卷四十,《答何叔京·十二》,朱杰人等主编:《朱子全书》第22册,第1823~1824页。

"能体认之则为天德"同样有问题,朱子认为性即理,理即天。体认性和天理,只是个人的认识行为,怎么能说就是"天德"呢?"性、心"是体用关系,体用关系哪里有相背的呢?"性即道,心即仁"的说法也不明确,更须详细论证。

关于"心","乃云'发而未动,则动者不属心矣'"的说法也有问题。

"论鬼神能诚则有感必通"的说法也不全面。对鬼神的认识,需要内心真诚,因为他们本身也包含"天理"。所以自然万物的生长,事事物物之间的感应沟通无非都是因为天理的存在,因此说认识事物不可有遗漏偏差,不是说内心真诚了就能感悟天理。

二、主 敬

"主敬"是理学家的道德修养方法,是宋明理学的重要范畴。程颐说:"涵养须用敬,进学则在致知。"所谓敬是指自我控制的能力,"敬只是持己之道"(《遗书》卷十八),使自己的思想专一而不涣散,不为外物所牵引,"所谓敬者,主一之谓敬。所谓一者,无适(心不外适)之谓一"(《遗书》卷十五),如此"涵养久之,天理自然明"。朱子传承了程颐关于"敬"的思想,特别是在《答何叔京》书信中,关于"主敬"的思想比较丰富,主要有以下几层意思:

(一)夫必有事焉者,敬之谓也

"敬"的内涵是什么?朱子说:

> 孟子论"养吾浩然之气",以为"集义"所生,而继之曰"必有事焉而勿正,心勿忘,勿助长也"。盖又以居敬为集义之本也。夫"必有事焉"者,敬之谓也。若曰其心俨然,常若有所事云尔。夫其心俨然、肃然,常若有所事,则虽事物纷至而沓来,岂足以乱吾之知思?而宜不宜、可不可之机,已判然于胸中矣。如此则此心晏然有以应万物之变,而何躁妄之有哉?[1]

"必有事焉"来自孟子关于"养吾浩然之气"。朱子认为"养吾浩然之气"是心中"必有事焉者",要做到"勿正,心勿忘,勿助长",逐渐集义,方能养成浩

---

[1] 《晦庵先生朱文公文集》卷四十,《答何叔京·六》,朱杰人等主编:《朱子全书》第22册,第1808页。

然之气,这种状态就是"敬"。但"敬"是受心的主宰,"敬则心有主宰而无偏系,惟'勿忘''勿助'者知之"[1],即自己的主观要时刻有"敬"的意识,把"敬"看作心中的一个准则。按照这个准则,言谈举止就不会偏颇,这只有知晓"勿忘、勿助"的人才能领会。

朱子对"敬"的内涵与外延进一步阐释:

> "毋不敬"是统言主宰处,"俨若思",敬者之貌也;"安定辞",敬者之言也;"安民哉",敬者之效也。此只言大纲本领,而事无过举自在其中。若只以事无过举可以安民为说,则气象浅迫,无涵畜矣。[2]

即是说,"敬"是主旨,是中心,其表现是一言一行都要保持恭敬、端庄、稳重,不放纵自己,外表要端庄,像是俨然若有所思样子;说话要态度安详,句句在理;言谈举止使人们安宁、信服,接洽和处理事务"敬"在其中。但如果只是因为"事无过举"就是"安民",那么气度格局就太狭小了,意蕴不深,因为少了"敬"。

而"主敬"就是在心中确立一个目标,此目标在心中"俨然、肃然,常若有所事",那么,即使外物纷至沓来,怎么能够扰乱我们的心思?我们应对事物的态度和行为"宜不宜,可不可",已经了然于胸了。这样,我们的心就能平和安然,能够应对万物的变化而不动摇心中的既定目标,又怎么心里会有躁妄呢?上述朱子不仅谈到"敬"的源头,还谈到"主敬"的内涵,也即修养工夫,最终目标是体认天理,如程颐所云"涵养久之,天理自然明"。

"敬"为涵养工夫,其心俨然、肃然,但是外界事物纷至而沓来,如把持不住,则乱了方寸,故朱子认为"心术最难":

> 或谓程子曰:"心术最难执持,如何而可?"子曰:"敬。"又尝曰:"操约者,敬而已矣。惟其敬足以直内,故其义有以方外。义集而气得所养,则夫喜怒哀乐之发,其不中节者寡矣。"[3]

朱子引程子的话,弟子问程子"心术最难,执持如何而可"?程子说要按照孔子所说的"敬"来约束、把持自己。"敬"可以把持内心,久而久之,"义集,

---

[1] 《晦庵先生朱文公文集》卷四十,《答何叔京·三十一》,朱杰人等主编:《朱子全书》第22册,第1844页。

[2] 《晦庵先生朱文公文集》卷四十,《答何叔京·三十一》,朱杰人等主编:《朱子全书》第22册,第1843页。

[3] 《晦庵先生朱文公文集》卷四十,《答何叔京·六》,朱杰人等主编:《朱子全书》第22册,第1808页。

而气得所养",则情动中节不逾矩。

关于"敬",说起容易,做起难,不仅何叔京曾有心不能静的"躁妄之病",朱子认为自己也有"躁妄之病"。朱子在《答何叔京》书信中说:

> 躁妄之病,在贤者岂有是哉?顾熹则方患于此,未能自克,岂故以是相警切耶?佩服之余,尝窃思之,所以有此病者,殆居敬之功有所未至,故心不能宰物、气,有以动志而致然耳。若使主一不贰,临事接物之际,真心现前,卓然而不可乱,则又安有此患哉?①

朱子和何叔京打趣说,我们俩都患"躁妄之病",岂不是要我们俩互相警示吗?问题是在于"居敬之功有所未至",心不能把持物欲,从而影响涵养,影响对目标的追求,即对天理体认的追求。如果我们牢固树立唯一的目标,在接物之际时刻牢记自己的使命,"真心现前",就不会患有"躁妄之病"了。

(二)持敬:敬以操之,使之常存而常觉

对于如何把握"敬"或"持敬",朱子与何叔京有进一步的讨论:

> 熹窃观尊兄平日之容貌之间,从容和易之意有余,而于庄整齐肃之功终若有所不足。岂其所存不主于敬,是以不免于若存若亡,而不自觉其舍而失之乎?二先生拈出"敬"之一字,真圣学之纲领、存养之要法,一主乎此,更无内外精粗之间,固非谓但制之于外,则无事于存也。所谓"既能勿忘勿助,则安有不敬"者,乃似以敬为功效之名,恐其失之益远矣。更请会集二先生言敬处,子细寻绎,自当见之。②

朱子认为"敬"是圣学的纲领,体现在言谈举止等实践上。朱子指出何叔京在言谈举止方面存在的问题,并指出将"敬"仅存在"勿忘勿助"中是不够的。二程强调"敬",就是强调"存养",即强调道德修养与实践。如果把"敬"停留在"勿忘勿助"的层面,这好像是把"敬"当作噱头,这样离"敬"的宗旨会越来越远。希望您广泛收集二程先生论述"敬"的言论,仔细研读,反复玩味,自然就能领悟。

朱子进一步指出何叔京只是将"敬"停留在认识领域,而轻视"持敬"

---

① 《晦庵先生朱文公文集》卷四十,《答何叔京·六》,朱杰人等主编:《朱子全书》第22册,第1807~1808页。

② 《晦庵先生朱文公文集》卷四十,《答何叔京·二十一》,朱杰人等主编:《朱子全书》第22册,第1833页。

之功：

> "持敬"之说，前书亦未尽。今见嵩卿，具道尊意，乃得其所以差者。盖此心操之则存，而敬者所以操之之道也。尊兄乃于觉而操之之际，操其觉者便以为存，而于操之之道不复致力，此所以不惟立说之偏，而于日用工夫亦有所间断而不周也。愚意窃谓：正当就此觉处，敬以操之，使之常存而常觉，是乃乾坤易简交相为用之妙。若便以觉为存而不加持敬之功，则恐一日之间存者无几何，而不存者什八九矣。①

根据书信这段文字之意，朱子看到另一位学者嵩卿的来信，谈到何叔京对"持敬"的看法。何叔京认为"敬"就是"心操之"，即心存"敬"即可。朱子不认同这种观点，认为"心操之"仅仅是"觉"，是主观意识，只停留在主观认识而不致力于日用工夫的"持敬"，这种说法偏颇。朱子认为如果把"觉"当作"敬"，而不在"持敬"上下工夫，恐怕认识的"敬"在一日之内消失八九分。这里朱子批评何叔京将"敬"停留在认识层面，强调"持敬"，即践履，"敬以操之，使之常存而常觉"，加强"持敬"之功，做到知行合一。

何叔京就"敬"的问题曾说到"专存诸内而略夫外"，朱子认为同样有偏颇。朱子说：

> 示喻根本之说，敢不承命，但根本枝叶本是一贯，身心内外元无间隔。今日专存诸内而略夫外，则是自为间隔，而此心流行之全体，常得其半而失其半也。曷若动静语默由中及外，无一事之不敬，使心之全体流行周浃而无一物之不遍，无一息之不存哉？观二先生之论心术，不曰"存心"，而曰"主敬"，其论主敬，不曰虚静渊默，而必谨之于衣冠容貌之间，其亦可谓言近而指远矣。今乃曰"不教人从根本上做起而便语以敬，往往一向外驰，无可据守"，则不察乎此之过也。夫天下岂有一向外驰、无可据守之敬哉？必如所论，则所以存夫根本者，不免著意安排、揠苗助长之患。否则虽曰存之，亦且若存若亡，莫知其乡而不自觉矣。②

从朱子答何叔京这封书信可看出，何叔京认为"敬"在内心，是根本，抓住内心，在内心里树立"敬"，就是抓住根本，而外在的是次要的，甚至可以忽略。

---

① 《晦庵先生朱文公文集》卷四十，《答何叔京·二十二》，朱杰人等主编：《朱子全书》第22册，第1833~1834页。
② 《晦庵先生朱文公文集》卷四十，《答何叔京·二十四》，朱杰人等主编：《朱子全书》第22册，第1835页。

因为一旦向外寻求,就无法持守"敬",朱子对此进行引导。朱子首先肯定何叔京的"根本"说,同时指出,树根与枝叶本是一体的。同理,身心内外原本也没有隔阂的。如果只专注于内心,可以忽略外部事物,这就人为割裂了内外关系,并且这种"敬"心常常是得失各半。不如将内心的"敬",由中及外,对每件事都保持"持敬",并使这种"持敬"之心在内外统一,那么无一事物不遍及。一息尚存,"持敬"永在。二先生论主敬不把虚静渊默挂在嘴上,而是表现在自己的衣食住行、言谈举止之中。从小事做起,这就是所谓"言近而指远"之意。

何叔京接受朱子的意见,重视"外",认为"先存其(敬)心,然后能视听言动以礼"。朱子认为这种说法还没有处理好内外的辩证关系:

> 持敬之说,前书已详禀矣。如今所谕先存其心,然后能视听言动以礼,则是存则操、亡则舍,而非操则存、舍则亡之谓也。"由乎中而应乎外"乃《四箴》序中语,然此一句但说理之自然,下句"制之于外所以养其中",方是说下工夫处。以《箴》语考之可见矣。若必曰先存其心,则未知所以存者果若何而着力耶?①

何叔京认为应先存"持敬"之心,然后才能根据礼来观察"看、听、说、做"。而朱子认为何叔京只看到"敬"的一个方面,没有看到另一方面。朱子引用程颐《四箴序》中"由乎中而应乎外,制于外所以养其中"的话来说明。朱子是这样理解的:程颐先生的《四箴序》中说"由乎中而应乎外",但这一句只是说理自然,下句"制于外所以养其中",才是说下工夫的地方。即内心存有"敬"心,然后能视听言动以礼。同时,外在的视听言动以礼又能涵养内心中的"敬",二者相互作用,相辅相成,不可分离,即朱子进一步阐述"敬"的内外关系是辩证关系,缺一不可。

(三)良心发见与持敬

就如何持敬,朱子还提出了"良心发见":

> 向来妄论持敬之说,亦不自记其云何。但因其良心发见之微,猛省提撕,使心不昧,则是做工夫底本领。本领既立,自然下学而上达矣。若不察于良心发见处,即渺渺茫茫,恐无下手处也。中间一书论"必有事

---

① 《晦庵先生朱文公文集》卷四十,《答何叔京·二十三》,朱杰人等主编:《朱子全书》第22册,第1834页。

焉"之说,却尽有病,殊不蒙辨诘,何耶?所喻多识前言往行,固君子之所急,熹向来所见亦是如此。近因反求未得个安稳处,却始知此未免支离。如所谓因诸公以求程氏,因程氏以求圣人,是隔几重公案,曷若默会诸心,以立其本,而其言之得失自不能逃吾之鉴耶!①

关于"持敬"的工夫,朱子常持"敬以操之,使之常存而常觉"的修养观以养心,这种观点表现在治学方法上,即是"道问学"。朱子自我反思说,过去一向认为"持敬"是"必有事矣",现在看来有问题,但无人怀疑,更无人批评。为什么?是因为当代学者要多了解以前的学者言行。如我们许多学者观点不一时就查找二程的著作,二程言论解决不了的,又追溯孔孟等圣人,这样会有解决不完的问题,看不完的书。此外,如果不注意良心发现,知识如同海洋一样渺渺茫茫,格物不知从何处下手。倒不如培育、扩充良心,猛然顿悟,使心地光明,即是"先立其大"为本,知识即盈我心。同时,默默地体会内在的良心,以确立自己的根本,那么其言论中的得与失自然不会逃离心的鉴别,这才是"持敬"工夫。

(四)"主敬"与"主静"

"主静"是以虚静恬淡为道德修养准则,也是宋明理学的一个重要范畴。周敦颐明确提出:"圣人定之以中正仁义而主静,立人极焉。"(《太极图说》)认为主静是人生标准("人极")的要素。二程也受其影响,程颢说:"性静者可以为学。"(《外书》卷一)朱熹则不赞成完全主静,认为"当动而动,当静而静"②,废动求静亦不足取,"然欲专务静坐,又恐堕落那一边去"。③ 故朱子在《答何叔京》书信中,关于"静"的内容明显少于"敬"。关于"静",在《答何叔京》书信中有:

> 李先生教人,大抵令于静中体认大本,未发时气象分明,即处事应物

---

① 《晦庵先生朱文公文集》卷四十,《答何叔京·十一》,朱杰人等主编:《朱子全书》第22册,第1822页。

② 《晦庵先生朱文公文集》卷三九,《答许顺之书十四》,朱杰人等主编:《朱子全书》第22册,第1747页。

③ 《晦庵先生朱文公文集》卷六十,《答潘子善书五》,朱杰人等主编:《朱子全书》第23册,第2906页。

自然中节。此乃龟山门下相传指诀。①

即是说:老师李侗教人的方法,主要是让人在静中体认事物的根本,事情还没有发生之前就条分缕析,层次分明,胸有成竹,这样处事接物自然能抓住要害,不偏不倚,这也是杨时学脉相传的要诀。

另一段关于"静":

> 未发之前,太极之静而阴也;已发之后,太极之动而阳也。其未发也,敬为之主而义已具;其已发也,必主于义而敬行焉。则何间断之有哉?②

即宇宙形成之前,太极静止而产生阴;已发之后,太极运动而产生阳。太极静止,"敬"为主体且"义"已经具备;太极运动,"义"为主而"敬"随之,"敬""义"之间是联系在一起、没有间隔的。

在上两段书信中,朱子没有把"静"作为重要范畴,仅将"静"看成是安静、心静或静止,可见其内涵不如"敬"丰富,"敬"大可替代"静"。

三、仁 义

仁义是儒学的核心范畴,在朱子《答何叔京》中,有很多讨论。

(一)仁义与孝悌

关于仁义、孝悌关系问题,朱子说:

> "仁义"二字未尝相离。今日事亲以仁,守身以义,恐涉支离隔截,为病不细。"孝弟也者,其为仁之本与?"此言孝弟乃推行仁道之本。"仁"字则流通该贯,不专主于孝弟之一事也,但推行之,本自此始耳。"为"字盖推行之意。今以对"乃"字立文,恐未详有子之意也。程子曰:"论行仁则以孝弟为本,论性则以仁为孝弟之本。"此语甚尽。③

仁义是一对范畴,紧密相连,不能相离。如说"事亲以仁,守身以义",恐

---

① 《晦庵先生朱文公文集》卷四十,《答何叔京·二》,朱杰人等主编:《朱子全书》第22册,第1802页。
② 《晦庵先生朱文公文集》卷四十,《答何叔京·二十九》,朱杰人等主编:《朱子全书》第22册,第1838页。
③ 《晦庵先生朱文公文集》卷四十,《答何叔京·七》,朱杰人等主编:《朱子全书》第22册,第1811页。

怕会产生支离破碎、隔截阻断的毛病吧？

孝悌是仁的本吗？应该这样理解：孝悌是推行仁道的根本。因为"仁"是个广义的、本质的范畴，不仅仅体现在孝悌这一件事上。但推行仁的第一步，就是孝悌，仁是孝悌的本，仁是体，孝悌是用。"仁"这个字，是为了推行"仁"，单纯地谈"仁"，恐怕未能全面、准确理解有子的意思。程子说：谈到实行仁，就以孝悌为本；谈人的本性，就以仁为孝悌之本。这句话说得很详尽了。

（二）仁义与道

仁义与道的关系如何？何叔京认为"仁义者，道之全体""能居仁由义，则由是而推焉，无所往而非道"，朱子肯定何叔京的观点：

> "仁义者道之全体"，此说善矣。又云"能居仁由义，则由是而推焉，无所往而非道"，则又似仁义之外犹有所谓道者矣，是安得为全体哉？"亲亲而加以恩"，似有夷子"施由亲始"之病。夫亲亲之有恩，非加之也。欲亲亲而不笃于恩，不知犹有病否？大抵墨氏以儒者亲亲之分仁民，而亲亲反有不厚；释氏以儒者仁民之分爱物，而仁民反有未至。[①]

朱子同意何叔京的观点，即道的全体都充彻仁义，并且"居仁由义"，则视听言动以礼，所到之处都符合道义。如果说仁义之外还有"道"，就不能说"仁义者，道之全体"，所以仁义和道是紧密相连的，没有离开仁义的道，仁义是道的根本特质。

儒家提倡"爱有差等，推己及人""性善为体，亲亲为用"，首先要爱自己的父母并以报恩，好像"逃墨归儒"的夷子比较典型。墨家曾经批评儒家提倡爱自己的父母并以报恩不符合兼爱思想，还批评儒家"亲亲之分""爱物而仁民"等，认为这是有差等的爱，不是普遍的"兼爱"，他们的批评是不切实际的。

（三）仁义礼智与天理

仁义与天理是什么关系？何叔京认为仁义是天理给予的，朱子认为不妥，复信曰：

> 承示近文，伏读一再，适此冗中，未及子细研味。但如云"仁义者，天理之施"，此语极未安。如此则是天理之未施时，未有仁义也，而可乎？

[①] 《晦庵先生朱文公文集》卷四十，《答何叔京·七》，朱杰人等主编：《朱子全书》第22册，第1817页。

心性仁爱之说所以未契,正坐此等处未透耳。窃意不若云"仁义者,天理之目,而慈爱羞恶者,天理之施"。于此看得分明,则性、情之分可见,而前日所疑皆可迎刃而判矣。①

如果说仁义是天理给予的,那么天理没有给予的时候,就没有仁义吗?朱子认为仁义是天理的一个要素,而慈爱羞恶等,都是天理的具体体现。同理,性情关系也是如此,性即理,情为性的体现。

天理是一个整体,是一个大系统,系统中包含许多要素,要素也就是天理中的条理。"仁义礼智"就是天理中的四个条理,故朱子说:

> 天理既浑然,然既谓之理,则便是个有条理底名字。故其中所谓仁、义、礼、智四者,合下便各有一个道理,不相混杂。以其未发,莫见端绪,不可以一理名,是以谓之浑然。非是浑然里面都无分别,而仁、义、礼、智却是后来旋次生出四件有形有状之物也。须知天理只是仁、义、礼、智之总名,仁义礼智便是天理之件数。更以程子《好学论》首章求之,即可见得。果然见得,即心性仁爱之说皆不辨而自明矣。②

"仁义礼智"四者,孕育在天理这个大系统内,各有各的内涵,不能互相混杂。因为在它们还没有表现出来、毫无眉目的时候,是不可以用一个"理"字来命名的,只是这四者后来逐渐依次产生的四件有形有状的事物。所以"天理只是仁义礼智之总名,仁义礼智便是天理之件数",即天理是"仁义礼智"四者的总括,"仁义礼智"就是天理的具体内容;天理是一个大系统,"仁义礼智"是天理这个的系统中的要素。同理,"心性""仁爱"关系也是如此。

(四)仁无不统

朱子认为仁还有一个重要特征,就是统帅四端:

> 仁无不统,故恻隐无不通,此正是体用不相离之妙。若仁无不统而恻隐有不通,则体大用小、体圆用偏矣。观谢子为程子所难,直得面赤汗下,是乃所谓羞恶之心者。而程子指之曰:"只此便是恻隐之心。"则可见矣。《孟子》此章之首但言不忍之心,因引孺子入井之事以验之。而其后

---

① 《晦庵先生朱文公文集》卷四十,《答何叔京·二十七》,朱杰人等主编:《朱子全书》第22册,第1837~1838页。

② 《晦庵先生朱文公文集》卷四十,《答何叔京·二十八》,朱杰人等主编:《朱子全书》第22册,第1838页。

即云"由是观之,无恻隐、羞恶、辞逊、是非之心,则非人也",此亦可见矣。①

在这封书信里,朱子认为"仁"与恻隐是体用的关系,因为"仁"统帅着恻隐之心,所以见孺子入井要救之。"仁"是体,恻隐是用,这正是"体""用"不离之妙。孟子所说的"四端",都是受到"仁"的统帅;人有"四端",并为善端,故"仁无不统"。与此相关,博爱也是"仁者之事":

> 博爱之不得为仁,正为不见亲切处耳。若见亲切处,则博爱固仁者之事也。②

"博爱"之所以不是"仁",正是因为没有认识到仁深刻。如果能够认识仁的深刻,就知道"博爱"本来就是仁者所行的正事。即"仁"与"博爱",同样是体用关系。

虽然说人有"四端"和仁义之心,但朱子又指出,有时见利欲把握不住,"人心为利欲所害",进而"利欲害其仁义之性,则所为虽不可亦以为可"③,故朱子非常强调"主敬""持敬"的修养工夫。

四、其他范畴

(一)天理人欲

天理、人欲之辩是理学重点讨论的问题之一。何叔京请教朱子,问"人欲"是如何产生的,朱子答曰:

> 观来教,谓"不知自何而有此人欲",此问甚紧切。熹窃以谓人欲云者,正天理之反耳。谓因天理而有人欲则可,谓人欲亦是天理则不可。盖天理中本无人欲,惟其流之有差,遂生出人欲来。④

---

① 《晦庵先生朱文公文集》卷四十,《答何叔京·十八》,朱杰人等主编:《朱子全书》第22册,第1830页。

② 《晦庵先生朱文公文集》卷四十,《答何叔京·十二》,朱杰人等主编:《朱子全书》第22册,第1830页。

③ 《晦庵先生朱文公文集》卷四十,《答何叔京·七》,朱杰人等主编:《朱子全书》第22册,第1816页。

④ 《晦庵先生朱文公文集》卷四十,《答何叔京·二十九》,朱杰人等主编:《朱子全书》第22册,第1842页。

朱子认为何叔京就"人欲"是如何产生的问题问得非常有必要,人欲和天理正好是相对立的。可以说有了天理而显示人欲,不可以说人欲就是天理。天理中本无人欲,只是因为理气不相离,而气有渣滓(浊气),在理气流行运转之时产生出人欲。

(二)理在气先

理气关系涉及宇宙起源问题。何叔京认为主宰天地的精神理念不可知,但见"一阳来复"之时,才能看到天地万物生生不息。朱子答曰:

> 来教云:"天地之心不可测识,惟于一阳来复,乃见其生生不穷之意,所以为仁也。"熹谓若果如此说,则是一阳未复已前,别有一截天地之心,漠然无生物之意,直到一阳之复,见其生生不穷,然后谓之仁也。如此则体用乖离,首尾衡决,成何道理?(王弼之说便是如此,所以见辟于程子也)须知"元亨利贞"便是天地之心,而元为之长,故曰"大哉乾元,万物资始"。便是有此乾元,然后万物资之以始,非因万物资始,然后得元之名也。①

如果说"一阳来复"才能看到天地万物生生不息,那么在"一阳来复"之前天地之心是漠然无生万物之意吗?如此理解"天地之心"则是体用背离、本末颠倒。王弼就是这样解释的,这也是他的学说被"二程"摒弃的原因。要知道"元亨利贞"就是天地之心,"元"居首,所以乾元之气是万物创始化生的动力,大自然得以阳气始生万物。正是先有了乾元,然后才有万物的生长,而不是先有万物的化生,然后才有乾元。所以在一阳未生之前,就有天地之心,只是在"一阳来复"时见到而已。

朱子非常注重体用辩证关系,强调体用一源,但同时也强调理在气先:

> "体用一源"者,自理而观,则理为体,象为用,而理中有象,是一源也;"显微无间"者,自象而观,则象为显,理为微,而象中有理,是无间也。先生后答语意甚明,子细消详,便见归著。且既曰有理而后有象,则理象便非一物。故伊川但言其"一源"与"无间"耳。其实体用显微之分则不

---

① 《晦庵先生朱文公文集》卷四十,《答何叔京·十七》,朱杰人等主编:《朱子全书》第22册,第1829页。

能无也。今日理象一物,不必分别,恐陷于近日含糊之弊,不可不察。①

就理和象之间的关系,朱子阐述了二者的辩证关系。朱子说,理是体,象是用,理中有象,象中有理,理和象相互联系,二者统一,不可分割,体现了体用一源无间。虽然说它们是"一源""无间",其实"体""用"便非一物,是有差别的。程颐先生的"后答"对此的解释已经非常明白了,即理是微,象是显。"理"是体,"象"是用,有"理"然后才有"象","理"在"象"先,这也是所谓"体用显微之分"。

(三)性即理也

性与理是程朱理学的重要范畴。关于理,朱子说:"理也者,形而上之道也,生物之本也。"②纵观朱子关于理的论述,不仅有宇宙论的意义,还是道德准则,具有伦理的意义。关于性,朱子说:"性者,人物之所以禀受乎天也。然性命各有二,自其理而言之,则天以是理命乎人物谓之命,而人物受是理于天谓之性。"③性与理的关系,朱子认为:"性即理也,在心唤作性,在事唤作理。"④朱子在对性理进行研究时,同包括何叔京在内的学友和弟子进行讨论和交流。朱子在给何叔京的一封书信中,谈到性理问题:

"天命之谓性",有是性便有许多道理总在里许,故曰性便是理之所会之地,非谓先有无理之性而待其来会于此也。但以伊川"性即理也"一句观之,亦自可见矣。"心妙性情之德","妙"字是主宰运用之意。又所引"孝,德之本",虽不可以本末言,然孝是德中之一事,此孝德为本而彼众德为末耳。

朱子认为性是天以理受于人的,"性"中包含了许多道理,所以说"性"是"理"聚集的地方,不是说先有"无理之性",然后等"理"来这里聚集。程颐先生的"性即理也"明确表述了性理的关系。

另外,内心美好是性情中的美德,"妙"有主宰、运用之意。谈到德,何叔

---

① 《晦庵先生朱文公文集》卷四十,《答何叔京·三十》,朱杰人等主编:《朱子全书》第22册,第1841页。
② 《晦庵先生朱文公文集》卷五十八,《答黄道夫书一》,朱杰人等主编:《朱子全书》第23册,第2755页。
③ 《晦庵先生朱文公文集》卷五十六,《答郑子上》,朱杰人等主编:《朱子全书》第23册,第2688页。
④ 黎靖德编:《朱子语类》卷五,北京:中华书局,1986年,第82页。

京引"孝,德之本",朱子认为"不可以本末言",但"孝"是"德"中首要的,其他的德行相对次要。

朱子还指出"性,理之本"的观点不妥:"今曰'性,理之本',则谓性是理中之一事,可乎?又云'天下之理皆宗本于此',则是天下之理从性生出,而在性之外矣。其为两物,不亦大乎?"[①]有人说"性是理的根本",那就是说"性"是"理"的根本特质,可以这么说吗?又说"天下之理都源于性",那就是说天下的"理"都是从"性"中而生发出来的,并且"理"置身于"性"之外。这是把"性"和"理"割裂看成两物,是不准确的。"性理两字,即非两物,谓之一源却倒说开了"[②],就是说性和理不是两物,性即理,说二者是"一源"也倒可以。

朱子从孟子"心之官则思"出发,提出"心为主宰",并且提出心之体用始终有真妄邪正之分、圣人不操而常存、众人则操而存之等观点。还阐述了心仁关系、心性关系等。朱子还从孟子的"养吾浩然之气"出发,提出了修身养性的"主敬"工夫,认为"敬"即"必有事焉者","主敬"或"持敬"即"敬以操之,使之常存而常觉",良心发现与持敬有着密切关系。关于仁义的讨论,涉及仁义与孝悌、仁义与道、仁义礼智与天理、仁无不统等问题。朱子的这些观点对我们的思想道德修养具有重要的借鉴价值。

总之,在《晦庵先生朱文公文集》收集的朱子答何叔京三十二通书信中,对理学范畴的讨论是其中的重要内容。主要有:第一,心说,即心为主宰。圣人不操而常存,众人则操而存之;心之体用始终有真妄邪正之分。还论及心仁关系、心性关系。第二,主敬,其内涵就是"必有事焉者"。主敬必须持敬,即"敬以操之,使之常存而常觉",以及良心发现等问题。第三,仁义。关于仁义的讨论,涉及仁义与孝悌、仁义与道、仁义礼智与天理、仁无不统等问题。第四,天理人欲、理在气先、性即理也等其他范畴。

(作者单位:安徽大学中国哲学与安徽思想家研究中心)

[①] 《晦庵先生朱文公文集》卷四十,《答何叔京·三十》,朱杰人等主编:《朱子全书》第22册,第1842页。

[②] 《晦庵先生朱文公文集》卷四十,《答何叔京·二十九》,朱杰人等主编:《朱子全书》第22册,第1840页。

朱熹与何镐的持敬思想及其时代意义

◎ 张　芸

早在先秦儒家那里,对"敬"的论述就很多,如《周易》中就有"君子敬以直内,义以方外。敬义立而德不孤"的记载。所谓"敬义立",说的就是以敬德立身,以义理处事,也就是一种自觉的敬德精神。"敬"是一种出于人自我所产生的内在警惕性。持敬者以认真、谨慎的态度待人处事。所以当代新儒家徐复观先生说:"周人建立了一个由'敬'所贯注的'敬德'、'明德'的观念世界,来照察、指导自己的行为,对自己的行为负责。这正是中国人文精神最早的出现。"[①]

到了宋代,"敬"被理学家们视为人格理想化的重要实践工夫,也是心性修养的一种特殊工夫。在理学家中,程颐是最早推崇"敬"工夫的,并提出:"涵养须用敬,进学则在致知。"[②]他发挥《周易》的"敬义立而德不孤"之义,与孔子"下学上达"说结合,提出:"敬义夹持,直上达天德自此。"[③]"敬"是务内的心性涵养工夫,"义"是务外的格物致知工夫。对"敬"与"义"的关系,程颐说:"敬只是持己之道,义便知有是有非。顺理而行,是为义也。若只守一个敬,不知集义,却是都无事也。且如欲为孝,不成只守着一个孝字?须是知所以为孝之道,所以侍奉当如何?温清当如何?然后能尽孝道也。"[④]这种"持己之道"的"敬",其积极作用在涵养人内心的道德情操及道德意志。

程颐"敬义夹持"的工夫,得到朱熹的推崇。朱熹认为如何修于内,行于

---

① 徐复观:《中国人性论史》,台北:商务印书馆,1978年,第23页。
② 程颢、程颐:《二程集》(上),北京:中华书局,1981年,第211页。
③ 程颢、程颐:《二程集》(上),北京:中华书局,1981年,第78页。
④ 程颢、程颐:《二程集》(上),北京:中华书局,1981年,第206页。

外,皆源于"敬"。朱熹有关"持敬"思想的形成,是在乾道年间与其讲友门人共同讨论中所形成的。下面仅就朱熹与何镐对"持敬"思想的讨论及其时代意义做一分析。

一、朱熹与何镐对持敬思想的辨析

何镐(1129—1175),字叔京,称台溪先生,福建邵武人,朱熹的讲友。乾道年间(1165—1173),朱熹和何镐讨论"持敬"的问题,可从《晦庵先生朱文公文集》中的《答何叔京》关于"持敬"的书信了解大致的情况。

乾道三年(1167年)春,朱熹在《答何叔京》的信时,就有讨论"敬"的用力之方。他说:"熹奉亲屏居,诸况仍昔。……躁妄之病,在贤者岂有是哉?顾熹则方患于此未能自克,岂故以是相警切耶?佩服之余,尝窃思之,所以有此病者,殆居敬之功有所未至。故心不能宰物、气有以动志而致然耳。若使主一不贰,临事接物之际真心现前,卓然而不可乱,则又安有此患哉?或谓子程子曰:'心术最难执持,如何而可?'子曰:'敬。'又尝曰:'操约者,敬而已矣。惟其敬足以直内,故其义有以方外。义集而气得所养,则夫喜怒哀乐之发,其不中节者寡矣。'唯孟子论'养吾浩然之气',以为'集义'所生,而继之曰'必有事焉而勿正,心勿忘,勿助长也'。盖又以居敬为集义之本也。夫'必有事焉'者,敬之谓也。若曰其心俨然,常若有所事云尔。夫其心俨然肃然,常若有所事,则虽事物纷至而沓来,岂足以乱吾之知思?而宜不宜、可不可之几,已判然于胸中矣。如此则此心晏然有以应万物之变,而何躁妄之有哉?虽知其然,而行之未力,方窃自悼,敢因来教之及而以质于左右,不识其果然乎否也?"[①]

这年六月,朱熹又对何镐说:"向来妄论持敬之说,亦不自记其云何。但因其良心发见之微,猛省提撕,使心不昧,则是做工夫底本领。本领既立,自然下学而上达矣。若不察于良心发见处,即渺渺茫茫,恐无下手处也。中间一书论'必有事焉'之说,却尽有病,殊不蒙辨诘,何耶?"[②]这里所言"猛省提

[①] 朱熹:《晦庵先生朱文公文集》卷四〇,《答何叔京》书六,朱杰人等主编:《朱子大全》第22册,第1808页。

[②] 朱熹:《晦庵先生朱文公文集》卷四〇,《答何叔京》书十一,朱杰人等主编:《朱子大全》第22册,第1822页。

撕"之说，与先察识后涵养有关。可见此时的朱熹对"持敬"尚未有定论。何镐在与朱熹的讨论中，提出"要先识本根"的思想。而朱熹则告以须持养方见得，这便引出两人关于"持敬"的辨析。

乾道五年（1169年），朱熹已丑"中和新说"建立之后，开始强调涵养的重要性。而涵养不是只是存诸内心，更要"就视听言动、容貌辞气上做工夫"。他在《答何叔京书》中说："'持敬'之说甚善，但如所喻，则须是天资尽高底人，不甚假修为之力，方能如此。若颜、曾以下，尤须就视听言动、容貌辞气上做工夫。盖人心无形，出入不定，须就规矩绳墨上守定，便自内外帖然，岂曰放僻邪侈于内，而姑正容谨节于外乎？且放僻邪侈，正与庄整齐肃相反，诚能庄整齐肃，则放僻邪侈决知其无所容矣。既无放僻邪侈，然后到得自然庄整齐肃地位，岂容易可及哉？此日用工夫至要约处，亦不能多谈。但请尊兄以一事验之，俨然端庄，执事恭恪时，此心如何？怠惰颓靡涣然不收时，此心如何？试于此审之，则知内外未始相离，而所谓庄整齐肃者，正所以存其心也。"[1]

在朱熹看来，何镐的主要观点是持敬"不甚假修之力"，只要存主于内心，就能达到外貌的"庄整齐肃"。而朱熹认为颜子、曾子以下，必须具体在视听言动、容貌辞气上下工夫。朱熹指出"放僻邪侈"和"庄整齐肃"二者完全对立，就不可能同时并存，因此只要能做到庄整齐肃，放僻邪侈必决定无所容，不可能出现所谓"放僻邪侈于内，而姑正容谨节于外"的割裂现象。而人心既然出入不定，难以把握，要径直使内心无放僻邪侈，发见于外而得庄整齐肃，反而不甚容易。因此工夫之要就在于规矩绳墨上守定。当然，这便产生了一个内外与难易的问题。双方或许都可以有道理，但是我们知道有时候"外"确实比"内"要容易。

朱、何二人的分歧显然在所谓内外的范畴上。何镐认为内外可以割裂，而应以内为主，主张由内而外，故说"庄敬整齐者，正所以存其心"，不应是内而遗外。对此，朱熹又有《答何叔京》二十一的信。他说："后书所论'持守'之说，有所未喻。所较虽不多，然此乃实下工夫田地，不容小有差互。尝与季通论之，季通以为尊兄天资粹美，自无纷扰之患，故不察夫用力之难而言之之易如此。此语甚当。然熹窃观尊兄平日之容貌之间，从容和易之意有余，而于庄整齐肃之功终若有所不足。岂其所存不主于敬，是以不免于若存若亡而不

---

[1] 朱熹：《晦庵先生朱文公文集·别集》卷四，《答何叔京》，朱杰人等主编：《朱子大全》第25册，第4901页。

自觉其舍而失之乎？二先生拈出'敬'之一字，真圣学之纲领、存养之要法，一主乎此，更无内外精粗之间，固非谓但制之于外则无事于存也。所谓'既能勿忘勿助，则安有不敬'者，乃似以敬为功效之名，恐其失之益远矣。更请会集二先生言敬处子细寻绎，自当见之。"①在这封书信中，朱熹认为何镐平日之容貌辞气，恰恰缺少庄整齐肃，正是工夫做得不到位的结果。所以在朱熹看来，容貌辞气之功不仅仅是"制之于外"，更会培育出一种庄整齐肃的气象，而这种培育过程就是一种"存"。而只有这种"存"，才是"立于敬"的存。所存是否立于敬，从平日容貌之间的气象就可以加以判别。

从此信来看，朱、何二人不仅在内外范畴上仍未达成一致，在何谓"存"、何谓"敬"的问题上也发生了分歧。何镐把庄整齐肃之貌，理解为内心存主的结果。因此，朱熹说"乃似以敬为功效之名"，而这样就恰恰缺失了培养严肃气象的工夫，也就是缺失了敬的工夫。而敬是"圣学之纲领，存养之要法"，"乃实下工夫田地"，所以"不容小有差互"。因此，为了更完整地表达自己的看法，朱熹又有《答何叔京》二十二书："'持敬'之说，前书亦未尽。今见嵩卿，具道尊意，乃得其所以差者。盖此心操之则存，而敬者所以操之之道也。尊兄乃于觉而操之之际，指其觉者便以为存，而于操之之道不复致力，此所以不惟立说之偏，而于日用工夫亦有所间断而不周也。愚意窃谓正当就此觉处敬以操之，使之常存而常觉，是乃乾坤易简交相为用之妙。若便以觉为存而不加持敬之功，则恐一日之间存者无几何，而不存者什八九矣。愿尊兄以是察之，或有取于愚言耳。所喻旁搜广引，颇费筋力者，亦所未喻。义理未明，正须反复钻研、参互考证，然后可以得正而无失。古人所谓博学、审问、慎思、明辨者，正为是也。奈何惮于一时之费力而草草自欺乎？窃谓高明之病或恐正在于此，试反求之，当自见矣。"②

朱熹将二人的分歧归结为对"敬"的理解不同，简单地说，便是朱熹将"敬"理解为"操存"之"操"，而何镐将"敬"理解为"觉而操之"之"觉"。在朱熹看来，"此心操之则存"，操是工夫，存是功效，而敬是"所以操之"的方法。而何镐在"觉而操之"之际，尚未实际用力于操，以便觉了为存，所以实际上是未

---

① 朱熹：《晦庵先生朱文公文集》卷四〇，《答何叔京》书二十一，朱杰人等主编：《朱子大全》第22册，第1833页。

② 朱熹：《晦庵先生朱文公文集》卷四〇，《答何叔京》书二十二，朱杰人等主编：《朱子大全》第22册，第1833页。

下工夫。"觉"并不能保证"常觉",因此有"间断"。所以必须要通过持敬的工夫,才能发挥工夫的妙用,保证此心时刻处于道德的状态。如果从静存动察的角度来看,朱熹在这里比"中和新说"更进一步。

于是乾道六年(1170年),朱熹又有《答何叔京》二十三书。他说:"持敬之说,前书已详禀矣。如今所喻先存其心,然后能视听言动以礼,则是存则操、亡则舍,而非操则存、舍则亡之谓也。'由乎中而应乎外',乃《四箴》序中语。然此一句但说理之自然,下句'制之于外所以养其中',方是说下工夫处。以《箴》语考之可见矣。若必曰先存其心,则未知所以存者果若何而着力邪?去冬尝有一书,请类集程子言敬处考之,此最直截。窃观累书之喻,似未肯于此加功也,岂惮于费力而不为邪?"①

朱熹这里提出了一个"理之自然"和"下工夫处"的区分。但实际上,我们不能笼统地说工夫一定不能由乎中而应乎外。对于朱熹来说,制之于外不是单纯地制之于外,而实际上是为了养中。此种分而合的表述,是朱熹经常使用的。而分而能和,实际也在于本来不分。

乾道六年(1170年)四月,朱熹的一批讲友李宗思、蔡元定、何镐和杨方等都来到寒泉精舍,与朱熹会讲,并共游芦峰。②按《朱子语类》记载,大概蔡元定先行离开,而何镐留下继续与朱熹讨论持敬问题。当时,杨方对这次寒泉精舍会讲讨论的内容做了记录,后编入《朱子语类》。其中有一条直接记载朱熹和何镐二人对"敬"的不同观点:"何承说:'敬不在外,但存心便是敬。'先生曰:'须动容貌,整思虑,则生敬。'已而曰:'各说得一边。'"③这里所说的"各说得一边",似乎是朱熹也认可何镐的说法。何镐所说是"由乎中而应乎外"一边,朱熹所说是"制于外所以养其中"一边。

寒泉精舍会讲后,何镐回去后不久,朱熹又有《答何叔京》二十四书。他在信中说:"示喻根本之说,敢不承命。但根本枝叶本是一贯,身心内外元无间隔。今日专存诸内而略夫外,则是自为间隔,而此心流行之全体常得其半而失其半也。曷若动静语默由中及外,无一事之不敬,使心之全体流行周浃而无一物之不遍、无一息之不存哉?观二先生之论心术,不曰'存心'而曰'主

---

① 朱熹:《晦庵先生朱文公文集》卷四〇,《答何叔京》书二十三,朱杰人等主编:《朱子大全》第22册,第1833页。

② 朱熹:《晦庵先生朱文公文集·续集》卷二,《答蔡季通》书三十八,朱杰人等主编:《朱子大全》第25册,第4681页。

③ 黎靖德编:《朱子语类》卷一二,第212页。

敬',其论主敬,不曰虚静渊默,而必谨之于衣冠容貌之间,其亦可谓言近而指远矣。今乃曰'不教人从根本上做起而便语以敬,往往一向外驰,无可据守',则不察乎此之故也。夫天下岂有一向外驰、无可据守之敬哉?必如所论,则所以存夫根本者,不免着意安排、揠苗助长之患。否则虽曰存之,亦且若存若亡,莫知其乡而不自觉矣。愚见如此,伏惟试反诸身而察焉。有所未安,却望垂教也。《太极》'中正仁义'之说,玩之甚熟。此书条畅洞达,绝无可疑。只以'乾,元亨利贞'五字括之,亦自可尽。大抵只要识得上下主宾之辨耳。"[1]

这里所说的"自为间隔",朱熹否认了身心之间这种内外间隔。心之用或许有内外之分,然而身心内外本是此心之全体,流行周浃,无分内外。既无分内外,在心上用功,就不是略于外,在身上用功,也就不是遗乎内。而何谓"此心流行之全体"?此与《已发未发说》中说法相一致。此心流行之全体,就是贯动静,而"身心内外元无间隔",又是通内外。所以对朱熹来说,身心之动静内外已经打通,成为一片做工夫之处。反而是何镐所谓存夫内心根本的工夫,不在容貌辞气这等心之自然之用上下工夫,偏要等待一个是内而非外的时节来存主内心,便是"著意安排,揠苗助长"。

从《晦庵先生朱文公文集》和《朱子语类》可知,乾道六年(1170年)朱熹与讲友、门人讨论"主敬存心,容貌辞气"上做工夫问题的书信很多,除了何镐外,还有蔡元定、方耕道、林择之和陈师德等。但与何镐的讨论较为深刻,对于"整齐严肃",着重在"容貌辞气"上做工夫,是朱熹与何镐讨论持敬工夫的要点。朱熹与何镐对持敬工夫的辨析,进一步丰富了朱熹"敬"思想的内涵,并成为后来朱子学派中持敬说的主要思想。

乾道八年(1172年),朱熹特别作《敬斋箴》一文,书写挂于斋壁上,以自警。

二、朱熹与何镐持敬思想的时代价值

朱熹在与讲友、门人讨论有关"持敬"思想的过程中,形成了独具特色的持敬观。在修养上,朱熹认为"敬"表现为一种持敬工夫。这种持敬之功,贯乎未发已发之际。他说:"是以君子之于敬,亦无动静语默而不用其力焉。未

---

[1] 朱熹:《晦庵先生朱文公文集》卷四〇,《答何叔京》书二十四,朱杰人等主编:《朱子大全》第22册,第1835页。

发之前,是敬立于存养之实;已发之际,是敬行于省察之间。"①"'敬'字通贯动静,但未发时则浑然是敬之体,非是知其未发,方下敬底工夫也。既发则随事省察,而敬之用行焉,然非其体素立,则省察之功亦无自而施也,故敬义非两截事。"②这是说未发之前,敬立于存养之实;已发之际,敬行于省察之间。无论静时动时、未发已发,皆须有敬以贯之。此为朱熹所说的持敬工夫。朱熹还认为顺着"察识于已发"往前推进一步,就是"致知格物以穷理"。所以在朱熹那里,持敬之心不仅有助于具意向性的认识作用,也就是心的持敬工夫为格物致知的必备工夫。而且持敬的工夫亦系涵养积蓄所穷得之理,以待感物应发时能促使行为循理而行。

在持敬工夫中,朱熹十分强调涵养与省察的作用。朱熹说:"平日涵养本原,此心虚明纯一,自然权量精审。"③"有涵养者固要省察,不曾涵养者亦当省察。不可道我无涵养工夫后,于已发处更不管他。……今言涵养,则曰不先知理义底涵养不得;言省察,则曰无涵养,省察不得。"④这就是说,涵养与省察二者可以交相助,不可交相待。在朱熹那里,"敬"和"静"是统一的,静中之敬就是涵养工夫;动中之敬就是察识工夫,涵养和察识是统一的。正如朱熹所说:"当静坐涵养时,正要体察思绎道理,只此便是涵养。"⑤"'敬'字……彻头彻尾,不可顷刻间断"。⑥

可见朱熹是以静坐持敬深化他所继承于程颐的"敬义夹持"说。于是涵养察识,用敬致知,用敬贞定所知之理,用敬贯未发已发,成为朱熹持敬思想的重要内容。

在个人的道德修养过程中,朱熹和何镐都强调要在"敬"字上下工夫,时刻省察自己的行为。"敬"之所以如此重要,就在于"敬"是能够提高道德人性自觉的,是一种修养心性的工夫,是实现心体清明的一种路径。所以朱熹说:"敬则天理常明,自然人欲惩窒消殆。人能存得敬,则吾心湛然,天理粲然,无

---

① 朱熹:《答张钦夫》书十八,《晦庵先生朱文公文集》卷三二,朱杰人等主编:《朱子全书》第 21 册,第 1419 页。

② 朱熹:《答林择之》书二十一,《晦庵先生朱文公文集》卷四三,朱杰人等主编:《朱子全书》第 22 册,第 1980 页。

③ 黎靖德编:《朱子语类》卷三七,第 988 页。

④ 黎靖德编:《朱子语类》卷六三,第 1551 页。

⑤ 黎靖德编:《朱子语类》卷一二,第 217 页。

⑥ 黎靖德编:《朱子语类》卷一二,第 210 页。

一分着力处,亦无一分不着力处。"①

同时,在要求道德自律和自我修养时,朱熹和何镐特别强调需辨别心外之物,需通过在事上的省察、磨炼达到对本体的体验,使体用本末,表里精粗一以贯之。

朱熹与何镐把"敬"工夫作为道德主体自觉性、主动性的一种方法,并提出"主敬"(即持敬)的思想。何为"主敬",朱熹说:"主敬之说,先贤之意盖以学者不知持守,身心散慢,无缘见得义理分明。故欲其先且习为端庄严肃,不至放肆怠惰,庶几心定而理明耳。"②在此,朱熹是要求人时刻收敛身心,不散漫,不放逸,使之端庄严谨。这里主要指人的实际行为要合符某种规范。朱熹认为"主敬"既是指对未发之心的涵养,又是对已发之心的察识,强调内外工夫同时并用,静时动时不可间断。当情感未发时,无所思虑,最大程度地平静思想情绪,使心境清明不昏乱;当情感已发之时,仍努力保持谨畏、整齐、有严肃的状态,理性、客观地对待外物,"不至放肆怠惰",这样才可以做到"心定理明"。

所谓的"主敬"工夫,即"主一之功",就是指要时时刻刻小心谨慎地保持内心的诚敬状态,不产生放松之意。这也就是朱熹所说的"盖无事则湛然安静而不惊于动,有事则随事应变而不及乎他。是所谓主事者,乃所以为主一者。"③"无事时敬在里面,有事时敬在事上。有事无事,吾之敬未尝间断"。④在朱熹看来,持敬是一种人的内心态度,也是一种外在行为的状态。具体而言,无事时,持敬体现的是一种警省、敬畏的状态;有事时,主敬则体现了一种做事的敬业态度,随心专一地做某事。也就是说,持敬是要保持庄严、虔诚的心态。可见持敬包含的敬畏伦理,是一种值得肯定的心灵境界和道德境界。

持敬之说,强调人内在的纯善,持有与人的言行举止一致,达到一种自然而然的超越性境界。人的精神世界的道德修养与外在人生行为都体现为自觉自愿,不迫于任何外在压力。此即朱熹对门人所说的"所谓主一,自然不费

---

① 黎靖德编:《朱子语类》卷一二,第210页。
② 朱熹:《晦庵先生朱文公文集》卷五九,《答方子实》,朱杰人等主编:《朱子大全》第23册,第2820页。
③ 朱熹:《晦庵先生朱文公文集》卷四七,《答吕子约》书八,朱杰人等主编:《朱子大全》(第22册),第2175页。
④ 黎靖德编:《朱子语类》卷一二,第213页。

安排,而身心肃然,表里如一"。①

这种自觉自愿的行为,强调的是道德自律原则。实现道德人生的自觉,缩小道德意识与道德规范的自觉遵守之间的距离。

持敬思想的现代意义,就它所体现的行为态度,是可以为当代社会的现代化提供一种"工作伦理"。持敬思想包含了人的内心态度和外在行为的状态,是一种积极的人生态度。从做事的角度来说,不做事时持敬体现的是一种精神态度,即内心总是处于一种警觉、警省、敬畏的状态;做事时的持敬则体现了一种做事的态度和伦理,一种专一、敬业的态度。马克思特别重视工作伦理对现代资本主义大生产所产生的作用,认为近代资本主义的生产借助了新教伦理作为精神动力。他在《新教伦理与资本主义精神》中说:"资本主义无法利用那些信奉无纪律的自由自在的信条的人的劳动。"持敬所提供的工作伦理代表的正是有自我约束、严肃认真、勤勉专一的工作态度。保持现代社会积极的工作伦理,朱子学仍能提供一种现成的资源,现成的伦理观念。

持敬思想所体现的敬畏伦理,是一种行为有止的伦理规范。就人类对自然界而言,人类不能因为现代科学技术的发达,无所顾忌地开发自然,而应心存敬畏,行有所止。近代,人类随着科学技术和工业文明的发展,从大自然中获取了巨大的物质财富,使人们生活日益丰裕。然而当人们在享受前所未有的文明成果时,也感受到环境污染、资源枯竭和灾害频繁等生态危机。这种生态危机给人类自身的生存带来了严重的威胁。要解决这一生态危机,除了发展科学技术和制定有关法律外,更重要的是强化敬畏伦理,唤起人的敬畏感,人性的自觉。

敬畏观念,以一种"敬畏之心"来对待自然界,"非其时,不伐一木,不杀一兽"②,从而做到"无一物不被其泽"。③ 人类尊重自然界的客观规律,即"生生之理",维护自然界万物的生存权利,使人类在不超越资源与自然承载能力下保持资源使用,才能实现人与自然的和谐共生共存。

持敬思想所体现的敬畏伦理,从为官的角度来说,敬畏伦理是要使内心时时处于一种警觉、警省的状态,以一种敬畏之心对待人民所赋予的权力,守住自己的政治生命,不忘初心,自觉拒腐防腐。在当代社会,官员中贪污腐败

---

① 黎靖德编:《朱子语类》卷一二,第211页。
② 黎靖德编:《朱子语类》卷一二,第211页。
③ 黎靖德编:《朱子语类》卷一二,第284页。

现象还时有出现,其思想和行为在人民群众中产生了不良的影响。就人而言,敬畏之心不是自然而然地形成的,是需要教育和个人修养。所以朱熹说:"君子之心,常存敬畏。"[①]要注重官员敬畏伦理培养教育,强化敬畏伦理实践,提高他们廉洁从政、掌权用权的自我约束能力和自我控制能力,进而在一定程度上预防腐败的产生,树立良好的官德官风。就此而言,持敬思想所体现的敬畏伦理,在当代仍有其现实意义。

(作者单位:南平市朱熹纪念馆)

[①] 朱熹:《四书集注》,长沙:岳麓书社,1987年,第26页。

朱子与邵武的情缘

◎ 张建光

邵武曾令朱子百感交集,朱子与邵武情缘难分。

南宋绍兴二十一年(1151年),22岁的朱子第一次行走邵武,写下了《邵武道中》诗:

风色戒寒候,岁事已逡迟。劳生尚行役,游子能不悲。
林壑无余秀,野草不复滋。禾黍经秋成,收敛已空畦。
田翁喜岁丰,妇子亦嘻嘻。而我独何成,悠悠长路岐。
凌霜即晓装,落日命晚炊。不惜容鬻凋,镇日长空饥。
征鸿在云天,浮萍在青池。微踪政如此,三叹复如何。

朱子此时已参加过朝廷的铨试,授职泉州同安县主簿。不过到职却要"待次"——依次排队等待补缺,而候职期间没有俸禄。于是他就近四下里走走。有人说他到邵武是找事做,以解生计。诗的前几句说的是,时届冬令,农事已毕。但游子和操劳的人仍为生计在外奔走。中间几句描写秋尽冬来,叶落草黄萧瑟和农民丰年的快乐。最后四句写的是劳苦的人晓行夜宿,忍饥耐寒、羁旅愁苦和漂泊不定、事业无成的人生感叹。诗歌一如朱子的诗风,平淡自然,却又颇具匠心,把"田翁喜岁丰"与"而我独何成"相比照,以"征鸿""浮萍"比喻孤单弱小的游子行踪,生命的飘零无奈感油然而生。整首诗寓情于景,自抒胸臆。

绍兴三十年(1160年),朱子再到邵武,哭吊老师范如圭,写下《挽范直阁二首》诗。"素车今日会,谁与共伤神",其心情之差可想而知。有的评论家认为朱子这类诗歌:"旅途劳顿,了无生趣,牢骚满腹。"我倒赞成文集中有的作者从中解读青年朱熹的忧患意识。《朱子可闻诗集》评论说:"读者须体先生此时境遇,所欲成者何事?慨无成者何心,非他人泛焉行役,叹老嗟卑者可比。"朱子的悲怨不仅仅是个人的,也不仅仅是物质层面的。那是青春骚动期对生命价值自我生存意义的探索和叩问,那是求证大道处于即悟又尚未悟出之间的徘徊彷徨,那是愿意担当家国大任又未能担当的焦虑与茫然。

朱子是否在邵武找到工作,我们不得而知。但他却找到了好老师黄中(曾任端明殿大学士,尊称端明)先生。此时朱子已经47岁。他的拜师仪式十分简朴而庄重,人已到先生屋檐下,没有贸然造访,而是先投书致敬。信的开头说"斋沐裁书",自己斋戒沐浴,虔诚恭敬。信的结尾一再表示,因为向往之深,未经允许传召便前来,不知僭越,不胜惶恐。朱子的拜师行为可与"程门立雪"的故事相比,而端明先生也与故事有关。他是游酢先生的外甥及门人。老师确属朱子所赞颂的爵贵、年寿、德盛的人中君子。其经历也颇为传奇:既受知于高宗,又受知于孝宗。70岁退休,6年后又蒙召再仕。"正色立朝,声烈甚茂",令海内有识之士莫不归心。朱子投师端明门下,不仅让其思想学术渊源对接"二程",而且在"礼"的方面大为受益,因为先生是治礼大家且经验丰富,所以引发了朱子晚年组织众多学生合力纂修《仪礼经传通解》。

朱子还在邵武找到了好朋友何镐(字叔京),他是通过范如圭老师之子范念德介绍认识的。一接触,两人便成至交。"朱子敬友之,常造其家,书问无虚月",仅在《晦庵先生朱文公文集》中,"答何叔京"就有32通,其他著作中还有3通,字数有二万字之多。朱子在给叔京的祭文中写道:"过我精舍,讲道论心,穷日继夜。若兄之圣,实我所畏。"在其墓志铭中曰:"予获从之游,相好也。"美籍华人陈荣捷也说:"有祭有铭有志,则其感情之笃,可以知矣。叔京可谓讲论至友。"两人交往期间,恰是朱子思想学术走向成熟的关键时期。何叔京的许多观点与讲论本身对朱子学说形成的贡献不可忽略。文集中许多作者从撰写《杂学辨跋》,协助编纂《伊洛渊源录》,参与《四书》讨论,特别是在"主敬"思想的争论上进行说明。我倒对朱子为叔京父亲何兑所作的"味道堂记"发生兴趣。该堂也称"台溪精舍",是何家父子读书的地方。何叔京多次请朱子为文纪之,以不忘父亲的教诲,但朱子一再推辞:"熹于文辞无所可取,使为它文,则或可以率意忘言,无问嗤点。今欲发扬先志,昭示后来,兹事体重,岂宜轻以假人?"朱子在给叔京的第五封信中答应写,但第十六封回信中还要求再给些时间,直到乾道九年(1173年)才完成。朱子的反复推辞,不仅仅出于谦虚和谨慎,而是与他研究突破《中庸》思想有关。何兑先生取名"味道堂",意出《中庸》:"人莫不饮食也,鲜能知味也。"何兑先生师承"二程"弟子马伸,以《中庸》之学最为专精。朱子是想用自己的思想来观照"味道堂",也想用何兑先生的实践来证实他的思路。在《味道堂记》中,朱子把叔京父亲当作道德的化身,"乡人爱敬,至以'中庸'目之"。他的实践与释老有本质区别,所品味的正道不外乎仁、义、礼、智、信等伦常道德,"真可谓饮食而知其味矣"。何兑先生关于"中庸"之道不出于人伦纲常的道理与朱子的学说十分吻合。从时间段来看,这个时期恰恰是朱子经历"丙戌之悟""己丑之悟"的两次"中和"思想飞跃,从而建立了"心统性情"的心性论和"主敬涵养"的工夫论。这是朱子学问的大旨。朱子也正是从这里开始重建以"理"为核心的道德哲学。为此朱子十分兴奋,第一次中和之悟后,写下了那首著名的"方塘诗"。可以说,邵武的良师益友给朱子带来了人生大喜。

朱子邵武的情感世界还有愤怒。它不仅是因山河破碎的两宋时势而发,更为"南渡第一名臣"李纲所叹。朱子为李纲名相写下了《邵武军学丞相李公祠堂记》,细述名相奇谋大略,屡贬屡忠的事迹。在朱子眼里,李先生就是三闾大夫屈原的形象:"知有君父而不知有其身,知天下之有安危,而不知其身之有祸福,虽以谗间窜斥,屡濒九死,而其爱君忧国之心,终有不可得而夺者,是亦可谓一世之伟人矣。"如果说此记还是以歌颂为主的话,那么《丞相李公奏议后序》就是对朝廷的愤怒追问。朱子义愤填膺,不顾一切地呐喊,历数李纲丞相种种做法想法,在宣和三年(1121年)被采纳会怎样?在靖康年间被采纳会怎样?在建炎时期被采纳会怎样?在绍兴时期被采纳又会怎样?如果重用李纲丞相并按他的方略去做,怎么会落到今天把朝廷委屈地迁到江海之边,还把后患留给一代又一代的君王呢?

邵武坚定抗金的人士不光是李纲,而是一个群体,朱子与他们志同道合。老师范如圭,曾经反对用秘书省接待金国使者,移书秦桧陈词痛斥其议和:"公不丧心,不病狂,奈何一旦为此?若不改图,必且遗臭万世矣。"他同朱子的父亲一起联名具章反对和议,遭到秦桧的迫害:"即罢而归,又与公舣舟国门外,其相于期固穷死守之义,晚而愈笃。"朱子的另一位老师黄中先生,也是一腔爱国情怀。"未尝一日忘朝廷",未尝一日忘边疆时事,当金兵渡江来袭,举城分崩离析,只有先生和少数臣子坚守城中。文集中言及主战三代人对外金人都有继承前辈之志、雪耻复仇的壮烈情怀。

邵武带给朱子的也有欢乐。他与邵武的朋友、门生常常游历山水,吟诗唱和。淳熙五年(1178年),朱子偕朋友游五夫天湖,下饮泉石轩,以"山水含清晖"分韵赋诗,其中就有邵武门人方士繇。淳熙六年(1179年),朱子任江西南康军,邵武杨时门人李郁之子李吕陪朱子游庐山玉涧,两人相互唱和,朱子还把诗寄给远在荆州的张栻。淳熙八年(1181年),朱子领友游览武夷山水帘涧,题刻的十一人中,有五位来自邵武。朱子著名的春夏秋冬四季诗,就是写于当时寓居邵武辖下泰宁的范念德家。

　　朱子邵武最为惬意的事莫过于为朋友们的收藏题跋写序作记。一方面可以睹物鉴赏,增长见识,另一方面"想见风烈,殊激衰儒之气"。最为高兴的是,邵武的好友带来一位画家,为朱子制作大小二像。其画技高超,居然能画出"麋鹿之姿,林野之性"。朱子示之以人,哪怕听说过朱子而未见过的,也会知道画的是他。朱子十分高兴,打算"东游雁荡,窥龙湫,登玉霄,以望蓬莱;西历麻源,经玉笥,据祝融之绝顶,以临洞庭风涛之壮。北出九江,上庐阜,入虎溪,访陶翁之遗迹"。都与其随行,那些地方应有隐士,很多人都未见过,如果幸运遇到,就把他们的形象一一画下来。遗憾的是郭氏画家岁晚思亲,不能跟着他去游历,趁着他来辞行,朱子便写下这番话送给画家。字里行间,朱子的浪漫、诙谐和欢乐溢于纸上。

(作者单位:政协南平市委员会)

从《邵武道中》审视青年朱熹的忧患意识

◎ 乔军豫

朱熹为众所周知的理学大家,但他的诗人身份常被人们忽略。的确,朱熹是南宋一位名副其实的诗人。本文以其诗《邵武道中》为例,结合这首诗的具体内容分析青年朱熹的忧患意识。通过对中华传统文化中的忧患意识的打量与梳理,得出朱熹的忧患意识与中华传统文化中的忧患意识具有同质性,但也有其自身显著的特征,诗人厚重的忧患意识除了对民族危亡的深度关切、厚生爱民的情结和强烈的道德意识外,还有对自我生存现状的探讨、对生命价值与意义的追寻和叩问。尝试从《邵武道中》解读青年朱熹的忧患意识,不仅有助于全面理解和感受诗人情感世界的丰富与多样,而且有助于展示朱熹作为"人"而非"圣者"的形象。

一、忧患意识的生发与梳理

忧患一词由来已久,最早出现于《周易·系辞下》,其中这样写云:"《易》之兴也,其于中古乎?作《易》者,其有忧患乎?"《尚书·周书·君牙》描述得更加形象传神:"心之忧危,若蹈虎尾,涉于春冰。"《礼记·儒行》道:"虽危,起居竟信其志,犹将不忘百姓之病也。其忧思有如此者。"《诗经·王风·黍离》曰:"知我者,谓我心忧;不知我者,谓我何求。"《诗经·小雅·沔水》曰:"心之忧矣,不可弭忘。"它们都流露出鲜明的忧患意识,层出不穷。这样的例子不一而足。显而易见,在中华传统文化中很早就孕育着深切的忧患意识,确谓源远流长,浸润、滋养着历代的文人士大夫。忧患意识展示不同时期文人士大夫身上所具备的一种普遍性的性格特征与精神风貌。

以孔孟为代表的儒家对原初的忧患意识进行了传承与发展。《论语·卫灵公》论及:"人无远虑,必有近忧。"《论语·述而》表明:"德之不修,学之不讲,闻义不能徙,不善不能改,是吾忧也。"这些忧患都无不蕴含着忧天下、忧家国、忧民族、忧苍生、忧文化颓废、忧世道衰变的主旨。《孟子·告子下》里强调:"生于忧患,死于安乐。"《孟子·梁惠王下》中指出:"乐民之乐者,民亦乐其乐;忧民之忧者,民亦忧其忧。乐以天下,忧以天下,然而不王者,未之有也。"显示出君子将天下兴衰、民生苦乐作为忧患的主要内容,其博大的情怀不言而喻。从此以后,以儒家为主体的中华传统文化所彰显出来的忧患意识成为文人士大夫世代继承和发扬的主流人文精神。

　　忧患意识自始至终是中华传统文化的深层特质,尽管在不同的历史时期体现出来的具体内涵不尽相同,但总的来说,它不仅包括以忧家国、忧民众、忧道统为特征的民族精神和爱国主义思想,也包括文人士大夫在处理"天下"与"己身"、"兼济"与"独善"、"穷"与"达"等关系出现了矛盾冲突进而产生的个体忧患感。前者是数千年积淀而来的儒家文化的积极"入世"思想在文人士大夫身上形成的珍贵精神财富,是中华传统文化不可或缺的精神内核;后者往往是一种表现形式,往深究,其实质仍然是个体无法参与国家、社会等管理活动而有了命运不济、报国无门、壮志难酬的感叹心理,其骨子里依然是被忧国忧民的情感和思想所支配。中华传统文化中的忧患意识,不是突出或强调的是走向自我的忧患,而是经由自我走向国家、民族、人民的忧患,具有高度的社会责任感、强烈的使命感和乐于献身精神相统一的文化特征。[1]

　　兼有哲人与诗人双重身份的朱熹深受中华传统文化的熏陶和影响,他在诗中表达出来的忧患意识和中华传统文化中所包含的忧患意识是一脉相承的。朱熹生活于"无一毛发不受病"的南宋朝代[2],"内忧外患"的社会现实使得青年朱熹的忧患意识不是单一的,而是多重的,既具有忧国忧民的参政报国热忱,又具有为这种济世热忱受阻遇挫时对自我人性与人心的内在反省。当然,这种内在反省或包含哲人式的大道不畅、难行于世的忧道意识,或包含文人式的人生感伤、忧生之嗟。

---

[1] 罗靖:《中国文学忧患情结的审美视境》,《中国文学研究》2003年第3期,第23~26页。

[2] 束景南:《朱子大传》,北京:商务印书馆,2003年,第1122页。

二、诗中青年朱熹的忧患意识

青年时期的朱熹奔走在邵武,写下诗《邵武道中》:"风色戒寒候,岁事已逶迟。劳生尚行役,游子能不悲。林壑无余秀,野草不复滋。禾黍经秋成,收敛已空畦。田翁喜岁丰,妇子亦嘻嘻。而我独何成,悠悠长路岐。凌雾即晓装,落日命晚炊。不惜容鬓凋,镇日长空饥。征鸿在云天,浮萍在青池。微踪政如此,三叹复何为。"此诗作于绍兴二十一年(1151年)。是年,朱熹23岁,即他进士及第后的第四年,虽然已经被当时朝廷授以泉州同安主簿一微职,但仍不能赴任,须待次家中,等待补缺。此时的朱熹,从崇安五夫至异地邵武一带寻找事情来做,路遇萧瑟的秋景,由眼前农田丰收后的场面和农人的喜悦神情,想到自身的事业难成,勃发了他浓厚的忧患意识,对自己漂泊无依、岁月如流、前途渺茫充满了忧虑与感伤。①

《邵武道中》属于羁旅行役诗,从"游子""征鸿""浮萍"等词不难看出。此诗采用动态视角描摹山水田野:"林壑无余秀,野草不复滋。禾黍经秋成,收敛已空畦。"山水田野的感性形态非独立存在的审美客体,恰是促使诗人生出羁旅之感、怀旧之情、蹉跎之意的场景。因此,这些具有萧条、空旷、寂寥特征的风物景象本身就具有冷色调,多是诗人随意点染,而非刻意描摹或精心营造。通观全诗,诗中有景有情,景语和情语大致占有相当的分量。诗人以秋景的凄凉、冷清的气氛渲染"劳生""行役"之苦和"游子"之悲,烘托出自己的郁郁寡欢和彷徨的心理,这样一来,情与景也就保持了结构上的平衡。"林壑无余秀,野草不复滋",从平远的空间获得视听体验和感受,这使得羁旅行役的单调得到强烈表现。"征鸿在云天,浮萍在青池",从上下结合、远近结合的视角对比来观照,空间交错于一起,浑然不可分割,借以增强了诗歌的审美空间和所要表达的情感张力,诗人含情凝眺和平视的抒情主体呼之欲出。"征鸿""浮萍"正是对诗人客子形象的恰切比喻,传达出生命飘零的悲痛和奔波劳碌的无奈。如此诗人的忧患意识有了具体的载体表达。

朱熹此一类型的诗不仅以意取境,有意选择的景观物象呈现鲜明的情感倾向,还比较注重在时间的飞速流逝中体现浓浓的客愁,如"风色戒寒候,岁

---

① 杨斌、陈国代:《行吟在武夷山中的诗人朱熹》,《南平师专学报》2005年第3期,第69~71期。

事已迟迟"。诗人在诗中添加时间的推移,应该说是基于这一类型诗歌题材的规定和抒情的需要,因为羁旅行役诗常常以时空变幻组景,那么,诗中的空间也就具有了时间化品格。黄昏落日的意象即时间变化的符号,它除了表明韶华转瞬即逝外,还映照出诗人蹉跎岁月、事业无成的愁绪。诗人风尘仆仆于人生长途,有感于途中的自然风物,有感于人生坎坷不平,有感于未能一展经世之才的失落与茫然,便把胸中长久郁结的思绪有机地融入悠悠山水田野,其主要审美方式是"感物",深层内涵是为了寻找能够建功立业、实现豪情壮志的精神家园。这又是何等难,难怪诗人心中充满了忧患意识,"微踪政如此,三叹复何为"。

《邵武道中》毕竟是朱熹的青年之作,总体看来较为稚嫩,但情真意切,实乃诗人真正做到有感而发,言之有物,并且没有一般文人士大夫的无病呻吟。在构思上,不求新奇,而以口写心,自然流露,以感情的真挚与内容的充实取胜,彰显出朱熹诗不事雕琢、平淡自然的艺术本色。[①] 此诗抒发了诗人思想上的困惑茫然、客居乡愁与孤寂惆怅。这使得整首诗笼罩着浓郁的忧患色彩,诗人的忧患意识充盈其中,汩汩流出。

三、诗人忧患意识的内蕴

青年朱熹的个人忧患意识是建立在民族危亡的基础上。经历了唐末五代十国动荡不安的衰世之后,北宋建立。宋王朝虽然从形式上统一了中国,但一直面临着较为严重的民族危机,割地、赔款、求和仍然阻止不了野蛮强悍的外族的骚扰侵略。尤其是在朱熹生活的南宋,山河破碎、国土沦丧,人民生活在水深火热之中,始终是一片笼罩在宋代文人士大夫心头的阴影。因此,奋力反抗异族的入侵,收复丧失的国土,拯救铁蹄之下的人民的忧国忧民之曲,成为宋诗的一股强大的潮流,奏响了那个朝代的强音。青年朱熹血气方刚,坚持抗金,反对议和,渴望朝廷发愤图强、卧薪尝胆,一举扭转被动挨打的局势;期盼将士奋勇杀敌,收复故土。然而往往事与愿违,这进一步加重朱熹个人的忧患意识。在诗中可以看出他心中隐藏着对国家和民族的前途命运的深深的忧虑和痛惜。

在朱熹的忧患意识里饱藏厚生爱民的情结。对天下黎民苍生生存境况

---

① 郭齐:《论朱熹诗》,《四川大学学报(哲学社会科学版)》2000年第2期,第83～88页。

的热切关注与对国家、人民的忧患一样,都是中华传统文化的一通思想和一贯精神。诗人在《邵武道中》将农人的生活状态纳入审美视野,"田翁喜岁丰,妇子亦嘻嘻",反映了诗人对下层劳动人民的深切关注。可见诗人关心农民的生产生活,具有民本思想和人道主义精神,饱含民胞物与的深厚感情。

朱熹的忧患意识伴生道德意识。牟宗三提出:"中国人的忧患意识特别强烈,由此种忧患意识可以产生道德意识。"[①]这一论断颇有见地,精辟地道出中国人的忧患意识的普遍性特征,它具有重家国、重社会、重道德修养、重伦理的特点。进而言之,中国文人士大夫对儒家提倡的"道义"在情感和心理上有极强的认同感与归宿感。虽然儒家知识分子或学人对"道"的体认和理解不尽相同,但是他们不约而同地自觉以"道"自认,尤其注重个体的道德修养,以期提高群体的道德修养,并且把"立德"放在"三不朽"追求的首席地位。自唐末五代十国至宋,社会动荡,战乱频仍,儒家的伦理道德受到极大冲击。宋朝不仅面临民族危机和政治危机,而且还面临思想危机和精神危机。朱熹生逢其时,毕生都在思索道德修养、社会伦理、天下兴亡等这些重大问题。从他的诗《邵武道中》里可以隐约看出他付出艰辛的努力。

概言之,诗人厚重的忧患意识除了对民族危亡的深度关切、厚生爱民的情结和强烈的道德意识外,还有对自我生存现状的探讨、对生命价值与意义的追寻和叩问。这两者构成诗人两个不同层面、不同走向的生存状态,前者引导他积极入世,效力国家,是个现实生活的层面;后者引导他关注人的自我生存,追求生命的自足和灵魂的安顿,是个精神生活的层面。这些不同的忧患意识处在不同的层面,与中华传统文化缠绕在一起,有着极深的关系。关键值得称颂和学习的是,朱熹将个人的忧患意识升华为对民族和人民的深厚情怀,升华为"对家与国的责任与担当"。[②] 从这一点就能看出,他是诗人中的一个"大者"。

(作者单位:武夷学院人文与教师教育学院)

---

① 牟宗三:《中国哲学的特质》,上海:上海古籍出版社,1997年,第12页。
② 甘秋月:《论朱熹诗的家国情怀》,贵州师范大学硕士学位论文,2018年,第90页。

朱子与邵武师友门人交游事迹考

◎ 兰宗荣

朱子从青年时期游邵武到晚年与邵武结下不解之缘。这里曾是青年朱子劳生行役之地,也是向端明殿学士黄中投书拜师、悼师、祭师之地,而且朱子与邵武(军)的何镐、吴英、梁琢、方士繇、李吕、冯作肃、饶廷老、任伯起、范伯崇交往密切,现考述如下。

一、邵武是青年朱子劳生行役之地

绍兴二十一年(1151年),朱子参加了由礼部组织的铨试,拜见过寓居浙江湖州霅川(亦称霅溪)的三叔朱槔,转道会稽、天台,由婺、衢入信归闽后,在家等待出任期间,过着在家读书,或外出访仙问禅的生活。在家建斋室名"牧斋"。这年十月,朱子为生计穷悴辗转行役(泛称行旅,出行)于建阳、邵武间。朱子此次是从五夫经建阳顺道拜访了嫡亲表兄丘子野之后到邵武的,途中写下了《邵武道中》,诗云:"风色戒寒候,岁事已逶迟。劳生尚行役,游子能不悲?林壑无余秀,野草不复滋。禾黍经秋成,收敛已空畦。田翁喜岁丰,妇子亦嘻嘻。而我独何成,悠悠长路岐。凌雾即晓装,落日命晚炊。不惜容鬓凋,镇日长空饥。征鸿在云天,浮萍在青池。微踪政如此,三叹复何为?"[①]诗中充满悲凉氛围,时值秋冬时节,万物萧瑟,农民丰收的喜悦与自身为谋生计四处奔走,忍饥挨饿,形成强烈的反差。此时朱子虽中进士,在铨试中授予同安县

---

① 朱杰人等主编:《朱子全书》第20册,上海:上海古籍出版社,合肥:安徽教育出版社,2002年,第227页。

主簿,却迟迟不能赴任。他自感前路漫漫,事业无成,不知从哪里找到出路,不禁长叹,故有所咏。诗中的内容寄托着朱子作为漂泊在闽北山乡的游子,为寻找生计而焦虑的心情。

二、邵武是朱子向黄中拜师、悼师、祭师之地

乾道三年(1167年),朱子听说张栻得南岳名儒胡安国之学。为了能够向张栻当面领教,并想解决纠缠了多年未解决的"已发未发"的问题,朱子决定到张栻的任所——湖南潭州(长沙)。此行的出发时间是乾道三年(1167年)丁亥八月一日,朱子在学生范伯崇、林择之的侍行下辞家远游。他们一行从崇安县开耀乡外五夫里启程,到潭州访问张栻。按明戴铣《朱子实纪》卷二《年谱》所载:朱子时年38岁。这年八月,朱子一行"如长沙访南轩张公,道经昭武(邵武),谒黄端明"。[①] 注云:"端明名中,字通老。朱子以其齿德俱尊,故先以之书,请纳再拜之礼而见之。"朱子极敬慕中公人品才华,说他齿德俱尊,说明朱子拜见之前,曾先投递拜师的书札。黄中(1096—1180),字通老,邵武故县人,绍兴五年(1135年)榜眼,除起居郎,"乾道末为兵部尚书,淳熙元年(1174年)进职端明殿学士"[②],封江夏郡开国公。他是南宋著名主战派大臣。反对秦桧的投降行径,上书陈十要道:"用人而不自用,公议进退人员,察邪正,广言路,核事实,节使度,择监司,惩贪吏,陈方略,考兵籍。"岳飞遇害,黄中当众质问秦桧:"岳飞何罪?"因不屑攀附秦桧,被排斥外任地方官二十多年。秦桧死后被召用,任礼部尚书,兼国子司业。朱子一行在邵武住了几天,继续前行前往潭州。据记载:"九月抵长沙,留止两阅月而行。按朱子与曹晋叔书云:此月八日抵长沙,今半月矣。荷敬夫爱予甚笃。相与讲明其所未闻,日有问学之益。敬夫学问愈高,所见卓然,议论出人意表。近读其语说,不觉胸中洒然。诚可叹服。此南轩赠行诗曰:遗经得紬绎,心事两绸缪。超然会太极,眼底吾全牛。"朱子答诗曰:"昔我抱冰炭,从君识乾坤。始知太极蕴,要妙难明论。谓有宁有机,谓无复何存。惟兹酬酢处,特达见本根。万化从此流,千圣同兹源。旷然远莫御,惕若初不烦。"又《中和旧说序》云:"予早从延平李先生学受《中庸》之书,求喜怒哀乐未发之旨,未达,而先生殁。闻张钦夫

[①] (明)戴铣:《朱子实纪》卷二,明正德丙寅刻本,第10页。
[②] 陈来:《朱子书信编年考证》,上海:三联书店,2007年,第140页。

得衡山胡氏学,则往从而问焉。是时范令德侍行,尝言二先生论《中庸》之义三日夜而不能合。其后朱子卒更定其说,以此观之。则二先生晤聚讲论而深相契者大略可见,而未发之旨,盖终有未合也。"①

乾道四年(1168年),朱子又特地偕高弟蔡元定赶到邵武,并毕恭毕敬地执弟子之礼再次求见。

淳熙三年(1176年)八月十一日,朱子自婺源归闽后,朱子往邵武谒黄中,再投门下问学,有《上黄端明》书。二人讲论当前国事,并问进退大节,探询朝政,旬日而归。

黄中是朱子继李侗之后又一位重要的老师,朱子前后问学的时间有十余年,对朱子的仕途进退影响不浅。在理学上,朱子通过黄中、游酢这条师承脉络,上接二程,与朱子通过李侗、杨时接续二程,实际上是并行的关系,但人们往往忽略了前一条。黄中既是游酢的门人,也是外甥,实得游酢理学的真传。

淳熙六年(1179年)春正月,朱子在赴南康知军任前,特走邵武,问候患病在家的黄中,受嘱托为其父母撰墓志。黄中于淳熙七年(1180年)八月庚寅卒,年八十有五,赠太师,谥简肃。黄中去世时,朱子曾亲来邵武吊唁,并作《祭黄尚书文》、《又祭黄尚书文》和《端明殿学士黄公墓志铭》。

淳熙八年(1181年)八月二十二日,因浙中发生特大水旱灾,右相王淮看中了朱子,荐举他前往浙东赈灾。于是朝廷改除朱子提举浙东常平茶盐公事。此行朱子先到邵武祭黄中。黄中墓在邵武县仕泽乡庆亲里居第之北石歧原(今邵武市水北镇故县村)。朱子在《有宋端明殿学士中大夫致仕江夏郡开国侯食邑一千五百户食封一百户赠正议大夫黄公墓志铭》写道:"某素仰公德,而公所以教诲之者亦甚厚,且尝受命以识于先大夫、先夫人之墓矣,其又何辞?乃敬序其事而铭之。"②

三、朱子与邵武何镐的交游

乾道五年(1169年)九月初五日,朱子之母祝孺人卒,享年七十。朱子丁母忧,卜地未能免俗。十二月,往返建阳,请精于堪舆的蔡元定选择葬地。他们用了几个月的时间选择墓地,终于选定天湖之阳"风顺地厚,形势拱揖,环

---

① (明)戴铣:《朱子实纪》卷二,第10页。
② 朱杰人等主编:《朱子全书》第26册,第832页。

抱无空阙"的寒泉坞。乾道六年(1170年)春正月,葬祝孺人于建阳崇泰里(今属莒口乡马伏村)后山天湖之阳太平山麓寒泉坞,这时离祝孺人去世已四五个月了。此处风景清幽,有一个天然湖泊,叫"天湖"。墓地前朝天湖,林木荫翳,又名寒泉林。朱子以此山水林泉伴先妣亡灵。墓为凤字形,坐北朝南。墓堆为河卵石砌圆形,直径约2.1米。墓园占地面积约2000平方米。为了给母亲守孝,朱子于墓旁建了数间草房,每月朔日(初一)、望日(十五)祭奠。因要居住墓侧,不能常在五夫授徒讲学,朱子便在寒泉坞建筑了寒泉精舍,接纳来学士子,据《黄勉斋集》载:"(朱文公)丁母忧,学者听讲于墓庐。"如实地反映了朱子热心教育的感人情景。朱子在给蔡元定的信中曾提到过寒泉精舍的时间:"此只八九间,下寒泉十一二间,定望临顾也。"寒泉精舍的落成,标志着朱子生平一段重要的讲学开始,也是朱子创办的第一所书院。

朱子庐墓为母守孝期间,也开始了在建阳十年之久的著述生涯,原来寂静的寒泉坞顿时热闹起来。建阳本地的学者蔡元定、刘爚、刘炳、徐宋臣、范仲宣、徐周宾,邵武的何镐、范令德,建瓯的王光朝、李宗思,浦城的詹体仁等20多人皆来此讲论。

何镐(1128—1175),字叔京,号台溪,何兑子,邵武人,在七台山麓台溪精舍寓居与藏修,世称台溪先生。以父何兑致仕恩补官,历任汀州上杭丞、善化县令,录有《语录》一卷,所著书有《易》《论语说》《史论》《诗文》数十卷。七台山位处邵武东乡十九都,今洪墩乡尚读村境内,其地南跨将乐,东俯顺昌。何镐少承家学,立志以圣贤为师,一心讲求道德修养。及长,与朱子交游,成为志同道合的朋友,相互研讨学问,辩论疑难问题,朱子对他评价甚高,曾称赞他:"家学渊源纯正,才智敏锐,深造默识,口讲心潜,躬行力践,非一般诵说闻见所能及。"乾道二年(1166年)何镐问学于朱子。后为何镐成为朱子寒泉精舍门人,与李伯谏、蔡季通、杨方来寒泉在同时。乾道、淳熙间,何镐曾多次造访寒泉精舍,与朱子论学。《宋元学案》卷六十九记载:"杨方,字子直,长汀人。……隆兴初登第。平生心慕朱子。调弋阳尉,还道崇安,参谒面受所传而归。按《续集》卷二《答蔡季通》书四十四:子直欲且留此,为逾月之计,俟某后来,今欲烦藏用。……此子直薪米之属已一一措置矣。"此书言及"伯崇之仆说,到官之初,尽为人理会事。伯崇赴庐陵簿在二月,此书作在四月。《朱文公文集》卷四十二《答胡广仲》书六:新清远主簿杨子直方因其入广西,取道岳前,属使求见。渠在此留后两月,讲会稍详。"可见杨方同何镐一样,也是寒泉精舍朱子门人。

117

淳熙二年（1175年）三月二十一日，吕祖谦偕弟子潘景愈（叔昌）从婺州启程，翩然入闽。四月一日到达五夫，同朱子相见。吕、朱"寒泉之会"后，兴犹未尽，他们雇舟带领弟子逆水而行，畅游了武夷山九曲溪，观赏两岸风光。至今武夷山九曲溪北的灵峰（即白云岩）极乐国附近的山岩仍留"东莱先生讲学处"的摩崖石刻。朱子在《过武夷作》一诗中吟道："弄舟绿碧涧，栖集灵峰阿。"朱子陪同吕祖谦偕双方门人赴鹅湖经武夷游览时，在九曲溪六曲题刻响声岩，石刻内容为："何叔京、朱仲晦、连嵩卿、蔡季通、徐宋臣、吕伯恭、潘叔昌、范伯崇、张元善。淳熙乙未五月廿一日，晦翁。"①"淳熙乙未"即"淳熙二年"。短短36字，不仅记录了这场大辩论的时间，更记录了浙、闽两派参加论辩的主要人物，意义非常。石刻中的何叔京即何镐。

淳熙二年（1175）十一月，何镐卒，朱子往邵武哭吊何镐，见韩元吉。《答吕伯恭》四十七（"便中两辱诲示"），文集三十三，第三十四页。信云："熹正初复到邵武，还走富沙，上崇安，四旬而后归。将为婺源之行，未及而韩丈召还，道出邑中，寄声晋叔必欲相见，不免又出一巡，废曳不可支矣。极欲一到三衢哭汪丈之丧而未敢前，未知所以为决，旦夕上道却徐思其宜耳。"是因出山会韩元吉而迟行婺源。何镐卒后，朱子甚悲痛，为他作《何叔京墓志铭》。文中评价何叔京云："君为人清夷怡旷，廉直惠和，谈经论事简易条畅。"

《晦庵集》收集朱子《答何叔京》书32通，计2.2万余字。其所涉及的内容，除论学之外，间及时政。主要有论中和之说，助朱子修订《孟子集解》，帮助朱子联系《论语要义》在邵武县学的刻印，为朱子《杂学辨》作跋等。朱子则为何镐作《味道堂记》。

四、朱子与邵武梁琢、吴英、方士繇、李吕的交游

淳熙三年（1176年）十月，时建安的史学家袁枢欣闻朱子主管武夷山冲佑观，寄一首充满道家气息的贺诗《寄朱晦庵山中丹砂》。朱子针对袁、傅的好佛，作《奉答景仁老兄赠别之句》，对袁、傅二人委婉地提出善意的批评。朱子邀请袁枢、傅伯寿等人游武夷山。淳熙四年（1177年）九月，袁枢、傅伯寿、梁琢、吴英到五夫访朱子，偕游武夷，泛舟九曲，于是宾主诗歌唱酬。吴英字茂实，梁琢字文叔，均邵武人。傅伯寿字景仁，傅自得长子，因后谄事韩侂胄，致

---

① 朱杰人等主编：《朱子全书》第26册，第784页。

身通显,目为朱门叛徒。《重修泉州府志》卷五十四有《傅伯寿传》甚详。①

淳熙五年(1178年)七月,刘尧夫、廖德明、刘彦集、方士繇来访,朱子相偕游五夫子里天湖,有诗吟唱。同游者尚有刘彦集,以"山水含清晖"分韵作诗吟唱。朱子的《秋日同廖子晦刘淳叟方伯休刘彦集登天湖下饮泉石轩以山水含清晖分韵赋诗得清字》诗云:"闲居寡俦侣,掩关抱孤清。良友倏来止,旷然舒我情。矧此凉秋初,暑退裳衣轻。相与一携手,东山眇遐征。前穿林岭幽,俯瞰川原平。降集崖寺古,徘徊浊醪倾。长吟伐木篇,潜鳞亦相惊叹。愿结沮溺耦,穷年此岩耕。"②方伯休即方士繇,字伯谟,一字伯休,居邵武。③刘尧夫,字淳叟,抚州金溪人。乾道五年(1169年)进士,累官吏部左选郎官。《宋史》卷四百三十七有传。廖德明,字子晦,顺昌人,进士出身,官至吏部左选郎,著有《春秋会要》等行世,参与编辑《朱子语录》。此次偕游者刘彦集即刘韫之子刘子翔,是朱子的妹夫。

朱子任江西南康军,在工作之余时常登山唱酬。淳熙六年(1179年)十二月,朱子知南康军期间游庐山玉涧,有和李吕诗及和杨大法十梅诗韵。朱子的《读李宾老玉涧诗偶成》诗云:"独抱瑶琴过玉溪,琅然清夜月明时。只今已是无心人,却怕山前荷蒉知。"④诗题中的李宾老,名吕,字滨老,福建邵武军光泽县人,是龟山弟子李郁之子。时逢邵武李吕来南康陪侍朱子游玉涧,李吕曾写了一首《跋晦翁和玉涧诗》:"夜琴响空山,临流水方折。老仙何处来,欣赏共清绝。不知卢仝家,还有许风月。"⑤诗是咏隐卧玉涧的无着居士崔闲的。当年苏东坡来这里夜听琴音清越,曾作了一首《醉翁操》。而李吕这首诗大为朱子赞赏,他亲笔书写寄给了远在荆州的张栻,并咏了这首和诗。诗反映出朱子向往抚琴放歌、煮酒品茗的高雅生活情趣,反映了他无心官场,想退隐山林的思绪。这种想法只有荷蒉的人才能明白。《论语》中有一句话说:"有荷蒉而过孔氏之门者。"朱子《集注》解释道:"荷蒉者,亦隐士也。"这句诗的意思是说,他归隐山林的想法不是隐士哪能明白呢?这是一首借景抒情的典型佳作,通篇上下表现出诗人对遗世独立、超然世外的隐士无限仰慕之情。

淳熙八年(1181年)七月二十三日,朱子应刘岳卿之召,与士友游武夷山。

---

① 束景南:《朱熹年谱长编》,上海:华东师范大学出版社,2001年,第589~591页。
② 朱杰人等主编:《朱子全书》第20册,第453页。
③ 束景南:《朱熹年谱长编》,上海:华东师范大学出版社,2001年,第602页。
④ 朱杰人等主编:《朱子全书》第20册,第466页。
⑤ (明)解缙:《永乐大典》卷九百零九,《诗字韵引李淡轩集》。

到刘甫栖隐处，享受水帘洞的清爽，并题刻水帘洞："刘岳卿、几叔招、胡希圣、朱仲晦、梁文叔、吴茂实、蔡季通、冯作肃、陈君谟、饶廷老、任伯起来游。淳熙辛丑七月二十三日仲晦书。"①

刘岳卿，名甫，据嘉靖《建宁府志》记载："刘甫，字岳卿，崇安人。衡子，事亲至孝。武夷山北有水帘洞，其栖隐处也。刘珙将奏以官，甫不愿。朱子与元定每过其庐，惟相与讲义理，不及利禄。尝约熹结庐居武夷，未几卒，熹哭之。"蔡元定，字季通，建阳人。梁文叔，名璟。吴茂实，名英。冯作肃，名允中。饶廷老，名斡。任伯起，名希夷。均邵武人。陈君谟，《福建金石志》谓"疑即舜申"。陈舜申，字宋谟，曾主管武夷冲佑观。几叔招、胡希圣，未详。水帘洞另有淳熙七年（1180年）刘岳卿、几叔章等人题名，叔招、叔章或为兄弟。②

五、朱子与邵武军范令德的交游

庆元三年（1197年）八月，朱子因女婿黄榦丁忧往顺昌吊唁，归时由顺昌沿金溪前往邵武军泰宁县小均坳访姻弟、门人范伯崇。范伯崇之父范如圭原为建阳人，绍兴二十九年（1159年），知泉州府，革弊抑强，得罪皇室，次年被诬陷罢职，奉祠。他将家迁到邵武租赁屋舍以居，绍兴三十年（1160年）六月十八日卒。范令德在办完丧事后，为居留问题与朱子等人探讨，最终还是从母愿而迁居泰宁，住在城外五里的小均坳。范如圭有女嫁给刘子翚之子刘玶，范令德、刘玶皆从朱子游。③ 时朱子方委范念德撰修礼书，故这次或是在顺昌迎吊黄榦母叶氏柩，顺道往泰宁访范念德，而有是诗也。朱子至泰宁时寓小均坳范令德家，留下了四景诗：

晓起坐书斋，落花堆满径。只此是文章，挥毫有余兴。
古木被高阴，昼坐不知暑。会得古人心，开襟静无语。
蟋蟀鸣床头，夜眠不成寐。起阅案前书，西风拂庭桂。
瑞雪飞琼瑶，梅花静相倚。独占三春魁，深涵太极理。④

---

① 朱杰人等主编：《朱子全书》第26册，第785页。
② 束景南：《朱熹年谱长编》，上海：华东师范大学出版社，2001年，第706页。
③ 陈国代：《朱熹在福建的行踪》，北京：作家出版社，2007年，第176页。
④ 康熙《泰宁县志·稽古志》，光绪《邵武府志·古迹》。按：此诗石碑今藏泰宁文化馆。

泰宁县文化馆今藏镌刻有春夏秋冬四季诗的青石(黑色页岩)碑文四块,碑长1.34米,宽0.34米。行书阴刻,每板两行直书,每行十字,一板二十字。此碑刻原置泰宁城内孔庙,后移至泰宁县博物馆,今尚书第保存。据传这四块碑文系朱子晚年避居泰宁小均坳时所写,可以说这是他对四季变化的切身体会。访范伯崇后,约在这一年的十月,复经邵武回到建阳考亭。

朱子有答吕胜己(字季克)书信1封,答徐元德(字居厚)书信1封,答黄孝恭(字令裕)书信3封,答梁瑑(字文叔)书信4封,答吴英(茂实)书信2封,答任希夷(字伯起)书信3封,答冯允中(作肃)书信4封,答黄寅(直翁)书信1封;与吴大年(字寿昌)问答11则,与饶宰(延老)问答6则,与丘玉甫问答1则,与江元益问答32则。与连崧(字嵩卿)"论诸人言有得失之义"的"未动为性,已动为情,心则贯乎动静而无不在焉"和"论不同底人所说得失问题"2段。这些朱子所答者皆是邵武人。

综上所述,朱子与邵武结下不解之缘,一生中多次出入邵武,既有向端明殿学士黄中拜师、探访、奔丧、祭师,写下《上黄端明书》、《祭黄尚书文》、《又祭黄尚书文》和《端明殿学士黄公墓志铭》,且与邵武何镐、吴英、梁瑑、方士繇、李吕、冯作肃、饶延老、任伯起、范伯崇等士友交游密切。在交往中对朱子学的传播和发展起了重要的作用。今天要将朱子与邵武的关系"用"起来,打造邵武特色朱子文化品牌;将邵武朱子文化"活"起来,用时代精神、创新精神激活朱子优秀文化,使朱子文化从典籍走向民间,并结合旅游开发,使朱子文化在邵武"热"起来。

(作者单位:武夷学院旅游学院)

何镐对朱熹构建儒家道统的贡献

◎ 周元侠

何镐是朱熹早期思想发展过程中的重要讲友,他在朱熹心性论形成以及儒家道统建构中都起到非常重要的作用。何镐为朱熹《杂学辨》作跋,为《伊洛渊源录》拟定大纲,并参与编纂。何镐的家学以《中庸》研究最为精妙,在朱熹的两次中和之悟期间,《中庸》是二人讨论的重点问题,朱熹后来在《中庸章句序》中正式构建起儒家道统谱系,这反映出一向重视《中庸》的道南学派在儒家道统谱系中居于特殊地位。本文将围绕着何镐和朱熹的书信,着重探讨何镐在朱熹构建道统过程中的重要贡献,同时展现出道南学派在南宋福建的发展情况及其思想的多元性、丰富性。

何镐(1128—1175),字叔京,福建邵武台溪人。父兑,字太和,号龟津,何兑是徽宗重和元年进士,南渡后官至辰州通判。后因表彰程氏弟子马伸忠节,忤权相秦桧而去职。其学自马伸上接二程,尤以二程《中庸》之学最称专精。何镐承家学,贯穿经史,究心《中庸》,一以二程之学为归,著有《易说》《论语说》及史论、诗文等数卷。在宋端仪、薛应旂所著的《考亭渊源录》卷十一、杨应诏所著的《闽南道学源流》卷八、李清馥所著的《闽中理学渊源考》卷二十三中对何镐均有介绍,《宋元学案》之《晦庵学案》将何镐列入晦翁讲友。据《晦庵先生朱文公文集》卷四十,朱熹与何镐通信有三十二通,《别集》卷四有一通,时间集中在乾道二年(1166年)到淳熙元年(1174年)期间。根据陈来《朱子书信编年考证》、顾宏义《朱熹师友门人往还书札汇编》,分别为乾道二年5通,乾道三年(1167年)6通,乾道四年(1168年)共4通,乾道五年(1169年)3通(包括别集1通),乾道六年(1170年)4通,乾道八年(1172年)共3通,淳熙元年(1174年)5通,又有时间不详的3通。朱熹思想体系的形成重点是乾末淳初,从二人的书信中可以清晰地看出朱熹思想发展的变化以及何镐对朱熹思想发展的影响。下面就从《杂学辨跋》、《伊洛渊源录》和《四书》的相关讨论等三方面来分析何镐对朱熹道统建构的影响和贡献。

一、《杂学辨跋》对朱熹辟佛老立场的肯定

朱熹构建儒家道统与其辟佛老相辅相成,朱熹拜师李侗之后,逃禅归儒,在隆兴二年(1164年)八月作《杂学辨》,对当时社会上最有影响力的文化名人的著作进行批判,包括了《苏氏易解》《苏黄门老子解》《张无垢中庸解》《吕氏大学解》四部著作。乾道二年(1166年),何镐为之作《杂学辨跋》。《杂学辨》乃朱熹与程洵、汪应辰辩论苏氏之学,批判老佛的产物,四部书并非一时完成的,《吕氏大学解》《张无垢中庸解》的成书应早于苏氏《易解》《老子解》,在隆兴二年七月前已经完成。[①] 在朱熹看来,这四部著作是融合儒佛之作,阳儒阴佛,其中很多说法根本就是释老之言,他批评苏轼"不知仁智之根于性,顾以仁智为妄见,乃释老之说",评论《苏黄门老子解》曰:"苏侍郎(指苏辙)晚为是书,合吾儒于老子,以为未足,又并释氏而弥缝之,可谓舛矣。"又说:"予之所病,病其学儒之失而流于异端,不病其学佛未至而溺于文义也。"(《朱文公文集》卷七十二)评《张无垢中庸解》曰:"无垢本佛语,而张公子韶侍郎之别号也。张公以佛语释儒书,其迹尤著,故正其名如此。"(《朱文公文集》卷七十二)"凡张氏所论著,皆阳儒而阴释",评《吕氏大学解》:"未能不惑于浮屠老子之说,故其末流不能无出入之弊。"(《朱文公文集》卷七十二)又曰:"以悟为则乃释氏之法,而吾儒所无有。吕氏顾以为致知格物之事,此其所以误为前说而不知其非也。若然,则又安得独以不知所先后者为异端之病哉?若由吾儒之说,则读书而原其得失,应事而察其是非,乃所以为致知格物之事,盖无适而非此理者。今乃去文字而专体究,犹患杂事纷扰,不能专一,则是理与事为二,必事尽屏而后理可穷也。"(《朱文公文集》卷七十二)由此可见,《杂学辨》纯粹站在儒释之辩的立场,对阳儒阴佛老的著作进行全面清算。

朱熹通过《杂学辨》对当时流行的《周易》《老子》《中庸》《大学》注解进行清算,然后开始编纂《伊洛渊源录》、合编并注释《四书》等儒家道统构建的系列行动,何镐在《跋》中对朱熹的意图和动机给予充分肯定,并将朱熹辨杂学

---

① 束景南:《朱子大传》,北京:商务印书馆,2003年,第241页。

与孟子辟杨墨相提并论。《跋》曰：

> 先王之世，一道德，同风俗，故天下之大，人无异言，家无异学，岂复知有异端之害哉！及周之衰，正道陵迟，礼坏乐崩，夫子忧之，乃绪正六经，以明先王之教。当是时，异端虽不能无，犹未有以名家者也。及夫子没，世道益衰，狂僭之士见圣人之有作也，遂各逞其聪明，竞立异说以自名于世，顾与正道并驰而争胜。于是天下之人耳目眩瞆，而莫知适从矣。然诸子百家虽各主其说，而其为害，则有浅深。如老庄之虚浮，人固知其无著；申韩之刑名，人固知其少恩。皆不足以惑人也。惟杨墨之学，假仁义以为名，而实为仁义之害，惑人之尤深者也。故孟子起而闲先圣之道，舍诸子而独辟杨墨，以正人心、息邪说、距诐行、放淫辞，使天下若醉而醒、梦而觉，然后正道廓如也。（《朱文公文集》卷七十二）

何镐认为孔子整理六经乃是为了明先圣之教，孟子辟杨墨也是时代的需要，都是为了回归儒家正道。在孔子之后出现"狂僭之士""竞立异说"，背离圣人之道，而在诸子百家中，老庄申韩等学说与仁义背道而驰，所以不足以迷惑人。但杨墨因为借助于仁义之名，淆乱儒家原有的仁义之实，所以更容易迷惑世人，于是孟子起而辟之，使天下重归正道。何镐在阐述孔孟的历史功绩之后，转向谈论南宋异端迭起的状况较孟子时代更为严重，曰：

> 夫浮屠出于夷狄，流入中华。其始也，言语不通，人固未之惑也。晋宋而下，士大夫好奇嗜怪，取其侏离之言而文饰之，而人始大惑矣。非浮屠之能惑人也，导之者之罪也。今有人于此，诡衣冠而谈空无，众必止而诟之。一旦有贵显名誉之士，亦从而效尤，则人皆眙愕改观，未论其事之是非，且以其人而信之矣，几何其不胥而为夷狄哉！此有识之所共忧而永叹也。二苏、张、吕，岂非近世所谓贵显名誉之士乎？而其学乃不知道德、性命之根原，反引老庄、浮屠不经之说而紊乱先王之典，著为成书，以行于世。后生既未有所闻，必以其人而尊信之，渐染既深，将如痼疾，可不哀乎！（《朱文公文集》卷七十二）

在何镐看来，佛学思想本身由于言语不通，不能引起世人的关注，但由于士大夫对佛学进行改造、注解，从而引导世人迷信佛教。最不能容忍的就是当时"贵显名誉之士"亲自信奉，并宣传佛教，这就不能不引起儒者的警惕了。相较于孔子整理六经明先王之道，此时的士大夫却反其道而行，在以老庄、佛之说来"紊乱先王之典"，这对读书人是一种毒害，是"痼疾"。在这种情况下，朱熹挺身而出，作《杂学辨》，对当时的"杂学"进行辩论清算，让读者认识到他们的著作是异端倾向。《跋》曰：

> 新安朱元晦以孟子之心为心，大惧吾道之不明也，弗顾流俗之讥议，当即其书破其疵谬，针其膏肓，使读者晓然知异端为非而圣言之为正也。学者苟能因其说而求至当之归，则诸家之失不逃乎心目之间，非特足以悟疑辨惑，亦由是而可以造道焉。(《朱文公文集》卷七十二)

何镐指出，朱熹《杂学辨》乃是"以孟子之心为心"，正如同孟子不辟老庄申韩，而是直接辟杨墨一样。朱熹直接要选择二苏、张无垢、吕本中批评，因为他们作为当时"贵显名誉之士"，对先王之典的注释混杂佛老之宗旨，让世人在混沌无知之中已经浸染佛老之习，这比纯粹的佛老之说更危险。朱熹所批的四人又有所区别，二苏是蜀学，杂老庄之习气，扰乱道德性命之源、儒家形而上学。张无垢和吕本中都是洛学传人，是儒学内部人士，朱熹更要对他们似是而非的思想进行彻底清算，批评又各有侧重，朱熹对吕本中的"格物致知"说进行批评："以悟为则乃释氏之法，而吾儒所无有。"(《朱文公文集》卷七十二)重中之重的是批评张无垢《中庸解》，《杂学辨》的重要篇章集中在此，几乎是逐字逐句摘抄批评，对"天命之谓性""率性之谓道""修道之谓教"以及诚等概念一一辩驳。其实朱熹认为从谢良佐、张无垢再到陆九渊之间都有相似的杂佛老的特点，所以他说"上蔡(即谢良佐)一变而为张子韶"，"子韶一转而为陆子静"(《朱子语类》卷二十)，从构建道统、辟佛老的立场出发，后来朱熹屡屡批判陆九渊之学分明是禅也就不足为怪了。

《杂学辨》集中体现了朱熹早期儒佛之辨的观点，为后来构建儒家道统谱系奠定了基础。正如许家星所说："《杂学辨》充分呈现了朱子对儒佛杂用思潮的批判，尤注意对洛学内部这一思潮的辨析清理，体现了清理门户、重建道统的担当意识。这种意识又是紧密结合对儒家经典新诠释展开的，而对经典话语权的成功争夺，为朱子推崇思孟心性之学为主的道统事业奠定了扎实的根基。"[①]何镐的《杂学辨跋》充分肯定了朱熹辟异端、建道统的意图，朱熹在《答何叔京四》中说："《杂学辨》出于妄作，乃蒙品题过当，深惧上累知言之明，伏读恐悚不自胜。"(《朱文公文集》卷四十)朱熹虽说"品题过当"，但还是指出何镐对《杂学辨》有"知言之明"。朱熹构建儒家道统的另一重要贡献是编纂《伊洛渊源录》，确立洛学在儒学中的中心地位，何镐在其中也有突出的贡献。

[①] 许家星：《"洪水猛兽"：朱子对宋代名士"阳儒阴佛"思潮的批判及其意义》，《江南大学学报(人文社会科学版)》2021年第3期，第91页。

二、何镐在《伊洛渊源录》编纂中的贡献

关于《伊洛渊源录》的成书时间、过程,戴扬本认为根据朱熹与吕祖谦的通信看,朱熹在乾道九年(1173年)就有了计划,七月开始编纂,十一月成稿。① 实际上,朱熹和何镐的通信提供了更多的线索。乾道二年(1166年)夏初,何镐慕名访朱熹于崇安,大概在这次过访中,二人议及《伊洛渊源录》的结撰,接下来的秋天通信中有曰:"《渊源录》亦欲早得,邵氏且留不妨也。"(《朱文公文集》卷四十)这是最早提及《伊洛渊源录》的文字。同年冬,朱熹答何镐信曰:"《渊源》《闻见》二录已领"(《朱文公文集》卷四十)据此,陈祖武认为《渊源录》或许就是何镐所拟的大纲初稿。② 由二人书信不难推断《伊洛渊源录》成书过程:乾道二年《伊洛渊源录》拟就大纲,到九年得一初稿,迄于淳熙元年(1174年)冬,全书并未取得定本形态,由此导致通行本同朱子本意多有乖违。③ 除二人通信之外,还可从《伊洛渊源录》相关内容来证明何镐拟定了大纲。第一点,今本《伊洛渊源录》卷十二有关马伸生平行实的材料,皆出自何镐父子之手。材料凡二篇,一为何兑撰《逸士状》,一为何镐《续记》。绍兴三十一年(1161年)冬为逸士状所写跋,即全文附于状末。跋文避何兑名讳,屡称"先君",文末落款"男镐谨书"。第二点,书中著录的程门弟子,朱熹常有以题注形式提出的异议。这说明《伊洛渊源录》的最初拟目者,并非朱熹一人,就此时朱子的交游而言,何镐应当是一个主要的合作者。④

实际上,朱熹和何镐在乾道二年(1166年)和三年书信来往讨论最多的问题就是二程《语录》,而《伊洛渊源录》正是在对二程弟子的遗事、行状的整理基础上完成的。由此可见,何镐对整理二程及其弟子的材料起到了重要作用。如朱熹答何镐第二书、第四书讨论了《二程语录》的编写情况,提到二程语的分法、大程小程语的不同。第四书还提及《伊洛渊源录》的编纂,"《渊源》、《闻见》二录已领,《西山集》委示,得以披读,乃知李丈议论本末如此,甚幸、甚幸。……《遗录》、行状并且归内,改定后更望别示一本"(《朱文公文集》

---

① 戴扬本:《伊洛渊源录校点说明》,《朱子全书》第十二册,第909~910页。
② 陈祖武:《中国学案史》,上海:东方出版中心,2008年,第32页。
③ 陈祖武:《中国学案史》,上海:东方出版中心,2008年,第35页。
④ 陈祖武:《中国学案史》,上海:东方出版中心,2008年,第32页。

卷四十)。何镐能提供给朱熹的资料不仅是东平先生的资料,还有李郁的《西山集》,何兑的《易说》。何镐不仅给朱熹提供了大量二程传人的资料以及著作,还拟定《渊源录》的大纲,解答朱熹的相关疑惑。

《伊洛渊源录》对于朱熹思想发展以及中国学术史的编写都有重要意义。首先,《伊洛渊源录》是以二程为正统儒学的立场编订的,是朱熹构建儒家道统的重要环节。该书第一次确立了周敦颐为宗祖,二程为中坚,张载、邵雍为羽翼的道学统绪。《伊洛渊源录》与《近思录》都是确立洛学道统的重要著述,相较而言,《伊洛渊源录》更加重视二程的地位,从"伊洛"书名已经突出了二程的地位。周敦颐的道统地位之虚位化,邵雍是书坊自增,张载道统地位源自于二程,张载并无独立的地位。这与晚年《沧洲精舍告先圣文》所体现的"邵张司马,万理一原"的道统观不同。全书共46人,主要以二程为主干,程门为枝叶,构建了程门门户的社群关系。具体分为三类,一类是周敦颐、二程、邵雍、张载五人,二类是张戬以下至胡安国共21人,三类是王严叟以下20人,是程门弟子中无记述文字者。其次,《伊洛渊源录》是采用"以修史立传"的编纂方式,即以人为纲,有传记、遗事,这种写作方式成为后来学案史的先驱,宋之后陆续出现相类似的著述,如《伊洛渊源续录》《考亭渊源录》《洙泗源流》《心学渊源》《道南原委》《闽中理学源流考》等学案体史籍。要之,"《伊洛渊源录》是在无所依傍的情况下,以对史籍编纂传统形式的错综会通,兼容并蓄,别张一军,从而为学案体史籍的编纂开了先河"。[①] 在这其中,何镐自然也有重要贡献。

三、何镐和朱熹对四书的讨论

陈荣捷指出:"朱子之集大成者,约有三端,即新儒家哲学之发展与完成,新儒学传授道统之建立,以及《论》《孟》《学》《庸》之集合为四子书。"[②]这三个方面相辅相成,构成朱子学的重要特色,也是朱子学影响中国学术史、文化史的重要原因。四书是朱熹建构理学体系以及道统系统的重要载体,道统的正式提出在《中庸章句序》中,《中庸》是朱熹和何镐讨论的重点问题,何镐以其专精的家学渊源为朱熹中和之悟等思想转变提供了极好的交流机会。二人

---

① 陈祖武:《中国学案史》,上海:东方出版中心,2008年,第42~43页。
② 陈荣捷:《朱学论集》,上海:华东师范大学出版社,2007年,第2页。

初次通信在丙戌年,恰逢朱熹中和旧说形成,此年共有五通书信,乾道三年(1167年)有六通书信,乾道四年(1168年)有四通,乾道五年有三通。这四年间的通信占通信总量的一半,无疑是在每次通信中都讨论到中和之悟的相关内容,包括未发已发以及主敬涵养等内容,都能够体现朱熹思想的转变过程。关于朱熹的两次中和之悟以及相关讨论已经很多,此不赘述。下面仅就朱熹和何镐关于《味道堂记》的书信往来看道南学派对《中庸》理解的另一面。众所周知,中和之悟奠定了朱熹的心性论基础,而《中庸》不仅仅是讲中、和,还要讲究"庸",即日用常行的生活面向。而何镐的父亲何兑以及何镐、李侗、朱熹等对此都有深刻的认识,这也是朱熹反对释老以及儒家其他各派的重要依据。朱熹在乾道九年(1173年)二月写成的《味道堂记》开头就交代缘由,曰:

  武阳何君镐叔京一日以书来,谓熹曰:"吾先君子辰阳府君少事东平马公先生受《中庸》之说,服习践行,终身不懈。间尝榜其燕居之堂曰'味道',盖亦取夫《中庸》所谓'莫不饮食,鲜能知味'之云也。今不肖孤既无以嗣闻斯道,惟是朝夕粪除,虔居恪处,不敢忘先人之志。子其为我记之,以告于后之人。而镐也,亦得出入览观焉,庶乎其有以自励也。"(《朱文公文集》卷七十七,《味道堂记》)

此段交代了"味道堂"的来历以及何镐的用意,"味道堂"是何兑读书的地方,何镐希望朱熹写一篇堂记,督促自己不忘父亲的教诲。味道堂出自《中庸》:"人莫不饮食也,鲜能知味也。""味道"二字不同于"体验未发"的工夫,它更重视日用常行的实践工夫,这也是朱熹接受的重要教导。朱熹初见延平,李先生云:"汝恁地悬空理会得许多,而面前事却有理会不得。道亦无幽妙,只在日用间着实做工夫处理会,便自见得。"(《李延平集》卷三)在注重日常实践上,何兑与李侗有共同的认识,但朱熹却多次推辞之后,才完成何镐的夙愿。朱熹答何镐第五书(乾道二年,1166年)曰:"伏蒙委撰《味道堂记》,前者已尝恳辞,今又辱贬喻,尤切悚畏。熹于文辞无所可取,使为它文,则或可以率意妄言,无问嗤点。今欲发扬先志,昭示后来,兹事体重,岂宜轻以假人?切望更加三思,无轻其事,则非独小人免于不韪之讥,亦不为贤者失人之累。"(《朱文公文集》卷四十)朱熹认为何镐意欲"发扬先志,昭示后来",自己难当此重任。接下来又有四通答应写堂记,但要求宽限日程,如答何镐第六书(乾道三年正月)曰:"须少假岁月,使得追绎先志之所存,俟其略见仿佛而后下笔,庶几或能小有发明,可以仰丐斤削耳。"第十书(乾道三年夏中)曰:"须少假岁月,庶几赖天之灵,或有少进,始敢措辞耳。"第十六书(乾道四年末,1168

年)曰:"此固所不敢忘者,但题目大,未敢率尔措辞。意欲少假岁时,尚冀学有分寸之进而后为之,庶有以窥测先志之一二而形容之,不为虚作耳。"(《朱文公文集》卷四十)众所周知,乾道二年到乾道五年(1166—1169年)是朱熹两次中和之悟的时期,经过己丑之悟,朱熹树立了心统性情的心性论,以及主敬涵养的工夫论。己丑之悟后,朱熹又有仁说、心说等一系列辩论,乾道七年(1171年)编成《大学章句》,乾道八年(1172年)编成《论孟精义》、《中庸章句》,他的理学思想基本确立下来。伴随着朱熹理学思想的成熟,《味道堂记》终于完成于乾道九年(1173年)二月,朱熹在介绍"味道堂"的缘由之后,重点是交代了何兑与《中庸》的关系,以及何兑所求之道与释老之道的区别,树立起儒家正统思想的形象。他说:

> 谨按公讳某,字太和,始为少吏南方,会马公以御史宣慰诸道,一见贤之,奏取为属。因授以所闻于程夫子之门者,且悉以平生出处大节告之详焉。既马公以言事谪死,公归守其学,终身不少变。其端已接物,发言造事,盖无食息之顷而不惟《中庸》是依也。乡人爱敬,至以"中庸何公"目之。于他经亦无所不学,而尤尽心于《易》,作集传若干卷。其忠纯笃厚之姿,廉静直方之操,得于天而成于学,充于内而不暴于外,世之君子莫能知也。晚以马公移书伪楚,斥使避位之节列上史官,宰相恶其分己功,逮系诏狱,削籍投荒,而终不自悔以殁其身。此其于道,真可谓饮食而知其味矣。惟其知之深,是以守之固而行之乐,行之乐是以益味其腴而弗能去也。然公之所谓道者,又岂若世之俗儒,习见老佛虚无寂灭之说,遂指以为道也哉。考诸公之《中庸》,亦曰五品之民彝而已。熹愚不肖,诚不足以窥大人君子所存之万一,然窃意其名堂之意有在于是也。是以敢备书之,以承叔京之命,后之君子得以考焉。(《朱文公文集》卷七十七)

《味道堂记》介绍了何兑的生平、为学,突出了何兑对《中庸》之道的践行以及对儒者之道的实践,评价何兑对道可谓"饮食知味",对应了"味道堂"的主题。朱熹肯定何兑所谓"道"是不离"五品民彝"的儒家之道,而不是老佛的"虚无寂灭"之道。朱熹在写《味道堂记》中的反复推辞体现了朱熹为学的谨慎和永远探索穷理致知的精神,纵观唐宋以来学者对《中庸》的关注可知,《中庸》曾是融通儒释的重要著作,而何兑从"味道"这一日常生活化的语词去理解《中庸》,这有别于罗从彦、李侗一脉相承的"体验未发"的心性修养路线,朱熹在经历长期对中和、心性、仁说、心说等问题的辩论之后,最终不仅体会到并认同了何兑理解的中庸之道不出于人伦纲常,而其将何兑所追求的"极高明而道中庸"的儒家之道与佛老之道彻底区分开来。从这个意义上说,朱熹的中和之悟和《味道堂记》都体现了《中庸》与儒家道统的重要联系,这与朱熹后来在《中庸章句序》中提出的道统说正相照应。

除《中庸》外,《论语》《孟子》也是朱熹和何镐讨论的重点。隆兴二年(1164年),朱熹编纂了《论语要义》,何镐和范念德将此书在邵武刊刻发行。乾道二年(1166年),何镐待次居家邵武,范念德亦居邵武,《论语要义》、《通书》刻版于邵武,多由其联系出力。[①] 在十四书、十九书、三十二书中讨论《论语》的具体章节,二人讨论仁说、心说也涉及《论语》。在《孟子》注释方面,何镐为朱熹提供了马伸的《孟子遗说》,为朱熹修订《孟子集解》提供了重要资源。在《答何叔京》第四书中,朱熹曰:"《孟子集解》重蒙颁示,以《遗说》(指东平马伸《孟子遗说》)一编见教,伏读喜幸,开豁良多。……俟旦夕稍定,当择其尤精者著之'解'中,而复条其未安者尽以请益。"(《朱文公文集》卷四十)接下来的信中反复提及《孟子遗说》的读后感,第七书曰:"昨承示及《遗说》后八篇,议论甚精,非浅陋所至,或前儒所未发,多已附于解中。其间尚有不能无疑者,复以求教,更望反复之,幸甚。"(《朱文公文集》卷四十)接着列举了大约三十条疑问。朱熹在《答何叔京》第八书、第九书中继续讨论了《遗说》的看法。由此可见,朱熹在乾道年间编纂《孟子集解》时,与何镐讨论非常频繁,这些讨论既有直接讨论注经,也有结合其心说、仁说展开的,这些关于《论》《孟》的讨论最终促成乾道九年(1173年)完成《仁说》,淳熙元年(1174年)完成《观心说》,朱熹对心、性的看法最终确立起来。

何镐和朱熹较少讨论到《大学》,只有在十二书中提及:"《大学》之序格物致知至于知,至意诚,然后心得其正。今只持志便欲心正义明,不亦太草草乎?"(《朱文公文集》卷四十)重视格物致知是朱熹的重要观点,但由于何镐的家学渊源侧重在心性工夫的修养上,所以二人的讨论更偏于心性、主敬涵养等问题,这也是后来阳明将朱熹与何镐的信归入朱熹晚年定论的原因。其实何镐于淳熙二年(1175年)去世,朱熹和何镐的讨论都是在朱熹50岁之前,阳明的《朱子晚年定论》选取了朱熹与何叔京的第十三书(乾道四年)、第二书(乾道二年)、第九书(乾道三年)、第十一书(乾道三年),自然不能算朱熹的"晚年定论",这只能说明朱熹与何镐作为重视《中庸》的道南学派传人,一直

---

① 束景南:《朱熹年谱长编》,上海:华东师范大学出版社,2001年,第363页。

都非常关注心性涵养的问题。

结 语

何镐在朱熹思想变化中对朱熹道统的构建意义重大,主要体现在这三点:一、何镐写的《杂学辨跋》对朱熹批评当时的文化名人表示支持和认同;二、何镐帮助朱熹搜集并整理二程及其弟子的资料以及协助朱熹编写《伊洛渊源录》;三、何镐与朱熹反复并深入地讨论《中庸》《孟子》《论语》,为朱熹心性论以及四书体系的形成起到重要作用。通过以上分析可见,何镐作为道南学派的学术共同体的一员,与朱熹的关系是互相问学的好友,而不是朱熹的弟子,其实朱熹祭文曰:"过我精舍,讲道论心,穷日继夜。若兄之圣,实我所畏。"(《朱文公文集》卷八十七)王梓材说:"朱子为先生墓志云:'予获从之游,相好也。'是先生与朱子为友之证。而或以为朱子门人,误。"[1]陈荣捷也说:"有祭有铭有志,则其感情之笃,可以知矣。叔京可谓讲论至友。"[2]

(作者单位:福建省社会科学院哲学研究所)

---

[1] 黄宗羲、全祖望:《宋元学案》,北京:中华书局,1986年,第2册,第1588页。
[2] 陈荣捷:《朱子门人》,上海:华东师范大学出版社,2007年,第53页。

何镐《杂学辨跋》的学术史意义

◎ 陈文庆

朱子《杂学辨》是一篇楷定儒佛疆界的重要著作,篇末所附的何镐跋文,对于理解、阐释《杂学辨》的文意提供诸多线索。何镐的跋文交代了《杂学辨》的写作背景,对于朱子《杂学辨》的写作动机、所要探讨的学术问题进行了理论浓缩,可以作为打开《杂学辨》大门的一把钥匙。不过学界对于该跋文的学术价值和思想意义上的探讨不多,即使在《杂学辨》相关研究中也没有充分的展开,本文将对该文本进行再脉络化,重新放回学术史语境,希望将跋文所蕴含的学术史意义开显出来。

一、辨学跋尾

何镐(1128—1175),字叔京,今福建邵武市人。父亲何兑,与朱子的父亲朱松是同年进士。以荫补将仕郎,授泉州安溪县主簿,辟江南西路安抚司书写机宜文字,调长汀上杭县丞,升从政郎、潭州善化县令,未上。淳熙二年(1175年)十一月卒,终年48岁。朱子撰《何叔京墓碣铭》和《知县何公圹志》以纪念,《宋元学案》卷四十九《晦翁学案》转引《闽大记》卷十五《儒林传》有收录。朱何二人感情甚笃[1],往还书信可参看今人所编《朱熹师友门人往还书札汇编》。[2] 何镐祖上并未有功名,到其父何兑时才出仕为官。[3] 何兑曾受学于

---

[1] 陈荣捷:《朱子门人》,上海:华东师范大学出版社,2007年,第53页。
[2] 顾宏义:《朱熹师友门人往还书札汇编》,上海:上海古籍出版社,2017年,第817~870页。
[3] 《晦庵文集》卷九十一,《何叔京墓碣铭》,《朱子全书》第24册,第4203页。

程颐弟子马伸,学习《中庸》之学,"笃信力学,没身不息"①,跟随洛学入闽的先驱之一,传承道南学脉。在崇奉洛学的家学熏陶下,何镐"培殖从容,克笃前烈"。②相近的地缘和学缘让何镐与朱子走在一起,发生了文字上的来往。根据现存的书信来判断,何镐与朱子最早在乾道二年(1166年)五月开始有书信往来,讲论学术③,二人的交游从此开始。该年正是朱子思想逐渐成熟的时期,在已发未发问题上朱子有了自己的体悟,即丙戌之悟。在儒释道三教异同上,朱子也有了自己的看法,在何为道学与道学何为的问题上,朱子与此前及同期的学者有了截然的不同。这是朱子撰写《杂学辨》的思想背景。现将何镐所撰的《杂学辨跋》抄引如下:

> 先王之世,一道德,同风俗,故天下之大,人无异言,家无异学,岂复知有异端之害哉!及周之衰,正道陵迟,礼坏乐崩,夫子忧之,乃绪正六经,以明先王之教。当是时,异端虽不能无,犹未有以名家者也。及夫子没,世道益衰,狂僭之士见圣人之有作也,遂各逞其聪明,竞立异说以自名于世,顾与正道业驰而争胜。于是天下之人耳目眩聩,而莫知适从矣。
>
> 然诸子百家虽各主其说,而其为害则有浅深,如老庄之虚浮,人固知其无着;申韩之刑名,人固知其少恩。皆不足以惑人也。惟杨墨之学假仁义以为名,而实焉仁义之害,惑人之尤深者也。故孟子起而闲先圣之道,舍诸子而独辟杨墨,以正人心,息邪说,距诐行,放淫辞,使天下若醉而醒、梦而觉,然后正道廓如也。噫!孟子以来千有余载,儒者溺于词采,实不见道。徒辨杨墨之非,至身为杨墨则不自觉;徒恶杨墨之害,至躬蹈杨墨则不自知。况敢冀其有孟氏之功乎?
>
> 夫浮屠出于夷狄,流入中华。其始也,言语不通,人固未之惑也。晋宋而下,士大夫好奇嗜怪,取其佅离之言而文饰之,而人始大惑矣。非浮屠之能惑人也,导之者之罪也。今有人于此,诡衣冠而谈空无,众必止而诟之。一旦有贵显名誉之士,亦从而效尤,则人皆眙愕改观,未论其事之是非,且以其人而信之矣,几何其不胥而焉夷狄哉!此有识之所甚忧而

---

① 《晦庵文集》卷九十四,《知县何公圹志》,朱杰人等主编:《朱子全书》第25册,第4343页。
② 《晦庵文集》卷九十四,《知县何公圹志》,朱杰人等主编:《朱子全书》第25册,第4343页。
③ 束景南:《朱熹年谱长编》,上海:华东师范大学出版社,2001年,第353页;陈来:《朱子书信编年考证》,北京:三联书店,2007年,第37、532页。

永歎也。二苏、张、吕，岂非近世所谓贵显名誉之士乎！而其学乃不知道德、性命之根原，反引老、庄、浮屠不经之说，而紊乱先王之典，著为成书，以行于世。后生既未有所闻，必以其人而尊信之，渐染既深，将如痼疾，可不哀乎！

新安朱元晦以孟子之心为心，大惧吾道之不明也，弗顾流俗之讥议，尝即其书破其疵缪，针其膏肓，使读者晓然知异端为非而圣言之焉正也。学者苟能因其说而求至当之归，则诸家之失不逃乎心目之间，非特足以悟疑辨惑，亦由是可以造道焉。故余三复而乐焉之书云。

乾道丙戌孟冬晦日，台溪何镐谨跋[①]

"丙戌"即乾道二年，即公元1166年，这也是何、朱二人论学开始的年份。这一年九月，何镐拜访朱子，讨论中和问题，大概此时朱子将其所撰的《了杂学辨》出示给何镐看，征求意见。何镐在同年初冬的最后一天看完《杂学辨》，并撰写了跋文。[②] 现在需要回答一个问题，何镐为什么会写出这篇跋文？从两人书信分析，这篇跋文并非何镐应朱子嘱托而写，很大可能是何镐自己的读后感，朱子在一封信就说："《杂学辨》出于妄作，乃蒙品题过当，深惧上累知言之明。"我们进而要发问，何镐有何感动而诉诸文字，这需要从跋文的内容来分析。

根据跋文的意思脉络，可以判断为起承转合四个段落，层层递进，开篇点出先王之教，也就是道统渊源。接着辨析孟子时代的异端之说，再转进到佛教入华而中国学术出现的儒、佛混滥的现象，这正是朱子专门撰述《杂学辨》而要处理的问题，交代《杂学辨》的写作背景。最后，指出朱子的写作动机以及何镐的期待。

二、儒佛混滥

佛教入华给中国文化以深远影响，从儒家来看，儒生援佛入儒，以佛教义理来阐释儒家学说。儒佛交涉与会通，佛教最终中国化，儒家也得以新生，可

[①] 朱杰人等主编：《朱子全书》第24册，第3495～3496页。
[②] 按束景南先生将朱子《杂学辨》成书定于该年农历十月，《杂学辨》的撰写应该有一过程，似无如此之快，详见束景南《朱熹年谱长编》，上海：华东师范大学出版社，2001年，第365页。

以说是相互成就的。新生的儒学也就是新儒学,渐渐有了自觉的意识,有了关于自家学说的正统观念,与此同时也出现了危机感,而且这种危机感到两宋时期则愈发强烈。两宋时期,宋儒交结禅僧,士大夫禅悦之风兴盛,沛然莫之能御。北宋文士张方平一针见血地指出"儒门淡薄,收拾不住,皆归释氏",王安石对此深为叹服。① 北宋时期,儒佛疆界模糊,混滥不清,逃儒归佛者有之,儒佛混同者有之,阳儒阴佛者有之。以程门为例,其弟子多流入于禅门,程颐就曾说"游酢、杨时先知学禅,已知向里没安泊处,故来此。却恐不变也"。② 朱子对这些理学先贤做过评述:

> 今之不为禅学者,只是未曾到那深处;才到那深处,定走入禅去也。譬如人在淮河上立,不知不觉走入番界去定也。只如程门高弟游氏,则分明是投番了。虽上蔡、龟山,也只在淮河上游游漾漾,终看他未破,时时去他那下探头探脑,心下也须疑它那下有个好处在。③

为学精进很容易走向禅学一路。按,淮河当时属宋金分界线,在此比喻儒佛疆界。在朱子看来,游酢分明投靠禅门,胡宏临终时也说:"游定夫所以卒为程门之罪人者,以其不仁不敬故也。"④据《佛法金汤编》记载,游酢曾参谒开福道宁禅师,"乞指心要"。⑤ 游酢混迹禅门还好分辨,那些阳儒阴佛、儒佛混同的就有很大的隐蔽性了。早期理学一般以援佛解儒为风尚,虽能发明新义,也使儒佛疆界模糊不清。将洛学带入闽中的杨时,就用以佛解儒的方法写了一部《中庸义》,对其他儒典的解释也往往援引佛说。如《孟子》中"徐行疾行"的解释,杨时这样解读:

> 孟子所言皆精粗兼备,其言甚近而妙义在焉。如庞居士云"神通并妙用,运水与搬柴"。此自得者之言,最为适理。若孟子之言,则无适不然,如许大尧舜之道,只于行止疾徐之间教人做了。⑥

朱子对此提出过批评,详见下文。谢良佐为学亦驳杂不醇,朱子说他"分明是禅","伊川之门,谢上蔡自禅门来,其说亦有差"。⑦

---

① 《佛祖统纪》卷四十五,《大正藏》第 49 册,第 415 页中。
② 《宋元学案》卷二十六,《鹰山学案》,北京:中华书局,1986 年,第 996 页。
③ 《朱子语类》卷一八《大学五》,北京:中华书局,1986 年,第 442~443 页。
④ 《朱子语类》卷一〇一,《程子门人》,北京:中华书局,1986 年,第 2587 页。
⑤ 《佛法金汤编》卷十三,《卍新续藏》第 87 册,第 430 页下。
⑥ 《杨时集》卷十三,林海权点校,北京:中华书局,2018 年,第 401 页。
⑦ 《朱子语类》卷一〇一,《程子门人》,北京:中华书局,1986 年,第 2545 页。

程氏及门出入释老、混滥儒佛,至其再传愈演愈烈,其中杨时早年的弟子张九成最为典型。张九成(1092—1159),字子韶,号无垢,又号横浦居士,钱塘人。《宋史》评价说:"九成研思经学,多有训解,然早与学佛者游,故其议论多偏。"黄震说:"惟交游杲老,浸淫佛学,于孔门正学,未必无似是之非。"①按,杲老系大慧宗杲禅师。《宋元学案·横浦学案》全祖望按语这样评价:"龟山弟子以风节光显者,无如横浦,而驳学亦以横浦为最。晦翁斥其书,比之洪水猛兽之灾,其可畏哉!"张九成于理学似是而非,并不纯正,相较谢良佐之学具有很大的欺骗性,黄震才会如此评价:

盖上蔡言禅,每明言禅,尚为直情径行。杲老教横浦改头换面,借儒谈禅,而不复自认为禅,是为以伪易真,鲜不惑矣。②

张九成受大慧宗杲禅学甚深,所著的《心传录》开篇即收录宗杲有关《中庸》的解释——"天命之谓性"为清净法身,"率性之谓道"为圆满报身,"修道之谓教"为千百亿化身云云。对此似是而非之论,朱子专门撰《张无垢中庸解》予以厘清,这正是《杂学辨》中的一篇。

两宋之际,禅佛教出现新的变化,那就是大慧宗杲的看话禅和宏智正觉默照禅的出现。大慧宗杲(1089—1163),字昙晦,号妙喜,安徽宁国人。临济宗杨岐派僧,嗣法圆悟克勤禅师,在杭州径山大阐看话禅风,赐号"大慧禅师"。传世著作有《宗门武库》等。与大慧齐名的是宏智正觉(1096—1156),俗姓李,参谒丹霞子淳,成为曹洞宗传人。后在浙江天童山景德寺传法近三十年,提倡默照禅,只管打坐。著有《默照铭》《坐禅箴》等。南宋时期禅门诸派中以杨岐为盛,故有"今天下多杨岐之派"的说法③,宗杲则是禅门巨匠。朱子就说:"如杲、佛日之徒,自是气魄大,所以能鼓动一世,如张子韶、汪圣锡辈皆北面之。"④南宋释道融所撰的《丛林盛世》也记载:"近世张无垢侍郎、李汉老参政、吕居仁学士,皆见妙喜老人,登堂入室,谓之方外道友。"⑤大慧门庭高俊,引得士大夫争先习学。朱子时代盛行的禅法正是大慧宗杲的看话禅,朱子曾说:"夫读书不求文义,玩索都无意见。此正近年释氏所谓看话头者。世

---

① 《宋元学案》卷四十,《横浦学案》转引黄震语,北京:中华书局,1986年,第1317页。
② 《宋元学案》卷四十,《横浦学案》转引黄震语,北京:中华书局,1986年,第1317页。
③ 《丛林盛世》卷下,《卍新续藏》第86册,第704页上。
④ 《朱子语类》卷一二六,《释氏》,北京:中华书局,1986年,第3041页。
⑤ 《丛林盛世》卷上,《卍新续藏》第86册,第694页上。

俗书有所谓《大慧语录》者,其说甚详。试取一观,则来历见矣。"①

两宋时期是新儒学(理学)的形成期,也是儒佛交涉与会通的高潮期,道学家纷纷投入佛教经籍研究之中,陷溺日深,一方面推动了道学的发展,一方面也使道学掺杂了许多似是而非的学说,何镐一针见血地指出:"非浮屠之能惑人也,导之者之罪也。"这是朱子《杂学辨》所要处理的学术问题。

三、回向三代

宋儒理想的社会和学术的理想是希望回到上古三代,正如何镐所指出的"先王之世"和"先王之教"。宋儒主张的道学正统就在三代,就是古先圣王尧舜禹汤和文武周公所创立和躬行的大道,这一大道经过孔子、孟子的阐扬而得以发扬光大。宋儒所认定的道统传承谱系正是古先圣王尧舜禹汤文武和周公孔孟。道统即新儒学(理学)的传承谱系,学是内容,统是形式。道统有其实在性,但不必然是历史事实,属于价值层面,因此又有其多异性的特征,各家各派都有其道统论。一般认为道统之说滥觞于孟子,《孟子·尽心下》载孟子说:

> 由尧舜至于汤,五百有余岁。若禹、皋陶,则见而知之;若汤,则闻而知之。由汤至于文王,五百有余岁。若伊尹、莱朱,则见而知之;若文王,则闻而知之。由文王至于孔子,五百有余岁。若太公望、散宜生,则见而知之;若孔子,则闻而知之。由孔子而来至于今,百有余岁,去圣人之世,若此其未远也;近圣人之居,若此其甚也。然而无有乎尔,则亦无有乎尔。②

孟子的时代,学术上是真正的百家争鸣,真正是"圣王不作,诸侯放恣,处士横议"。③ 除儒家外,有老庄道家、申韩法家,但真正能抗衡儒家的是墨家和以杨朱为代表的道家。战国到汉初,世人以孔、墨并称,《孟子·滕文公下》说:"天下之言,不归杨,则归墨。"其心目中的理论大敌正是杨墨,他自认为的历史使命就是要"距杨墨"。道统论中经唐代韩愈《原道》的阐扬,到南宋朱子最终完成。朱子集注《论语·尧曰》中转引杨时:"故于终篇具载尧舜咨命之

---

① 朱熹:《朱子文集》卷六十,《答许生》,《朱子全书》第 4 册,第 2876 页。
② 朱熹:《四书章句集注》,北京:中华书局,1983 年,第 385 页。
③ 《孟子》卷十四,《尽心下》,北京:中华书局,2007 年,第 343 页。

言,汤武誓师之意,与夫施诸政事者,以明圣学之所传者,一于是而已。所以著明二十篇之大旨也。孟子于终篇,亦历叙尧、舜、汤、文、孔子相承之次,皆此意也。"①另外,朱子在《孟子集注·尽心下》的按语说:"此言虽若不敢自谓已得其传,而忧后世遂失其传,然乃所以自见其有不得辞者,而又以见夫天理民彝不可泯灭,百世之下,必将有神会而心得之者耳。故于篇终,历序群圣之统,而终之以此,所以明其传之有在,而又以俟后圣于无穷也,其指深哉!"②

道学传授谱系——尧、舜、禹、汤、文、武、周公、孔、孟,到朱子时代最终浮出历史水面。淳熙十六年(1189年),朱子在《中庸章句序》首次明确了儒学道统之传的内容③,即"十六字心传":"人心惟危,道心惟微。惟精惟一,允执厥中。"朱子是道统论的确立者,又是道学的传授者,黄榦《朱子行状》以道统谱系做结:"由孔子而后,曾子、子思继其微,至孟子而著。由孟子而后,周程张子继其绝,至先生而始著。"④需要指出,何镐撰写跋文时,朱子尚未提出道统的明确概念,何镐在跋文中却明显透露出道学不明不传的忧患意识。何镐的隐忧不仅是宋代士大夫忧乐天下的胸襟气度,还有儒、释、道学术争衡带来的压力,在宋室南渡的时代剧变中表现得更为强烈。此种忧患意识,在南渡道学传人中普遍存在,可以说是道南一脉的群体共识。何镐跋文虽没有明确提出道统的主张,却有道统的忧患意识,毋宁看作道统论的萌芽。朱子最终提出道统论的哲学命题,是时代使然,学派使然,有其历史必然性。

总之,何镐的跋文是《杂学辨》中有明确纪年的文本,可以借以判定朱子撰作《杂学辨》的时间坐标。何镐父亲是洛学入闽的先驱之一,传承道南学脉。何镐与朱子感情甚笃,讲论学问,频繁笔墨交往。何镐跋文透露道学不明不传的忧患意识,折射道南一脉的群体共识,可以看作道统论的萌芽。从某种意义上看,何镐的跋文是一篇浓缩版的《杂学辨》,楬橥《杂学辨》的学术意趣。

(作者单位:福建省社会科学院历史研究所)

---

① 朱熹:《四书章句集注》,北京:中华书局,1983年,第195页。
② 朱熹:《四书章句集注》,北京:中华书局,1983年,第385页。
③ 朱熹:《四书章句集注》,北京:中华书局,1983年,第14页。
④ 黄榦:《朱子行状》,束景南《朱熹年谱长编》,上海:华东师范大学出版社,2001年,第1492~1493页。

何叔京跋语一则的解读

◎ 金　婷　陈国代

何镐(字叔京,号台溪,1128—1175)是邵武人何兑之子,绍兴年间以父恩补官安溪县主簿,未赴任。隆兴间,曾辟江南西路安抚司书写机宜文字。乾道元年(1165年),授汀州上杭县丞,待缺于家,通过寓居邵武的范念德(字伯崇)介绍而知朱熹(字元晦,号晦庵,1130—1200)的为人与学术造诣,心生倾慕而修书愿求教。朱子于乾道二年(1166年)五月十八日"谨再拜裁书,复于知丞学士执事"何叔京,愿"商订辨析,务以求合乎至当之归,庶几有以致广大、尽精微而不滞于一偏之见"[①],从此开启两人学术交流之门,日后往来切磋,谈论所疑,共谋进步,成为志同道合的挚友。叔京对朱子的学问进益与思想提高是有很大帮助作用的,如是年九月朱子给何镐的书信说:"昨承不鄙,惠然枉顾,得以奉教累日。启发蒙陋,为幸多矣。"[②]

叔京得元晦所撰《杂学辨》四篇,归邵武后反复阅读,欣然作跋云:"新安朱元晦以孟子之心为心,大惧吾道之不明也,弗顾流俗之讥议,尝即其书破其疵谬,针其膏肓,使读者晓然知异端为非而圣言之为正也。学者苟能因其说而求至当之归,则诸家之失不逃乎心目之间,非特足以悟疑辨惑,亦由是而可以造道焉。故余三复而乐为之书云。乾道丙戌孟冬晦日,台溪何镐谨跋。"[③]

---

① 朱熹:《晦庵先生朱文公文集》卷四〇,《答何叔京书一》,朱杰人等主编:《朱子全书》第22册,上海:上海古籍出版社,合肥:安徽教育出版社,2002年,第1800页。
② 朱熹:《晦庵先生朱文公文集》卷四〇,《答何叔京书三》,朱杰人等主编:《朱子全书》第22册,上海:上海古籍出版社,合肥:安徽教育出版社,2002年,第1803页。
③ 朱熹:《晦庵先生朱文公文集》卷七二,《吕氏〈大学解〉》,朱杰人等主编:《朱子全书》第24册,上海:上海古籍出版社,合肥:安徽教育出版社,2002年,第3496页。

这篇作于乾道二年(1166年)十月的简短跋文,是对朱子学术思想的肯定,也引发笔者对朱子此期文献建设的思考与突破做一解读。本文从"同孔孟之心,惧吾道之晦""作杂学之辨,辨诸家之失""以圣言为正,求至当之归"的不同角度做一阐释,以此求正于方家。

一、同孔孟之心,惧吾道之晦

绍兴二十八年(1158年)春,朱子正式拜师延平先生李侗(字愿中,1093—1163)后,始略窥讲学门户,不断书信往来探讨"理一分殊""忠恕""儒释之异"以及二苏学问趋向的问题。《婺源韩溪程氏梅山支谱》有《简十四表叔书六》,乃29岁的朱子给表叔程鼎(字复亨,1107—1165)的信。信中说:"熹昨以忘意古人为己之学,而未得求之之要,因遂出入佛老之门,冀万一有得焉,亦以其说诚有似于吾宗故也,既又无所得。近年以来,赖师友之诲,幸于吾儒之学知所用心,向来杂学稍已疏矣。今之所惧,惧理有未明、义有未精、行之有不力耳!"绍兴二十九年(1159年),朱子解《论语》作《论语说》,又完成《谢上蔡语录》编校并作后序。绍兴三十年(1160年)六月,朱子与李延平先生讨论《孟子》"夜气之说",寄去周濂溪遗文与苏颖滨《语》《孟》解,告诉李先生说二苏解《语》《孟》有颠倒之弊端。同年,朱子集诸公《孟子》说为一书已就稿,即《孟子集解》初稿。朱子又为解《诗》,有《诗集传》初稿。绍兴三十二年(1162年)八月七日,朱子有《壬午应诏封事》,向新帝孝宗进献"帝王之学不可以不熟讲",同时指出"比年以来,圣心独诣,欲求大道之要,又颇留意于老子、释氏之书"[①]的学之不正具有潜在的危害。隆兴元年(1163年),朱子完成《论语要义》以备览观,又作《论语训蒙口义》,并将当年七月二十八日之前与李先生的所有书函,集中整理,编成《延平答问》一书。在《延平答问》中,李侗与朱子师徒讨论《诗》《书》《易》《礼》《春秋》和《论语》《孟子》《大学》《中庸》以及近世儒者著作中的诸多疑难问题,许多问题逐渐明朗化。至此,34岁的朱子已经搭建起以"五经""四书"为基础的新儒学文化体系框架,具有划时代意义。

隆兴二年(1164年)十一月既望,朱子给闽帅汪应辰(字圣锡,1118—1175)写信,分辨苏氏与王氏"不知道"的学说危害,其中有一段话:"天理不

[①] 朱熹:《晦庵先生朱文公文集》卷一一,《壬午应诏封事》,朱杰人等主编:《朱子全书》第20册,上海:上海古籍出版社,合肥:安徽教育出版社,2002年,第572页。

明，无所准则，而屑屑焉惟原情之为务，则无乃徇情废法而纵恶以启奸乎？杨朱学为义者也，而偏于为我；墨翟学为仁者也，而流于兼爱。本其设心，岂有邪哉？皆以善而为之耳。特于本原之际微有毫厘之差，是以孟子推言其祸，以为无父无君而陷于禽兽，辞而辟之，不少假借。孟子亦岂不原其情而过为是刻核之论哉？诚以其贼天理、害人心于几微之间，使人陷溺而不自知，非若刑名狙诈之术，其祸浅切而易见也。是以拔本塞源，不得不如是之力。《书》曰：'予畏上帝，不敢不正。'又曰：'予弗顺天，厥罪惟均。'孟子之心亦若是而已尔。"[1]这里给出孟子之心与批杨墨的用意所在。何叔京跋文所言"朱元晦以孟子之心为心"是有来由的。

　　孟子愿学孔子，是儒学创始人孔子的忠实信徒，对孔子仁说有发挥与补充，对"墨氏兼爱，杨氏为我"进行严厉的批评。"杨朱乃老子弟子，其学专为己"。《列子》云："伯成子羔拔一毛而利天下不为。"杨朱言曰："一毛安能利天下？使人人不拔一毛，不利天下，则天下自治矣。"孟子批评杨朱"一毫何以利天下"，很显然"拔一毛而利天下不为"是自私自利之心在作怪。墨子之心本是恻隐，持兼爱无差等的观点，孟子推其一偏之弊，到得无父处。

　　有人问朱子："墨氏兼爱，何遽至于无父？"回答说："人也只孝得一个父母，那有七手八脚，爱得许多！能养其父无阙，则已难矣。想得他之所以养父母者，粗衣粝食，必不能堪。盖他既欲兼爱，则其爱父母也必疏，其孝也不周至，非无父而何？"有人又问："'率兽食人'，亦深其弊而极言之，非真有此事也。"回答说："不然。即它之道，便能如此。杨氏自是个退步爱身，不理会事底人。墨氏兼爱，又弄得没合杀。使天下怅怅然，必至于大乱而后已，非'率兽食人'而何？"朱子举东晋的尚清谈风气，认为是杨朱之学使然："杨氏即老庄之道，少间百事废弛，遂启夷狄乱华，其祸岂不惨于洪水猛兽之害！又如梁武帝事佛，至于社稷丘墟，亦其验也。"[2]洪水猛兽之害，岂可不防？

　　朱子说："杨朱看来不似义，他全是老子之学。只是个逍遥物外，仅足其身，不屑世务之人。只是他自要其身界限齐整，不相侵越，微似义耳，然终不似也。"[3]而"墨子尚俭恶乐，所以说'里号朝歌，墨子回车'。想得是个淡泊枯

---

[1] 朱熹：《晦庵先生朱文公文集》卷三〇，《答汪尚书书五》，朱杰人等主编：《朱子全书》第21册，上海：上海古籍出版社，合肥：安徽教育出版社，2002年，第1304页。
[2] 黎靖德编：《朱子语类》卷五五，北京：中华书局，1986年，第1320页。
[3] 黎靖德编：《朱子语类》卷五五，北京：中华书局，1986年，第1320页。

槁底人"①。不论是"逍遥物外,仅足其身,不屑世务之人",还是"尚俭恶乐","淡泊枯槁底人","自私为我"为偏倚之差,"爱无差等"为有过之差,都偏离了"中道",实际是不知"道"的外显。从哲理而言,"一阴一阳之谓道"。朱子阐发说:"阴阳之端,动静之机而已。动极而静,静极而动,故阴中有阳,阳中有阴,未有独立而孤居者,此一阴一阳所以为道也。"从人伦而言,人类存在五伦关系。中国古代"圣人教人有定本",舜秉承帝尧教化之美意,"使契为司徒,教以人伦:父子有亲,君臣有义,夫妇有别,长幼有序,朋友有信"②,就是教人明人伦之道。

孔孟程朱一脉儒家,要人"尊德性"并深入"道问学",究明天道、地道和人道。然而"道之不明久矣",关键在于读书人不肯下"格物"的工夫,或浅尝辄止,或牵于俗学,有文采者偏向写诗作赋而沾沾自喜,聪明者又往往滑入释老而谈玄论妙,于是"先王之道"得不到宣扬和传播。朱子"大惧吾道之不明也",且痛心许多人被异学所引诱,如梦如痴,于是振臂呐喊,以唤醒世人回归正道。

二、作杂学之辨,辨诸家之失

朱子从小便接受朱松(字乔年,1097—1143)、刘子翚(字彦冲,1101—1147)、刘勉之(字致中,1091—1149)、胡宪(字原仲,1086—1162)的教育,15岁便有意于古人为己之学,以成就人之所以为人,但当时精力倾注于科举之习,没有走上确切的治学路径。朱子19岁登进士第后,父辈交友多沦谢,仅籍溪先生胡宪在世,然其圣门虽力造,造诣却不高,满足不了求知欲望旺盛的朱子。朱子贪多务广,求之外学,希望通过访禅问道与兼读儒释道之书,为自己找到一条融会贯通的出路。然而儒、释、道三种意识形态不同,虽涉猎多年,反成支离,茫然无所得。朱子在为学困惑中,找到先父同门好友李侗先生,得到"有道者"指引迷津,"暂置其说而从事于吾学"③,将释老的书"倚阁",回到儒家经典,"于吾儒之学知所用心",越读越有味,由此走出读书求道的

---

① 黎靖德编:《朱子语类》卷五五,北京:中华书局,1986年,第1320页。
② 黎靖德编:《朱子语类》卷八,北京:中华书局,1986年,第129页。
③ 朱熹:《晦庵先生朱文公文集》卷三〇,《答汪尚书书二》,朱杰人等主编:《朱子全书》第21册,上海:上海古籍出版社,合肥:安徽教育出版社,2002年,第1295页。

困境。

朱子研读《论语》等二十余年，竭力而进吾儒之学，日有所得，逐渐成为"信道不惑，不杂异端"者。"圣人之言，大中至正之极，而万世之标准也。古之学者，其始即此以为学，其卒非离此而为道。穷理尽性，修身齐家，推而及人，内外一致，盖取诸此而无所不备，亦终吾身而已矣。舍是而他求，夫岂无可观者，然致远恐泥，昔者吾几陷焉。今裁自脱，故不愿汝曹之为之也"①，朱子自脱于小人之归，且明确"吾儒之所谓道者与释氏迥然不同"之划判②，亦要推己"信道""成德"而及人。

对朱子产生深刻影响的是二程学术思想，因"二先生倡明道学于孔孟既没千载不传之后"③，且"程氏教人以《论》《孟》《大学》《中庸》为本"④，是沿着孔孟儒学继续发展而来的与时俱进的新儒学，且"程氏之门千言万语，只要见儒者与释氏不同处"⑤影响道南学派的学术趋向。与洛学同期，还有朔学、蜀学、王氏新学等诸多有影响力的流派，核心代表人物的学术渊源与学问趋向不同，尤其是蜀学、王氏新学杂糅佛老思想，不仅受到朱子抵触，还遭到朱子批评。朱子亲闻其导师李先生说："二苏聪明过人，所说《语》《孟》尽有好处。盖天地间道理不过如此，有时便见得到，皆聪明之发也。但见到处却有病，若欲穷理，不可不论也。"⑥朱子从事儒学研究，持"文从道出"的观点，反对"道自道，文自文"，况圣人所述之外，往往存在"文之所述有邪有正，有是有非"的问题⑦，故有不可不论。

绍兴三十年（1160年）十二月，朱子写信告诉表弟程洵："黄门议论所守，

---

① 朱熹：《晦庵先生朱文公文集》卷七五，《论语训蒙口义序》，朱杰人等主编：《朱子全书》第24册，上海：上海古籍出版社，合肥：安徽教育出版社，2002年，第3615页。
② 朱熹：《晦庵先生朱文公文集》卷四一，《答程允夫书四》，朱杰人等主编：《朱子全书》第22册，上海：上海古籍出版社，合肥：安徽教育出版社，2002年，第1868页。
③ 朱熹：《晦庵先生朱文公文集》卷七五，《程氏遗书后序》，朱杰人等主编：《朱子全书》第22册，上海：上海古籍出版社，合肥：安徽教育出版社，2002年，第3624页。
④ 朱熹：《晦庵先生朱文公文集》卷四三，《答陈明仲书七》，朱杰人等主编：《朱子全书》第22册，上海：上海古籍出版社，合肥：安徽教育出版社，2002年，第1946页。
⑤ 朱熹：《晦庵先生朱文公文集》卷四三，《答林择之书十一》，朱杰人等主编：《朱子全书》第22册，上海：上海古籍出版社，合肥：安徽教育出版社，2002年，第1970页。
⑥ 朱熹：《晦庵先生朱文公文集》卷四三，《答李伯谏书一》，朱杰人等主编：《朱子全书》第22册，上海：上海古籍出版社，合肥：安徽教育出版社，2002年，第1958页。
⑦ 朱熹：《晦庵先生朱文公文集》卷三〇，《与汪尚书书六》，朱杰人等主编：《朱子全书》第21册，上海：上海古籍出版社，合肥：安徽教育出版社，2002年，第1305页。

仅贤其兄,以为颜子以来,一人而已,恐未然。顷因读《孟子》,见其所说到紧要处便差了,'养气'一章,尤无伦理。观此,想渊源来历不甚深也。"① 次年二月,朱子又有信回复表弟"读苏氏书,爱其议论不为空言,窃敬慕焉"时说:"苏氏议论切近事情,固有可喜处,然亦谲矣。至于炫浮华而忘本实、贵通达而贱名检,此其为害又不但空言而已。然则其所谓可喜者,考其要归,恐亦未免于空言也。"又说:"苏黄门谓之近世名卿则可……苏公早拾苏、张之绪余,晚醉佛老之糟粕,谓之知'道',可乎?《古史》中论黄帝、尧、舜、禹、益、子路、管仲、曾子、子思、孟子、老聃之属,皆不中理,未易概举,但其辨足以文之。世之学者,穷理不深,因为所眩耳。仆数年前亦尝惑焉,近岁始觉其谬。"② 朱子说苏氏"学儒不至而流于诐淫邪遁之域"③,"苏氏浮靡机变之术"④足以眩人,为其所眩者至少有表亲汪应辰、程洵等人。朱子与程洵当面辩说苏学之蔽,但"吾弟相信未及"而负气离去⑤。朱子在《延平答问》中,有"表弟之去,反而思之,中心不能无愧悔之恨"的检讨。这也是触发朱子进一步批判杂学惑人的重要原因之一。

东坡居士苏轼(字子瞻,1036—1101)有《易解》。朱子针对此书存在严重问题指出:"《乾》之《象辞》,发明性命之理,与《诗》之《烝民》和《维天之命》篇,《尚书》之《汤诰》和《泰誓》篇,《中庸》《孟子》所言相表里,与《大传》之言亦若符契。苏氏不知其说,而欲以其所臆度者言之,必然偏离元典旨意。苏氏又畏人之指其失也,故每为不可言、不可见之说以先后之,务为闪倏滉漾不可捕捉之形,使读者茫然,虽欲攻之而无所措其辨。"⑥朱子特地拈出"苏曰"十八句解说词,逐一加以辨析,指出其中不确、错误、疏脱以及杂引释老二氏之说,同

---

① 朱熹:《晦庵先生朱文公文集·别集》卷三,《与程钦国书四》,朱杰人等主编:《朱子全书》第25册,上海:上海古籍出版社,合肥:安徽教育出版社,2002年,第4879页。
② 朱熹:《晦庵先生朱文公文集》卷四一,《答程允夫书一》,朱杰人等主编:《朱子全书》第22册,上海:上海古籍出版社,合肥:安徽教育出版社,2002年,第1860页。
③ 朱熹:《晦庵先生朱文公文集》卷三〇,《答汪尚书书五》,朱杰人等主编:《朱子全书》第21册,上海:上海古籍出版社,合肥:安徽教育出版社,2002年,第1303页。
④ 朱熹:《晦庵先生朱文公文集》卷二四,《与汪尚书书一》,朱杰人等主编:《朱子全书》第21册,上海:上海古籍出版社,合肥:安徽教育出版社,2002年,第1098页。
⑤ 朱熹:《晦庵先生朱文公文集》卷四一,《答程允夫书五》,朱杰人等主编:《朱子全书》第22册,上海:上海古籍出版社,合肥:安徽教育出版社,2002年,第1872页。
⑥ 朱熹:《晦庵先生朱文公文集》卷七二,《杂学辨·苏氏〈易解〉》,朱杰人等主编:《朱子全书》第24册,上海:上海古籍出版社,合肥:安徽教育出版社,2002年,第3460页。

时加"愚谓"文字对比,"以待后之君子"取正。

颖滨遗老苏辙(字子由,1039—1112)有《老子解》。朱子选择苏氏此书进行辩驳,于开篇便直截了当地指出:"苏侍郎晚为是书,合吾儒于老子,以为未足,又并释氏而弥缝之,可谓舛矣。"①朱子引苏氏话语逐一加以辨别。朱子交待说:"病其学儒之失流于异端,不病其学佛未至而溺于文义也。其不得已而论此,岂好辩哉?诚惧其乱吾学之传而失人心之正耳。"苏氏说"孔子以仁义礼乐治天下,老子绝而弃之",交代孔子与老子两家"治天下"的学术理论不同,有不可弥合的巨大鸿沟。事实也是如此,孔子积极入世,以仁义礼乐的王道治天下,引导人类文明进展,"止于至善"的境界;老子之学"以无为为宗",在政治上主张小国寡民的治国理念,主张无为而治、不言之教,不要制度、法律与人为干预,让人本能地生活以获得个体的身心自由。然而老子所谓无为,便是全不事事,人人只会谈虚论妙,社会治理便会落空,天下不治而致乱在所难免。因此,朱子提倡要"善学老子"无为而治,如汉文景、曹参,亦不至乱天下。朱子认为苏氏说"学孔子者无大过"则犯以偏概全的错误,就如苏辙自身"非不读孔子之书,而其著书立言以惑误天下后世"就是典型的例子。苏氏解《中庸》"中和"之说,有"盖中者,佛性之异名。而和者,六度万行之总目也"的断语,与释氏"毁君臣,绝父子"的无君无父逻辑连在一起看,则完全不是一回事。

无垢居士张九成(字子韶,1092—1159)始学于龟山先生杨时(字中立,1053—1135)之门,而逃儒以归于释,拜在径山宗创始人大慧宗杲(号妙喜,1089—1163)足下,得到妙喜禅师心机传授:"左右既得把柄入手,开导之际,当改头换面,而随说法,使殊途同归,则世出、世间,两无遗恨矣。然此语亦不可使俗辈知,将谓实有恁么事也。"②宗杲通过无垢居士等名流人物将佛说改头换面用以开导上层人物,皇室、士大夫多有其忠实信徒。张氏被贬官,谪居南安军十四年,凡所论著,皆阳儒而阴释,如其解《孝经》《中庸》《论语》《大学》《孟子》之说,都属于"以佛语释儒书",对士林的熏染影响甚大。朱子于隆兴元年(1163年)五月给门弟子许升的书信中说:"子韶之说,直截不是正理,说

---

① 朱熹:《晦庵先生朱文公文集》卷七二,《杂学辨·苏黄门〈老子解〉》,朱杰人等主编:《朱子全书》第24册,上海:上海古籍出版社,合肥:安徽教育出版社,2002年,第3469页。

② 朱熹:《晦庵先生朱文公文集》卷七二,《张无垢〈中庸解〉》,朱杰人等主编:《朱子全书》第24册,上海:上海古籍出版社,合肥:安徽教育出版社,2002年,第3473页。

得尽高尽妙处,病痛愈深。此可以为戒而不可学也。"①然而无法阻止文士助长禅风侵士林,如之后朱子感叹:"此道寂寥,近来又为邪说汩乱,使人骇惧。闻洪适在会稽尽取张子韶《经解》板行,此祸甚酷,不在洪水夷狄猛兽之下,令人寒心。"②洪适之前为越州太守,已于乾道二年(1166年)出资将张九成的全部著作刊刻。朱子此时"人微学浅,又未有以遏之",但清楚"圣门求仁格物之学无一事与释氏同"③,故如孟子"予不得已"而举张氏《中庸解》为例加以辩驳。

朱子批评张氏错误解释《中庸》开篇"天命之谓性,率性之谓道,修道之谓教"三句话,是"不知大本,妄意穿凿之言"。④ 张氏解"忠恕"云:"恕由忠而生,忠所以责己也。知己之难克,然后知天下之未见性者不可深罪也。"又曰:"知一己之难克,而知天下皆可恕之人。"朱子为此说:"恕由忠生,明道、谢子、侯子盖尝言之,然其为说与此不相似也。"若曰"知一己之难克,而知天下皆可恕之人",则是纵己恕人。沿着张氏逻辑"以己不能克其私,而并容它人使之成其恶,则是相率而禽兽也",于是遭到朱子的严肃批评。

从以上举例,可知何叔京跋语所言朱子"即其书破其疵谬"的意涵。而朱子使用"相率而禽兽"一语,源出《孟子》所言"若邪说诬民,充塞仁义,将有率兽食人之事"。孔孟以来千余年,世衰道微,邪说肆行而莫之禁,士夫心术日趋于坏,没有公德,毫无廉耻,便会尔虞我诈,明争暗斗,甚至相互残杀,其结果如同率兽食人。朱子在《延平答问》中表述:"天地生物,本乎一源,人与禽兽、草木之生,莫不具有此理。其一体之中,即无丝毫欠剩;其一气之运,亦无顷刻停息,所谓仁也。但气有清浊,故禀有偏正。惟人得其正,故能知其本、具此理而存之,而见其为仁。物得其偏,故虽具此理而不自知,而无以见其为仁。然则仁之为仁,人与物不得不同;知人之为人而存之,人与物不得不异。"朱子说过:"天命之性流行发用,见于日用之间,无一息之不然,无一物之不

---

① 朱熹:《晦庵先生朱文公文集》卷三九,《答许顺之书四》,朱杰人等主编:《朱子全书》第22册,上海:上海古籍出版社,合肥:安徽教育出版社,2002年,第1737页。

② 朱熹:《晦庵先生朱文公文集》卷四二,《答石子重5》,朱杰人等主编:《朱子全书》第22册,上海:上海古籍出版社,合肥:安徽教育出版社,2002年,第1924页。

③ 朱熹:《晦庵先生朱文公文集》卷三九,《答许顺之书十四》,朱杰人等主编:《朱子全书》第22册,上海:上海古籍出版社,合肥:安徽教育出版社,2002年,第1746页。

④ 朱熹:《晦庵先生朱文公文集》卷七二,《张无垢〈中庸解〉》,朱杰人等主编:《朱子全书》第24册,上海:上海古籍出版社,合肥:安徽教育出版社,2002年,第3474页。

体,其大端全体,即所谓仁。而于其间事事物物莫不各有自然之分,如方维上下定位不易,毫厘之间不可差谬,即所谓义。立人之道不过二者,而二者则初未尝相离也。"①人与禽兽的动物本能区别不大,但人经过不断进化而成为万物之灵,最根本的特征在于人性所特有的仁义礼智信,在复杂的社会活动中不断强化,以公德维护社会有序发展,并推动社会文明进展。

三、以圣言为正,求至当之归

朱子深入研读儒家经典著作,得其指归,有了文化觉醒,又广泛阅读前人著述,有了知识积累,已经能对儒、释道三家做出划判,于隆兴元年(1163年)六月九日便有"异学决不可与圣学同年而语"的断言②。朱子要立儒家之正言,确立"以圣言为正,求至当之归"的著述原则,下"致广大,尽精微,综罗百代"的治学工夫,集孔孟以来诸贤智慧结晶而遍注群经,去伪存真,剔粗抉精,自觉维护儒家道统的纯洁性,且引导后世子孙走正道。就隆兴二年(1164年)七月十七日至二十二日之间③所撰的《杂学辨》四篇文章辨儒释邪正之言,也能看出朱子的为学态度、治学工夫与终极意义。

(一)治学态度

朱子治学严谨,态度认真,坚持解经当尊经文的本旨进行阐释,不能背离经旨随意发挥。然而事实不容乐观:"士生乎圣人既没数千百岁之下,而欲明圣人之心于数千百岁之上,推其立言垂训之旨,约其辞义于众说殽乱之中,以为一家之书,而又欲其是非取舍不谬于圣人,亦难矣。盖圣人之书,其为意微,其为辞约,苟不明乎其宗而识乎其本,多见其以私见臆说乱之也。"④两宋名流如二苏、张、吕都有意无意超出此界限。朱子实事求是,明确表达"(二

---

① 朱熹:《晦庵先生朱文公文集》卷三八,《答江元适书三》,朱杰人等主编:《朱子全书》第21册,上海:上海古籍出版社,合肥:安徽教育出版社,2002年,第1703页。
② 朱熹:《晦庵先生朱文公文集》卷三〇,《答汪尚书书一》,朱杰人等主编:《朱子全书》第24册,上海:上海古籍出版社,合肥:安徽教育出版社,2002年,第1293页。
③ 笔者按:此时间段乃依朱子给汪应辰的两份书信来界定。
④ 朱熹:《晦庵先生朱文公文集》卷七五,《论语纂训序》,朱杰人等主编:《朱子全书》第24册,上海:上海古籍出版社,合肥:安徽教育出版社,2002年,第3611页。

苏)所长固不可废,然亦不可不知其失"的态度①,肯定其文学之所长,又指出苏氏"语道学则迷大本"②,故不能不批评他们解经疏漏、穿凿附会、险怪不经、无义理等,且"探未形之祸以加讥贬"。③ 朱子指出张氏"变名之说",亦无义理;批评张氏所言"天地自此而造化"之语尤险怪;批评张氏解"大德必受命"之说,"言此所以勉天下之为德也,当始一戒慎恐惧,而以位禄名寿卜德之进否"乃谋利计功之尤者。朱子说张氏"所谓戒慎不睹、恐惧不闻"之说,出现的词频达十六次之多,可谓横贯其《中庸解》一篇之中,"其牵合附会连章累句,已不容一一辨正矣"。吕氏解《大学》"致知在格物,物格而后知至"曰:"致知格物,修身之本也。知者,良知也,与尧舜同者也。理既穷,则知自至,与尧舜同者忽然自见,默而识之。"朱子批评其中用"与尧舜同者忽然自见"表达,是"释氏'一闻千悟'、'一超直入'之虚谈"的翻版,而"非圣门明善诚身之实务也"。朱子认为"致知格物,大学之端,始学之事也。一物格,则一知至,其功有渐,积久贯通,然后胸中判然,不疑所行,而意诚心正矣。然则所致之知固有浅深,岂遽以为与尧舜同者,一旦忽然而见之也哉"的四篇辨文中,不乏有对误解经义、经旨进行指误、纠错之举。

(二)治学工夫

辨章学术,考镜源流,是朱子治学的基本功。朱子认为解释经义,敷绎义理,不仅要在训诂、句读、音切方面下工夫,还要观先儒异同得失加以借鉴。朱子自言:"三十岁,断然知《小序》之出于汉儒所作,其为缪戾,有不可胜言。"④而35岁作《杂学辨》,则是朱子人生的分水岭,也是其思想进路的分水岭。朱子此时的志向就是要遍注群经,进一步完成醇化儒家学说思想的文化再造工程。

朱子解儒家经典,主要以儒典内容相互印证、相互发明,兼引前贤之说,略加己说。工夫上则求之能博,取之能审。朱子敢于剖析两宋时期具有影响

---

① 朱熹:《晦庵先生朱文公文集》卷三九,《答范伯崇书二》,朱杰人等主编:《朱子全书》第24册,上海:上海古籍出版社,合肥:安徽教育出版社,2002年,第1768页。
② 朱熹:《晦庵先生朱文公文集》卷三〇,《答汪尚书书四》,朱杰人等主编:《朱子全书》第24册,上海:上海古籍出版社,合肥:安徽教育出版社,2002年,第1300页。
③ 朱熹:《晦庵先生朱文公文集》卷三〇,《答汪尚书书四》,朱杰人等主编:《朱子全书》第24册,上海:上海古籍出版社,合肥:安徽教育出版社,2002年,第1301页。
④ 黎靖德编:《朱子语类》卷八〇,中华书局,1986年,第2079页。

力的代表人物二苏、张、吕采取"阳儒阴佛"而撰述的著作,需在道义上站得住脚,在学力上有超俗之处,也就是既要有学术思想的站位高度,又要有扎实的学术功底;既要有广博的阅读,又要具备锐利的眼光,以及斩钉截铁的勇气,才敢严肃地批评"近世所谓贵显名誉之士",并毫不留情地指出:"苏氏兄弟乃以仪、秦、老、佛合为一人,其为学者心术之祸最为酷烈,而世莫之知也。"[1]

(三)终极意义

朱子崇儒重道,致力于文献建设,所从事的著述活动是为了传先王之道和巩固中华文脉。朱子对士大夫"导浮屠之说惑人"予以批驳,就是要破杂学的谬论:"浮屠出于夷狄,流入中华。其始也,言语不通,人固未之惑也。晋、宋而下,士大夫好奇嗜怪,取其俶离之言而文饰之,而人始大惑矣。非浮屠之能惑人也,导之者之罪也。今有人于此,诡衣冠而谈空无,众必止而诟之。一旦有贵显名誉之士,亦从而效尤,则人皆眙愕改观,未论其事之是非,且以其人而信之矣,几何其不胥而为夷狄哉!此有识之所共忧而永叹也。二苏、张、吕,岂非近世所谓贵显名誉之士乎?而其学乃不知道德性命之根原,反引老庄浮屠不经之说而紊乱先王之典,著为成书,以行于世。后生既未有所闻,必以其人而尊信之,渐染既深,将如锢疾,可不哀乎!"[2]朱子作《杂学辨》,正是要辨是非,除眩惑,继绝学,扶道统。

总之,朱子"秉天理以格人欲,据正道以黜异端"的治学精神,严肃地批评二苏、张、吕等人"不知道德性命之根源,反引老庄、浮屠不经之说而紊乱先王之典"的为害性,不仅对持守儒家经典本位,维护儒学的纯洁性,而且对引导士人通过儒家经典的学习,努力探讨其中的政治、社会思想和做人的方法,都有十分重要的意义。

(作者单位:武夷山朱熹纪念馆;武夷学院朱子学研究中心)

---

[1] 朱熹:《晦庵先生朱文公文集》卷四六,《答詹元善书二》,朱杰人等主编:《朱子全书》第24册,上海:上海古籍出版社,合肥:安徽教育出版社,2002年,第2136页。

[2] 朱熹:《晦庵先生朱文公文集》卷七二,《吕氏〈大学解〉》,朱杰人等主编:《朱子全书》第24册,上海:上海古籍出版社,合肥:安徽教育出版社,2002年,第3496页。

由乎中而应乎外,制于外所以养其中
——简论何镐与朱子一段学术争议的历史意义

◎ 吴吉民

何镐(1128—1175),字叔京,南宋福建邵武人,是与朱熹同时代的理学家。何镐初以父恩补安溪主簿,未赴,调汀州上杭丞,治尚宽简,罢无名征赋。部使者郑伯熊抵郡,见郡事不理,囚系多至累百,檄何镐协助郡守处理,10天内就全部处理完毕。又以该郡田税不均,贫弱受害,向郡守提出意见,郡守不高兴,何镐即辞谢离郡。由于何镐为人正直,学问渊博,士人都尊他为师。何镐循资调任潭州善化令,正准备动身时病故。何镐论经史、时事简易条畅,扁其书堂为"高远"。有《易学说语》,朱熹称此书可传于后世。又有《台溪集》数十卷,学者称何镐为台溪先生。

何镐为著名的理学家,与朱子交厚。朱子不仅经常与何镐研讨理学,还应何镐之请为台溪精舍撰写《味道堂记》。

中庸学说是道南一脉的思想主旨,也引起何镐的高度重视。《中庸》是儒家流传相当久远的一部经典著作,也是儒家唯一具有哲辨思维的理论系统。据这书的作者孔伋(子思)介绍,《中庸》是上古帝王流传下来的思想成果,子思怕它以后失传,所以述而作,形成"中庸"。"中"是华夏文明的精神文化标志,如"执中""寻土建中""建中立极"等,"中"的理念在华夏文明随处体现,如建筑、政治制度设计。闽北学者最大的贡献就是走对了路径,在历史的不自觉中继承了中华文明的精神内核。

一、"中庸"是宋代思潮主流

北宋以来,政治中心和文化中心就是分离的,政治中心在汴梁(开封),文化中心在洛阳。二程在洛阳讲学,弟子众多,游酢、杨时是程门得意弟子之一,为传承河洛学说奠定了基础。全祖望在《宋元学案·龟山学案》中指出:"二程得孟子不传之秘于遗经,以倡天下。而升堂睹奥,号称高第者,游、杨、尹、谢、吕其最也。顾诸子各有所传,而独龟山之后,三传而有朱子,使此道大光,衣被天下。"①

然而我们要认识到学术思想和学术渊源的复杂性,程颢与程颐之间的学术思想并非完全一致的,而是有着较大的差异,在修养工夫论方面,程颢以"诚"为重,程颐主"敬",又讲格物致知;程门立雪中人杨时,也并非全部接受二程的思想体系而有所改造。杨时南传主要的思想精髓是什么呢?是"中庸思想"。中庸思想就是儒家的哲学思想核心,按儒家的道统说法是尧、舜、禹的政治文化精髓——执中。杨时等道南一派继承了这个思想有所创新,杨时"变革"了程颐的中庸思想,他于喜怒哀乐未发之际体验"中"后,他的学生和继承人就沿着这个思路继承下去而有所感悟。罗从彦终日相对静坐的"工夫论",李侗于静中看喜怒哀乐未发时之"气象论",真可谓一脉相承而有所提高,但是李侗的学生朱子并没有全部继承李侗的思想,而是有所改造,如从杨时直到李侗的"体认天理"修养论,朱子虽然赞成和继承了中庸思想,他强调"中也者,天下之大本也;和也者,天下之达道也"。在哲学上的终极意义,如朱子在阐述中庸思想时指出:

> 程子曰:"不偏之谓中,不易之谓庸。中者,天下之正道;庸者,天下之定理。"此篇乃孔门传授心法,子思恐其久而差也,故笔之于书,以授孟子。其书始言一理,中散为万事,末复合为一理,"放之则弥六合,卷之则退藏于密",其味无穷,皆实学也。善读者玩索而有得焉,则终身用之,有不能尽者矣。②

在古代哲学中,本体论、认识论、实践论是合在一起的,缺一不可。道南一脉学者对中和思想,探讨了它的本体论基础,认识论的原理以及怎样去实践它,即工夫论。在这三方面的探索,杨时对中和思想的探索已经达到当时的最高水平,其弟子李侗的主要思想是对"中和"学说中的"中"怎样把握,怎样体验,这是对"中庸"理解的关键,也是杨时、罗从彦到李侗等道南一脉传人的"传心指诀"。朱子在对《中庸》深入研读之后,结合李侗的教导,于乾道二

---

① 黄宗羲、全祖望:《宋元学案·龟山学案》,第182页。
② 朱熹:《四书章句集注·中庸》,第585页。

年(1166年)对"已发未发"有了领悟。所谓"已发",是指喜欢、愤怒、悲哀、快乐等情感向外表露的结果,"未发"是情感未表露的状态。在这"已发未发"的临界状态下体现出"天理"的纯真。史称"中和旧说",也称"丙戌之悟",这个"悟",表明朱子已成为承接"道南"精髓的自觉者,又标志着朱子在思维世界上与佛学正式告别,脱离道谦禅学的束缚,成为其理学思想发展的重要里程碑。因朱子所居之地有潭溪,又称为"潭溪悟道"。

朱子正是继承了道南闽学的立场,传承了其中庸思想精髓,成为与湖湘学派、浙东学派三足鼎立的闽学领军人物,然后又统一和融合了上述两派的基本观点,朱子就"中和"秘诀探讨取得重大突破,得出了"性"为未发、情为已发的感悟和论断,史称"己丑中和之悟"。相对此前的"中和旧说",又称"中和新说",标志着中和探索任务的完成。"中和"是华夏先民长期以来对天、地、人的审视而得出的基本文化价值观,是华夏先民最初的自然哲学和价值信仰。如"天地之道美于和","和者,天地之大美",而内化于民族性格之中。一方面,中和之和是不同之和。它倡导可否相济、容异载物的并蓄精神、包容精神、平等精神以及海纳百川的宏大气魄,"万物并育不相害,道并行不相悖"。"中和"所蕴发的自强日新、厚德载物、中立不倚、和而不流、海纳百川等精神,反映了中华文明兼容并蓄的文化气质和中华民族刚柔相济的精神写照。《中庸》指出:"中也者,天下之大本也;和也者,天下之达道也。致中和,天地位焉,万物育焉。"[①]意味着"中和"是天、地、人之间达到和谐有序,达到天人合一。

游酢、杨时等道南一脉学者从"二程"那里接来中庸思想,即是闽北学者的"本科",众多学者围绕着这一思想展开辩论、研讨,前有杨时、罗从彦、李侗,后有朱子、黄中、何镐等,同时也是湖湘学派极力阐释的范畴,如胡宏、张栻等,又是禅学着力解释的范畴,如大慧宗杲、道谦等。因为在思想派别上,"中庸"是唯一可以打通儒学思想与佛老思想体系的桥梁,也是"援禅入儒"还是"援儒入禅"的关键因素。因此,中庸问题是整个宋代思想界的核心问题。

在工夫修养论方面,几乎所有的理学家都认为体验"中"就是把握了"天下之大本"和"天下之达道",这个"本"和"道"就是"天理"。怎样在修养中体验"天理"呢?就引申出"已发和未发"的问题。从福建李侗的"主静"体验和湖湘张栻的"主敬"体验,都是认识天理不同的途径和方法,朱子的"中和旧

---

① 朱熹:《四书章句集注·中庸》,第585页。

说"和"中和新说"就是围绕着把握和体验"天理"修养的进步与升级。宋代理学家认为这个"中"是"实理",是贯穿宇宙万物的根本,而佛学认为"已发未发"的"中节"是"虚无","虚无"是宇宙中的根本,也是"中","中"就是"无",在修养上"主悟"。因此,宋代思想界辩论和关注的哲学问题就是"中和",标志中华文明的复兴。

"中和"是中华文明的基本精神,是民族文化之根,"中"是中华文明发轫之初就有的政治和哲学理念,到西周时候,已得到了初步的发展,如"寻中建土""建中立极"等。到孔孟之时,围绕着"中"提出了中庸的基本思想,使"中"的理念发展成一种体系和学说。二程继承了孔孟的中庸思想,并加以初步的理论化的阐述。闽学鼻祖杨时继承这些精髓,进一步理论解释,在"天理"的基础上形成了以"诚"为核心的中和思想,从而把中庸理论化推到一个新境界,成为朱子之前的闽学代表人物,也为朱子中和理论集大成提供思想渊源,促进了华夏文化在宋代的复兴。

二、何镐与朱子在"主敬"工夫论上的争议

上文说到,朱子从"中和旧说"到"中和新说"整个中庸学说的跨越的工夫是从"主静"到"主敬"的飞跃。其中"主敬"这个重要的工夫体验是这个阶段的重要议题,是体验《中庸》"已发未发所为中"的关键,这个论题也是朱子构建理学理论基础的重要一环,在此议题上,他与何镐进行了长期的,更加深层的探讨,使其"中和新说"具有坚实的工夫论基础。

朱子认为"容貌辞气"是"敬"工夫的真正下手处和在现实的体现,在乾道年间,朱子与何镐几封讨论"操存工夫"的书信中体现得尤为突出,通信双方集中讨论了"敬"是否需要在外表上用功的议题,并且推动了该议题的突破。何镐提出要先识本根,重在内修,主要观点是"敬""不甚假修之力",只要存主于内心,就能达到外貌的庄整齐肃。而朱子认为颜子以下,必须具体在视听言动、容貌辞气上下工夫。在这里,朱子强调,"放僻邪侈"和"庄整齐肃"二者完全对立,不可能同时并存,因此只要能做到"庄整齐肃","放僻邪侈"必决无所容,不可能出现所谓"放僻邪侈于内而姑正容谨节于外"的割裂现象。而人心既然出入不定,难以把捉,要径直使内心无"放僻邪侈",发现于外而得"庄整齐肃",反而不甚容易。因此工夫之要约就在于规矩绳墨上守定。当然,这便产生了一个内外与难易的问题。朱、何二人的分歧显然在所谓内外的范畴

上。何镐认为内外可以割裂,而应以内为主,主张由内而外;朱子则认为"内外未始相离",工夫却有难易,由内而外是大贤如此,普通人应由外而内,故说"庄敬整齐者,正所以存其心",不应是内而遗外。朱子在《答何叔京》书二十一曰:

> 所谓"既勿忘勿助,则安有不敬"者,乃似以敬为功效之名,其失之益远矣。更请会集二先生言敬处,子细寻绎,自当见之。①

在朱子看来,容貌辞气之功不仅仅是"制之于外",更会培养出一种"庄整齐肃"的气象,而这培育过程就是一种"存"。而只有这种"存",才能"立于敬",而所谓"存"是否立于敬,从平日容貌之间的气象就可以加以判别。

朱子认为何镐把"庄整齐肃之貌"理解为内心存主的结果,恰恰缺失了培养"严肃气象"的工夫,即缺乏"存"的过程,也就是缺失了"敬"的工夫,而"敬"是"圣学之纲领,存养之要法","乃实下工夫田地"。

朱子在《答何叔京》书二十三中说:

> 持敬之说,前书已详禀矣。如今所喻"先存其心,然后视听言动以礼",则是存则操,亡则舍,而非"操则存,舍则亡"之谓也。由乎中而应乎外,乃四箴序中语。然此一句但理之自然,下句"制之于外所以养其中",方是下工夫处。以箴语考之可见矣。必曰"先存其心",则未知所以存者果而着力邪?去冬尝有一书,请集程子言敬处考之,此最直截。窃观累书之谕,似未肯于此加功也。岂惮于费力而不为邪?②

"由乎中而应乎外,制于外所以养其中"是朱子提出"敬"工夫的目的,也是掌握中庸学说精髓的关键。对于朱子来说,制之于外不是单纯地制之于外,而实际上是为了"养中""用中"。分而能合,本来不分,融为一体,圆融无间。

总之,在"敬"的工夫方面,朱子的观点是内外一体,以外为主。何镐认为内外一体,以内为主。

三、"主敬"的工夫在外是儒学与禅学一个重要的区别

程朱认为容貌辞气威仪是"道"或"理"的现实体现,是可以直观的气象,

---

① 朱杰人等主编:《朱子全书》第24册,《朱子全书》第22册,第1832页。
② 朱杰人等主编:《朱子全书》第24册,《朱子全书》第22册,第1833页。

这是与禅宗与道家最重要的区别之一。中华文明被誉为"礼仪之邦",就是内修于道,外修于行的结果。这一点可以对原始儒家孔、孟关于"君子""修身"的目的要求来理解,如孔子告季康子"临之以庄"(《论语·为政》),告仲弓"出门如见大宾,使民如承大祭"(《论语·颜渊》),告子张"正其衣冠,尊其瞻视"(《论语·尧曰》),曾子临终遗言"动容貌,正颜色,出辞气"(《论语·泰伯》),"威武不能屈""浩然之气"(《孟子》)等,突出了君子从内在的修养工夫体现在外面"浩然之气"的现象。宋代以来,士大夫阶层参政议政的热情空前提高,"以天下为己任""天下是天下之人的天下"的观念深入士大夫阶层的现实人生,因此在修养工夫上就必须含有"治国、平天下"的政治因素,即修身工夫要以包含哲学意义上的"气象",日常生活中又要保持仪式和庄严感。所以朱子的主敬工夫是与儒家文化的历史文化传统一脉相承的。朱子认为容貌辞气之修养与气象是儒家学说的一个非常重要的组成部分,也就是说,圣人的境界表现出来的气象一定包含有恭敬、仁让、庄重、肃穆、威仪的层面,而所谓"扬眉瞬目"者,都是"假儒释之似以乱孔孟之实者",因为禅宗师徒传授中有所谓机锋、棒喝、顿悟、刹那等,并不要求修行者在外在表现中有什么特征,这与禅宗在"主悟"的宗旨是相互一致的,也与禅宗对《中庸》的要义"已发未发"中把握"中"的要义逻辑相连(即"主空")。而许多儒家士大夫由于受禅宗不立文字的影响,强调"悟",便"注其心于茫昧不可知之地",这与中华传统文化中倡导的"立德、立言、立功""三立"是不相容的。

着重在容貌辞气上做工夫,这点成了乾道年间朱子与何叔京辩论操存工夫的要点。而实际上,朱子对于"动容貌""正颜色""出辞气"应该如何践履的讨论,保持了一生的兴趣,也在不断地探索和丰富。朱子在"养中""用中"工夫实践中,从信奉李侗的"主静"到"返回二程"的"主敬"的一大飞跃。也是逐渐摆脱禅宗的影响,从回归儒学到"纯洁儒学"的艰难历程。这个过程是复杂的,朱子与何叔京在"主敬"工夫论上探讨,正是这一过程的重要链条。乾道八年(1172年)朱子所写的《敬斋箴》,更是完备地表达了持敬操存的用力之方在于"动静无违,表里交正",这对于后世产生了极大的影响。"制于外所以养其中"对于朱子来说并不是权宜,而是内在于"主敬"的本质的根本要求。"敬"的辩论和探索,使朱子理学彻底地与禅宗区别开来,同时使朱子理学建立在坚实的孔孟儒学的基础上而一脉相承。从此,"内外兼修"成为几千年来儒家"一以贯之"的修养目标。

朱子与何镐在理学上的好友,但在理解"主敬"修养工夫上,两人存在争议,并通过多封书信进行了研讨。朱子观点是内外一体,以外为主。何镐认为内外一致,以内为主。他们在基本原则上是相同的,但在内外修养的侧重点却有所不同。他们的争议本质是宋代理学家应怎样继承孔孟儒学,怎样清除禅学对儒学影响的一个重大历史命题,对我们当代仍有深刻的启发意义。

(作者单位:南平市朱熹研究中心)

从《邵武李公祠堂记》看朱熹与第三代主战派

◎ 林振礼

朱子生平交游朝野,其思想形成至为复杂,但还是与若干重大事件关系密切。如乾道五年(1169年)朱熹40岁时建立平生学问大旨"中和新说",则本文所述的与第三代主战派的学术集会,是其思想升华的动因。淳熙九年(1182年)六劾唐仲友,使朱熹卷入政治风潮,遭到王淮党人的馋谤。淳熙十五年(1188年)朱熹59岁时上"戊申封事",朱熹对整个南宋社会问题已洞若观火。乾道三年(1167年)朱熹所撰《张公(浚)行状》,并不讳言李纲过失。过了近二十年,朱熹撰《邵武军学丞相李公祠堂记》,在高度评价李纲的字里行间蕴含着深厚的屈子情怀,从中可以窥见朱熹对金的战、守、和立场的社会原因及思想轨迹。

尝游海南,这个历史上自唐至宋元明被中原政权视为"南蛮"的天涯之地,亦则朝廷贬谪"罪臣"的流放之所。我在海口五公祠瞻仰了宋代主战派李纲(1083—1140)、赵鼎(1085—1147)、胡铨(1102—1180)、李光(1078—1159)的事迹,他们都因抗金主战被流放海南传播中原文化,从而受到海南人民的纪念尊崇。

赵鼎曾两次为相,其宦海生涯尤为曲折,际遇也最为悲壮。绍兴十四年(1144年),秦桧唆使言官诬陷赵鼎曾经受贿,移海南吉阳军(今海南三亚)安置。赵鼎知道秦桧不会放过自己,他给自己写了墓志铭:"身骑箕尾归天上,气作山河壮本朝"[①]之后,绝食而死。绍兴二十五年(1155年)秦桧死,第二年春,朝廷追复赵鼎旧职,朱熹就在同安县学建祠纪念赵鼎。胡铨任高宗时的

---

① 《宋史》卷三六〇.《赵鼎传》,北京:中华书局,1977年,第11294页。

密院编修,因一篇"乞斩秦桧"的文章而举世闻名。其文一出,群臣振奋,奸佞失色。秦桧对其一再迫害,先贬昭州,转谪新州,再谪移吉阳军(今海南岛)。胡铨"十年浮海"于海南的流放生涯,使琼海人民又一次得到中原文化的熏陶。这样一位被民间视为大英雄的主战派胡铨,自海南北归之日,曾饮于湘潭胡氏园,耽于酒色,与侍妓黎倩两情缱绻,自谓"君恩许归此一醉,傍有梨颊生微涡"①。因此,朱熹认为"归对黎涡却有情"②的胡铨,是出于非分之想的"人欲",从而发出"世路无如人欲险,几人到此误平生"③的自警。李光在任礼部尚书时,曾代表南宋与金议和之际签了名,后有人认为是李光这一政治上的"瑕疵"有损其一世英名。然而朱熹评价李光(淳熙二年二月之后)说:"平生以刚直闻,晚岁遭谗去国,九死不悔。"④朱熹除了一些零星散见的文字以外,其《邵武军学丞相李公祠堂记》高度评价了"南渡第一名臣"李纲。兹录《邵武军学丞相李公祠堂记》如下:

> 建炎丞相、陇西李公,邵武人也。少有大志,自为小官,即切切然以天下事为己忧。宣和初,一日大水猝至,几冒都城,人莫能究其所自来,相与震惧,而无有敢以为言者。公时适为左史,以为此夷狄兵戎之象也,不可以不戒,亟上疏言之,遂以谪去。数岁乃得召还,则虏骑已入塞,而长驱向阙矣。公复慨然图上内禅之策,诚意感通,言未及发,而大计已决。寇围既迫,群小方谋挟至尊犯不测为幸免计,公又独叩殿陛,力陈大义,得复守城以退虏兵。然自是以来,割地讲和之议遂起。公又再谪而大事去矣。光尧太上皇帝受命中兴,畴咨人望,首召公为宰相。公亦痛念国家非常之变,日夜图回所以修政事、攘夷狄者,本末甚备。盖方诛僭逆以正人心,而又建遣张所抚河北,傅亮收河东,宗泽守京城,遂将益据形便,大明纪律,以示必守中原,必还二宫之势。而小人有害公者,遂三谪以去,而不复还矣。

> 淳熙丙午(1186年),距公去相适六十年,而永嘉徐公元德命教此邦,

---

① 罗大经:《鹤林玉露》卷十二,四库全书本。
② 《朱熹集》卷五,《宿梅溪胡氏客馆观壁间题诗自警二绝》,成都:四川教育出版社,1996年,第214页。
③ 《朱熹集》卷五,《宿梅溪胡氏客馆观壁间题诗自警二绝》,成都:四川教育出版社,1996年,第214页。
④ 《朱熹集》卷九十二,《荣国夫人管氏墓志铭》,成都:四川教育出版社,1996年,第4681页。

谓公之忠义,筹略海内,有志之士莫不诵而传之。顾其乡人子弟乃无有能道其万一而兴起焉者,于是辟讲堂之东,肖公之像而立祠焉。四月吉日,合郡吏率诸生进拜跪奠,妥侑如法,迄事而以书来,属熹记之。

熹惟天下之义,莫大于君臣。其所以缠绵固结而不可解者,是皆生于人心之本然,而非有所待于外也。然而世衰俗薄,学废不讲,则虽其中心之所固有,亦且沦骨陷溺,而为全躯保妻子之计以后其君者,往往接迹于当世。有能奋然拔起于其间,如李公之为人,知有君父而不知有其身,知天下之有安危,而不知其身之有祸福,虽以谗间窜斥,屡濒九死,而其爱君忧国之心,终有不可得而夺者,是亦可谓一世之伟人矣。

徐君之祠之也,非其志之所好,学之所讲,有在于是,则亦孰能及之哉!故熹喜闻其事,而乐推其说,以告世之学者。虽病且衰而不自知其感慨发愤,犹复误有平日之壮心也。

十二月癸巳,宣教郎、直徽猷阁、主管华州云台观朱熹记。①

李纲生平历经三朝,多次被贬出京。其中也有自身原因,如朱熹记述:"先是宰相李纲以私意论谏议大夫宋齐愈腰斩,公(张浚)与齐愈素善,知齐愈死非其罪,谓上初立,纲以私意杀侍从,典刑不当,有伤新政,恐失人心。既入台,首论纲,罢之。"②对于李纲为政的过失,朱熹没有讳言(乾道三年,即1167年十月于长沙所撰的《张公行状》)。然而时隔二十年,撰写于淳熙十三年(1186年)的《李公(纲)祠堂记》则极力讴歌李纲:"可谓一世之伟人矣。"

《邵武军学丞相李公祠堂记》不足八百字,对李纲的评价,其价值选择是以历史上具悲剧性质的贬官放臣三闾大夫屈原为型范的。如司马迁《史记·屈原列传》:"举世皆浊我独清,众人皆醉我独醒。是以见放。"《李公祠堂记》:"宣和初,一日大水猝至,几冒都城。"在"人莫能究其所自来……无有敢以为言者"之际,李纲"亟上疏言之,遂以谪去"。《史记·屈原列传》:"屈平疾王听之不聪也,谗谄之蔽明也。"屈原《离骚》:"亦余心之所善兮,虽九死其犹未悔。"《李公祠堂记》:(李纲)"知有君父而不知有其身,知天下之有安危,而不知其身之有祸福,虽以谗间窜斥,屡濒九死,而其爱君忧国之心,终有不可得而夺者,是亦可谓一世之伟人矣。"凡此种种,在朱熹中晚年对先贤尤其是关涉对主战人物的评价中,时有所见。正是因为朱熹与屈原有着相类似的遭

---

① 《朱熹集》卷七十九,《邵武军学丞相李公祠堂记》,第4120页。
② 《朱熹集》卷九十五,《少师保信军节度使魏国公致仕赠太保张公行状》,第4804页。

遇,其晚年则有挥之不去的屈子情怀。

  在南宋朝野政治生活中的大事,莫过于如何对付占据北方的金人。朱熹年轻时坚决主战,曾多次严厉谴责所有的议和派人士。但中年以后,体认金人国力强盛,态度开始冷静下来,主张应注重防守与自强,逐渐取代主战的立场。田浩先生认为吕祖谦的立场显然曾影响朱熹。① 他虽然终生不忘收复失地,但其晚年既抨击主和派,也抨击主战派,认为至少需要十至三十年的准备,才能收复北方。以下我们从《李公祠堂记》追溯朱熹于乾道三年(1167年)的"湖湘之行",探索朱熹与第三代主战派的关系,包括思想演变以及对金立场的发展轨迹。

  所谓第三代主战派,则以朱熹远走湖湘的幕后人物——潭州帅刘珙(共父,1122—1178)为代表。第一代主战派为刘珙的祖父刘韐(仲偃,1066—1126),在保家卫国、抵御外侮的斗争中功勋卓著,后因徽、钦二帝被俘胁出使金营,不辱使命而自缢身亡。第二代主战派则是辅助张浚抗金,"公扶西极柱,威动北征旗"②的刘子羽(彦修,1097—1146)。时刘珙46岁,最为年长,在他的策划下,乾道二年(1166年)夏,当刘珙派人来崇安时,因天热"遂辍行"。乾道三年(1167年)八月,38岁的朱熹在范伯崇、林择之的陪同下,开始了为期数月的湖湘之行。在潭州(今长沙)城南、岳麓书院与张栻讨论了"未发之义,太极之妙,乾坤动静"③等哲学问题。透过朱熹与张栻、张孝祥的关系,探索朱熹湖湘之行以及朱张论学、促进哲学升华的政治原因。这对于我们进一步了解哲学和思想与政治生活的关系不无裨益。

  据《宣城张氏信谱传》等记载,朱熹湖湘之行时,张孝祥正知潭州。从张孝祥的"某敬服名义,愿识面之日甚久……且为衡岳之游……不胜朝夕之望","某昨日方从钦夫约,遣人迓行李"④,可知其与朱熹为初识并与张栻共同款接朱熹。

  在潭州东隅登游定王台时,朱熹咏《登定王台》之诗,张栻、张孝祥步其韵唱和之。张孝祥《酬朱元晦登定王台之作》诗云:"海内朱公子,端能为我来。谭谐渺今古,欢喜到舆台。日月何曾蔽,风云会有开。登临一杯酒,莫作楚囚

---

① 田浩:《朱熹的思维世界》,西安:陕西师范大学出版社,2002年,第118页。
② 郭齐:《朱熹诗词编年笺注》(上),成都:巴蜀书社,2000年,第147页。
③ 陈来:《朱熹哲学研究》,上海:华东师范大学出版社,2000年,第170页。
④ 《于湖居士文集》卷四〇,上海:上海古籍出版社,1980年,第399～400页。

哀。"(《于湖居士文集》卷九)相期之情景,可见一斑。从张孝祥《题朱元晦所书〈凯歌卷〉后》诗"我词不足录,聊以醒渠醉"等句中,可知朱熹曾为其词集题词。值得注意的是,时孝祥筑"敬简堂"为论道之所,自篆颜渊问仁章于中屏,朱熹为之赠诗,张栻为之作记。在长沙,朱熹与张栻进行了全面的学术交流,反复论辩,经久不绝。

　　临别之前,由岳宫到楮州九十公里,朱熹与张栻两人继续就有争议的问题进行了紧张的"思绎讨论,以毕其说"。[①]朱张在舟中相聚讲论。范伯崇说他亲见两人讨论《中庸》之义三日夜而不能合,极有可能就在临别这几天中。[②]楮州惜别,为时二个半月的衡岳之游结束了,朱熹与张栻在各自的赠别诗中都做了全面的总结。张栻《诗送朱元晦尊兄》:"君侯起南服,豪气盖九州。顷登文石陛,忠言动宸旒。坐令声利场,缩颈仍包羞。却来卧衡门,无愧自日休。……南山对床语,匪为林壑幽。白云政在望,归袂风飂飂。朝来出别语,已抱离索忧。妙质贵强矫,精微更穷搜。毫厘有弗察,体用岂周流?"(《南轩先生文集》卷一)朱熹《奉酬敬夫赠言并以为别》:"我行二千里,访子南山阴。不忧天风寒,况惮湘水深?辞家中秋旦,税驾九月初。……谓有宁有迹,谓无复何存;惟应酬酢处,特达见本根。万化自此流,千圣同兹源。旷然远莫御,惕若初不烦。云何学力微,未胜物欲昏。涓涓始欲达,已被黄流吞。"(《朱熹集》卷五)

　　七年后,即淳熙元年(1174年),朱熹作《奉同张敬夫城南二十咏》,其中一首《濯清》是:"涉江采芙蓉,十反心无斁。不遇无极翁,深衷竟谁识。"(《朱熹集》卷三)由此可以想见,这次相会,从两人冀遇"无极翁"的共同追求开始,到达到"始知太极蕴""超然会太极"结束,是一次对理学最高范畴太极(无极)之理成功的形上探讨,故朱熹《有怀南轩老兄呈伯崇择之》诗说:"归来识大方,惟应微密处,犹欲细商量。"(《朱熹集》卷五)

　　早在延平西林院师事李侗之际,对于李侗所授的《中庸》未发之旨,令静中体验未发气象分明,朱熹不能尽心于此,反以周敦颐《太极图说》的本体论来解释《中庸》的已发未发说。其时朱熹已经不仅体悟到《中庸》未发已发的心性论意义,而且认为更重要的是本体论意义。他把《太极图说》的"太极动而生阳"看成是天地之喜怒哀乐已发,而"二气交感,化生万物"看成是人与物

---
① 《朱文公文集》卷七七,《南岳游山后记》,四部丛刊初编缩本。
② 束景南:《朱子大传》,福州:福建人民出版社,1992年,第255页。

之喜怒哀乐已发。因此,《中庸》的未发已发不仅指人之性情而言,而且指宇宙大化的动静过程。李侗针对朱熹总是从客观性和本体性即"理"的方面解释《中庸》之说,指出从万物一理的角度说,天地、人物及人之性情已发未发,受此统一的天理所支配,因为天理是宇宙万物的普遍性法则。而《中庸》的未发已发特指人的思维情感而言,其自身并没有本体论意义。① 然而理学的终极追求是天人合一,李侗死后朱熹并没有放弃这个问题的力索穷探。日后朱熹对"仁""太极""无极""大易生生流行",以及"天地之心""天地生物之心"的探究(大量的讨论),就是围绕着天人合一的终极命题展开的。朱熹、张栻等人在湖湘是讨论过"天地之心"与"圣人之心"的,这个问题值得研究者重视。我们细读张孝祥诗《钦夫、子明、定叟夜话舟中,钦夫说论语数解,天地之心、圣人之心尽在是矣。明日赋诗以别》:"江北我归去,湘西君卜居。谁知对床语,胜读十年书。不饮清无寐,来朋乐有余。明朝千里别,密处几曾疏。"② 此诗写于衡岳之游话别之际,值得深深回味。《论语·阳货篇》说:"天何言哉?四时行焉,天何言哉?"孔子否定了天是超自然的上帝,明确肯定天是包括四时运行、万物生长在内的自然界,自然界为最高存在,人与万物都是自然界的产物。朱熹理学对"仁""无极太极"以及"天地生物之心"的阐发,正是围绕着儒学的原典进行诠释与创新的。我们认为朱张湖湘论学所讨论的哲学问题,真正意义在于绅绎遗经,拓展形上,穷搜形下,寻觅天人交感的契合点,进而贯通天人。但它绝不仅是学术自身的演变,也是现实政治作用于学术的必然结果。

值得深入思考的是,朱熹不远千里,历尽辛劳的湖湘之行,正发生在民族危机加深——张浚出兵抗金、符离战败,主和派掌权,以及自然灾害、农民起义频仍之际,不能说没有深刻的社会政治原因。

潭州、衡岳之会的参与、关涉者朱熹、张栻(敬夫,1133—1180)、张孝祥(安国,1132—1169)、范伯崇、刘珙(乾道元年,1165年,时为湖南安抚使的刘珙复修岳麓书院,聘请张栻主持教事),他们的父辈都因反对议和,力主抗金而受秦桧的排斥打击和迫害。他们不但与其父辈有着同样的政治立场,而且有继承父志、抗敌救国、雪耻复仇的共同愿望。

朱熹之族祖奉使直阁朱弁,于建炎初衔命虏营,见留十七年,全节而归。

---

① 陈来:《朱熹哲学研究》,上海:华东师范大学出版社,2000年,第58页。
② 《于湖居士文集》,上海:上海古籍出版社,1980年,第78页。

又因反对议和,以忤时宰不及用而死。① 可见朱氏一门风节。朱熹的父亲朱松在秦桧决策议和时,"与同列上章,极言其不可。桧怒,风御史论松怀异自贤,出知饶州。未上,卒"。② 范伯崇为前文述及的主抗派范如圭之子,与朱熹为襟兄弟(同是刘勉之女婿)。刘珙的父亲刘子羽,是辅助过张浚的知名抗战派,为秦桧所忌,"风谏官论罢之"。③ 刘子羽死后,秦桧为了拉拢刘珙,"欲追谥其父,召礼官会问。珙不至,桧怒,风言者逐之"。④ 张栻的父亲张浚是重用岳飞、韩世忠的抗金领袖,秦桧执政后被排斥在外近二十年。绍兴八年(1138年),金使以招谕江南为号,南下议和,张浚在永州(今湖南零陵)贬所连上五十疏,表示反对。张孝祥一登第,就上疏为岳飞辩冤,权相秦桧愈忌之,诬其父张祈"有反谋"⑤,并将其父下狱。张孝祥憎恶投降派的政治立场,与其家庭不无联系,他的伯父张邵出使时不愿向金人屈辱投降,被拘囚北方达十年之久。与朱熹同赴湖湘的范念德的父亲是绍兴初与朱松一起上章反对和议的左朝散郎、直秘阁范如圭(字伯达,1102—1160),他大义凛然地痛斥秦桧丧心病狂,将遗臭万世:"会秦桧力建和议……公与同省十余人合议,拜疏争之,既具草而骇愕引却者众。公乃独手书抵桧,责以曲学倍师、忘仇辱国之罪,且曰:'公不丧心,不病狂,奈何一旦为此?若不改图,必且遗臭万世矣。'"⑥秦桧死后,孝宗即位。对于主战派来说,正是"大有为之大机会"⑦,早在绍兴三十一年(1161年),金主完颜亮在扬州为部将所杀时,朱熹就认为当金兵震骇之际,应加强东南,使"根本固而不摇",进而图取中原。他向枢密院黄祖舜提议重用当时抗战派一致瞩望的张浚:"今日朝廷之上,侍从之列,谁为能办此者,独旧人之贤起而未用者一二公,使之出则重于今日视师之人,授之政则贤于今日秉钧之士。"⑧所谓"一二公",主要指张浚。完颜亮南侵后,朝廷起用其为建康府通判,并不委予重任。朱熹为此而慨叹:"独恐朝廷终不听用,测无如之何耳!"后来,朱熹又曾说:"晋人下吴,却是已得蜀。从蜀一造船,直抵南

---

① 《朱熹集・续集》卷五,《与王尚书》,成都:四川教育出版社,1996年。
② 《宋史》卷四二九,《朱熹传》,第12751页。
③ 《宋史》卷三七〇,《刘子羽传》,第11508页。
④ 《宋史》卷三八六,《刘珙传》,第11849页。
⑤ 《于湖居士文集・前言》,上海:上海古籍出版社,1980年。
⑥ 《朱文公文集》卷八九,《直秘阁赠朝议大夫范公神道碑》,四部丛刊初编缩本。
⑦ 《朱子语类》卷一三三,北京:中华书局,1986年,第3197页。
⑧ 《朱文公文集》卷二四,《与黄枢密》,四部丛刊初编缩本。

岸。周世宗只图江南,是时襄汉蜀中别有主,所以屯淮上,开河抵江。今蜀中出兵,可以入武关,从襄汉樊邓可以捣汝洛,由淮上可以取徐州。辛巳间,官军已夺宿州。国家若大举,只用十五万精兵。"①朱熹此论历史兵事形势,以辛未能大举为憾。

辛巳乃高宗绍兴三十一年(1161年),金亮南犯败衄,宋得两淮州郡,金主雍初立,确是恢复的一大好机会。孝宗隆兴元年(1163年),在抗战力量的要求下,张浚入朝主持北伐,荐张孝祥为建康留守。这期间,朱熹与张孝祥以及其他主战派在政治上都比较活跃。朱熹在孝宗即位,诏求直言时,就上封事言治"帝王之学""修攘之计"和"本原之地",强调"夫金人与我有不共戴天之仇,则不可和也明矣"。他希望孝宗在用人问题上,斥逐奸佞,以利斯民。② 他还面见张浚,说以兵事。朱熹后来回忆说:"某向见张魏公,说以分兵杀虏之势。只缘虏人调发极难,元颜要犯江南,整整两年,方调发得聚。……为吾之计,莫若分几军趋关陕,他必拥兵于关陕。又分几军向西京,他必拥兵于西京;又分几军望淮北,他必拥兵于淮北,其他去处必空弱。又使海道兵海上,他又著拥兵捍海上。吾密拣精锐几万在此,度其势力既分,于是来其稍弱处,一直收山东。虏人首尾相应不及,再调发来添助,彼卒未聚,而吾已据山东。……中原及燕京自不消得大段用力,盖精锐萃于山东而虏势已截成两段去。又先下明诏,使中原豪杰自为响应。是时魏公答以'某只受一方之命,此事恐不能主之'。"③

隆兴北伐,朱熹的谋略虽未能得到采用,然可见其为了恢复而殚精竭虑。张栻在参佐其父张浚隆兴北伐时,间以军事入奏孝宗,称颂皇帝不忘中原涂炭,振作于恢复雪耻,谓"此心之发,即天理之所存也。愿益加省察,而稽古亲贤以自辅,无使其或少息,则今日之功可以必成,而因循之弊可革矣"。④ 然而张浚的北伐由于前线主将不和,招致了符离之败,于是以汤思退为首的投降派又在朝廷中得势,并派人与金军议和。张孝祥因感伤时政而赋《六州歌头》("长淮望断"),抒发了未能抗敌救国、施展抱负的满腔悲愤。当朝廷中弥漫着一派妥协气氛之际,朱熹应召入对,毅然讽谏孝宗:"未尝随事以观理,即理

---

① 《朱子语类》卷一三三,北京:中华书局,1986年,第3197页。
② 《宋史》卷四二九,《朱熹传》,北京:中华书局,1977年,第12752页。
③ 《朱子语类》卷一一〇,北京:中华书局,1986年,第2705~2706页。
④ 《宋史》卷四二九,《张栻传》,北京:中华书局,1977年,第12770页。

以应事。是以举措之间动涉疑贰，听纳之际未免蔽欺，平治之效所以未著。"在对金立场上更是慷慨激昂："君父之仇不共戴天，今日所当为者，非战无以复仇，非守无以制胜。"①且陈古先圣王所以强本折冲，威制远人之道。时相汤思退方倡和议，除熹武学博士，待次。后来，朱熹对汤思退颇有微词："泗海唐邓四州，皆可取中原西京之地，逆亮来时用兵，仅取得此四州，而汤思退无故与之，惜哉！"②

张浚在汤思退为相、罢兵讲和时辞世，金人乘间纵兵入淮南，朝野大震。朱熹专程赶到豫章为张浚护灵，与张栻得三日款，回闽北答柯国材的信中说："时事竟为和戎所误，今岁虏人大入。"③张栻营葬其父甫毕，即拜疏言"朝廷虽尝兴缟素之师，然旋遣玉帛之使"，是"重为群邪所误"。他希望朝廷"继今以往，益坚此志，誓不言和，专务自强，虽折不挠，使此心统一，贯彻上下，则迟以岁月，亦何功之不济哉？"④疏入，不报。乾道元年（1165年），朝廷促朱熹就武学博士之职，既至而洪适为相，"复主和，论不合归"。⑤乾道二年（1166年）夏，刘珙遣人接朱熹赴湖南相会，因热未能成行。乾道三年（1167年）仲秋之际，朱熹即启程往湖湘。

从建炎丁未（1127年）汴京陷落到乾道初年，中原沦陷已经将近四十个年头了。这期间，围绕战和问题，多少忠良被斥逐，而奸佞反居上。朱熹、张栻多次用新的理念——以抗金御侮、任贤黜佞为天理，向朝廷进言，陈说战守之计，他们所言非但不为当权者所采纳，反而备受冷落，他们只好以讲学的方式向社会倡导其政治主张。然而以讲学的方式进行倡导，如果不能在理论上形成权威，何以能产生强大的号召力？因此，得"丙戌之悟"后的朱熹，深感"若此学不明，天下事决无可为之理"，而闻张栻得衡山胡氏学，故做湖湘之行，"往从而问焉"。联系其后屡召不出，在《与吕伯恭书》中"平生自知无用，只欲修葺小文字以待后世，庶小有补于天地之间"云云，及其著述活动来看，他们都是希望从政治圈外获得理论的权威，再打进政治圈里去，影响千秋政权。

（作者单位：泉州师范学院学报编辑部）

---

① 《宋史》卷四二九，《朱熹传》，北京：中华书局，1977年，第12753页。
② 《朱子语类》卷一三三，北京：中华书局，1986年，第3197页。
③ 《朱文公文集》卷三九，《答柯国材》，四部丛刊初编缩本。
④ 《宋史》卷四二九，《张栻传》，北京：中华书局，1977年，第12771页。
⑤ 《宋史》卷四二九，《朱熹传》，北京：中华书局，1977年，第12753页。

李纲朱熹易学主张异同简论

◎ 肖满省

　　李纲(1083—1140)和朱熹(1130—1200)分别是宋代闽北地区政治和学术的著名代表人物。李纲去世时，朱熹才10岁，两人应该没有直接的交际往来。但是朱熹与李纲却有着密切的关系，朱熹的父亲朱松，政和八年(1118年)中进士后，授建州政和尉，调尤溪尉，朱熹即出生于尤溪。后来，朱松举家定居生活于闽北，李纲中晚年也多在闽北地区活动，活动空间多有重叠，两人或许有交际往来。更为重要的是，朱松和李纲一样，有着相同的政治主张，都是当时坚定的主战派。朱松对李纲的崇高人格与治国才能都极为钦佩，他有《上李丞相书》，高度颂扬李纲明君臣大义，有"徇国死难之节"。他说："明君臣之义以厉天下，必有命世之杰焉以倡之。非仆射，吾谁望邪？"他赞扬李纲不仅敢于犯颜直谏，而且"所建白皆天下国家所以安危之大计，至今焯然在人耳目"。因此，朱松自己"乐道仆射之德业风义，以风晓当世，矻矻而不知止，以求齿于宾客之末，抑将质旧闻而求策其所未至"。[①] 朱松极力宣扬李纲的"德业风义"，并不是阿谀奉承，以求得李纲的赏识，而是希望能够通过宣扬李纲的事迹来激励当时日渐萎靡的世风，是为了挽救两宋之际"主和派""大义不明而风节沦丧"的社会现实。

　　朱松对李纲的高度推崇，对朱熹产生了巨大的影响。朱熹在与学生品论两宋之际的"中兴诸相"时说，李纲的才能和见识远超同时的魏国公张浚和赵

[①] 朱松：《韦斋集》卷九，《上李丞相书》。影印文渊阁四库全书本，台北：台湾商务印书馆，1986年。又见《李纲全集·附录》，李纲著，王瑞明点校：《李纲全集》第三册，长沙：岳麓书社，2004年，第1798页。本文征引该书相关文献，均据此本。

鼎（谥忠简），他说："李丞相大义分明，极有才，做事有终始，本末昭然可晓。只是中间粗，不甚谨密，此是他病。然他纲领大，规模宏阔，照管得始终本末，才极大，诸公皆不及。"①南宋淳熙十三年（1186年），徐元德任邵武军学教授，主持兴建李忠定祠，并请朱熹撰写建祠碑记。朱熹在碑记中说："纲知有君父而不知有身，知天下之安危而不知身之有痼疾，虽以谗间窜斥濒九死，而爱国忧君之志终不可夺者，可谓一世伟人矣！"②由上述的评价可见朱熹对李纲的推崇。

据现存资料而言，朱熹对李纲的推崇与评价，主要集中于其政治、军事方面的才能与忠心报国的高尚情操。对于李纲的学识与论著，朱熹似乎较少论及。但他阅读过李纲的相关著作应该是很有可能的。在学术思想上，朱熹与李纲存在明显的不同。在易学思想，李纲、朱熹两人都主张义理象数兼融且偏重象数，但求象之深浅不同。李纲主张《易》与《华严》融合，朱熹则反对儒释合一。本文仅就他们的易学论著，比较二人易学主张的异同。

一、李纲朱熹两人都主张义理象数兼融且偏重象数，但求象之深浅不同

众所周知，汉代以来的易学史大体可以分为象数和义理两派。象数派以汉易为代表，主张以易象和卦爻之数来解释《周易》；义理派以魏王弼《周易注》为发端，主张扫弃象数，阐发哲理，至北宋程颐著《程氏易传》、胡瑗著《周易口义》等论著，义理易学蔚为大观。此两派易学，各有长短，但由于立论各异，常常互相攻讦。生活于两宋时期的李纲和朱熹对此都有比较清晰的认识，并采取了客观中立的立场，提倡象数与义理兼融。

李纲对偏执于象数或义理一端的易学家提出了批评。他说：

> 汉、晋间如九师之流，一主于象数，而不稽义理，故其取象蔓衍迂阔，多悖圣人之意。自王辅嗣以来，及近世学者，一主于义理，而不求象数。故其训义与象相违，因失圣人之意者，亦不为少，二者胥失也。夫圣人极数以定象，立象以尽意，象数者，《易》之所自作，而义理寓焉。舍象数以

---

① 黎靖德编：《朱子语类》卷一三一，朱杰人等主编：《朱子全书》第18册，第3946~3948页。

② 朱熹：《邵武军学丞相李公祠堂记》，《李纲全集》第三册，第1775页。

求意,是犹舍筌蹄而求鱼兔,捐曲糵而求酒醴也。鱼兔得然后筌蹄可忘,酒醴成然后糟粕可弃,故必质诸象数而不谬,考诸义理而不惑,六通四辟,无所滞碍,然后圣人之意可见焉。①

李纲指出,象数派和义理派各有短长,局限于任何一边都有其弊端:象数派关注象数,不阐义理,所以取象往往蔓衍迂阔没有旨归;义理派注重义理阐发,却不以象数为依据,所阐发的义理往往脱离《周易》特有的卦爻象数,流为空谈。这两者都不符合圣人之意。因为圣人之作《易》,是"极数以定象,立象以尽意",是象数与义理兼备的,必须"质诸象数而不谬,考诸义理而不惑",才能符合圣人之意。

虽然李纲提倡象数与义理兼融,但其所论著,其实又不得不偏向于提倡象数一端。这主要是由他所处的时代背景所决定的。纵观易学发展的历史,自王弼提倡扫象阐理以后,从魏晋至于宋朝,易学界其实皆为义理学所笼罩。尤其是在宋代,程氏易学提倡:《易》之义并不是本于象数而本于理,是因为有了理,才有象和数,理又是借由卦爻辞表现出来,所以学者们就应该是由卦爻辞以阐明义理,并由辞以观象。即程氏主张由辞以明理,由辞以观象,就自然而然地形成崇尚发挥卦爻辞的义理而抑制甚至是扫除象数的易学主张。然而在主张象数学的易学家看来,这一主张与《系辞传》的说法是相违背的。《系辞传》说:"圣人设卦观象,系辞焉而明吉凶。""圣人立象以尽意,设卦以尽情伪,系辞焉以尽其言。"象数易学家据此主张,圣人是通过"设卦观象"才创设了卦爻辞的,是辞由象生。也就是说,象数是根本,义理是在此基础上生长开放的鲜花与果实。如果易学研究不以象数为根本,那么义理的阐发就很容易沦为空谈,甚至是违背圣人创作《周易》的本义。在许多易学家看来,宋代的义理易学就存在这样的弊端。

生活于两宋之际的李纲,对宋代易学偏重义理、忽略象数的学术风气深有感触,并提出了批评。他说:

> 近世学者唯尚言辞,务明其义,而象、数、变、占之学皆失其传,则不得圣人之旨多矣。②

自王弼有"得意在忘象,得象在忘言"之论,深斥象数之学,以谓"互体不足,遂及卦变,变又不足,推至五行",义无所取。而近世学者,遂废

---

① 李纲:《易传内篇序》,《李纲全集》卷一三四,第三册,第1290页。
② 李纲:《易传外篇序》,《李纲全集》卷一三四,第三册,第1291页。

象而不谈,不能知象,因失圣人之意多矣。①

李纲这里所批评的唯尚言辞、废弃象数的"近世学者",主要应该就是指以程子、胡瑗等人为代表的北宋易学家。李纲指出,"近世学者"的义理易学,在很大程度上是不符合圣人之意的。

为了扭转宋代易学畸重义理阐发的学术风气,李纲大力提倡象数之学。他说:

  《易》之妙处在观象知数,而今人皆拨置不复道,因失圣人之意多矣。犹之观天以南箕为北斗,考历以二至为二分,其所失岂不远哉?立象以尽意,其象具存,顾弗深考,而数非有所传授不可,然亦有可以心悟者,此难以笔舌言也。古人《易》学有互体、卦变、时来、俯仰之类,皆不可废,惟其是而已。②

李纲指出,易学研究最精妙的地方就在于观象知数,如果不以象数为根基而进行义理阐发,那就像是在观测天文的时候,把南方的箕宿误当成北斗星,就像研究历法时,把冬至、夏至误当作春分、秋分,是错误的。因此,"观象知数"是易学研究的根本。

因为"观象知数"是易学研究的根本,所以"古人《易》学有互体、卦变、时来、俯仰之类,皆不可废"。李纲所说的象,不仅指天地雷风水火山泽等八卦物象,还有爻象、有互体等。李纲在与朋友的书信中举例说,就卦辞而言,其所依据的象有的取正体,有的取互体,有的兼取正互体,有的取卦变,有的取时来,有的取爻象,不一而足,"或事或物,莫不有象"。爻之取象更为丰富多样,有一爻之辞而兼五爻、四爻、三爻、二爻者,有取相应、相比的,有取正体、互体的,有兼取正体互体的,有取卦体的,有取卦变的,有取爻之刚柔的,有刚柔之爻兼取的:"时物不同,唯变所适,虽取之非一端,其实爻辞或事或物,莫不有象也。"③

与李纲相似,朱熹也提倡象数与义理兼融,但是与李纲不同的是,朱熹对"近世学者"较少批评,而是兼收并蓄。他不仅极力宣扬以邵雍先天学说为代表的宋代图书之学,而且对程氏易学也高度推崇。他说:

  自秦汉以来,考象辞者泥于术数而不得其弘通简易之法,谈义理者

---

① 李纲:《释象序》,《李纲全集》卷一三四,第三册,第1293页。
② 李纲:《与吴元中别幅》,《李纲全集》卷一一二。第二册,第1065页。
③ 李纲:《雷阳与吴元中书》,《李纲全集》卷一一三。第二册,第1072页。

沦于空寂而不适乎仁义中正之归。求其因时立教,以承三圣,不同于法而同于道者,则惟伊川先生程氏之书而已。①

此段话,既批评了汉易的象数之学,又批评了王弼派的玄学易学,而以程氏易学为正宗。这是他与李纲易学主张不同的第一大特点。当然,他也对程氏易学忽视象数这一问题提出了批评。他说:

《程氏易传》已甚详细。今《启蒙》所附益者,只是向来卜筮一节耳。若推广旁通,则离不得彼书也。程先生说易,得其理则象数在其中,固是如此。然溯流以观,却须先见象数的当下落,方说得理不走作。不然,事无证实,则虚理易差也。②

朱熹虽然推重程颐以义理解易的学风,但认为解释《周易》中的卦爻辞,不能脱离其中的象数,否则,所作的义理解释便容易落空而走样。他评论《程氏易传》说:"《易传》言理甚备,象数却欠在。"朱熹认为《程氏易传》由于过于讲说《周易》中的义理,有时脱离象数,不能揭示《周易》一书的本意,此是其不足之处。就这一点说,象数学派解易有可取之处,不能一概否定。

但是对于象数学派的解易学风,朱熹的批评更为尖锐。他说:"《易》中先儒旧法皆不可废,但互体、五行、纳甲、飞伏之类,未及致思耳。"(《文集·答王伯丰》)朱熹有《易象说》一文,见《文集·杂著》。此文对汉易中的象数之学和王弼以来的义理之学,皆有评论,认为"二者皆失之一偏",但其重点,批评了象数学派的解易学风。其评汉易说:

且以一端论之,乾之为马,坤之为牛,《说卦》有明文矣。马之为健,牛之为顺,在物有常理矣。至于案文责卦,若《屯》之有马而无乾,《离》之有牛而无坤,《乾》之六龙则或疑于震,《坤》之牝马则当反为乾,是皆有不可晓者。是以汉儒求之《说卦》而不得,则遂相与创为互体、变卦、五行、纳甲、飞伏之法,参互以求而幸其偶合。其说虽详,然其不可通者,终不可通;其可通者,又皆附会穿凿而非有自然之势……故王弼曰:"义苟应健,何必乾乃为马?爻苟合顺,何必坤乃为牛?"而程子亦曰:"理无形也,故假象以显义。"此其所以破先儒胶固支离之失,而开后学玩辞、玩占之

---

① 朱熹:《书伊川先生易传板本后》,《晦庵集》卷八十一,《朱子全书》第24册,第3842页。
② 朱熹:《答郑子上》,《晦庵集》卷五十六,朱杰人等主编:《朱子全书》第23册,第2676页。

方,则至矣。①

此是说,《说卦》以乾为马,坤为牛,虽有所据,合乎常理,但并不能依此解释通《周易》各卦的卦爻象和卦爻辞。如《屯卦》六二、六四、上六爻辞皆有"乘马班如"句,但《屯卦》坎上震下,并无乾象,此即"屯之有马而无乾"。又如《离卦》卦辞说:"畜牝牛,吉。"可是《离卦》上下皆为离象,并无坤象,此即"离之有牛而无坤"。同样,《说卦》以震为龙,按此说法,《乾卦》六爻的爻辞讲龙象,此卦当为《震卦》。《坤卦》卦辞有"利牝马之贞",此卦亦当为《乾卦》。这些都是取象说不能解释的。可是汉儒坚持取象说,于是又创立了互体、纳甲、飞伏等体例,或者穿凿附会,或者终解释不通。于是王弼提出忘象求义说,程颐提出假象以显义说,破其支离之病,为后来以义理解易树立了榜样。朱熹认为王弼和程颐易学是有功于后世的,其不足之处是,"又似直以易之取象,无复有所自来,但如诗之比兴,与孟子之比喻而已",即只将取象看成是一种比喻,不承认《说卦》中的取象说有其由来和依据。其于《易象说》结尾,论述自己的观点说:

易之取象,固必有所自来,而其为说必已具于大卜之官,顾今不可复考,则姑阙之。而直据辞中之象以求象中之意,使足以为训戒而决吉凶。如王氏,程子与吾本义之云者,其亦可矣,固不必深求其象之所自来,然亦不可直谓假象而遽欲忘之也。②

从这段结论中可以看出,他自认为其《周易本义》同王弼和程颐易学属于一派,对取象说不必深究,但也不应学王弼那样走向极端而忘象求义。总之,他对卦爻辞的解释,是注重义理但又不废取象说:"就《周易本义》对卦爻辞的解释看,朱熹所依据的体例有四:两体、卦象、卦德和卦变。两体即《彖》传中的爻位说。此四种体例,皆来于《程氏易传》。他认为圣人取象释义,只是一种大概的说法,用来表示所占事情的吉凶,并无一定的体例,不可强解,否则,便流于穿凿、支离。"③总体而言,我们似可以说,李纲易学是重象数不离义理,朱熹易学是重义理不废象数。

这里顺带提及,在李纲的易数体系中,有一个跟世传九宫图不一样的数

---

① 朱熹:《易象说》,《晦庵集》卷六十七,朱杰人等主编:《朱子全书》第 24 册,第 23 册,第 3255 页。

② 朱熹:《易象说》,《晦庵集》卷六十七,朱杰人等主编:《朱子全书》第 23 册,第 3255 页。

③ 朱伯崑:《易学哲学史》第二卷,北京:昆仑出版社,2005 年,第 462~466 页。本节关于朱熹易学观点的论述参考此书。读者详之。

学图式,即李氏九宫图。李纲《衍数序》载：

《乾》履一于西北,《巽》载〔戴〕九于东南,《艮》东北而左三,《坤》西南而右七。《离》二《震》四,上峙而为肩;《坎》八《兑》六,下承而为足。河图九宫,天极之数积矣。气有司间,而上下左右之分辨;精有专散,而风雨寒热燥湿之化彰。《乾》《兑》之金,位于西而盛于西北;《震》《巽》之木,位于东而盛于东南。《离》火有君相,《坎》水有降升,《坤》《艮》之土有始终。①

世传九宫图式,刘牧称为河图,朱熹称为洛书,李氏九宫图称"河图九宫"。也就是说,就名称而言,李氏同于刘牧,但具体图式又不相同。李氏河图九宫不仅配合八卦,还与龟象相配合,这一点与朱熹相同,但具体配位又不相同。虽然都是"戴九履一,左三右七,二四为肩,六八为足,以五居中",但朱熹图式的龟象,其头朝正南离位;李纲图式的龟象,其头朝东南的巽位。整个图式恰好逆时针旋转了一个格子。三个图式之间似存在微妙关系,可惜李纲易学材料不全,无法进一步研究。

李纲和朱熹都很重视《周易》的占筮功能,他们都通过研究《左传》《国语》记载的古代筮占案例,提出具体的占断规则,但两人的主张有一定的区别。李纲归纳为以下三种情况：

(1)一爻变,则其占用所变之爻辞。

(2)二爻至六爻皆变等,则其占用变卦之彖辞。

(3)六爻皆不变,则其占用本卦之彖辞。

在上述三条规则的基础上,李纲又指出："古之占筮,以辞为主,而又论卦爻之体……率之以卦爻之辞,揆之以卦爻之体,而吉凶之理明矣。"也就是说,李纲提出,断卦不仅要看卦爻辞,而且要结合卦爻之象进行综合判断。秦汉以来,纳甲筮法流行并取代了春秋时期的古筮法。因此,李纲明确主张,《周易》占筮的断卦方法应该是："惟依古法,主卦爻之辞,而兼论其体,参以诸家之术,庶几得之。"②李纲提出的《周易》占筮的断卦方法,对于学习研究《周易》占筮具有重要的意义。

朱熹《易学启蒙·考变占》则归纳出七条筮占法式：

(1)一爻变。用本卦变爻的爻辞占断吉凶。

---

① 李纲：《衍数序》,《李纲全集》卷一三四,第三册,第1296页。
② 李纲：《类占下序》,《李纲全集》卷一三四,第三册,第1297页。

(2)二爻变。用本卦两个变爻的爻辞占断吉凶,但以居上的一爻为主。

(3)三爻变。用本卦及之卦的卦辞占断吉凶,以本卦为主而以之卦为辅。

(4)四爻变。用之卦的两个不变爻的爻辞占断吉凶,但以居下的一爻为主。

(5)五爻变。用之卦的一个不变爻的爻辞占断吉凶。

(6)六爻变。分两种情况:一是如果筮得的卦为《乾》或《坤》,则《乾》卦以用九文辞占断,《坤》卦以用六文辞占断。二是其他卦六爻皆变,就用之卦的卦辞占断。

(7)六爻皆不变。用本卦的卦辞占断吉凶。

朱熹《易学启蒙》中所提出的断卦规则,比李纲的规则更细致,也更有逻辑。但是这些规则也与古代占筮案例不尽相符。

二、李纲提倡易与《华严》相合,朱熹反对

自佛教传入中国以来,就产生作为外来文化如何与本土文化共存的问题。魏晋时期,《周易》和《老》《庄》合称三玄,佛教界也常常运用《老》《庄》的"无"和"自然"解读佛教的空和佛性。在这一历史阶段,《周易》也是佛教与本土文化沟通的重要媒介。孔颖达《周易正义序》云:"原夫《易》理难穷,虽复'玄之又玄',至于垂范作则,便是有而教有。若论住内住外之空,就能就所之说,斯乃义涉于释氏,非为教于孔门。"据此可知,在南北朝时期,就已经有人将佛教的义理与《周易》结合起来。

将佛教的义理与中国传统典籍文化结合起来,无疑是促进了佛教义理的中国化。但问题也随之出现,即对儒家传统的解读也因此染上了佛教义理的色彩,也正如前文孔颖达所说的"斯乃义涉于释氏,非为教于孔门"。传统儒家学说主要着眼于社会伦理,对"性与天道"较少涉及,但佛教对此却有着很深入的思考,并且具有很强的思辨色彩,因此引起了传统文人士大夫的极大兴趣。自唐代以来,社会知识精英都被吸收到佛教义理的研究中。志磐《佛祖统纪》记载的一段对话就说明了这一点:

> 荆公王安石问文定张方平曰:"孔子去世百年生孟子,后绝无人,或有之而非醇儒。"方平曰:"岂为无人,亦有过孟子者。"安石曰:"何人?"方平曰:"马祖、汾阳、雪峰、岩头、丹霞、云门。"安石意未解。方平曰:"儒门淡薄,收拾不住,皆归释氏。"安石欣然叹服。后以语张商英,抚几赏之

曰:"至哉,此论也。"

马祖、汾阳、雪峰、岩头、丹霞、云门都是唐代以来著名的高僧大德,"儒门淡薄,收拾不住,皆归释氏",无疑是道出了当时社会思想文化领域的真实现状。

为了扭转这样的社会现实,韩愈开始了辟佛的活动。韩愈的努力终究抵挡不住历史发展的洪流,进入宋代以后,谈禅论佛更是形成了全社会的一种风尚。面对佛学兴盛、儒学衰败的文化困境,宋代儒者在韩愈的基础上从义理层面对佛学展开反击。李纲和朱熹对《易》与华严的论述,正是在这样的时代大背景下展开的。

在佛教典籍文化中,《华严》是非常重要的一部,被誉为经中之王,其中阐述的"法界缘起"学说及圆融无碍的思想,是中国佛教的核心内容。在中国传统文化中,《周易》位居群经之首,是"五经"之源,也是诸子百家之源。从这个意义上说,《华严经》与《周易》有着极为相似的地位和影响力。因此,将两者结合起来讨论,似乎也就顺理成章了。

唐代著名的华严学者李通玄,是"以《易》解《华严》"的代表性学者,学者对此已有诸多的研究。有学者指出,李通玄"以《易》解《华严》",可以归纳为"方位表法":"李通玄将《华严经》中出现的所有与方位有关的现象,均以乾、坤、坎、离表之,然后用《周易》进行解释。李通玄自己也明确说此种方式为'以方隅而显法',目的在于托事显像,使读者借此理解佛理的深刻内涵。"[1]潘桂明《中国居士佛教史》更详细地说:

> 李通玄根据佛经关于文殊、普贤、观音所在方位,以及善财南方询友、龙女南方成佛等的记载,将《周易》八卦之象加以附会,认为佛教经书所说与儒家典籍记载相通,可以相互发挥印证,并无抵牾之处。与此同时,他还结合中国传统十二时辰、八方上下等观念,表达一种内外一致、中西融贯、儒释会通的"新华严"思想。[2]

比如李通玄认为文殊、普贤、观音三大菩萨分别位于东北方、东方、西方,相合于《周易》八卦中艮、震、兑所处方位。他说:

> (文殊)为启蒙发明之首,故为小男,主东北方,为艮卦。艮为小男,

---

[1] 刘媛媛:《"以易解华严"——李通玄的"周易表法"思想新探》,《中华文化论坛》2017年第9期。

[2] 潘桂明:《中国居士佛教史》,北京:中国社会科学出版社,2000年,第334页。

又为山为石,在丑寅两间,表平旦创明,暗相已无,日光为著。象启蒙之首,十住发心,创见道故。指文殊师利在东方北,清凉山也。

普贤长子者,位在东方卯位,为震卦。震为长男,为头为首,为青龙,为庆,为春生,为建法之初也。世间佛法,皆取东方为初首。表象日出,咸照万物,悉皆明了,堪施作务,随缘运用故。普贤为行首,故为长男也。

观音为悲首,位在西方,住金刚山之西阿,说《慈悲经》。西为酉位,酉为兑卦。兑为金,为白虎,为凶危,为秋杀,故以慈悲观音主之。于不善处行慈,是观音也。①

潘桂明《中国居士佛教史》指出,据《文殊师利法宝藏陀罗尼经》记载,释迦牟尼佛曾告诉金刚密迹主菩萨,在赡部洲东北方大振那国中有一大山,山有五峰,称五顶山。释迦去世后,文殊菩萨将游行至此,为众生宣说佛法。中国佛教徒指认五台山为经中所说东北方大振那国的五顶山。李通玄所说,文殊在东北方清凉山,即依据上述经典。其他佛教众神或事物,李通玄都将其与《周易》的方位相互对应。

宋代的李纲继承了李通玄"以《易》解《华严》"的做法,而且更进一步论证《易》与《华严》相通相合的问题。在与好友吴元中(吴敏,字元中)的书信往来中,李纲说:"世谓《易》类佛书之《圆觉》,虽大指如此,然立象尽意,正类《华严》,以种种表法,其含容无尽一也。《易》论世间法,《华严》论出世间法,唯知世间、出世间等无二法,则知二书无差别矣。"②又说:"《易》《华严》,本无二理;世间、出世间,亦无二道。"③一言以蔽之,即"儒释之术一也"。李纲指出:《周易》立象以尽意,《华严》托事以表法。既然是譬喻的,就不能泥于譬喻中的事、象本身,而必须从所譬喻的意与法去了解,如此才能发现两经所诠的道理是相类,甚至是相同的。有学者通过仔细分析,归结李纲的"论证有四:即法界论证、法门论证、一心论证、名数论证"。④ 与前述李通玄相比,李纲论述的着眼更为深入:李通玄主要是将《华严》的佛号事理与《周易》的方位相匹配,

---

① 《新华严经论》卷三,转引自潘桂明:《中国居士佛教史》,北京:中国社会科学出版社,2000年,第334页。

② 李纲:《郁林与吴元中书》,《李纲全集》卷一一二,第二册,第1064页。

③ 李纲:《雷阳与吴元中书》,《李纲全集》卷一一三,第二册,第1072页。

④ 林义正:《李纲〈易〉说研究——兼涉其〈易〉与〈华严〉合辙论》,刘大钧主编:《百年易学菁华集成初编·易学史(五)》,上海图书馆,第1831页。拙文于林氏大作多有参考借鉴,但立论角度多有不同。读者详之。

李纲则进一步论证《易》与《华严》在义理上的相通相合。

其一,《易》与《华严》在宇宙观上的相通相合。李纲认为:

> 《华严》以一尘含法界,《易》含容无尽,此固二书妙处,不约而自合者。至《易》之立象以尽意,《华严》之托事以表法,则所谓一尘含法界而含容无量者,乃存乎其中。二书立象表法以示人,正为此事,恐不当析而为二也。

这也就是说,对于天地万物的认知,《华严》的观点是整体存在界的事物彼此之间不论一多、大小、三世等皆相互摄入,如镜镜相映,重重无尽,它是一种圆融无尽的整体宇宙观,即所谓"一花一世界"。《周易》对整体存在界的说明是借阴阳二爻所构成的八卦符号来表现的。作《易》的圣人通过仰观俯察天地万物,"于是始作八卦,以通神明之德,以类万物之情"。八卦被创作出来以后,"八卦而小成,引而伸之,触类而长之,天下之能事毕矣"。又能"范围天地之化而不过,曲成万物而不遗,通乎昼夜之道而知。故神无方而易无体"。因此,《周易》与《华严》对世界的认知和体现是一致的。

其二,《易》与《华严》在修养成德上的相通相合。李纲认为:"《易》以卦为时,其在《华严》则世界也;《易》以卦为才,其在《华严》则法门也。""由是观之,《华严》法门与《易》之易简诸法,所谓世间、出世间,岂有二理哉!"[①]李纲指出:《华严经》的法门是遍参五十三善知识,《周易》的易简之法就是六十四卦《大象传》的"君子以",两者也是相通相合的。

总之,李纲认为《华严经》与《周易》义理是相合相通的。他说:

> 夫《法华》之喻,非不表法也,然不若《华严》全体表法之圆;《诗》之比兴,非不立象也,然不若《易》之全体立象之周。故窃谓二书,圣人以之立教于中国,佛以之立教于西方,其揆一也。然《易》之教渐,穷理尽性以至于命;《华严》之教顿,直以白牛之车接上根者。故《易》之教,洁静精微,由域中以趣方外;《华严》之教,广博妙严,由方外以该域中。此其不同者,而其归一也。

李纲指出,《华严》与《周易》的立教虽然有顿、渐之别,有内外之异,但归根结底,这两者又是一致的。可见李纲的思想是儒释归一,甚至是三教归一。

但是朱熹的观点则与此不同。他首先就对李通玄的《华严经合论》进行批评。他说:

---

① 李纲:《雷阳与吴元中书》,《李纲全集》卷一一三,第二册,第1072页。

《华严合论》,其言极鄙陋无稽。不知陈了翁一生理会这个,是有甚么好处,也不会厌。可惜极好底秀才,只恁地被它引去了!

又曰:"其言旁引广谕,说神说鬼,只是一个天地万物皆具此理而已。经中本说得简径白直,却被注解得越没收煞。"①

朱熹指出,《华严经》本身是很简洁明白的,《华严合论》的注解却横生枝节,使得原本简单的问题变得复杂,而其中所阐述的观点又是"极鄙陋无稽"。

与李纲主张三教合一不同,朱熹强调佛教与儒家思想在根本上是存在极大差别的。《朱子语类》载:

问:"龟山集中所答了翁书,论《华严》大旨。不知了翁诸人何为好之之笃?"曰:"只是见不透,故觉得那个好。以今观之,也是好,也是动得人。"道夫曰:"只为他大本不立,故偏了。"先生默然良久,曰:"真所谓'诐、淫、邪、遁'。……初只是诐,诐而后淫,淫而后邪,邪而后离,离而后遁。要之,佛氏偏处只是虚其理。理是实理,他却虚了,故于大本不立也。"

因问:"温公解禅偈,却恐后人作儒佛一贯会了。"先生因诵之曰:"此皆佛之至陋者也,妙处不在此。"

又问:"遗书云:'释氏于敬以直内则有之,义以方外则未也。'道夫于此未安。"先生笑曰:"前日童蜚卿正论此,以为释氏大本与吾儒同,只是其末异。某与言:'正是大本不同。'"因检近思录有云:"佛有一个觉之理,可言'敬以直内'矣,然无'义以方外'。其'直内'者,要之,其本亦不是。""这是当时记得全处,前者记得不完也。"又曰:"只无'义以方外',则连'敬以直内'也不是了。"又曰:"程子谓:'释氏唯务上达而无下学,然则其上达处岂有是邪!'亦此意。学佛者尝云:'儒佛一同。'某言:'你只认自家说不同。若果是,又何必言同?只这靠傍底意思,便是不同;便是你底不是,我底是了。'"②

提倡三教合一者,大体都主张,儒释道虽然在具体的论述上有所不同,但归根结底都是相通的,其最终目的都是为了修身养性,因此主张"大本"皆同。

---

① 黎靖德编:《朱子语类》卷一三一,朱杰人等主编:《朱子全书》第18册,第3946~3948页。

② 黎靖德编:《朱子语类》卷一三一,朱杰人等主编:《朱子全书》第18册,第3946~3948页。

但朱熹对此进行了反驳。他指出,儒家与佛教正是"大本"存在差异。儒家主张天地万物都是"理"的体现,是实、是有;佛教主张三界都是因缘和合而生,是空、是无。两者立论的观点恰好是相反的,儒家的修身养性,是入世的,是为了更好地去把握这个世界;佛教的明心见性,是出世的,是为了了无挂碍地脱离现实的物质世界。因此佛教与儒家存在根本的区别。朱熹更打趣地对某"学佛者"说,你口口声声地说"儒佛一同",正源自己对佛教义理的不自信,如果自己坚信佛教义理是正确的,对佛教义理充满自信,又何必去论证与儒家学说相同呢?单从你需要论证"儒佛一同"的心理诉求来说,就可以知道,儒家与佛教是不同的,儒家学说是主流,佛教义理只是旁支。

综上所述,李纲、朱熹二人对儒释关系的认知是相反的,李纲主张儒释相通,朱熹则有意地区别儒释之间的界限。这与他们的生活的时代背景以及自己身份的定位是有很大关系的。唐代以来,佛教在中国社会极为兴盛,不仅普通老百姓崇佛佞佛,文人、士大夫也都热衷于谈禅论佛,宋代更是中国居士佛教极为兴盛的时期。李纲自号"梁溪居士",正可见其对佛教的喜好与尊崇。因为受到父母的影响,李纲青少年时期就开始接触佛教,对佛教有浓厚兴趣,常利用各种机会学习,在贬谪沙阳期间,更对佛教有深入地研究,与丹霞禅师、陈瓘等常有佛教上的交流探讨。[①] 李纲对佛教有浓厚的兴趣,更以佛教的思想为指导,"游戏人生",其《梁溪真赞》云:"是为梁溪,了无差别。行年之化,三十有八。返观其前,肤腴色悦。从是以往,苍颜华发。本来面目,不生不灭。游戏仕途,天付之拙。顺天而行,一无敢设。独知其天,宁有他诀。万里清风,一轮明月。有来问者,默然无说。"[②]他的"游戏"仕途,顺天而行,面对屡遭贬谪的人生遭遇,他能"万里清风,一轮明月"。与李纲不同,朱熹有着更为鲜明的继承儒家道统的意识。朱熹对佛教义理也有很深的研究,但他进得去又出得来,他站在了弘扬儒家的立场上,吸收并改造佛教的思想,又对其进行批判与反思。正可谓是"入室操戈",学者对此已有很多研究,此不赘述。

(作者单位:福建师范大学文学院)

---

① 夏云侠、闫孟祥:《李纲与佛教》,《五台山研究》2009年第1期。
② 李纲:《梁溪真赞》,《李纲全集》卷一四〇,第三册,第1334页。

杨时的承洛启闽与朱熹集理学之大成

◎ 廖远骝

杨时在传播二程理学、开启朱熹闽学方面起了重要作用,具体表现在朱熹对二程思想两大方面的继承:一是朱熹在对天理论的继承方面,杨时继理传洛,沟通二程与朱熹思想;二是从朱熹对二程经学、"四书"学的继承方面,杨时牵桥引线,为朱熹《四书集注》的成书提供了思想资料。由此说明,从二程洛学到朱熹闽学是宋代中国古代文化中心南移的一个重要过渡,杨时道南学派的思想可谓是宋代中国文化南移再兴的源头活水。

中华民族历来就高度重视历史,强调尊重历史,赓续传统的"究天人之际,通古今之变","前车之覆轨,后车之明鉴","观今宜鉴古,无古不成今",这些古语都道出了先人对历史的敬畏和尊重。中华民族在历史上曾经长期领先于世界,中华优秀传统文化功不可没。文化是一个民族的灵魂,孕育着民族的生命力、凝聚力和创造力。中华民族文化里积淀着中华民族最深沉的精神追求,是中华民族生生不息、发展壮大的丰厚滋养和突出优势,是我们最深厚的文化软实力。

习近平总书记在中央政治局第三十九次集体学习时指出:"我们党历来用历史唯物主义的立场观点方法看待中华民族历史,继承和弘扬中华优秀传统文化。"习近平总书记强调:"要坚持守正创新,推动中华优秀传统文化同社会主义社会相适应,展示中华民族的独特精神标识,更好地构筑中国精神、中国价值、中国力量。"习近平总书记的重要论述,深刻展示了中华优秀传统文化的时代价值,为我们推进中国式现代化建设,铸就中华文化新辉煌提出了新要求,指明了新路径。

在中华优秀传统文化的积淀中,朱熹是一个十分优秀的代表性人物。他是宋代理学集大成者,闽学创始人,是中国思想文化史上继孔孟之后最伟大的思想家、哲学家。他的思想作为官方正统儒学的代表,影响了中国自南宋后期和元、明、清近八百年之久,被视为儒学正宗,而且也成为十四世纪后东方文化主流。尤其是在哲学上集理学之大成,建立庞大的理学体系,其后尚未有人堪与比肩。诚然,朱熹被选进对世界最有影响力的五十名杰出人物之一,当之无愧,他也是闽北人的骄傲。

然而在朱熹学说耀眼光环的背后,在当今新一轮"朱子热"研究的浪潮中,我们不能忘记一个伟大的人物——杨时。杨时(1053—1135),字中立,号龟山,诞生于南剑州将乐县(今福建省三明市将乐县)城北郊龟山村。他立雪程门,"学传东洛,道倡南闽。辟邪冀正,继往开来","有功于前圣,有功于后学",被推崇为"程氏正宗""八闽理学之始"。

一、杨时是洛学向闽学过渡的桥梁和纽带

理学产生于北宋,这时正处社会动荡、外侮累侵的历史变革时期。作为一种思潮,理学的产生不是孤立思想运动的结果。那是深陷苦闷彷徨的封建思想家为起敝振衰,济世救民,寻找长治久安道路所做的一次全新的尝试。尤其是关、洛地区,中原大地,讲学之风日甚。一种以伦理为主,倡导儒学,着力建立儒家形而上的体系,并兼收儒、道、释三种思想的新儒学(理学)正风生云起,蓬勃发展。最具影响的是以周敦颐为代表的濂学、以张载为代表的关学和以二程(程颢、程颐)为代表的洛学。濂学是理学的初创时期,它是对传统佛道理解中与儒家伦理道德的融合,提出诸如"仁义礼智信""善恶""无欲""主静"等观点。认为"五行一阴阳也,阴阳一太极也,太极本无极也","无极是宇宙万物最根本的范畴"。关学认为宇宙本原是"气","太虚即气",由于气的聚散变化而形成各种事物现象。当然,宋初开理学之先声的还有胡瑗、孙复、石介、范仲淹"四先生"。而后又有"北宋五子",即周敦颐、邵雍、张载、程颢、程颐。二程兄弟的学说称为洛学,是宋代理学的奠基人。程颢认为"道"是形而上者,"器"是形而下者,"天"即"理"即"心"。程颐与其兄程颢师承学说基本相同而略有差别,但讲学授徒时间达三十年之久而影响更大。程颐的学说以"穷理为主",认为"天下之物皆能穷,只是一理","一物之理即万物之理"。"理"在天为命,在人为性,论其所生为心。其实只是一个道,从而强调"格物之理,不若察之于身,其得尤切",并主张"涵养须用敬,讲学在致知"的

修养方法。

　　复旦大学蔡尚思教授在《杨时在中国文化史上的地位——杨时是理学南传与闽学的祖师》一文中认为："无论在中国文化史上、思想史上、哲学史上、伦理史上，都居于主要位置的是'宋代理学'。"宋代理学中最重要的是濂洛关闽四大派，濂洛关闽四大派中最重要的是闽学一派，闽学一派中最重要的是朱熹。朱熹之学来自二程与杨时，杨时是中国理学由北传南的关键人物，所以被称为闽学创始人。闽学的祖师是杨时而不是朱熹。朱熹是闽学的集大成者，但是如果没有杨时把理学传入闽北，也绝不可能造就朱熹。为此，他赋诗赞曰："鲁南有孔孟，闽北出杨朱。古代人文上，均成为楷模。"

　　那么，为什么是洛学南传而非濂学亦非关学？这当然与杨时有关。杨时在洛学南传、载道东南的历程中，功不可没。宋神宗熙宁九年（1076年），杨时考中进士后，曾杜门不仕多年。他调官不赴，主要原因是到颍昌拜程颢为师。他一生不求闻达，只探求、研习理学，深得二程器重。故史上有学成南归时，程颢送之所说的"吾道南矣"。南归后，他大部分时间都在游学东南地区，"浮沉州县达四十七年之久"。程颢逝世后，他经同乡游酢之邀往洛阳拜师程颐，故又有了脍炙人口的成语"程门立雪"佳话。蔡尚思教授这样评价杨时："他除了自己的《龟山先生全集》以外，还有《二程粹言》，最可看出杨时与二程的学术关系。"蔡先生此言极是。二程作为理学史上最重要的代表人物，他们的思想精髓体现在《二程全书》，杨时正是通过《二程粹言》对先生思想的研究诠释、传承，为朱熹理学思想的丰富、成熟和完善提供了重要的思想资料。

　　在闽学的形成、发展过程中，杨时所起的承上启下作用时，蔡教授评价说："朱熹之学来自二程与杨时。杨时是中国理学由北传南的关键人物，所以被称为闽学创始人。"杨时是上承二程洛学，下传福建闽学的理学家，也是道南派系理学传播的关键人物，被尊为"程氏正宗""道南第一人"。

　　穿越时光隧道，将二程思想体系与朱熹道统思想交融汇合，使之一脉相承的，正是杨时。杨时皓首穷经，辗转东南，讲学授徒，著书立说，对弟子罗从彦产生十分直接有效的影响，也使李侗，甚至三传弟子朱熹也深受其理学氛围的熏陶。杨时是连接程、朱之间的一座过渡桥梁，使这两个时间跨度如此之大的"思想体系"得到交融，形成思想链条。由二程理学创立到朱熹对理学的发展直至闽学的创立，唯杨时及其弟子是也。

　　在此，顺便提及：史学界有少数人认为"载道东南"应是游酢与杨时二人。然而在传承与"吾道南矣"上，明何乔新《道南祠祀》载："矧七闽在南服，自薛令之以进士举,士知科目之荣矣;自欧阳詹以文学显,士知文章之重矣。至于道学之说,则概乎未闻。及河南二程夫子得孔孟不传之学于遗经,其学则行于中州,未及南国。(龟山)先生以绝伦之资,生于此邦,闻程夫子之道,北之河洛而学焉,穷探力索,务及其趣。及辞归,程子送之曰'吾道南矣'。故一传而得豫章,再传而得延平,三传而得紫阳夫子,集诸儒之大成。绍孔孟之绝绪,其道益光。而西山蔡氏、勉斋黄氏、九峰蔡氏、北溪陈氏,相继而兴,闽之道学遂与邹鲁同风,其波及四方者,皆本于闽。呜呼盛哉!揆厥所自,先生之功大矣。"从这一记载可以看出,一是当时福建地方偏僻,文化开发较迟,道学之说尚"概乎未闻",是杨时去河南向二程学习,才把它载道而南,传给罗从彦。罗从彦又传给李侗,李侗再传给朱熹;二是朱熹"集诸儒之大成",建立起一个博大精深的考亭学派,使"其道益光";三是在蔡元定、黄榦、蔡沈、陈淳等人共同努力下,福建的儒学文化"相继而兴",得到进一步开发。蔡尚思先生亦有自己的见解:"杨时、罗从彦、李侗号称'南剑三先生',杨时以二程为师,与谢良佐、游酢、吕大临号为'程门四先生'。二程是洛阳人,属于北方。程颢独说'吾道南矣',而未曾说'吾道北矣'、'吾道西矣'。这个'南'是指将乐的杨时而不是指建阳的游酢。杨时一生讲学著述活动都是在我国东南地区。"

关于这一方面,朱熹自己在《祭李延平先生文》中写道:"道丧千载,两程勃兴。有的其绪,龟山是承。龟山之南,道则与俱。""载道东南"正是杨龟山先生。同样,朱熹的私淑弟子、著名理学家真德秀也概括为:"二程之学,龟山得之,而南传之豫章罗氏(从彦),罗氏传之延平李氏(侗),李氏传之朱氏(熹),此一派也;上蔡谢良佐传之武夷胡氏(安国),胡氏传其弟子五峰(宏),五峰传之南轩(张),此又一派也。朱、张之学,最得其宗。"(《真文忠公读书记》卷三一)真德秀,号西山先生,建宁府浦城人。作为同是闽北出生的他,其哲学观点继承二程、朱熹之说。他推崇的"最得其宗"两人之一的朱熹自不待说,另所提及的张栻,曾师从五峰先生胡宏,而胡宏是出生于闽北崇安的北宋著名理学家胡安国之子,安国又师从上蔡先生谢良佐,谢与杨时、游酢、吕大临称"程门四大弟子"。两派殊途同归程门,一脉相承,真是剪不断的渊源!故才有明代程敏政在《杨龟山先生通纪》中所言:"无龟山则无朱子。"一言中的,没有杨时,就没有朱子理学。

二、杨时为朱熹思想形成奠定了理论基础

北宋时占统治地位的道学,主要是以洛学为主干,至南宋发展到高峰,到了明代依然有很大的影响,并维持着正统地位。因其主要代表人物是二程、朱熹,被称为程朱理学。他们都是以"理"为最高范畴,所以用"理学"指称他们的思想体系。理学的主干内容则属于儒家哲学,是构成中国哲学史上的主要内容之一。朱熹是这个时代的理学集大成者,也是南宋闽学的始创人。

除了自身的因素,历史和时势给了杨时这种机遇。杨时是上承洛学之传,下开闽学之绪的理学家。从思想文化发展史上来看,杨时的一生都在维护洛学,倡导理学,积极发展福建文化成为堪比与孔孟家乡相媲美的"海滨邹鲁"。而杨时则是学连洛闽的关键人物。

朱熹的思想体系主要内容是由理气论、心性论、格物论和修养论等理论组成的,这里仅以理气关系和《四书集注》来看看杨时的理学思想是如何对朱熹产生影响的。

(一)从杨时的以理为本到朱熹的理气论

"关学"代表张载提出了以"气"为本体的唯物论哲学,二程推崇张载的《西铭》但否定了他的"气"的世界观(即气本体),建立了理本体论。二程的"理"是其哲学的最高范畴。杨时师承先生"气行满天地之中"的观点,同样把"理""天理"作为世界的出发点进行论述。杨时认为"天下只有一个理"。"天理之常,非往非来,虽寿夭兮何伤",也就是说,"天理"是永恒不变的,不生不灭的。他的观点与二程的理"不为尧存,不为桀亡"都是把"理"看成是一个超越一切的最高范畴。但是杨时虽与二程有相同立场,但在构建自己的思想体系时也不排斥张载有关"气化"的思想而引入他的一些观点,注意对张载"气"说的吸收,以充实太极之理的本体论内涵。譬如"通天下一气耳,合而生,尽而死,凡有心知血气之类,无物不然也""知合之非来,尽之非往,则其生也沤浮,其死也冰释,如昼夜之常,无是悦戚者","天地,其体也;气,体之充也。人受天地之中以生,均一气耳"。在杨时看来,天下的人和事物都是由气构成的,气聚在一起便生,气散去便会死。万物之生,如水凝为冰;其死,就如冰融入水。所以人的生生死死都是由气所决定,就像昼夜变化一样,人本身不值得悲喜。理气的关系,理是阴阳二气变化的主宰者。杨时这种以理为本,吸

收张载"气"的思想充实自己的思想体系,给后者朱熹的理气论进行更加严密的论证开启了先河,奠定了丰实的理论基础。

从朱熹思想体系来看,理气论正是其理论基石。但朱熹又进一步发挥了二程、杨时理本体论。他是第一个系统地探讨和解决理气关系问题并建立了理气论的哲学家。朱熹认为宇宙万物都是由"理"和"气"两个方面构成的,气是构成一切事物的材料,理是事物的本质和规律。在现实世界中,理、气不能分离,但从本质上说,理先于气而存在。以朱熹为代表的闽学,不仅第一次全面讨论了理气关系问题,而且提出了系统的气化学说。朱熹既重视气化的意义,同时又坚持以理为本,强调理在气先,把"气"置于"理"的支配和决定之下的理气观。这是对宋理学的发展和完善,也是二程洛学、杨时理气论对他产生的深刻影响。同样,由理气论到理事论,朱熹更是发挥二程、杨时关于理事的"体用一源,显微无间",认为一切事物中都有理,理虽无形迹,却包含了事物的本质及其发展的可能性。朱熹也发挥程、杨关于"理一分殊"的思想,他把全体称为"太极",这太极就是一,是天地万物之理的总名,是宇宙的本体;天地万物"本乎一源",都是出自太极。就每一个事物来看,它们都是完整地禀受了这个理(太极)作为自己的本性,就像天上的月亮只有一个,却完整地映现在每条江河之上。"理"是"本","气"是"末",理即本体,气是现象。理是"生物之本",气是"生物之具";理是形而上之道,而气则是形而下之器。所以理气关系也是本体与现象的关系。

正是二程、杨时、罗从彦、李侗代代传承至朱熹,包含理气论在内许多思想到朱熹得以集宋代理学之大成。杨时终年83岁,比其他四位程门弟子的岁数都高得多。游酢、尹焞在世七十,其余二人都只五十出头。所以蔡尚思先生评价:"杨时是理学南传与闽学的祖师。"

(二)二程推崇"四书",杨时潜心研究并诠释"四书"都深刻影响了朱熹的"四书集注"

朱熹作为理学之集大成者,为后人留下的著述极为丰富。仅四书就有《四书集注》、《四书或问》、《论孟精义》、《中庸辑略》、《论语要义》、《论语训蒙口义》、《论语详说》、《孟子集解》、《孟子问辨》和《四书音训》等。影响最巨的当推《四书集注》无疑,这是他理学研究的巅峰之作。自元中期后,此书成为科举考试的标准试卷,直至清末科举废除,风靡近七百年,且远播东亚、东南亚,对当地儒学的发展产生巨大的影响。国学大师钱穆曾说:"在宋代理学家心中,四书学亦即是理学,而四书地位,尚尤较其他诸经为重要。首先提出四书而赋以极崇高之地位者为二程,朱子毕生、于四书用功最勤最密,即谓四书学乃朱子全部学术之中心或结穴,亦无不可。"真是推崇至极,赞誉有加。朱子与二程年代相差几十年,而正是杨时等人的牵线搭桥将他们二者的思想联系在一起。

蔡尚思先生也注意到这一点,他说:"程颐、杨时都很注重《论语》《孟子》《大学》《中庸》四书。在《杨龟山先生集》中有《论语义序》《孟子义序》《中庸义序》《校正伊川易传后序》等文,杨时对《中庸》认为圣学所传具在此书,学者宜尽心焉。朱熹因此而有其代表作《四书集注》。"

纵观儒家经学所经历的漫长演变过程,足见中国思想史的演变。先秦的"六经"为《诗》《书》《礼》《乐》《易》《春秋》。汉代去《乐》,故为"五经"。至唐代则更加繁冗,有"五经""九经""十二经"之称。到宋时又将《孟子》入经,谓"十三经",浩瀚庞杂。学子即使皓首穷经也难以尽览,更何况掌握古今先贤的思想。于是宋儒开始转向对《大学》《中庸》《论语》《孟子》《易传》等先秦著作的研究。在这个过程中,二程开风气之先,十分推崇和重视"四书"。从《宋史·道学传·序论》中看到,二程"表彰《大学》《中庸》二篇,与《论语》《孟子》并行,于是上自帝王传心之奥,下至初学入德之门,整合贯通,无复余蕴"。可见四书并行,最初是二程首创。二程还说过:"《大学》,孔氏之遗书,而初学入德之门也。于今可见古人为学次第者,独赖此篇之存,而《论》、《孟》次之。学者必由是而学焉,则庶乎其不差矣。"又说:"《中庸》是孔门传授之法。"认为"四书"集中体现了圣人作经之意,圣人之道载于"四书",要求学者以治"四书"为主、为先,从中阐发义理。

在师承二程理学过程中,杨时对"四书"予以高度重视。他说:"余窃谓《大学》者,其学者之门乎,不由其门而欲望其堂奥,非余所知也。"在《论语》中,孔子所以告其门人,群弟子所以学于孔子者也,圣学之传其不在兹乎?"《孟子》其要旨是出于道学陵夷之后,其功不在禹之下的睿智刚明之材——孟子的言行之迹而已。世之学者因言以求其理,由行以观其言,则圣人之庭户可渐而进矣。""《中庸》之书,盖应学之渊源,入德之大方也"。为此,他著述不倦,著有《论语讲义》、《论语义序》、《孟子解》、《孟子义序》、《孟子序说》、《中庸解》、《中庸义》、《经筵讲义》、《春秋义》、《校正伊川易》和《题萧欲仁大学篇后》等著作,洋洋洒洒几十种。他尤其重视《中庸》和《大学》,认为《大学》是学者入门之书,《中庸》是高明之书。告诫弟子:"余以为圣学所传具在此书,学者宜尽心焉。"

　　杨时这些关乎"四书"的阐述,对朱熹日后集注"四书"产生了深刻影响。罗从彦于政和元年(1111年)在南京(今河南商丘)杨时门下学"四书",才著有《语孟新说》、《中庸说》、《议论要语》、《二程龟山语录》等书。对"四书"做进一步阐释。其弟子李侗的《延平答问》许多条目都是回答朱熹关于"四书"中的疑问的。朱熹正是在系统整理二程、杨、罗、李等人的遗说,并在此基础上吸收濂学的"太极"、关学的"气"的理论,发挥二程和杨时"理"的思想,凝聚并高度体现在他对"四书"的章句和集注上。朱熹、二程理学"四书"学的继承是杨时在二者中发挥了桥梁纽带作用,客观上为朱熹《四书集注》的成书提供了丰富的思想资料和理论基础。据统计,朱熹在"四书集注"里引用了32位学者731条语录。祖师爷二程最多225条,次之是曾师从程颐的尹焞,为90条。再次之就是杨时,引用的言论多达73条。引用李侗的有13条。杨时《孟子序说》被朱熹引用在《孟子集注》卷首,作为注释《孟子》提纲挈领性的说明,又引述杨时以道统论注解"四书"的论述作为《孟子集注》的结尾。

　　质言之,朱熹的"四书集注"正是由二程首创,道南学派杨时等人推崇"四书",诠释"四书",继而发挥,为朱熹注释"四书"提供了丰富的思想宝库,最后的接力棒由朱熹来完成集注"四书"的大任。这是一个传承光大的历程,它标志着理学由形成到成熟的逐步发展历程。朱熹学说与二程理学思想是一脉相承的,而杨时是这个发展过程中的一个重要的环节。他的许多言论也是朱熹构筑闽学体系的一个重要依据,他的历史地位和学术功绩应该得到客观的评价和充分的肯定。

三、杨时与朱熹对闽西北地方文化建构的影响

(一)杨时与朱熹对闽西北地方文化影响的相同之处

　　闽西北地区是福建闽学的发祥与生成地,杨时与游酢把伊洛地区的二程理学传到闽西北地区,经过了多位学者的发扬和完善,特别是经过了罗从彦、李侗的传承和发展,理学体系不断精进,后经过朱熹的改造,吸收了道、佛两家的思想观念,形成了一个以理为核心的庞大哲学体系。朱熹一生主要精力用于治学上。绍兴二十三年(1153年),朱熹拜李侗为师,受李侗影响和启发,确立了"逃禅归儒"思想,承袭了"洛学"正统,奠定了闽学的基础。朱熹讲学

传道,著书立说近五十年,创建了寒泉、云谷、武夷、考亭书院。朱熹一生为官仅九年,却用四十年时间著书立说,讲学传道。著有《四书集注》《周易本义》《太极图说解》《楚辞集注》《西铭解》《程氏遗书》《诗集传》等 70 余部。倡导建立书院 27 所,其中湖南"岳麓书院"、尤溪"南溪书院"等声振朝野,300 多个门生中有 90 余人出仕为官。而杨时被推为"程氏正宗""倡道东南"的声名,一生精力主要用于治学,他的门徒很多,其中罗从彦就是其中之一,后李侗和朱熹的父亲朱松向罗从彦学习,朱熹更是得到了李侗的教导,以后才有闽学的昌盛,所以二者在理学的学术上都做出巨大的贡献。

虽然杨时与朱熹在理学的贡献上有所不同,但他们对于理学的发展所做的贡献,都共同地建构了闽西北文化,共同营造了宋代江南文化,特别是闽西北文化的繁荣。这种理学文化不仅仅是上层知识分子的学术研究,更主要的是这些理论思想观念也实用于社会,儒家的学说本来就是经世致用的学说,理学思想观念也一样。特别是从南宋时期以来,理学思想被上层意识形态重视,同时也被推向民间,影响了我国思想文化的走向。而对闽西北,是理学发扬光大之地,受到其影响必然直接,宋代闽西北地区是一个儒风淳厚、深思发问之地,这种风气的形成亦与他们相关联。如今杨时和朱熹在闽西北地区生活的地区,还保留了大量的历史遗存,这些历史遗存都是闽西北一带珍贵的文化遗产。无论是社会道德伦理思想观念的精神影响,还是地方风俗习惯的影响,及有形物质的影响,其意义都巨大。

(二)杨时与朱熹对闽西北地方文化影响的不同之处

杨时与朱熹在闽西北地方文化建构的影响不同之处主要有两个方面:

其一,在理学建构的不同作用所形成的影响不同。杨时作为理学南传的第一人,被推举为"程氏正宗",为后人所敬仰,他把二程的理学从北方传到东南闽地,起到了承前启后的作用。致使闽西北一带自北宋以后,成为江南儒学之风淳厚的地方。自北宋以来,闽西北一带学风昌盛,书院林立,都与杨时的理学南传有着直接的关系。朱熹是理学的集大成者,他把理学发扬光大,成为一个体系庞大的哲学系统,影响了我国南宋以后的思想文化的走向。朱熹的思想为后人所推举和践行,他的门徒众多,在构建闽西北文化中起到了核心的指导作用。闽学到了朱熹时代,已经至臻完善,所以闽学的精细化和系统化显然出自朱熹。因此,杨时与朱熹对闽西北地主文化的建构存在明显的不同,这种不同就是对理学向闽学过渡的过程中传承与精细化完善的不同。

其二,是杨时主要在自身行为所形成的影响,而朱熹主要是在"礼"的实际应用上所形成的影响。杨时以他对学问执着、行为中正、爱国匡正等行为,在地方形成一种精神影响。如"程门立雪"等被传为佳话,这就是一种文化影响,是一个精神力量的影响。朱熹做学问也一样执着,对学术的热爱后人难于企及,这恐怕是闽学流派的学术精神。而朱熹对闽西北影响巨大的是他的理学观念,特别是对民间礼俗的修订,直接形成了闽西北民众社会生活的精神指南。我们可以从他的《家礼》中寻觅出现在尚保存的日常生活礼节,这无疑在闽西北地区民众生活中产生了直接行为规范和社会风俗的影响。

总之,杨时作为闽学鼻祖,朱熹作为理学集大成者,他们同是宋代大儒。他们虽然对理学的贡献存有许多不同,但都对理学发展和完善做出了巨大的努力,共同影响了闽西北地方文化的建构。

结　语

习近平总书记在纪念孔子诞辰 2565 周年学术研讨会上讲话时,评价了中华优秀传统文化的丰富哲学思想、人文精神、教化思想、道德理念及其对中华文明乃至世界文明的深刻影响。他肯定儒学思想对形成和维护中国团结统一的政治局面、对形成和丰富中华民族精神,都发挥了十分重要的作用,并强调要从传统文化中吸取治国理念,为推进中国式现代化建设提供有益借鉴。

朱熹是中国南宋最为著名的理学家、教育家。朱熹作为两宋理学的集大成者,他融合儒、释、道,构建了博大精深的理学思想体系,在中国历史上的地位是无与伦比的。朱子学说的研究甚至已经成为一种世界文化现象,在中国历史上,在东亚乃至世界许多地方产生着重大而深远的影响。朱熹的许多学说,尤其是道德本体论对今天我们仍有许多可借鉴、可吸取的作用,有着很强的现实意义。

诚然,朱熹思想体系令后人高山仰止。因此,在赞誉、评价他的时候,也应实事求是地评价这座大山背后——那些孜孜不倦努力探索理学的先贤先哲。同样,也应该记住他的老师李侗以及老师的老师罗从彦乃至杨时、二程,他们都是师出同门。在中国历史长河中,长江后浪推前浪,青出于蓝而胜于蓝的例子层出不穷,"师不必贤于弟子,弟子不必不如师","闻道有先后,术业有专攻"。杨时在理学上虽然还称不上是以自立门风的一代大家,但这并不影响他的作用和功绩。当时是他所处的北宋政治局势险劣,理学又处在极其艰难的情况下,仍呕心沥血,站在洛学的立场上,会通理学诸派之说,潜心钻研,注解理学经典"四书",从而成为由二程到朱熹,从洛学到闽学之间,传承与转化不可或缺的一环。我们不能苛求杨时,诚如蔡尚思先生所言:"我以为此在各理学家均难避免,不必独怪杨时一人。"

对于杨时,人们更多知道他是"闽学鼻祖""程氏正宗",更多听到的是他"程门立雪"、载道南归、创办东林书院的佳话。杨时作为封建时代的士大夫,他还有令人钦仰的一面:廉明节俭,体国恤民。志在世道,抗金拒和。

张品端教授曾在《南剑三先生在洛学闽化中的贡献》一文中说:"从南剑三先生(指杨时、罗从彦、李侗)在洛学到闽学发展过程所做的贡献不难看出,他们是从洛学过渡到闽学的桥梁。如果没有杨时、罗从彦、李侗等闽中学者续传洛学,并奠定洛学闽化的基础,那么朱熹闽学的出现应该是没有前提的,也是没有可能的。明代程敏政所说:'无龟山则无朱子。'从师门继承教授来说,不过还要加上罗从彦和李侗,无罗从彦、李侗亦无朱子。"应该说,这种评论是很中肯的。

参考文献

陈国代、姚进生、张品端:《大教育家朱熹:朱熹的教育历程与思想研究》,北京:中国社会科学出版社,2010年。

方彦寿主编:《朱子文化大典》,福州:福建教育出版社,2019年。

黎昕主编:《闽学研究十年录》,福州:福建人民出版社,2015年。

福建省闽学研究会、浙江省儒学研究会:《新时代宋明理学传承与创新:以朱子学为中心论文集》,2022年。

吴福瑞主编:《杨时与朱熹渊源录》,福州:福建人民出版社,2022年。

张品端:《朱熹思想论稿》,厦门:厦门大学出版社,2022年。

(作者单位:将乐县文联)

杨时与李纲的忘年之交

◎ 肖胜龙

北宋欧阳修在《朋党论》中写道:"然臣谓小人无朋,惟君子则有之。其故何哉?……君子所守者道义,所行者忠信,所惜者名节。以之修身,则同道而相益;以之事国,则同心而共济。始终如一,此君子之朋也。"

闽学鼻祖杨时与民族英雄李纲,这两位都是生存于北宋和南宋之交的闽北双子星,他们同道相益,同心共济,共同事国,始终如一。他们是忘年之交,君子之交,患难之交。经受严酷的考验之后,情谊日益加深,是君子之间的真朋。正如杨时在《乐全亭记》中所言:"君子以德为舆,以忠信为駪軨,以志为御,以古圣贤为前驱,以同方合志者为骖乘,乃相与驰骋乎仁义之途,翱翔乎诗书之府,涉猎乎百家之园囿,而后税驾乎至道之墟而止焉。"

杨时与李纲两代世交,立主抗金,学术挚友。他们交谊的思想基础是重义忠信、忧国忧民,正气凛然。坚持和力行儒家积极的入世思想。我们应继承和发扬其积极的一面,使之成为新时代重要的精神遗产。

一、两代世交

杨时(1053—1135),字中立,号龟山先生,南剑州将乐人。与李纲的父亲李夔(字斯和)是同学。李夔,生于宋仁宗庆历六年(1046年),母亲为资政殿大学士黄履之姐,幼年时,生母早逝,父亲李赓于至和元年(1054年)回迁无锡梁溪。李夔寄养于外祖父家,天资聪颖,然而成童尚未读书,嘉祐二年(1057年)舅父黄履中进士归家,惊其聪颖,亲自授课,加上李夔勤奋不倦,学业日进千里。熙宁年间,李夔以第一名的成绩入读国子监,成为太学上舍生。后来其长子李纲于崇宁三年(1070年)也是以第一名的成绩入读国子监,成为太学上舍生。其三子李经于宣和二年(1120年)也是以第一名的成绩入读国子监,成为太学上舍生。

《杨龟山先生年谱》记载:"(宋仁宗)四年丁未,先生十五岁。潜心经史,游邵武学。"据邵武、将乐两地的考证,杨时在和平书院、"五曲精庐"学习、深造。熙宁六年到九年(1073—1076年)间,李夔和杨时又同在太学里读书一起钻研学问,考证疑难。李夔原籍福建邵武,中年时才随其父李赓定居到无锡来的。杨时则是福建将乐人,将乐和邵武两县靠得很近。他们两人是同乡、同学、同事、老朋友。李夔是元丰二年(1079年)中的进士第,和陈瓘同年登第,比杨时晚中进士四年。历官至右文殿修撰,故人称李修撰。据明末学者黄宗羲等人所撰的《宋元学案·龟山学案》记述,李夔也是一位理学家,而且与邹浩等人都属龟山学派中的主要成员。故他对杨时的学识思想非常钦佩,其政治主张、治国理念也与杨时基本相同。

宣和四年(1122年),李纲兄弟就托师从杨时的邹柄,求杨时替其先父写篇墓志铭。杨时欣然写下了《李修撰墓志铭》。同年四月,应李纲舅父吴彦申之请,为李纲之母吴彦钦写下《令人吴氏墓志铭》,俱被李纲后裔收入家集、宗谱。

(一)杨时《李修撰墓志铭》

宣和三年闰五月二十有七日,中大夫、右文殿修撰、陇西县开国男、食邑三百户李公以疾终于家。岁八月二十有八日,葬于常州无锡县开元乡湛岘之原,与其夫人吴氏同穴。越明年,其孤以晋陵邹柄状来请铭,余与公俱闽人,又尝同为诸生肄业于上庠,挟策考疑,时相从也。俯仰四十余年,一时朋游凋丧略尽,与公有平生之旧而知公之详,盖无遗矣,宜其有请于余也。余虽不能铭,其何可辞![1]

(二)杨时《令人吴氏墓志铭》

中大夫、右文殿修撰李公讳夔之夫人吴氏,其先越州山阴人,仕唐为谏大夫。董昌之乱,义不屈,遁居括州,故今为括苍剑川人。曾祖崇,避哲,是谥赠大理评事;祖毂,赠承事郎。父桓,故任奉议郎、知湖州长兴

---

[1] 杨时:《李修撰墓志铭》,《杨时集》,福州:福建人民出版社,1993年,第717页。

县,母鲍氏,金华县君。夫人资孝谨,事父母能尽其力,饮食起居未尝斯须去侧,省定温情,各适其节,言德功容,人鲜俪焉。父母贤之,谓必得名士,乃可以为配。是时,李公以诸生与修衣冠制度,名闻朝廷。继而擢高科,遂以妻之。惟吴氏世为望族,夫人生大家,而李公起寒素,夫人事之尽妇顺,能以清约自将,无骄矜气,柔明端静,人不见其喜愠。治家有常法,遇妾媵有恩意,闺门之内雍如也。方李公筮仕之初,官卑禄微,喜过从𣃁人之急如不及,甥侄孤女未有家者,必择对归之。夫人躬治殽馔,必致其精旨,鏊奁具资遣之,无吝容,人以为难,而夫人安为之。故乡闾笃风义者必以李公为称首,夫人之力为多也。李公从辟廊延,夫人挈诸子归宁,而金华尚无恙,夫人事之益至。吴氏族大,间有不相能者,必迎致其家,听其言,视其容色,而鄙倍必消矣。其懿范感人,盖如此。建中靖国元年,李公自签书平江军节度判官厅公事被召为太学博士,既登舟,夫人感疾,遂不起,实正月七日也,以其年三月十八日葬于常州无锡县开元乡历村湛砚山之原,享年四十有四。初封仁和、仁寿二县君,李公之舅右丞黄公以夫人之贤,奏赐冠帔。既没,累赠永嘉、濮阳郡君,改赠令人。男四人:曰纲,起居郎、国史编修官,坐言事谪监南剑州沙县税务,有旨牵复未行;曰维,承事郎;曰经、曰纶,皆通仕郎。女三人,长蚤卒,次适奉议郎、杭州司议曹事张端礼,次适迪功郎、衢州司功曹事周琳。宣和四年,余过锡山,以其舅从政郎爽侯彦申之状属余铭,且谓余曰:"吾母之亡,先子方趋朝,而诸孤皆稚弱,不克铭以葬。夫铭所以论撰先美而明著之后世也,无美而称之,是诬也;有而弗知,不明也;知而弗传,不仁也。三者有一焉,人子之罪大矣。今吾母之德善可考不诬如此,而积二十有余年幽堂无辞以纪,诸孤不仁之罪宜无以自逭,原得铭以补前过,庶几发扬幽光为存没之慰。"余感其言,故不辞而铭之。铭曰:内职之修,閟而弗彰。有子之贤,其传乃光。贻尔后人,视此铭章。[①]

杨时的《李夔撰墓志铭》《令人吴氏墓志铭》给我们留下了李夔夫妇翔实的生平事迹,先系迁移,及曾、祖、考、妣、妻、子、女、孙的名字世系,给我们研究李纲提供了丰富真实的史料。

《宋史·李纲传》:"李纲,字伯纪,邵武人也,自其祖始居无锡。父夔,终龙图阁待制。"李纲(1083—1140),字伯纪,登政和进士,其先乃福建邵武人,

---

① 杨时:《令人吴氏墓志铭》,《杨时集》,福州:福建人民出版社,1993年,第726页。

其祖赓徙居无锡,故自号"梁溪漫叟",其自号与著述均以"梁溪"为名。以直言敢谏著称。他在宋徽宗、钦宗、高宗三朝,积官至太常少卿、兵部侍郎、东京留守,资政殿大学士、尚书右丞。后被追封"忠定公"。虑国忘家,曰忠,安民大计,曰定。朱熹赞他是"孤忠伟节"的一世伟人。朱熹撰写《建祠碑记》,书"一世伟人"匾,题"至策大猷,奠宗社于三朝;孤忠伟节,垂法戒于万世"联。清代民族英雄林则徐撰联:"进退一身关社稷,英灵千古镇湖山。"元代编成的《宋史》,用了整整两卷的篇幅为李纲立传,并把他比作诸葛亮。后世因敬仰李纲,先后在福建邵武、福州、江苏无锡、浙江武义等地建立李纲祠进行纪念。

杨时比李纲大30岁,是李纲的前辈,年龄的差距并未使他们出现很大的心理距离。相反,多年来他们互相研讨,互相鼓舞,互相钦佩,互相赞赏,有深厚的情感。形成至死不渝的情谊,成为忘年之交,"患难与共的挚友"。

绍兴五年,杨时去逝,李纲在《宋先儒杨文靖公画像赞》中写道:"儒林仪表,国家栋梁;风云翰墨,锦绣文章;架长虹于寥廓,听鸣凤于高冈。"他在祭杨时的铭文中写道:"……足以师表一世,而深造自得,实与古人比肩……早蜚声于入洛,极师友之渊源……逮夫逢辰遇合,直道而前,抗崇义于谏省,持从橐于甘泉,跌而复起,守而不迁……闵国步之多艰,每忧心于元元……世岂复有如公之贤者乎?""我之与公,欠兹周旋……何尺之未久,遽永隔于终天?"李纲高度评价杨时的人品名望,学识文章,被世人代代景仰。

杨时对于李纲,也非常钦佩和赞赏。杨时《题〈李丞相送几叟序〉》:"丞相李公,以英伟刚明之才,任天下之重,盖一时人杰也。以视了翁为前辈,虽未尝从游,而声气相投,非一日也。问道之勤,见于斯文,惓惓之意厚矣。公初自左史言事,谪居沙阳,与几叟游,为布衣之交,不以贤贵相挟,雷以道义为重。因其有行也,累数百言以为别。公于上下之交,可谓无谄渎矣。"

杨时写此文的背景是,宣和七年,李纲上《制虏策》《再论制虏策》,强烈反对联金伐辽,被宋徽宗贬到福建沙县任监税官,与陈渊(字几叟)交游。杨时的题词,刻画出李纲杰出的才能,高尚的人品,对上对下,都是以诚相待,纵使位高权重之时,也仍然善待布衣之交。

二、力主抗金

李纲提出"祖宗疆土,当以死守,不可以尺寸与人"。李纲是主战派首领,为中国历史上著称的爱国名臣,史称为"纲负天下望,以一身用舍为社稷生民安危"。在宋室危急关头,李纲与中原民众同仇敌忾,奋起抗击。李纲"血臂上书""闯宫留驾",以敢言著称,与杨时政见一致,同为当时朝内主战抗金名臣。

李纲在汴京危急之时,表现得极为坚定勇敢,书写了历史上著名的"东京保卫战"。当金军分东、西两路大举南进时,腐朽的北宋军队节节败退,许多人主张弃京城逃跑,只有时任太常少卿的李纲主张守城抗金。形势越来越危急,宋徽宗为了推脱责任,下令传位太子,自己带着两万亲兵逃出京城。太子赵恒即位,号钦宗,迫于形势,把李纲提升为兵部右侍郎,想保住京城。李纲临危受命,对内力挫投降派,稳住想出逃的钦宗;对外加强防务,鼓舞士气。率领京城军民奋勇抗战,终汇合各路勤王兵马,击退金兵,胜利地保卫了京城。

杨时晚年入朝为官,虽然只有短短四年时间,但他多次上疏朝廷,仅靖康元年(1126年),他向宋钦宗连上七疏,力排靖康和议,反对投降,提出一系列克敌制胜之策,建议罢黜投降派张邦昌,诛杀童贯,所陈均关系到国家命运,民族存亡。北宋靖康元年(1126年)正月十三日,杨时以力挽狂澜为己任,临危不惧,冷静分析形势,上疏钦宗,提出抗金救危的几项主张:(1)立统帅;(2)肃军政,谨斥堠,明法令;(3)责宰执不忠;(4)罢奄寺防城;(5)谨号令。乞治童贯弃军而走之罪。

当金兵提出议和的四项苛刻条款,北宋太宰李邦彦、宰相张邦昌等人主张,勉从金兵的议和条款,先将太原、河间、三山等三镇二十州割让给金国,以换取全军退兵。这一主张遭到李纲、杨时等一批大臣的反对。二月十八日,杨时上殿,面奏钦宗,指出河朔为朝廷重地,三镇又为河朔要藩,不可割与金,急宜命将出师,并召用种师中、刘光世,问以方略。但朝廷大臣中战和争论激烈,钦宗犹豫不决。杨时再上疏,乞出师,不可专守和议。

宋钦宗靖康元年(1126年),金兵南进,围京师。三月,钦宗皇帝听信李邦彦对右丞相兼京都四城防御使李纲的诬告之词,罢去李纲的官职,激起汴京(开封)军民的愤慨。陈东等数百名太学生到宣德门外上书请愿,要求留用李纲,请出种师中,率京都军民誓死抗金。汴京许多军民闻讯后也赶到宣德门外,加入请愿队伍。朝廷内顿时紧张起来,钦宗准备下诏,抓捕带头聚众闹事的陈东等太学生,开封府尹王时雍甚至提出把所有闹事者皆抓起来治罪。

当陈东等率太学生并京城居民十余万人伏阙上书,要求诛杀蔡京等"六贼",乞留李纲抗金,而"朝廷忧其致乱"欲行武力镇压时,杨时又毅然挺身而出,为请愿群众辩护,在钦宗前直陈"士民出于忠愤,非有作乱之心,无足深罪","书生忠于朝廷,非有他意。但择老成有行谊者,为之长贰,则将自定"。钦宗说:"此者无逾于卿。"为了平息学潮,朝廷任命杨时兼国子祭酒,杨时运用高超的政治智慧平息了学潮,从而避免了一场大规模的血腥屠杀。

杨时和李纲都是在国家危急、民族灾难深重之时勇敢地挺身而出,置个人安危于度外,为国家、为民族奋不顾身的忠贞之士。这种浓厚的爱国主义精神,强烈的忧患意识,以及在困难当头敢于担当的精神、崇高的气节操守,是杨时与李纲忘年之交的政治基础。

三、学术挚友

李纲是名相,是民族英雄。他的政治、文化、伦理、经济、军事思想,广为人知,而他对《易经》《春秋》《论语》等儒家经典有深入的研究则鲜为人知。杨时与李纲是学术挚友,据《杨龟山先生年谱》记载:南宋绍兴五年(1135年)农历四月二十三日,83岁的杨时"与忠定公李纲论性善之旨。翌日(即次日)先生卒于正寝"。绍兴五年(1135年)四月二十三日,陇西开国公李纲在福州养病结束后,返潭州(今湖南长沙市)继任知州事途中,特地拐道到将乐县城北郊龟山看望杨时。两位老友久别重逢,有说不完的话。杨时谈论起性善之旨,毫无倦意。分别时,杨时对李纲说:"仕途艰险,请多珍重。"

李纲的著述,今存《梁溪集》一百八十卷,又名《梁溪先生文集》。李纲平生思想以儒为宗,以佛、道为辅,有《易传内外篇》《论语详说》等著作。其立身处世,也表现出儒学的道德风范,他对儒家的"仁""道"的思想有过深入的探讨,并写下了如《求仁堂》、《座右铭》、《论君臣之分》、《论君臣相知》、《论忠孝》和《论天人之理》等以阐发儒家伦理思想为核心的文章。李纲在《三教论》中说:"儒道释三家之教,自汉以来,鼎立于天下……然则治天下者,果何所适从而可乎?曰:从儒。彼道、释之教,可以为辅,而不可以为主;可以取其心,而不可以溺其迹……则道家之所谓清静、慈俭、柔弱、无为、少私、寡欲者,其说可取亦足以助教化矣。释氏之所谓布施、持戒、忍辱、精进、禅定、智慧者,其说可取而亦足以助教化矣。"(《梁溪集》卷一四三)主张以儒家为主、释道为辅的三教合一。

北宋政和元年(1111年)三月至次年三月,杨时寓居毗陵龟㮔巷。他先后探视和哀悼从学程颢的学友邹浩,后应从学程颐的学友周孚先(字伯忱)、周恭先(字伯温)两兄弟的邀请,在毗陵州府所在地武进阳湖城东书院讲学。到梁溪(今江苏省无锡市)拜访弃官居祖籍地的李夔、李纲。李纲建议他到无锡办学,杨时欣然接受。经李纲和当地一些学者联系与资助,在无锡城东弓河旁购置了一座旧房舍,改造成为书院。因杨时诗歌《东林道上闲步》,取名"东林书院"。明万历二年(1574年)的《无锡县志》记载:"龟山书院,名东林书院,在城东弓河之上。宋政和间,龟山先生在此讲学。"

杨时在常州、无锡讲学十有八年,是从政和元年(1111年)他在常州第一次讲学算起,到南宋建炎二年(1128年)致仕、告老回归将乐老家为止,连头带尾十八年。在杨时学生中最有名的是喻樗(号玉泉)和从毗陵徙居无锡的胡珵(字德辉),他们都是龟山先生在无锡的弟子。再传和三传弟子还有官至礼部尚书的尤袤(号遂初)、无锡第一位状元蒋重珍(号实斋)和李夔的曾孙李祥(号小山)等,他们都被东林书院的后学尊称为东林先贤。杨时和李纲他们携手始创东林书院,倡道东南,贡献颇多。

杨时和李纲之间的友情超越年龄,超越时空,属于"君子之交""患难之交"。重义忠信,忧国忧民,正气凛然,是他们交往的思想基础。两人都坚持和力行儒家积极的入世思想,"修身、齐家、治国、平天下"。我们应继承和发扬其积极的一面,使之成为新时代重要的精神遗产。

(作者单位:中共将乐县委党校)

略论李郁对道南学派的贡献

◎ 罗小平

杨时弟子千名,朱熹表彰罗从彦是杨时门下唯一一位能"潜思力行,任重诣极"的弟子。但读《杨时集》发现,道南学派除了罗从彦之外,还有杨时的两个女婿陈渊和李郁。而李郁是朱熹倡道闽中之前邵武府的一位理学家。

李郁(1085—1150),字光祖,邵武人。因所居邵武府光泽县乌洲有西山,学者称西山先生。元丰八年(1085年)生。李郁与弟李似祖都是杨时的弟子。李郁还有一个身份,即杨时第三个女婿。李郁的父亲李深,熙宁九年(1076年)进士,历江西鄱阳、河南遂平知县,陕西通判、朝中司农寺丞。后被列为元祐党人。

李郁幼从家学,长大后从舅父学。舅父珍视其才,引荐到杨时门下,其中崇宁末、大观初,杨时到京师、余杭为官,李郁随侍,记其讲学语录35条,称"京师所闻",时间在崇宁五年(1106年)四至六月;记余杭讲学22条,称"余杭所闻一",时间在大观元年(1107年)三月。二者共计57条。"京师所闻""余杭所闻"记录的内容广泛,归纳起来主要有以下几个方面。

一、论 仁

仁是儒家关怀的核心问题,理学家更不例外,而且他们以天理说仁。在"京师所闻"论仁的语录有数条。第一条,李似祖、曹令德问:"何以知仁?"杨时回答:"孟子以恻隐之心为仁之端,平居但以此体究,久久自见。"①意思是说

---

① 杨时撰,林海权点校:《杨时集》卷十一,北京:中华书局,2018年,第283页。

孟子用恻隐之心作为做人的开端,即使是平时生活也只在这方面认真体察探究,长期积累就能知晓。杨时还问李、曹二人平常如何理解"隐"？李郁说,隐忧、民隐讲的是疾痛。杨时问,孟子说的孺子入井,这种疾痛没发生在自己身上,为何会有恻隐之心？李郁回答：这种疾痛出于自然。杨时说,体究出这种出于自然的疾痛距离仁就不远了。恻隐之心是自然之理,这是杨时以理说仁的特点。

第二条,有弟子问"《论语》言仁处何语最为亲切"？杨时回答："皆仁之方也……要道得亲切,唯孟子言'仁,人心也'最为亲切。"①孟子的原话是："仁,人心也；义,人路也。舍其路而弗由,放其心而不知求,哀哉！人有鸡犬之放,则知求之；有放心,而不知求。学问之道无他,求其放心而已矣。"②杨时认为孟子讲的仁是人心最为贴切。在杨时看来,与其说仁是仁爱,不如说仁是人心,原因是仁由心生,心比口头上讲仁更重要。

第十二条,因有所疑而讨论仁。杨时与弟子季常说："樊迟问仁,子曰'爱人',问智,子曰'知人'。"③杨时说樊迟向孔子请教仁,孔子说是爱人。樊迟请教智,孔子说是了解人。樊迟觉得没有解释清楚,于是孔子用"举直错诸枉,使枉者直"回答。意思是选拔任用正直无私的人,不用奸邪的人,百姓就会服从。也可以这么说,仁者爱人并非只是给百姓施舍什么好处,以正压邪也是仁爱的表现。所以杨时说樊迟从孔子那里出来后见子夏,问他"举直错诸枉"的含义,于是又从他那里得到舜举荐皋陶、商汤举荐伊尹作为爱仁的例证,这是仁爱、知识二者兼具的最好说明。

"余杭所闻一"第四条,杨时与弟子讨论舜、禹、皋陶授受相传体现的仁爱思想。他引孟子所言："'舜以不得禹、皋陶为己忧。'而子夏亦言：'舜有天下,选于众,举皋陶,不仁者远矣。'"④意思是孟子说,舜以得不到禹、皋陶为忧,而孔子的弟子子夏则说,舜治理天下,从众多人中选择了皋陶,不仁的人就被疏远了。由此可见,理学家强调任用善人也是仁爱的表现。

---

① 杨时撰,林海权点校：《杨时集》卷十一,北京：中华书局,2018年,第284页。
② 《孟子》,秋平主编,福州：海风出版社,2008年,第152页。
③ 杨时撰,林海权点校：《杨时集》卷十一,北京：中华书局,2018年,第289页。
④ 杨时撰,林海权点校：《杨时集》卷十一,北京：中华书局,2018年,第302页。

二、论　　心

　　心法是原始儒家讨论的重要话题，或者说一部儒学史强调的就是心法。《尚书·大禹谟》就说要人心向道，《大学》开篇也讲正心、诚意。二程下传的道南学派也不例外。《宋元学案》卷六十九《沧洲诸儒学案》说，为学者"讲明心学之要"。"心学"就是心法之学。

　　"京师所闻"涉及心法的语录不少。如第十一条，杨时回答郑季常问善心："郑季常作太学博士，言：'养士之道，当先善其心。今殊失此意，未知所以善之之方。'"①郑季常任太学博士时说，古代的养士之道先是要培养善心，但孟子之后千年至宋代，已经丧失了本义，不知培养善心的方法。杨时回答说："由今之道，虽贤者为教官，必不能善人心。"②杨时也十分清楚孟子之后的社会弊端，一针见血地指出，从今天的行事之道观察，即使让贤明高尚的人当任教官，也未必能使人心向善。郑季常问："使荆公当此职，不知如何？"③荆公即王安石。意思是说，如果让王安石担任教官，不知道会有什么效果。杨时回答：王安石任相时，他教人的方法在当时就很流行，今天所学的也是王安石的方法，已经不能使人心变善了。

　　第十四条，杨时解释《易经》所言"君子敬以直内，义以方外"同样直指人心。杨时说"尽其诚心而无伪焉，所谓直也。若施之于事，则厚薄薄隆杀，一定而不可易，为有方矣。"④意思是说尽竭诚之心而不虚假就是直，把内直之心用之于事，尊卑、厚薄、高下都不会随意改变，如此才能行事方正。

　　"余杭所闻一"也有数条论述人心。其中第三条，杨时从"直"入心。他解释"人之生也直"说"直则心得其正矣"。⑤杨时说，古人教育小儿，经常教育他们不能欺骗，目的就是"养其直"。杨时还说"以怨报怨，以德报怨，皆非直也"。⑥他说所谓直，就是不能以一己之私决定天下的好恶。门人对此提出疑问，认为这种说法和"以德报德"没有区别。杨时说，所谓德，不是姑息的意

---

① 杨时撰，林海权点校：《杨时集》卷十一，北京：中华书局，2018年，第289页。
② 杨时撰，林海权点校：《杨时集》卷十一，北京：中华书局，2018年，第289页。
③ 杨时撰，林海权点校：《杨时集》卷十一，北京：中华书局，2018年，第289页。
④ 杨时撰，林海权点校：《杨时集》卷十一，北京：中华书局，2018年，第291页。
⑤ 杨时撰，林海权点校：《杨时集》卷十一，北京：中华书局，2018年，第291页。
⑥ 杨时撰，林海权点校：《杨时集》卷十一，北京：中华书局，2018年，第301页。

思,而是完全按照自然之道而不是私己之心做出的行为。

第八条,杨时讲《大学》"正心"。他说:"《大学》一篇,圣学之门户,其取道至径,故二程多令初学者读之。盖《大学》自正心诚意至治国平天下只一理,此《中庸》所谓'合内外之道也'。若内外之道不合,则所守与所行自判而为二矣。孔子曰:'子帅以正,孰谓不正?'子思曰:'君子笃恭而天下平。'孟子曰:'其身正而天下归之。'皆明此也。"①"圣学"就是孔孟之前圣人的学说。这段话的意思是说,《大学》这部经典是讲进入圣人学说门户的重要途径,它直接讲事物的道理,所以程颢、程颐经常教初学的人阅读。这是因为《大学》从正心诚意到治国平天下只是讲一个道理。这也是《中庸》里面所讲的"合内外之道"。如果内外之道不能合二为一,那么持守与实践就隔而为二了。孔子说,为政者做出表率,谁敢不正?子思说,君子纯厚恭敬,天下就会太平。孟子说,自己身正就会万民归附。这些都是讲正心的道理。

第十四条,有弟子问:"正心于此,安得天下便平治?"杨时说:"正心一事,自是人未尝深知之,若深知而体之,自有其效。观后世治天下,皆未尝识此。然此亦惟圣人力做得彻,盖心有所忿懥恐惧好乐忧患,一毫少差,即不得其正。"②杨时提醒弟子正心这件事,是因为人未曾深入体究,如果深入体究,就会有效果。观察后代治理天下,都是因为没有深知体察的结果。但这方面也只有圣人力行并做得彻底,因为心是判定是非的秤杆,喜怒哀乐、是非善恶,古皆有之,如果心有丝毫偏差,怨恨发怒、害怕恐惧、喜乐忧患都不可能恰到好处。

三、论　　学

理学家强调观物察理,其中之一是通过读书探究事物的道理。杨时不仅强调读书,而且强调要善于吸收消化、勤于思考、提出问题。"京师所闻"有杨时论学的语录。第十二条的最后,杨时与季常讨论读书要善于提出疑问,引用子夏说的"巧笑倩兮,美目盼兮"。③ 这句话出自《诗经·卫风·硕人》,但孔子与子夏对此进行了探讨。子夏问:"'巧笑倩兮,美目盼兮,素以为绚兮'。

---

① 杨时撰,林海权点校:《杨时集》卷十一,北京:中华书局,2018年,第305页。
② 杨时撰,林海权点校:《杨时集》卷十一,北京:中华书局,2018年,第309页。
③ 杨时撰,林海权点校:《杨时集》卷十一,北京:中华书局,2018年,第290页。

何谓也？子曰：'绘事后素'。曰：'礼后乎？'子曰：'起予者商也！始可与言《诗》已矣。'"①孔子解释这句诗说：以白色为底色，在上面画画。子夏说，这么说礼仪就是在有了仁德之心后才产生的。孔子说，能够发挥我的思想的是卜商（子夏）啊，可以开始跟你谈论《诗经》了。杨时认为子夏问"巧笑倩兮，美目盼兮"之后，从外在的诗歌形式，推至礼仪的内在仁德之心。今天的学者听到孔子说在白纸上画画就不再追问了。所以说，古人善于提出疑问，今天的学者不知学须有疑，学问如何能有展进？季常听了杨时的话说："某平生为学，亦常自谓无疑，今观所言，方知古之学者善学。"②

第二十二条，杨时解释孔子说的"时习"。"时习"源自《论语·学而》"学而时习之"。杨时解释说："所谓'时习'者，如婴儿之习书，点画固求其似也。若习之而不似，亦何用习？学者学圣人，亦当如此。大概必践履圣人之事，方名为学习。"③这里的"习书"是指小儿照着字贴写字。杨时的解释很有新意：字写得要像字，点、横、竖、撇、捺都要相像。如果点不像点、横不像横，就失去"时习"的意义。读书人学圣人，道理也一样，就是读书人一定要以圣人为榜样，效仿他们的行为，才叫学习。杨时不仅强调要"时习"，还强调要"体察"。杨时说："时习""又不可不察，习而不察，与不习同。若今之学者，固未尝习，而况于察。"意思是说，如果只是时习而不体察，与不习没两样。像今天的学者，固然连"时习"都谈不上，更不要说体察。

"余杭所闻一"第十七条，杨时讲经史关系。他与弟子讲秦、汉以来故事时说：要识别史事，须着意六经（《诗》《书》《礼》《易》《乐》《春秋》）。六经不能草率读过。今人多说做事要看史书，史书当然不能不读，但六经也记录了先王的事迹，足够用来处理事务了。有人说一定要观览评鉴史书，但没有史书之前，人们以什么为依据行事。所以孔子不存史而作《春秋》，是为了论证历史事件的得失。杨时说："今人自是不留意六经，故就史求道理，是以学愈博，而道愈远。"④今人不留意六经，只是从史书上寻求道理，所以学问越广博而道理却越来越远。

---

① 朱熹集注，陈国戍标点：《四书集注·论语集注》，长沙：岳麓书社，2004年，第71页。
② 杨时撰，林海权点校：《杨时集》卷十一，北京：中华书局，2018年，第290页。
③ 杨时撰，林海权点校：《杨时集》卷十一，北京：中华书局，2018年，第293页。
④ 杨时撰，林海权点校：《杨时集》卷十一，北京：中华书局，2018年，第311页。

四、论存养

存养是儒家的修身工夫,宋代的理学家把存养当成必修课。"北宋五子"就极为重视存养,"京师所闻"也有讨论操存问题。第二十五条,有弟子问:"'操则存',如何?"杨时回答:"古之学者,视听言动无非礼,所以操心也。至于无故不彻琴瑟,行则闻佩玉,登车则闻和鸾。盖皆欲收其放心,不使惰慢邪僻之气得而入焉。故曰'不有博弈者乎?为之犹贤乎已'夫博弈,非君子所为。而云尔者,以是可以收其放心尔'。"[1]"不有博弈者乎?为之犹贤乎已"出自《论语·阳货》,杨时引此语的意思是说,虽然下围棋不是君子愿意做的事,但总比心走作好,因为下围棋至少可以专心致志,不让心神弛懈。杨时还说,如果所讲的经义不能用于实践,就不算经义了。就像圣人说的话,哪有没办法做得到的?学者之所以求于佛、老,是因为他们说的理有很高明的地方。比如六经自然有高妙之理,然而却不能深思,这是因为理只在平常中识别。殊不知,圣人往往在平常事中说出妙理。

第三十一条,杨时回答弟子问"操心":"书云'以礼制心',所谓操也。如颜子'克己复礼',最学者之要。若学至圣人,则不必操而常存。扬雄曰:'能常操而存者,其唯圣人乎?'此为不知圣人。论及庄周言天人处,曰:'络马首,穿牛鼻,是谓人。'曰:'是亦天也。若络牛首穿马鼻,则不可谓之天。'"[2]"操"有持守的意思,就是心要用礼来制约。制约就是像颜子那样克制私欲才能复礼,这是学者最重要的。如果读书达到了圣人的境界,则没必要说经常存养。但是杨时引扬雄之语"能常操而存者,其唯圣人乎"这句话原话为:"人心其神矣乎!操则存,舍则亡。能常操而存者,其惟圣人乎!"[3]意思是人的潜能不测是神,能操守就存,舍弃就亡。但能常持守而存的难道只有圣人吗?也就是说,操存不在于是否是圣人,而在于人心。心之不存,理将存乎?物将存乎?杨时师生讨论庄子天人的区别时,杨时引庄子所言"络马首,穿牛鼻,是谓人"说,这也是自然的规律。如果给牛戴上笼罩,给马鼻穿孔就违反了自然规律。

---

[1] 杨时撰,林海权点校:《杨时集》卷十一,北京:中华书局,2018年,第294页。
[2] 杨时撰,林海权点校:《杨时集》卷十一,北京:中华书局,2018年,第297页。
[3] 扬雄:《法言》,北京:中华书局,2019年,第115页。

五、论义利

义利也是杨时经常与弟子讨论的话题。"京师所闻"有讨论义利的内容。第七条,杨时说不是狡诈奸邪的人,都知道义能够胜利,但不受利病影响的人很少。杨时说孔子之后的义利观:"自王者之迹熄,天下以诈力相高,故常溺于利而不知反。由孔子而后,为天下国家不以利言者,唯孟子一人守得定。"①意思是周王朝衰微之后,先王的遗存也消亡了。天下用欺诈与暴力一决高下,所以人们常常沉溺于利而不知返回到道义的根本上来。从孔子之后,讲天下国家而不讲利的人,只有孟子一个人守得住。

第三条杨时从惜福讲到人的寿夭与利禄的关系。有弟子说:"丰尚书稷尝言,少时见雪窦,教人惜福云:'人无寿夭,禄尽则死。'昔元厚之死而复生,于阴府见主吏,谓之曰:'君禄未尽,它时官至两府。然须惜福,乃可延年。'厚之一生,虽一杯饭,亦必先减而后食,其余奉养皆不敢过。故身为执政,寿逾七十。"②雪窦,即浙江奉化雪窦寺的雪窦禅师。这段话的意思是说,人的寿夭是福禄决定的,福禄尽则人死。丰尚书即丰稷(1033—1107),建中靖国年间工部尚书兼侍读。他举元原死而复生是因为福禄未尽,主官阴府的官吏对他说日后官可至中书、枢密二府,但要珍惜福分,才会延年益寿。厚之即元绛,原姓危,易姓元。他一生就是这么做的,虽然只是一碗饭,他也先减少一点再吃,其他生活待遇之类也不敢过分。所以他官至参知政事,寿七十。雪窦所说可以从厚之身上得到验证。弟子还说,今天富贵的人相互攀比奢侈,观察他们的这些花费,都是没有意义的,不知道于事何补?杨时听了后说,这是像从利的角度说的事,如果从义的角度说,所以回头想想蔬食还是丰富的美食对我们来说有什么意义呢?

六、论理一分殊

"理一分殊"是杨时南传圣人之学的重要哲学思想,来源于杨时与程颐对张载《西铭》的讨论。他在给程颐的信中说,《西铭》的"民胞物与"有兼爱思

---

① 杨时撰,林海权点校:《杨时集》卷十一,北京:中华书局,2018年,第287页。
② 杨时撰,林海权点校:《杨时集》卷十一,北京:中华书局,2018年,第284~285页。

想,程颐回信说张载《西铭》讲的是"理一而分殊"。杨时得程颐所传之后,也与弟子讨论这一话题。"京师所闻"第三十一条后半段杨时说:"论《西铭》,曰:'河南先生言''理一而分殊',知其'理一',所以为仁;知其'分殊',所以为义。所谓'分殊',犹孟子言'亲亲而仁民,仁民而爱物'。其分不同,故所施不能无差等。"也就是说,孟子的"亲亲仁民爱物"爱有差等是"理一分殊"的重要思想来源。杨时对程颐说的"理一分殊"理解是,知道天下一个理是仁,知道分殊之用是义。但杨时的弟子们还是不十分明白:"或问:'如是则体用果离而为二矣。'"①

杨时回答:"用未尝离体也。且以一身观之,四体百骸皆具,所谓体也。至其用处,则履不可加之于首,冠不可纳之于足。则即体而言,分在其中矣。"②弟子认为杨时的说法体用间隔而为二,杨时则说用没有离开体,就像一个人的身体全身骨骼都具备,这是体。至于用处,鞋不能戴在头上,帽子不能穿在脚上,这是用。也可以说,体用本来就合而为一的,不是间隔而为二的。

杨时以头与脚、冠巾与鞋意在表明"理一分殊"是与生俱来的,"理一"离不开"分殊","分殊"离不开"理一"。或者说没有无"理一"的"分殊",也没有无"分殊"的"理一"。还可以说,"理一"包括"分殊","分殊"包括"理一",二者不可分离。由此可见,孟子的"亲亲仁民爱物"为宋代"理一分殊"提供了思想资源。

此外,杨时与门人弟子还讨论了易、爻、诚、知疑、敬义、毋意、屡空、经行、弘毅、理用、诚意、忠信、收放心、三年之丧等等。"余杭所闻一"第十九条,杨时说"无诚意以用礼,则所为繁文末节者,伪而已。故老子绝灭礼学,而曰'忠信之簿,乱之首'也。"③意思是说,礼是一种仪式,没有诚意而行礼不过是繁文末节,虚假罢了。所以老子绝灭礼学,并且说"忠信淡薄,是乱的源头"。第五条,杨时解释忠信:"忠信乃为进德之基本。无忠信,则如在虚空中行,德何以进?"④忠信是进德修业的根本,没有忠信,就像在虚空中行走一样,怎么可能增进道德?

李氏是邵武府光泽县乌洲的大姓。唐代,建州刺史李频殁于任所,子孙

---

① 杨时撰,林海权点校:《杨时集》卷十一,北京:中华书局,2018年,第297页。
② 杨时撰,林海权点校:《杨时集》卷十一,北京:中华书局,2018年,第297页。
③ 杨时撰,林海权点校:《杨时集》卷十一,北京:中华书局,2018年,第313页。
④ 杨时撰,林海权点校:《杨时集》卷十一,北京:中华书局,2018年,第303页。

扶柩受阻于光泽乌洲,就在此定居。宋代李氏繁衍,名人辈出,先后出现李郁、李吕、李闳祖、李相祖、李壮祖、李方子等名贤名儒,且有多位与朱熹交往密切,他们或师或友或弟子。李郁对传播杨时理学贡献良多:"龟山先生既殁,后进多从之游""欲得真经,必从郁游"。李郁之学对朱子学形成更有直接的影响。朱熹在《答李滨老书》中说:"熹少好读程氏书,年二十许始得西山先生所著论孟之说。读之,又知龟山先生之学横出此支。"李滨老是李吕之字,其父李纯德,而李郁则是李滨老的叔父。李滨老自幼从叔父李郁学杨时之学,是朱熹的学友。

李郁所录的"京师所闻""余杭所闻",完整记录杨时的语录,为后人研究杨时理学提供了重要的史料,为道南学派传播圣人之学做出了重要的贡献。

(作者单位:南平市台办台情研究室)

朱子对邵武书院教育的影响

◎ 王志阳

邵武是朱子最经常活动的地区之一,也是与朱子渊源关系最深的地区之一,如绍兴二十一年(1151年)冬《邵武道中》有云:"征鸿在云天,浮萍在青池。微踪政如此,三叹复何为?"①其时情形正如郭齐、尹波所说:"此为朱熹迫于生计,于岁末前往邻郡邵武办事途中所作。旅途劳顿,了无生趣,牢骚满腹。"②对于此事,束景南认为"但未知为何事,疑其因不能待次坐穷,欲往觅一塾馆就教,而卒未成"。③ 而《朱子可闻诗集》卷一则说:"按先生早登高宗绍兴戊辰进士,是年辛未年方二十有二,随例赴铨试,授职泉州同安县主簿。此归途所作诗也。读者须体先生此时境遇,所欲成者何事,慨无成者何心,非他人行役、叹老嗟卑者可比。"④虽然上述观点的着眼点存有不同,但是我们可以看到一个共同的事实,即邵武在朱子22岁之时,已经是朱子的重要活动场所了,只是邵武既不是朱子出生地,也不是朱子长期居住之地,更非朱子任职之地,故现代学者少有关注到朱子对邵武文化,尤其是邵武书院文化的影响。但是从22岁开始,朱子就往来邵武与崇安之间,对邵武的影响是十分深远的,其中最显著者当属朱子对邵武书院文化的影响。

据《邵武府志》载:"嘉靖十一年(1532年)壬辰,学宪潘潢刻《朱陆讲义》

---

① 朱熹:《晦庵先生朱文公文集》,上海:上海古籍出版社,合肥:安徽教育出版社,2002年,第227页。
② 郭齐、尹波:《朱熹文集编年评注》,福州:福建人民出版社,2019年,第20页。
③ 束景南:《朱熹年谱长编》,上海:华东师范大学出版社,2001年,第148页。
④ 郭齐、尹波:《朱熹文集编年评注》,福州:福建人民出版社,2019年,第21页。

《洞规》《学则》四章,列于堂之东西。"①其下收录有《白鹿洞书堂讲义》及朱子《跋》、程端礼《江东书院讲义》、朱子《白鹿洞书院揭示》、程端蒙和董铢合著的《程董二先生学则》四篇文献,并将潘潢的题跋评论附于文末。看似仅属邵武府学在明代嘉靖年间的装饰,但是从这篇文献却可以洞见朱子教育思想对包括邵武书院文化在内的中国书院文化的深刻影响,故我们先梳理上述情形,为后续的考察提供基础。

一、朱子学术思想:明代邵武书院的立校之本

由前述可知,潘潢刊刻于邵武府学的作品有四篇文献,其数量不多,但是这些文献却是朱子学术思想对邵武书院办学过程起到重要影响的表现之一,现先就其情况梳理如下:

《白鹿洞书堂讲义》是陆九渊的作品,现被收录于《象山集》卷二十三《讲义》中,只是其名为《白鹿洞书院讲义》,而朱子是赞同陆九渊氏的作品观点,并加跋语,形成第二篇文献,其收录于《晦庵集》之中,名为《跋金溪陆主簿白鹿洞书堂讲义后》。第三篇是《江东书院讲义》的作者是程端礼,本是单行,后命名为《集庆路江东书院讲义》,收录于《程氏家塾读书分年日程》卷三之中。第四篇是《白鹿洞书院揭示》,就是朱子重建白鹿洞书院时所作书院学规。在上述四篇文献中,第二篇《跋金溪陆主簿白鹿洞书堂讲义后》和第四篇《白鹿洞书院揭示》均是朱子作品,无须我们赘述,而第一篇作品和第三篇作品并非朱子的作品,需要我们加以考察其与朱子关系,方能看出其与朱子关系之密切程度。先依序分途述之。

关于《白鹿洞书堂讲义》,其作者是陆九渊。当时在陆九渊讲学结束之后,朱子将其记录之后刻石于书院中,自然无可争议,而朱子也将自己的跋语刻石于后,以示自己对陆氏观点的看法。《跋金溪陆主簿白鹿洞书堂讲义后》说:

> 至其所以发明敷畅,则又恳到明白,而皆有以切中学者隐微深锢之病,盖听者莫不竦然动心焉。熹犹惧其久而或忘之也,复请子静笔之于简而受藏之。凡我同志,于此反身而深察之,则庶乎其可以不迷于入德

---

① 夏浚等:《嘉靖邵武府志》卷七,天一阁藏明代方志选刊。

之方矣。①

朱子十分认同陆九渊的观点，此可见于三方面：一是评价"其恳到明白"，切中学者病痛之处；二是朱子郑重其事，在当场记录之后，仍旧请陆九渊亲自书写完整而收藏；三是朱子号召学者们要在学习陆九渊思想基础上，将其贯彻于自己的实践之中以达到修身养性的作用。那么由此可以看到朱子不仅认同陆九渊所阐述的思想，且认可其有功于引导学者之功。因此，陆九渊《白鹿洞书堂讲义》虽非朱子作品，却是与朱子思想深度契合的作品。

关于《江东书院讲义》，作者程端礼。《宋元学案》全录上述作品，亦名《集庆路江东书院讲义》，其言："先生（程端礼）受学于史静清，色壮而气夷，善诱学者，使之日改月化。其弟端学，刚明，动有师法，学者咸威惮之。人以比河南两程氏云。"②由时人所评，自可知其兄弟所学当从程学中来。又据其师承史静清先生，则据全祖望补撰《静清学案》有载："史蒙卿，字景正，号果斋，鄞县人，独善先生弥巩之孙也。……四明之学，祖陆氏而宗杨、袁，其言朱子之学，自黄东发与先生始，黄氏主于躬行，而先生务明体以达用，著书立言，一以朱子为法。宋亡，不复仕。自号静清处士，有《静清集》。"③这可以看到前述程端礼之师是史蒙卿，其以明体达用作为理论根柢，以朱子为法来治学，自然是朱子学派学者。但这尚不能确定程端礼与朱子学派的渊源关系，故尚需从史蒙卿的师承关系再做考察。全祖望于篇首有按语："渊源出于莲荡晏氏。"所谓莲荡晏氏，是指朱子弟子晏渊。但是其传承过程并未述及，我们补述如下：

程端礼师从于史蒙卿，史蒙卿则是"小阳门人"，而其具体的老师则是存在争议，如全祖望按语说："莲荡晏氏之学传于杨氏，杨氏之学传于吾乡史氏，即静清也。"则由此可见全祖望认为史蒙卿是小阳门人，但是冯梓材于《沧洲诸儒学案下》之"小阳家学"有按语说："先生（阳恪）为小阳先生之子，史静清师之，见《宋史·史弥巩传》。然向之述学派者，皆以静清为大、小阳之传。"④则冯梓材于此认为史静清是阳恪的弟子，但是他又在《静清学案》附录中下按语说：

《宋史·史南叔》附《先生传》云："早受业巴川阳恪，号以斋，为小阳

---

① 朱熹：《晦庵先生朱文公文集》，上海：上海古籍出版社，合肥：安徽教育出版社，2002年，第3853页。
② 黄宗羲等：《宋元学案四》，《黄宗羲全集》，杭州：浙江古籍出版社，1992年，第427页。
③ 黄宗羲等：《宋元学案四》，《黄宗羲全集》，杭州：浙江古籍出版社，1992年，第423页。
④ 黄宗羲等：《宋元学案三》，《黄宗羲全集》，杭州：浙江古籍出版社，1992年，第815页。

先生之子。"小阳则朱子再传传弟子也。顾程畏斋亲及先生之门,其为《读书分年日程》,识工程纲领,后云:"果斋先生早师常德小阳先生、大阳先生,阳先生师涪陵曼先生,曼先生师朱子。"未尝言及以斋。袁清容志先生墓亦云:"太中在湖北时谒告归省,从巴川阳公昺学《易》《春秋》。"大中先生之父,名肯之。黄文献云:"继朱子之学者,自曼氏渊、大阳先生枋、小阳先生昺,以至于史氏。"是知先生所受业者小阳先生,非小阳之子,史传盖误。①

从上述两条内容可知,冯梓材的观点是自相矛盾的,但是从其论述过程,我们可以看到其后一条文献的考证足以推翻其前述据《宋史·史弥巩传》而得出的结论,原因在于其后一条文献直接以程端礼的观点来述及史蒙卿的师承关系,且又有时人袁清容的墓志为佐证,当可信。那么可见史蒙卿是向大阳枋、小阳昺学习朱子学的,则其老师是大阳枋、小阳昺。

关于大阳枋、小阳昺,史料较少。《宋元学案》卷七十《沧洲诸儒学案下》"莲塘门人"条,有"进士阳字溪先生枋",其云:"阳枋,号字溪,称大阳先生。有《易》说。""阳存斋先生昺"条有云:"阳昺,号存斋,称小阳先生。有《易说》。"②阳枋和阳昺都是莲塘曼渊的门人。《宋元学案》卷六十九《沧洲诸儒学案》曼莲塘先生渊条说:"曼渊,字亚夫,号莲塘,涪陵人。西晋中郎将曼清之后,世世居襄阳,后徙居蜀,家培坪山。受业文公,所著有《孟子注》,今佚。门人阳枋、阳昺。"③其文末所述已然再次证实阳枋、阳昺与曼渊的关系,而曼渊是朱子的弟子。

由上述可知,程端礼是朱子的四传弟子,其具体师承脉络是:程端礼←史蒙卿←阳枋、阳昺←曼渊←朱子。那么《江东书院讲义》亦属于朱子后学作品。

第四篇文献《程董二先生学则》,作者是程端蒙和董铢,其中程端蒙是朱子的学生,董铢亦是朱子的学生。二人在《宋元学案》中均列于《沧洲诸儒学案上》,其中程端蒙条云:"师江先生介,已而受业于文公。"④董铢条云:"学于

---

① 黄宗羲等:《宋元学案 4》,《黄宗羲全集》,杭州:浙江古籍出版社,1992年,第425~426页。
② 黄宗羲等:《宋元学案 3》,《黄宗羲全集》,杭州:浙江古籍出版社,1992年,第808页。
③ 黄宗羲等:《宋元学案 3》,《黄宗羲全集》,杭州:浙江古籍出版社,1992年,第752页。
④ 黄宗羲等:《宋元学案 3》,《黄宗羲全集》,杭州:浙江古籍出版社,1992年,第747页。

朱子。"①冯梓材于《沧洲诸儒学案上》董铢条补有文献《程董二先生学则》,其内容正是《邵武府志》的一部分内容。由此可知,《程董二先生学则》属于朱子及门弟子所传作品,自然属于朱子思想直接影响下的作品。

综上所述,《邵武府志》所载嘉靖年间邵武府学的办学思想均是遵循朱子学术思想,亦是以朱子学术思想作为自身立校之本。

二、朱子教学思想的底色:邵武书院的教学方法根源

作为主管福建教育的最高长官,潘潢在邵武府学书堂东西刊刻前述朱子学派的作品,其思想显然被邵武府学各级官员所接受的,并成为邵武府学的办学思想。这是因为按照明代的官方体制,学宪虽然主管一省的教学事务,但是府学教授及地方府一级官员才是具体的主事官员,尤其是邵武府知府显然是对邵武府学的办学情况起到关键作用的官员。由于明朝的学宪仅是临时任命,且属兼职性质,故潘潢的思想能够被刊刻于邵武府学,显然是邵武府学上下一致认可的思想。正是基于上述情形,我们对潘潢思想的梳理,自然能够获悉邵武府学的教学方法情况,虽不中亦当不远,现梳理如下:

一是注重学生的理想教育。潘潢跋《白鹿洞书堂讲义》及朱子的跋语之后有跋曰:

孟子曰:"所欲有甚于生,所恶有甚于死。"岂独贤者有是心哉?陆先生一讲义利,群听竦动,夹汗流涕,虽去今数百载,东山赵子常犹谓"读之,使人羞恶之心油然而生矣。生则恶可已,彼鸡鸣而起,孳孳为利者常始于不见其可恶尔。余故取以发士志焉。"又曰:"有求为圣人之志,然后可与共学。是故士先志,求志、笃志、正志、遂志、逊志、持志、尚志、致志,君子亟称焉。"或者玩物,物化不自责,其志乃诿诸举子曰:"习非之夺是也,夫天下岂有可夺之志哉?"陆子曰:"古人入学一年,早知离经辨志。"今人有终身不知志所在者。於戏,亦足以立志矣。②

说潘潢以陆九渊讲义与朱子跋语作为跋语的对象,倒不如说是潘潢借《孟子》、赵子常等人的观点来说明自己的办学理念。我们的理由主要有两方面:

---

① 黄宗羲等:《宋元学案3》,《黄宗羲全集》,杭州:浙江古籍出版社,1992年,第749页。
② 夏浚等:《嘉靖邵武府志》卷七,天一阁藏明代方志选刊。

其一,陆九渊《白鹿洞书堂讲义》与朱子跋语和潘潢所讲内容存在不全一致的情形。陆九渊所讲内容在于学者当以义为志,并将其贯彻于自己的日常行为之中,朱子之文则是再次强调陆九渊所述以义为志的重要性,是"入德之方"。① 但是两者均未在此处就如何立志展开论述,即使是陆九渊,也仅言明以君子之义为志,而上述潘潢的观点则是引述赵子常观点,其所述的是把"求为圣人之志"作为立志的内容,虽然和陆九渊的观点存在一部分相同,如孔子以君子作为人格品质养成的目标,但是君子与圣人之间的用语并不一致,也不能直接等同,反而是朱子在讲学中,始终以当圣人作为立志的内容,如朱子说:"所谓志者,不道将这些意气去盖他人,只是直截要学尧、舜。"②这就是说立志不是以其他内容为立志,而是以尧、舜为自己立志的学习的对象。圣人与君子自然存在修养水平的差异,但是潘潢虽然是评价陆九渊的思想,却始终以成为圣人作为立志的对象,而且在引用陆九渊文献之时,亦将朱子所评价内容"群听竦动"作为最重要的立足点,自然是以朱子的评判作为立足点来评价前述陆九渊的观点。

其二,潘潢借其他学者的观点来阐述的观点与朱子谈学者立志为首要任务的观点高度一致。潘潢借助赵汸的观点来阐述立志的重要性,与陆九渊的观点虽有相似之处,如陆九渊说:"专志乎义而日勉焉,博学审问,慎思明辨而笃行之。"③其所述在于以义为志,而非"为圣人之志",前后两者自然有其相同之处,如孔子说"君子喻于义",圣人自然是喻于义,但是立志之时以义为志,虽然可以,但是义仅是圣人之事的一部分而已。故在朱子而言,立志并非以行义为目标而已,而是以圣人作为目标,因为义只是圣人为人处事的效果,而非圣人的全部。而朱子在教导学生时,不是以义作为学生该立之志,而是以圣人作为立志的对象。两者的外在效果虽然一致,即达到义的行事之效,自然符合圣人的标注,达到圣人之境,自然行事之效符合义的准则,但是两者之间的内在动因与出现频率不一样,因为行事之效为义可能是一次性的事件,为圣人而达到义之效,则从主体自身修养来实现的,前者为偶发,后者为恒定,自然有高低之别。故朱子以立大志作为学生当立志的标准,如前述朱子

---

① 陆九渊:《陆九渊集》,北京:中华书局,1980年,第276页。
② 黎靖德编:《朱子语类》,上海:上海古籍出版社,2002年,第280页。
③ 陆九渊:《陆九渊集》,北京:中华书局,1980年,第276页。

所述,志的内容正属于"学者大要立志",亦有"凡人须以圣贤为己任"。① 从这个内容亦可看到赵汸的观点虽然是评价陆九渊的观点,潘潢亦借其观点以准的,但是细考其论述的出发点,均是以成为圣人为立志的内容,均与陆九渊的论述存有重大差异,其差异点正是其从朱子以圣贤作为立志内容来看待陆九渊的观点。

二是注重读书的一己之得与收获。潘潢跋《江东书院讲义》说:

> 子思子曰:"夫子之教,始于《诗》《书》,而终于《礼》《乐》。"是故恶何必读书以为学者。夫曰"公所读者,圣人糟粕"与"读《论语》后,'不知手之,舞之,足之,蹈之,得意忘言,诵言忘味'"。自不相为谋矣,书何尤焉。②

以什么样的眼光来看待所读的内容,自然与所读典籍本身关系不大,因为每个人都是读相同的典籍,却因自身对典籍的认知与看法不同。故在学习的过程中,自然存在不同的体会与成效。但是这并不影响典籍本身的价值与意义,而在于学者通过学习,获得自身所特有的体会,方能使典籍发挥自身的效果。而这正是照应程端礼《江东书院教义》所收录朱子读书法之六条,即辅广所整理的朱子读书六法,亦即程端礼《程氏家塾读书日程》所遵循的读书原则。但是潘潢的跋语并不是简单复述前述内容,而是从一个全新的角度来衡量,即读书是否有用的观点,亦即是否能从书本典籍中获得功效。这是一个开放式课题,而非简单地以一种观点来教导学者该如何做。在明王朝的传统社会中,提出一个全新的问题,让学者自己去思考,从而获得自己的思想与成效,这是继续从前述的立志视角再深入一步,即不要仅局限于前辈学者所说的要以圣人为志向,而是要自己从书本典籍里收获自己的亲身体会,从而由外在的推动力转化为内生动力,产生持续推进自身的学习动力。

三是提出教育者应该与学者一样遵循教育规则。潘潢跋《程董二先生学则》曰:

> 古之学者言有教,动有法;瞬有养,息有存。古之教者何独不然?曰:"吾无行而不与二三子?"今以文艺而已者,陋矣。是故学者古以为己,今以为人;教者古以为人,今以为己。余述《学则》,惟其本末轻重之分犹有择焉。③

---

① 黎靖德编:《朱子语类》,上海:上海古籍出版社,2002年,第280页。
② 夏浚等:《嘉靖邵武府志》卷七,天一阁藏明代方志选刊。
③ 夏浚等:《嘉靖邵武府志》卷七,天一阁藏明代方志选刊。

关于古代的学者看法,历来有诸多论述,但是关于教者如何教,则述者不及前者十之一,最重要的是潘潢提出了一个非常重要的看法,即"教者古以为人,今以为己"。这是发前人所未发,而其提出的观点是与前述"学者古以为己,今以为人"相对应的。所谓"学者古以为己,今以为人"是被严厉批评的,如从二程到朱子所提倡的为己之学,正是其针对今之学者所做的应对之策,故教者需要秉持为己而教之规则,着力于要为培养人才而教,方是正确的,即遵循古之教法。这是中国传统学校里所缺少的一种教育思想,即学规仅是针对学生,如《白鹿洞书院揭示》仅从教学的内容加以约束,其余内容均以学生该如何做为主,即使是其所收录的《程董二先生学则》也以开篇说:"凡学于此者必严朔望之仪"云云,并未针对教师而提出自己的一系列观点,其名称亦以《学则》为明。但是面对这种情形,潘潢却从反面提出了教师该如何做的问题,这是一个全新的视角,从而将其所收录刊刻的四则材料的运用加以揭示出来,亦即要求教育者应该灵活使用前述四篇文献的内容,并做好为人成长而进行的教育方式,由此形成了全部四篇文献的总结内容。

三、邵武书院文化深受朱子精神的影响

从上述邵武府学刊刻于墙壁的情况已然可知,邵武书院文化深受朱子学的影响,这不仅在于邵武府学的办学规则遵循朱子办学的规则,如《白鹿洞书院揭示》,还在于邵武府学吸收了朱子办学过程中的精神,且形成完整的办学方针。从《白鹿洞书堂讲义》《江东书院讲义》,再到《白鹿洞书院揭示》《程董二先生学则》,呈现出了两个方面的特征:

一是具有完整性。由前述可知,《白鹿洞书堂讲义》及朱子跋语等均以学者读圣贤之书前应该要先立志,虽然陆、朱二人存有差异,但是陆九渊说:"志乎义,则所习者必在于义。所习在义,斯喻于义矣。志乎利,则所习者必在于利。所习在利,斯喻于利矣。故学者之志不可不辨也。"[1]这显然是要求在学之前,学者当先立志,与前引朱子观点是一致的,均是强调学之前要先立志,以为后续的学习做好准备工作。这就是现在所言的端正学习动机。再由《江东书院讲义》系统陈述辅广《朱子读书法》来展开说明读书过程中如何读书的问题,其观点自然无须我们再加以复述。再后才是一所学校的教师与学生该

---

[1] 陆九渊:《陆九渊集》,北京:中华书局,1980年,第275页。

如何做的校规校纪问题,《白鹿洞书院揭示》和《程董二先生学则》均是学校的办学规章制度,只是存有详略之异而已,从而为学校的整个办学的各环节提供了一幅完整的办学流程。这看似是一简单情形,但事实上,朱子学的尽广大、致精微的思想特征正在此文献中得以完整呈现出来,如钱穆先生所述:"朱子崛起南宋,不仅能集北宋以来理学之大成,并亦可谓其乃集孔子以下学术思想之大成。"[①]所谓集大成,是其学术思想具有全面性与深刻特征相结合,而潘潢在编排上述内容之时,从精神上吸收了朱子治学的特征,使其刊刻的内容覆盖了书院教育的各个环节,也使其刊刻内容既是起到学校宣传栏功能,又起到书院办学方针的效果。

二是守正与创新贯穿于书院文化之中。由前述的辨析可知,潘潢的评论与原文之间存在较大差异,其所持思想是以朱子思想为基础来评判各类文献的。这是以朱子学为底色,只是在看待具体问题之时,并非固守朱子原有思想,而是呈现出新的因素,如在《程董二先生学则》后的跋语,潘潢所述观点从教师的视角来看待问题,而非以朱子平时所强调的学生视角来看待学习问题。这个角度的变化使整个文献的境界跳出了原有教育思想的藩篱,也为书院的良好办学提供了一个方向性指导,自然有其创新的意义。朱子的创新在于深入学习各阶段儒学成果基础上的创新,正如钱穆先生所说:"是朱子于经学,虽主以汉唐古注疏为主,亦采及北宋诸儒,又采及理学家言,并又采及南宋与朱子同时之人。其意实欲融贯古今,汇纳群流,采撷英华,酿制新实。"[②]正是守正创新,才是朱子学成为儒学之大成的境界,亦是潘潢采纳前人作品刊刻于墙壁上,又通过评点加以揭示书院该如何培养学生,该如何教学,实属古为今用的一个范例,自然与墨守朱子学之人不可同日而语。

综合上述可知,在朱子学成为官方学术正统的明代,作为官学的邵武府学不仅遵循朱子正统学术思想,还能够在正统的朱子学基础上,看到新的办学方针,这不仅是潘潢一人眼光的锐利,亦是邵武一府从高层官员到书院教授们秉持朱子学真精神来办学的体现。

(作者单位:武夷学院朱子学研究中心)

---

① 钱穆:《朱子学提纲》,北京:生活·读书·新知三联书店,2002年,第1页。
② 钱穆:《朱子学提纲》,北京:生活·读书·新知三联书店,2002年,第30页。

朱子与李纲咏武夷山水诗比较

◎ 程　荣　孙　滔

对于朱子与李纲来说,吟诗作赋只是他们伟大事业的余事,但他们都酷爱山水,创作了很多武夷山水诗。朱子咏武夷山水诗约一百首左右,可分为两大类:其一是触景生情,感悟人生,阐明治学之道的诗;其二是游乐山水,赞美自然、体悟天地之道的诗。李纲创作的武夷山水诗也有五十余首:其一是写诗人生遭遇仕途挫折后追寻山水之乐,借山水之美来抚平心中苦闷;其二是旨在展示高尚伟大的人生理想与崇高的山水审美趣味。对朱子与李纲的武夷山水诗比较研究,可以更深入地了解不同身份、不同时代背景下诗人面对自然美景时所寄托的思想情感和表现方式的差异,进一步拓展武夷山自然与文化双遗产地的文化内核。

一、朱子与李纲咏武夷山水诗的思想感情比较

(一)自然真理的追寻与人生理想的思考

1.朱子对自然真理的追寻

朱子的理学家身份使他在创作武夷山水诗时带有强烈的主体意识,不是仅仅停留在反映生动活泼的外界景观,而是对自然景物进行哲理化、思辨化的改造,能动自觉地反映诗人对于宇宙、自然之天理的不懈追寻。如《武夷棹歌》其五:"四曲东西两石岩,岩花垂露碧㲲㲲。金鸡叫罢无人见,月满空山水

满潭。"①金鸡的叫声代表着新的一天开始,诗中提到无人见,意味着山中人烟稀少,景色宁静而荒凉,传递出一种寂静与荒凉氛围,强调了武夷山的幽深和静谧,创造出一种广阔而神秘的景象。通过月光和水潭的对应,强调了山水与人之间的和谐与美感,这是对自然的细致观察与体悟,同时也传达出诗人一种孤寂而又自足的求道者情怀。《武夷七咏·天柱峰》中写道:"屹然天一柱,雄镇斡维东。只说乾坤大,谁知立极功?"②"屹然、雄镇"两词不仅仅将山高耸、厚重的特点描写出来,后两句在整个宇宙宏大背景下产生一种对人生意义的终极关怀,是对宇宙生命价值的思考。又如《新竹》:"春雷殷岩际,幽草齐发生。我种南窗竹,戢戢已抽萌。坐获幽林赏,端居无俗情。"诗人端坐于竹林之间,细致地观察到幽草的生机迸发与竹子破土抽芽,生发出超然物外的情怀,思索着自然万物的规律,展现出一幅自然与人和谐共生的画卷。

再看《出山道中口占》:"川原红绿一时新,暮雨朝晴更可人。书册埋头无了日,不如抛却去寻春。"③该诗也是朱熹表现"寻春"意象的著名理趣诗,埋头于书卷之中,何时才能悟得真理呢?不如抛下书本,到山水自然中去寻找春天吧!朱熹作为一个学识渊博的学者,绝不是整日在书斋中埋头苦读,而是带着他对于"天理"的那份执着和笃定,在游历自然风光、感受天地美景的同时,反证他的思想。正因如此,他才能更好地将"格物致知"的理学思想巧妙地化用于山水诗创作中,做到情、景、理的有机统一,毫无割裂断层之感。

朱子山水诗体现了诗人对于大自然中不同事物之间关系的感悟,对自然规律、人与自然关系的理解,在武夷山水景物中体悟人生意义、治学之道,追寻自然真理。

2.李纲对人生理想的思考

与朱子感悟山水、追求自然之道不同的是,李纲山水诗注重的是自己品行的高洁与志向的高远。李纲一生都在忧劳兴国,可仕途的不顺与贬谪让他痛苦而又无奈。李纲被贬来到武夷山,在自然中寻求内心的宁静,并借此表达心中的理想与坚贞不屈的品格。如《岭云》:"玉洁烟轻一片深,飘然出岫本无心。孤飞远映碧天去,也解重来为作霖。"作者借洁白的云朵来象征自己高洁淡泊的品格,"无心出岫"更是体现作者对于世俗功名的不屑与淡泊自守的

---

① (宋)朱熹撰,郭齐笺注:《朱熹诗词编年笺注》,成都:巴蜀书社,2000年,第797页。
② (宋)朱熹撰,郭齐笺注:《朱熹诗词编年笺注》,成都:巴蜀书社,2000年,第643页。
③ (宋)朱熹撰,郭齐笺注:《朱熹诗词编年笺注》,成都:巴蜀书社,2000年,第796页。

品性。"孤飞、远映"又映射出作者远走他乡、官场失意的孤寂,但最后一句振作而起,表示宁愿牺牲自己也要以天下为己任的崇高理想,是作者高尚品格的完美诠释。又如《三层峰》:"三层灵峰气象豪,喷云泄雨不崇朝。悬崖峭壁无人到,只恐峰头是碧霄。"①前两句写景,描绘出武夷山三层峰的奇异与隽秀。后两句则是明志,突出诗人高尚的人格情操,借此表达自己不畏困难以及在历经磨难后会遇见更美丽风景的乐观心态。

李纲武夷山水诗也蕴含着深刻的人生哲理。如《天柱峰》:"谁道共工曾怒触?断鳌端是女娲功。"诗人认为共工怒触不周山、女娲断鳌足立四极只是神话传说,武夷山巍峨的天柱峰是自然的鬼斧神工。至于天地是如何形成的,诗人并没有明确回答,他只是提出了自然万物的形成这个哲学命题,没有朱子山水诗那样对天地之道、生命意义的深入思索。再看《龙潭》:"百丈清潭合两溪,澄波莹滑碧琉璃。神龙端向潭中睡,何事能容网罟垂。"诗人借龙潭传达了积极、乐观的人生态度,人生道路的选择,并不是被胁迫的,而是在潜意识里主动选择的。借此表明自己明知上书直陈时弊威胁到了权贵的利益,明知会遭遇贬谪,却依旧不改本志的刚正不阿的品性。仕途坎坷,实际上也是自身的选择,是为了国家、百姓的选择!人生不可能是一帆风顺的,总有歧路,如何选择,进一步还是退一步,这是一个恒久的人生哲理命题。可以看出,同样在山水诗中寄寓哲理,朱子更注重表现他作为理学家的独特生命体验,能动自觉地反映他对于宇宙、自然之天理的不懈追寻,道理深刻甚至晦涩难懂。而李纲在武夷山水中所领悟的哲理,是在历经磨难后体验大好河山,侧重于对品性、人格及国计民生的思考,道理较为浅显,易于领悟。

综上所述,自然之美对于朱子与李纲都是思想感情的承载物。朱子对于山水有强烈的主观意识,通过对自然山水的体认,来验证天地之道,追寻真理。李纲则通过武夷山水审视自己的内心,注重对自己的人格和心态的审视,寻求人生理想以及自我生命存在的真谛。

(二)旷达自适的心态与踌躇矛盾的内心

朱子与李纲都有很强的爱国情怀。朱子虽久居武夷山,可始终关注着国家大事与人间疾苦,但朱子并不像李纲那样强烈渴望得到重用以济世报国,南宋官场的腐败、政治的黑暗让朱子不屑与其为伍。朱子隐于山林之间,旷

---

① (宋)李纲著,王瑞明点校:《李纲全集》,长沙:岳麓书社,2004年,第49页。

达的心态让他在关注国事苍生时,更多的是感叹与讽刺。李纲出生于北宋太平盛世,经历了靖康之难,面对国家民族空前的危机,他渴望报国杀敌,却频繁被贬,这种进退不得、宝剑尘埋的处境让李纲痛苦不堪,内心一直没有获得真正的宁静。

1. 朱子旷达自适的心态

朱子是理学大师,比起官场朱子更喜爱自然山水,其武夷山水诗多叙写自己读书治学的日常生活和闲适自得的生活情趣。《宿武夷观妙堂二首》《过武夷山作》等诗是朱子早期作品,后期有《次韵傅丈武夷道中五绝句》《武夷七咏》等诗,尤其是迁居武夷精舍后所作《精舍杂咏十二首》、著名的《武夷棹歌》十首等山水诗,充满对生命意义、天地之道的哲理思考。朱子向往亲近自然、高蹈出尘的隐士生活,如《宿武夷观庙堂二首》其二:"清晨叩高殿,缓步绕虚廊。斋心启真秘,焚香散十方。出门恋仙境,仰首云峰苍。踟蹰野水际,顿将尘虑忘。"表明了朱子不想再被世俗所扰,渴望尽情享受山水的清静出尘之趣。然而朱子对家国苍生的关注,即使是退居山林于武夷山著书讲学时也未改变。如朱子在武夷山与好友观雪景时所作《次韵刘彦采观雪之句》:"感此节物好,叹息今何时。当念长江北,铁马纷交驰。"写看到满天飞雪,忽然想起大宋的将士正在保家卫国,笔锋一转用道出诗人对战事的挂念与揪心。朱子心系国家,在宋金对峙时,连续写下十几首诗,或是暗讽朝廷的无能,或是借山水表达自己对捷报的狂喜,抑或是歌颂将士杀敌的英勇事迹。除此以外,朱子对于民生疾苦也是万分关注与痛心。乾道三年(1167年)武夷地区发生水灾,朱子深感痛心便写下《杉木长涧四首》,记录灾难的残酷与对百姓的同情,同时对官府的不作为感到愤怒。如《杉木涧四首》其四:"阡陌纵横不可寻,死伤狼藉正悲吟。若知赤子元无罪,合有人间父母心。"满目疮痍加之百姓的悲鸣,让朱子倍感痛心,进而讽刺官吏的腐败无能。朱子向往山林间旷达自得的生活,可对于天下苍生的挂念却丝毫未减。

大自然的无限山水风光不仅陶冶了他的性情,激发了他的灵感源泉,让他在学术和思想上更上层楼,也令他在严谨的治学之外,以及残破的半壁山河之中找到心灵的寄托和慰藉,反思时局,悯怀黎元。醉情山水之中,又常常令他感悟出诸多人生道理,并将他们寄寓于山水诗中,启发后人。我们透过他的山水诗,也能窥见他理学宗师外不同寻常的一面。如《春日偶作》:"闻道西园春色深,急穿芒交去登临。千葩万蕊争红紫,谁识乾坤造化心。"听闻西园的春色艳丽,景色优美,诗人急忙穿上了草鞋前去观赏美景,写出了朱熹赏春的迫切心情。后两句是诗人看到了繁花似锦、万紫千红的景象,果然没有令人失望,但是结尾设问,这"乾坤造化心"又有何人能够识得呢?在本诗中,诗人用春色比喻自己新发现的"道理",用"千葩万蕊"体现理学思想的兴盛、学术的争鸣。虽然我们从"谁识乾坤造化心"可以读出他对理学前途命运的一丝担忧,但是我们仍然能看出诗人积极乐观的心态,他坚信道路尽管曲折,但是前途一定是光明的。

"吾道付沧洲"(《水调歌头》《朱文公文集》卷十)是朱子退居山林,并不是去做不问世事的隐逸高士,而是要做传道民间的学术素王,他不能身在朝廷建功济世,却可以退居山林倡道拯心。朱熹从容地进退于仕宦与归隐之间,"达亦不足贵,穷亦不足悲",始终是自己的主宰,从未象一般士人那样心为形役,既享受了山水林泉的宁静恬适、超然无碍,又无个体价值的失落感,用则进,废则退,每次在现实中四处碰壁后更是收敛身心、韬光养晦,力戒躁进之病,做一个平和、冲淡、闲适的真正"晦翁"。

2. 李纲出世与入世的矛盾

李纲出生于儒学世家,"治国、平天下"的思想贯穿其一生,但频频被贬让李纲的内心痛苦不堪。所以道家避世的思想就成为他新的情感寄托,以此来寻求心灵的平静和解脱。

李纲首次贬谪至沙县,诗人满怀爱国激情却无法实现宏伟抱负,心中苦闷惆怅,经过武夷山,便借山水来抚平心中的苦闷。如《过紫溪值雪》:"明时报国敢怀安,远谪方知行路难。云隔江乡来雁寂,雪飞闽岭敝貂寒。韩诗解道蓝关恨,贾赋聊凭鹏鸟宽。谁念紫皇香案吏,飘零已觉鬓毛干。"在这大雪纷飞的严冬,行路艰难,环境的冷寂,衬托出诗人内心的凄凉惆怅以及对未来的担忧,诗人借用韩愈、贾谊同遭贬谪的典故,吐露抑郁不得志的激愤之情。《雪中过分水岭六首》第一首,诗人同样描写了大雪中行路的艰难与飘零无依的孤独:"寒云漠漠雪霏霏,正是行人度岭时。密洒峰峦开玉府,乱妆林木发琼枝。步高渐入烟霄路,望远都迷涧壑姿。回首江乡何处是,断蓬飘梗不胜悲。"诗人为了国家百姓不肯屈服于权贵,在贬谪中途经武夷山,大雪纷飞,大地一片苍茫,蓦然回首,孤身一人,诗人不禁感叹自己像断蓬、飘梗一般,随风而去,居无定所,远离亲人,无限悲伤。

李纲一腔热忱却仕途坎坷,内心愤懑惆怅,不免产生消极的思想。奇丽清幽的武夷山水抚慰了诗人的心灵。武夷山是道教名山,自秦汉以来就为羽流禅家栖息之地,诗人受黄老学说的影响,在《洞天穴》《丹灶》《将次武夷》《大隐屏》《毛竹洞》《车钱峰》等诗歌中,流露出浓烈的隐逸思想。《将次武夷》:"行行路近武夷山,秀气蜿蜒百里间。苍石插天蜿缥缈,碧溪通壑水弯环。神仙恍惚谁能识,洞府深沉自不关。我向湖中如得路,便应脱屣谢尘寰。"诗人描绘了一幅秀气蜿蜒、缥缈天云、碧溪通壑的武夷山水图,赞叹如此人间仙境,表达了渴望远离尘寰、遁入山林的隐逸之情。再看《大隐屏》:"高峰崛起翠微屏,何事呼为大隐名?自是市朝人不到,非关洞户锁峥嵘。"大隐屏是在高峰中崛起的山峰,隐藏在深渊之间,只有站在对面山峰上才可以看到它,所以世俗的人难以发现其峥嵘的山势之美,此大隐屏得名之缘由。隐约曲折地表达了诗人对隐屏峰的喜爱之情,不愿做那市朝争名逐利之人,渴望餐霞饮露的逍遥自在。《车钱峰》曰:"尘缘洗净便神仙,泉石幽奇即洞天。我欲云崖结茅屋,待从天姥借车钱。"[①]将车钱峰描绘成神仙的府邸,泉水清澈,奇石瑰丽,诗人想要在此处搭建茅屋过闲云野鹤的日子。

李纲大量的山水诗表现了对山水田园生活的向往,但内心深处的家国思想却又束缚着他。如《洞天穴》:"沉沉幽穴閟云烟,玉宇琼楼锁洞天。自向壶中飞日月,更于物外起山川。刘公隐后今谁继,张湛仙来不记年。紫府若容幽客到,诛茅欲卜隐屏前。"[②]诗中神仙般的美景与逍遥的生活让李纲心驰神往,但心中的不甘也隐约可见。李纲就是在这种矛盾的心理中寄情山水,一方面不想再被政治官场所牵累,希望心灵有所寄托,想要观尽自然美景过闲云野鹤的生活。另一方面是儒家的家国观念又无时无刻影响着李纲,满腔热血,希望实现政治理想。这种矛盾的思想使李纲的山水诗充满了出世与入世的矛盾。

综上所述,家国观念对朱子和李纲的影响根深蒂固。但朱子看破官场,对政治感到失望,毅然辞官归林,豁达乐观。而山水之乐并未让朱子的爱国情怀有所减少,时而通过山水诗表达对现实的不满与对民生疾苦的痛心。朱子理学家的身份让他在武夷山水诗的创作上注重说理,超然脱俗。李纲山水诗更多包含儒家的家国大义,理想难以实现的苦闷无法得到释放,只能寄托于山水。但李纲内心深处还是想要通过政治实现自己的抱负,面对深重的民族危机,拯物济世的爱国热忱无法实现,官场的失意,使他的山水诗充满了出世与入世的矛盾。

---

① (宋)李纲著,王瑞明点校:《李纲全集》,长沙:岳麓书社,2004年,第51页。
② (宋)李纲著,王瑞明点校:《李纲全集》,长沙:岳麓书社,2004年,第46页。

二、朱子与李纲咏武夷山水诗艺术特征比较

朱熹、李纲咏武夷山水诗,不仅富含深刻的思想内容,在艺术表现上也具有鲜明的特征,值得细细品味。下文就从诗的情感表达方式、艺术风貌、语言风格四个方面进行比较分析。

（一）抒情方式：抑情与宣情

朱子与李纲在山水诗中都流露出浓烈真切的山水雅兴和热爱情怀,但在情感的表达上又有所区别。朱子的理学家身份让他在情感表达时有所克制,强调"抑情"。李纲的政治家身份与坎坷的仕途让他内心充满矛盾,所以在诗歌情感表达上直白强烈,重"宣情"。

1. 理智的真情流露

朱子的思想是矛盾的,但理学提倡"存天理,灭人欲",他能通过理智调节保持平衡。因此,在"娱情山水"时既有真情的流露,又有理性的克制,即抑情。如《武夷棹歌》其三："二曲亭亭玉女峰,插花临水为谁容？道人不作阳台梦,兴入前山翠几重。"[1]这首诗本是赞颂大王与玉女的爱情,但后两句提醒求道的人是保持清醒的,说明保持理智才能寻得大道。《武夷七咏·天柱峰》："屹然天一柱,雄镇斡维东。只说乾坤大,谁知立极功？"[2]朱子对大自然鬼斧神工的赞叹也是真性情的流露,然而后两句由自然景观所引发的对于宇宙生命的思考,使情感的抒发不是向外发散,而是向内收敛,这种思辨的特质使得诗歌具有一种独特的厚重感。又如《宴坐》："登山思无穷,临水心未厌。沉痾何当平,膏肓今自砭。默坐秋堂空,遐观靡余念。"[3]开篇用"无穷"和"未厌"表达对山水的热爱,是明显的宣情,然而笔锋一转,开始检讨自己因登临而学问荒疏的行为,反身而诚,提醒自己要修身养性,除去思想言行的弊病。这样看似矛盾实则具有思辨精神的特质,在朱熹山水诗中比比皆是,是其感性生命情调和理性道德自律的矛盾调和的反映,形成了朱熹独特的山水美学风貌：朱熹山水诗既有强烈的热爱自然的情感色彩,又有思辨的、理性的张力,使情

---

[1] （宋）朱熹撰,郭齐笺注《朱熹诗词编年笺注》,成都：巴蜀书社,2000年,第797页。
[2] （宋）朱熹撰,郭齐笺注：《朱熹诗词编年笺注》,第643页。
[3] （宋）朱熹撰,郭齐笺注：《朱熹诗词编年笺注》,第610页。

感的抒发得到有效的平衡,也使诗歌具备一般文人诗歌所难以达到的深刻思理的特质。

2. 强烈的情感表达

李纲思想以儒学为主导,是一个充满家国意识的传统士人。纵使身不由己,郁郁不得志,也要心系国家,坚守理想抱负。如《试剑石》:"炼气为金铸剑成,且将顽石试青萍。光芒郁郁冲牛斗,斩尽妖魔若发硎。"[①]表达了满腔的报国热忱。他将自己比喻成一把利剑,渴望上阵杀敌报效国家。"成、试、冲、斩"几个动词豪放有力,直抒胸臆,心中的热血好似潮水一般难以抑制,随时要迸发出来。从《天柱峰》一诗中也不难看出作者情感抒发的方式:"俯临万壑林彷秀,高压群山气象雄。谁道共工曾触折,断鳌端是女娲功?"[②]诗歌引用共工怒撞不周山、女娲断鳌撑天地的典故突出天柱峰高峻、巍峨的特点,"临、压、触、立"几个动词将诗人心中的志向与豪情抒发了出来。同是描写天柱峰,李纲直接抒怀,侧重于个人抱负志气的抒发,朱子则侧重对宇宙人生、天地大道的思考,强调抑情。

(二)艺术风貌:平淡深远与浪漫绮丽

"虚实结合"是诗歌常用的表现手法,其作用是丰富诗歌意象,开拓诗的意境,使读者有更广阔的审美空间,更充实的审美趣味。朱子与李纲在创作武夷山水诗时都喜欢用"虚实结合"的表现手法,但表现出的风格却不相同。朱子常年的山林隐居生活以及理学修养,使得诗歌呈现出一种超然的平淡深远的风格,李纲丰富的想象力与雄健的笔力使得他的诗在表现一种浪漫绮丽的风格。

1. 平淡深远的意境美

朱熹山水诗蕴含着"平淡深远"的意境。如《春日即事》:"郊园卉木丽,林塘烟水清。闲栖众累远,览物共关情。憩树鸟啼幽,缘原草舒荣。悟悦心自遣,谁云非达生。"诗人在阳春三月风和日丽的时节里,悠游于自然山水之中,倏然开朗,领悟大好春光所呈现的天地生机,以及生机中蕴含的圣贤气象。昔者圣人孔子曾喟然慨叹"吾与点也",正是赞同曾皙在春游时"浴乎沂,风乎舞雩,咏而归"表现出来的圣贤气象。《闻蝉》:"悄悄山郭暗,故园应掩扉。蝉

---

① (宋)李纲著,王瑞明点校:《李纲全集》,长沙:岳麓书社,2004年,第50页。
② (宋)李纲著,王瑞明点校:《李纲全集》,长沙:岳麓书社,2004年,第46页。

声深树起,林外夕阳稀。"夕阳西下,染红层林之外的天空,酡红直退到远方,此时万鸟归林,柴扉轻轻掩住,默默迎接夜色的到来,然而却忽然传来几声蝉鸣,在静谧的世界中显得分外悦耳,丝毫不显突兀,反而愈发衬托出世界的宁静,从而凸显出诗人冲淡平和的心境。诗人沉醉于自然,已经臻于天人合一、物我两忘之境。王国维在《人间词话》中说:"有我之境,以我观物,故物皆著我之色彩。无我之境,以物观物,故不知何者为我,何者为物。古人为词,写有我之境者多,然未始不能写无我之境。此在豪杰之士能自树立耳。"又说:"无我之境,人惟于静中得之;有我之境,于由动之静时得之。故一优美一宏壮也。"朱熹的《春日即事》和《闻蝉》正是王国维"有我之境"和"无我之境"的最好注脚。"无我之境"存之于道家,就是"逍遥"二字,释之于佛家,则是"真如"之境。朱熹山水诗已经上升到儒释道三教臻一的化境,这与他深厚的儒释道修养有关,同样也是由于他超乎常人的独特天分。

2. 浪漫绮丽的想象

李纲描写山水自然实景时,往往结合传说故事的虚写,大胆地想象,使诗充满浪漫色彩,引发人的无限遐想。如《幔亭峰》曰:"燕罢虹桥绝世氛,曾孙谁见武夷君?更无茵幕空中举,时有笙竽静处闻。猿鸟夜啼千嶂月,松篁寒锁一溪云。洞天杳杳知何处?翠石苍崖日欲曛。"[1]前四句引用"幔亭招宴"的神话传说展开丰富的联想,虽然虹桥不再,无缘再见武夷君,但诗人大胆的想象,就好似听见了宴会时的笙竽声,让人不禁产生一种重回仙境的感觉。"山月""夕阳""松林""鸟鸣",凸显出幔亭峰的孤寂落寞,又将人拉回现实。前四句写不真实的仙境,后四句写实,虚实结合,相互呼应,相互衬托,给人更强的代入感与想象的空间。《武夷山》曰:"百里云山碧玉林,雕镂融结见天心。幔亭会散笙箫远,天柱风高烟雾深。画鹤独留青嶂表,林花常发紫岩阴。梦魂清切先曾到,故使飘零特特临。"[2]同样运用了虚实结合的方法,将长在紫岩阴面的野花和画中青嶂的背景进行比照,就好像野花是故意长在岩石阴面一样。诗人的写意在说明哪怕是武夷山的一朵小花,也能够让使人赏心悦目之情。又如《三女石》一诗,更为直白地点出巫山行云、湘江解佩的传说:"粲粲三英傍碧溪,玉肌云鬟晓参差。想因巫峡行云日,记得湘江解佩时。"《三姑石》:"风舞芳林鬟脚垂,朝云行雨湿仙衣。不知当日缘何事,化石山头更不

---

[1] (宋)李纲著,王瑞明点校:《李纲全集》,长沙:岳麓书社,2004年,第46页。
[2] (宋)李纲著,王瑞明点校:《李纲全集》,长沙:岳麓书社,2004年,第45页。

归。"引用美丽的民间传说,勾起读者无限的遐想。还有《观音岩》《鸡窠岩》《仙迹石》《大小二廪石》等诗歌,都引用了神话故事或民间传说,将自然山水实景与诗人奇幻的想象融合,大胆想象给人无限的遐想空间,使诗歌呈现出一种浪漫而绮丽的艺术风貌。

(三)语言风格:平淡质朴与雄深雅健

朱子与李纲在诗歌语言上都追求朴实自然,简洁流畅,都用最精练的语句抒发深厚的情感。但在诗的语言风格上有所不同,朱子诗歌语言平淡冲和,李纲诗歌语言则雄深雅健。

1. 朱子平淡质朴的语言风格

朱熹山水诗的语言风格,大体上是朴实无华的,明白晓畅,简练精邃,平淡自然。朱熹作为理学宗师,势必受到理学思想的浸染,而儒家学说或者宋明理学,即是追求复古的,至圣先师孔夫子一生就在追求"克己复礼",回到上古"夜不闭户,路不拾遗"的九州清晏的美好时代。而朱熹在文学上的理念与其思想是一致的。如《奉同张敬夫城南二十咏·采菱舟》云:"湖平秋水碧,桂棹木兰舟。一曲菱歌晚,惊飞欲下鸥。"写初秋时节,波平如镜,湖水青碧,划动木浆,兰舟驶下,采菱女唱起晚歌,惊起一滩鸥鹭。语言平淡质朴,看似波澜不惊,细细读来,却充满难以言说的意味。再如《奉同张敬夫城南二十咏·纳湖》云:"诗筒连画卷,坐看复行吟。想象南湖水,秋来几许深。"诗人讴歌闲暇萧散的隐逸生活,赞许古人高洁的志向。通篇二十字,明白如话,却俊逸清远,营造了空灵而又浑厚、娴雅而又超脱的诗歌意境。《奉同张敬夫城南二十咏》这一组诗,还描写了"东渚"、"归桥"、"船斋"、"丽泽堂"、"兰涧"、"书楼"、"石濑"、"卷云亭"、"柳堤"、"月榭"、"西屿"、"淙琤谷"、"听雨舫"、"梅堤"和"南阜"等风物,这些山水诗作无一不是朴实无华、明白晓畅的语言风格。一洗宋初西昆体的浮艳诗风,也没有江西诗派的生涩险怪,具有朴实无华、平易自然的本色之美。在一种平淡的境界中,徐徐道来,但在平淡的意境中,又能做到不失美感和深刻的蕴涵,给人以一种浑然天成之感,他自己曾说:"自然触目成佳句,云锦无劳更剪裁。"这也正应了李太白"清水出芙蓉,天然去雕饰"之意以及陆放翁"文章本天成,妙手偶得之"之意,香山、太白、放翁都有这种观点,朱熹的山水诗师法自然,明白简练的语言风格与他们的理论暗合。

2. 李纲雄深雅健的语言风格

遭遇贬谪之前,李纲的诗歌风格较为单一,而贬谪却影响了李刚的人生,因此诗风也发生了改变。诗人忠贞爱国却屡屡遭贬,内心自然有抑郁不平之气。饱览了贬谪途中的大好河山,产生了归隐之意。贬谪也影响了李纲的诗风,诗人既忧郁惆怅,又陶醉在山水景色中,使其诗歌的风格由单一转向多元,具有多维度的呈现,其武夷山水诗以朴实自然,雄健豪迈为主。李纲作为一名政治家,深受王安石影响,特别强调文贵适用,重视文学的实用价值。作为一名诗人,李纲长期不受重用,诗歌中难免显露出落寞惆怅的归隐之情。李纲非常推崇陶渊明,他崇尚的是朴实自然的诗歌语言。诗人在语言选用上大都是浅显易懂、活泼生动的词汇,甚少用晦涩难懂的文辞。在多种合力作用下,使得李纲的山水诗在语言风格上呈现出一种雄深雅健的风格。

如《幔亭峰》:"猿鸟夜啼千嶂月,松篁寒锁一溪云。"一个"锁"字简洁明了,生动传神。云好似被锁住,停滞在高山上,与鸟鸣相呼应,一静一动,胸次超然,感情豪迈,笔力雄健。李纲描写玉女峰时语言更加直白,情感更加浓烈:"风舞芳林鬓脚垂,朝云暮雨湿仙衣。不知当日缘何事,化石山头更不归。"将玉女峰比作一位仙女风姿卓越,明艳动人,表达了诗人对于玉女峰秀丽风景的无限赞叹。《狮子峰》:"奇石腾拏竹树苍,奋髯矫首据崇冈。山深怪底无豺虎,端为溪头百兽王。"[①]李纲用雄健的笔力将静止的山峰表现得活灵活现,生机勃勃。"腾拏""苍""奋髯",描绘出山峰仿若狮子奔腾咆哮的情景,精准地表现出了山水的绮丽、雄伟与生机。再看《天柱峰》:"巉巉千丈插烟空,始见天南一柱峰。绝顶雾开擎日月,半岩云暝噎雷风。府临万壑林岕秀,高压群山气象雄。谁道共工曾怒触?断鳌端是女娲功。"描写了天柱峰巍峨险峻的宏伟景象:千丈插空,擎日月,噎风雷,并以两则中国古老的创世神话,反衬天柱峰俯临万壑、高压群山的宏伟气势。整首诗语言雄健豪迈,情绪高昂,读者仿佛置身于天柱峰顶上,俯视人寰,感叹着宇宙的浩瀚、人世的苍茫。《三层峰》《画鹤》《禅庵岩》《魏王峰》等都是描写武夷山各处风光的山水诗,语言亦雄健豪迈,将武夷山的风景写得气势磅礴,充分展现出诗人的雄才大略和不凡的胸襟气度。

[①] (宋)李纲著,王瑞明点校:《李纲全集》,长沙:岳麓书社,2004年,第47页。

四、思想对创作的影响

1. 理学对朱子山水诗的影响

理学直接影响朱子的诗歌创作内容。朱子理学认为"理"是万物的起源,而要推究世间万物的道理就需"格物致知",所以朱子在创作武夷山水诗时描写对象有很多是日常生活中的事务。朱子对周围环境的观察加之不断的思考使得他的武夷山水诗大都蕴含理学大道,包含对天地万物、社会人生、时间空间的道理。如《观书有感》《宿武夷观妙堂二首》《读道书作六首》《久雨斋居诵经》等诗都是前半写景、后半说理的类型。《云谷杂诗十二首·下山》:"行随流水声,步出哀壑底。绿树枝相樛,白涧石齿齿。树石无穷年,流水日千里。"这首诗就明显地体现了朱子对于宇宙规律的思考。朱子跟着流水移动,移步换景到绿树、白涧石,通过听觉与视觉将山林间的动景与静景尽收于心。朱子从树石的静与流水的动中体悟到宇宙万物动与静运行的规律。又如《春日偶作》:"闻道西园春色深,急穿芒屩去登临。千葩万蕊争红紫,谁识乾坤造化心。"在生活中发现哲理,表达了诗人于乱世中追求圣人之道的美好愿望。不论是《观书有感》中的"源头活水",抑或是《春日》里的"泗水寻芳",都是由美景引真情,可到诗的结尾,情感都戛然而止,转而开始阐释人生哲理以及广博思辨的治学心得,诗人想要表达的显然不局限于欣赏美景或治学读书,观物体道、格物致知才是他的终极目的。

朱熹往往将"理一分殊"的哲学观点有意识地融入文学作品中,将其隐藏在审美意象之中,最终通过审美形象来表现诗人深刻的思想和深层的意蕴。试看《偶题》其三:"步随流水觅溪源,行到源头却惘然。始信真源行不到,倚筇随处弄潺湲。"[1]写的是诗人随着溪流溯源而上,想要找到流水的源头在何处。但是当诗人真正到达溪泉源头的时候,却惘然若失,这究竟是为何呢?原来诗中的"真源"正是朱熹心中之"理"的象征,这个"理"并不是存在于万物之外的,而是蕴含于万物之中,实际上"真源"何必需要到源头去探寻呢?它就存在于随处流淌的溪泉中呀!

"存天理,灭人欲"的思想也影响了朱子山水诗的创作。朱子的很多诗所抒发的情感是含蓄内敛的,符合儒家"温柔敦厚"的美学标准,朱子会抑制情

---

[1] 朱熹著,郭齐笺注.朱熹诗词编年笺注,第231页。

感的宣泄,转而进行理性的哲学思考。如上文所举的《武夷棹歌》其三,朱子不是由秀丽的玉女峰引发有关巫山神女的风流联想,而是告诉人们在求道过程中要保持内心的纯净,不要被外在的声、色、货、利所诱惑,要一直保持着奋发向上的势头。这是抑制情感欲望转而寻求天理大道的典型。

2. 儒释道三教对李纲山水诗的影响

李纲是以儒学为主导、释道为辅的三教合一论者。儒家思想中的"治国、平天下"的观念时刻影响着李纲,即使仕途不顺,流放失意,也要心系家国:"君臣以道合,言出心莫逆。膏泽下于民,美化施无极。"(《传画忠义图》)这种家国思想影响了诗歌创作,如《上饶道中杂咏三首》其二:"鬓毛萧飒寸余冠,蒙犯风霜却岁寒。但使孤忠能感激,岂辞远谪备艰难。苍苍云木留深景,渺渺深溪泻暮湍。独坐苦吟山寺冷,照人孤月正团栾。"这首诗是诗人在被贬途中所写的,但即使身处逆境也依然表明自己的赤胆忠心,其家国思想之深重可见一斑。又如《试剑石》:"炼气为金铸剑成,且将顽石试青萍。光芒郁郁冲牛斗,斩尽妖魔若发硎。"[1]诗人将自己比喻成一把利剑,渴望上阵杀敌,报效国家。"成、试、冲、斩"几个动词豪放有力,直抒胸臆,心中满腔的报国热血好似潮水一般难以抑制,随时要迸发出来。

佛学对李纲的影响也很深刻。佛学在宋代发展迅速,尤其是在东南地区,李纲也经常拜访高僧大师学习佛学。李纲将佛家"普度众生"的思想和儒家济世思想融入诗歌创作中。如《病牛》:"耕犁千亩实千箱,力尽筋疲谁复伤?但得终生皆得饱,不辞羸病卧残阳。"作者托物言志,将自己比作任劳任怨、别无他求的病牛,表达自己即使身心俱疲也要救民于水火的普世奉献精神。

道家思想对李纲的影响也很深远。道家顺其自然、顺应天道的思想给他心灵上的慰藉,如《泛游仙溪》《别武夷途中偶成寄观妙法师》《洞天穴》等等,都是李纲被贬后来到武夷山所创作的,吸引李纲的不仅仅是武夷的奇山异水,更多的是隐入山林、避世逍遥的桃源生活。

朱子与李纲二人在诗歌上都有各自的特点。"格物致知""存天理,灭人欲"的理学思想,使朱子的武夷山水诗富有理趣,具有丰富深刻的哲学思想,蕴含着天地、人生大道。李纲受儒释道三教影响,诗歌的内涵也很丰富,既有儒家的"以天下苍生为己任"的家国观念,又有佛家"普度众生"的济世思想,

---

① (宋)李纲著,王瑞明点校:《李纲全集》,长沙:岳麓书社,2004年,第50页。

同时也有道家"顺其自然，无为而治"的处世心态。

结　语

　　综上所述，朱子咏武夷山水诗风格冲淡清雅，超然高远，抒情时往往受理性克制，充满哲理性，重在对自然、生命的哲学思考，明显受理学思想的影响。李纲咏武夷山水诗诗风豪迈清健，沉郁悲凉，大胆洒脱，充满浪漫的色彩，情感的抒发方式是直抒胸臆。李纲将心中的抱负与爱国之情融于山水中，用强烈的笔法展现出浓厚的情感。可以看出朱子的武夷山水诗重"理"，李纲的武夷山水诗重"情"。所以朱子的诗歌属于学者之诗、理学家之诗，李纲的诗歌则属于文人之诗、政治家之诗。但两人也存在相同点，其一是朱子与李纲在诗歌的语言风格上有一定相似性，擅长用白描，朴实自然，没有华丽的辞藻却情真意切。其二就是二人对自然山水的热爱和赞美之情是一样的，都渴望悠然闲适的归隐生活。其三就在于两人高尚的人格，他们的山水诗都具有忧国忧民的爱国情操，都是自己人格精神的投射。

　　武夷山美丽的自然环境与丰富的武夷文化是世界自然与文化的宝藏，习近平总书记在很多会议上多次强调生态环境、传统文化的重要性。朱子与李纲作为文化名人创作的武夷山水诗，无疑是一张珍贵的文化名片，可以更好地宣扬武夷山水之美，宣扬武夷文化内涵的丰富性，将环境资源、文化资源统筹结合转化为经济优势，从而更好发展旅游业，推动闽北经济文化的发展。

（作者单位：武夷学院人文与教师教育学院）

蒙谷拜师:朱子师事黄端明

◎ 吴剑美 弋 人

47岁的朱熹已是名闻士林的大学者,到邵武故县拜师端明殿学士黄中先生,是朱熹拜师延平先生之后的壮举,对朱熹为人、为学、为政都有深刻影响。蒙谷拜师是中华文明中尊师重教的典范,虽然定格在特定的历史时空中,却流传到一衣带水的韩国,被人仿效。

在《晦庵先生朱文公文集》卷三十七收入朱子《上黄端明》一封书信,全文如下:

八月十一日,具位熹敢斋沐裁书,请纳再拜之礼于致政尚书端明文丈台座:

熹闻之,孟子有言,天下有达尊三:爵一,齿一,德一。此言三者之尊达于天下,人所当敬而不可以慢焉者也。虽然,爵也,齿也,盖有偶然而得之者,是以其尊施于朝廷者则不及于乡党,施于乡党者则不及于朝廷,而人之敬之也抑或以貌而不以心。惟德也者,得于心,充于身,刑于家而推于乡党,而达于朝廷者也。有是而兼夫二者之尊焉,则通行天下,人莫不贵。虽敛然退避,不以自居,而人之所以心悦而诚服者,盖不可解矣。

恭惟明公以两朝侍从元老上还印绶而退处于家,自天子不敢烦以政,赐之几杖而乞言焉,其位与年固非偶然而得之者矣。而明公则未尝以是而自异于人,其所以默而成之,不言而信者,则日新又新而未尝有止也。此天下知德之士所以莫不窃慕下风之义,俱有执鞭之愿,而熹之愚则有甚焉者。盖其平生气禀偏驳,治己则不能谨于细微,立志则不能持于常久,以至待人接物之际,温厚和平之气不能胜其粗厉猛起之心。是以常窃自悼,以为安得朝夕望见明公之盛德容貌而师法其万一,庶几可

229

以饬身补过于将来,而不遂为小人之归也。今日之来,盖将顿首再拜于堂下,以偿其夙昔之愿。伏惟明公坐而受之,使得自进于门人、弟子之列,而不孤其所以来之意,则熹之幸也。乡往之深,不自知其僭越,敢以书先于将命者而立于庑下,以听可否之命。熹不胜皇恐之至。

这是朱熹(字元晦,1130—1200)投帖拜80岁黄中(字通老,1096—1180)为师所发出的肺腑之言。

一、朱子心仪硕儒名臣

朱熹是韦斋先生朱松(字乔年,1097—1143)之子,多年接受庭训,14岁失怙,转而师从屏山先生刘子翚(字彦冲,1101—1147)、白水先生刘勉之(字致中,1091—1149)、籍溪先生胡宪(字原仲,1086—1162),得到精心培养。29岁拜师延平先生李侗(字愿中,1093—1163),又向直阁先生范如圭(字伯达,1102—1160)讨教,聆听谆谆教诲,从好学少年逐渐成长为"乾淳名儒"第一人[①],名动朝野。

朱熹十九岁考取进士,从绍兴二十三年(1153年)秋首仕泉州同安主簿,至绍兴二十七年(1157年)冬卸任归崇安五夫。朱熹为官之余,倾心于儒家经典著作《论语》《孟子》的攻读与诠释,遇到问题则以笔记形式记录下来,于绍兴二十八年(1158年)春徒步数百里到南剑州剑浦执礼拜师李延平,"就有道而正焉",得到指导,学问进步很快,初步建立起以四书为基础的理学体系框架。淳熙二年(1175年)五月,朱熹与吕祖谦等人在建阳寒泉之会,合编《近思录》后,到信州铅山鹅湖寺与陆九渊兄弟展开学术论辩。钱穆先生以朱熹与吕祖谦、陆九渊等人在鹅湖寺之会作为重要的时间节点,说朱子"是年四十六岁,那时他的学问也大致定型了"。[②]

然而,自李延平先生于隆兴元年(1163年)冬突然谢世,朱熹失去导师的指导,尔后十多年没有找到高明者可以请益,无形中有些失落感,对人说"熹自延平逝去,学问无分寸之进,汩汩度日"。[③] 这是有危机感的君子自道,也是

---

① 陈栎:《定宇集》卷七,《问乾淳大儒南轩东莱不及文公处及所以不同处如何》,四库全书电子版,第4b页。
② 钱穆:《宋明理学概述》,北京:九州出版社,2010年,第116页。
③ 朱熹:《晦庵先生朱文公文集》卷三九,《答柯国材书二》,朱杰人等主编:《朱子全书》第22册,上海:上海古籍出版社,合肥:安徽教育出版社,2002年,第1730页。

进德不已的感情流露,言下之意是自己还需要寻找高明者指导,学问与思想才能有望达到更高的高度,更深的深度,更宽的广度。直至听说两朝侍从元老黄中先生退休,衣锦还乡邵武,由此点燃拜师求学的激情。

朱熹与李吕、游九言等人交流,而知道黄中学养充盈,平素心平气和,秉持《周易·系辞下》所确立的"君子上交不谄,下交不渎"的为人准则,深得高宗和孝宗的器重,在朝时间较长。与许多高官重臣打交道,有丰富的上层社会生活经验,懂得礼制规矩,懂得政治理念,谙熟社会理想,操持人格理想,在不同场合讲究礼节、礼仪、礼数,是精通礼学的高级专家。

黄中不仅是礼学专家,还是当朝名臣:"擢馆职、郎曹、史官,摄赞书命,兼司业、祭酒、侍讲,历工、吏、兵、礼部侍郎,又以府教授、给事中、兵部尚书",为太子师,受知于高宗皇帝,如今又受知于孝宗皇帝,"事今上皇帝,侍读禁中,正色立朝,声烈甚茂。以显谟、龙图阁学士退老于家,天子又乞言焉,即拜端明殿学士。恩礼殊渥,而海内有识之士,亦莫不归心焉。"[1]黄中出入禁中二十余年,在复杂多变的世态中立身不倒,而忠言直节,老而益壮,更是令海内有识之士归心。若得此硕儒名臣指教,于学问,于修身,必有裨益。于是便有上面的朱熹《上黄端明》一信,由此掀开蒙谷拜师的历史序幕。

二、朱子拜师端明先生

《上黄端明》仅有五百零一字,其中有斋沐、文丈、达尊三、知德之士、师法、饬身补过等几个重要词语需要关注。

斋沐一词,意思是斋戒沐浴,以示虔诚恭敬,在朱子《朱文公文集》仅出现过三次,分别是《上黄端明》(1176年)《庚子应诏封事》(1180年)与《戊申封事》(1188年),可见该词适用于君亲师。文丈,是对才高德韶老者的敬称,在朱子《朱文公文集》仅出现一次。达尊三,语出《孟子·公孙丑下》:"天下有达尊三:爵一、齿一、德一。朝廷莫如爵,乡党莫如齿,辅世长民莫如德。"朝廷重爵位,乡党尊高龄,辅助世道、善化民心则依靠德行。就个体而言,人或享有一尊,或享有二尊,三尊齐全者极少。知德之士,化裁《论语·卫灵公》孔子所言"由,知德者鲜矣"而来,指熟读儒家经典著作、懂得修养品德的人。师法,

---

[1] 朱熹:《晦庵先生朱文公文集》卷九一,《金紫光禄大夫黄公墓志铭》,朱杰人等主编:《朱子全书》第24册,上海:上海古籍出版社,合肥:安徽教育出版社,2002年,第4210页。

以有德才者为师，此处则以爵贵、年寿、德盛的端明先生为自己学习和仿效的榜样。饬身，即警饬己身，使自己的言行谨严合乎礼法之场。补过，转用《易·系辞上》"无咎者，善补过也"之意，弥补自己的言行过失和缺点。

朱熹"今日之来，盖将顿首再拜于堂下，以偿其夙昔之愿。伏惟明公坐而受之，使得自进于门人、弟子之列，而不孤其所以来之意，则熹之幸也"。黄中早就通过故家子弟和过往官员的交谈而知道朱熹潜心学问，著述立说，已有建树，开门授徒，培养士子，卓有成效。如今朱熹主动登门，诚心求教，好学精神不衰，自然乐意接受其为门人、弟子。这与《礼记》所言"礼，闻取于人，不闻取人。礼，闻来学，不闻往教"的向学精神完全吻合。

黄中已是耄耋老人，正式致仕脱下官服，可以穿着日常便装见客人。黄中在归来堂正厅接受朱熹的拜师礼，"坐而受之"，正式确立师徒关系，且开始了长达十天的坐而论道。这是朱熹"就有道而正焉"的又一个典型例子。黄中向朱熹讲说自己的亲身经历，进退大节，重点是立朝事君。黄中力主抗金，热心接引后进，名臣王十朋、张震和大将张浚、刘锜，都曾受到栽培和举荐。黄中回顾绍兴三十一年（1161年）九月，金兵南侵渡淮，京城杭州一片混乱，文官武将携带家眷纷纷逃窜，大臣只剩陈伯康与黄中两家安然不动，坚守抗敌。隆兴元年（1163年），张浚主持的北伐失败后，黄中主张不割地求和。乾道元年（1165年），黄中擢为兵部尚书兼侍读，提出"用人而不自用，公议进退人员，察邪正，广言路，核事实，节使度，择监司，惩贪吏，陈方略，考兵籍"的安邦治国"十要"之说，黄中"间语及时事，或慷慨悲辛不能已，闻者盖动心焉"。[①] 南宋社会复杂，有关政治、军事、外交的"时事"层出不穷，抗金则是主旋律，而"闻者"包括朱熹、黄瀚、蔡元定、李吕、吴英等人，当然朱熹受触动最大。

朱熹在归来堂受学旬日，夙昔之愿得偿。随后朱熹写信告诉浙东好友吕祖谦："熹前月至昭武，见端明黄丈，旬日而归，幸粗遣日，无足言者。黄丈端庄浑厚，老而不衰，议论不为诡激，而指意恳切，亦自难及。见之使人不觉心服，益自愧其浅之为丈夫也。"[②]在朱熹的心目中，黄中是一位顶天立地的大丈夫。

---

① 朱熹：《晦庵先生朱文公文集》卷九一，《端明殿学士黄公墓志铭》，朱杰人等主编：《朱子全书》第24册，上海：上海古籍出版社，合肥：安徽教育出版社，2002年，第4220页。
② 朱熹：《晦庵先生朱文公文集》卷三三，《答吕伯恭书四十九》，朱杰人等主编：《朱子全书》第21册，上海：上海古籍出版社，合肥：安徽教育出版社，2002年，第1468页。

淳熙五年(1178年)十二月,朝廷委任朱熹知南康军,并催促上任。朱熹告诉吕祖谦:"熹还家两日,南康已略遣得数人来,而今日复被堂帖趣行,势不敢久居家。但开正须略到近处坟墓省视,及欲略走邵武问黄丈之疾,归来方得就道,计在灯夕前后矣。"①淳熙六年(1179年)一开春,朱熹特过邵武,问候患病在家的黄中。黄中将自己身后事以及为其父母撰墓志相托。淳熙七年(1180年)八月,85岁的黄中卒于家,朱熹闻报,先后作《祭黄尚书文》《又祭黄尚书文》。"明年将葬,嗣子源使其弟瀚状公行事,属熹以铭。熹辱公知顾甚厚,且尝受命以识先大夫、先夫人之墓矣,不复敢辞,乃敬叙其事而铭之"②,即作《金紫光禄大夫黄公(黄崇)墓志铭》和《建安郡夫人游氏墓志铭》及《端明殿学士黄公墓志铭》,并于淳熙八年(1181年)九月二十二日再到邵武送葬。朱熹师事黄中的一段历史渐渐落幕,而影响却没有结束。

三、尊师重教的影响深远

武夷山下的游酢(字定夫,1053—1123)和杨时(字中立,1053—1135),皆为北宋理学家程颢(字伯淳,1032—1085)、程颐(字正叔,1033—1107)的高弟子。元祐八年(1093年),41岁的杨时、游酢以师礼见程颐于洛阳,立雪程门,成为尊师重教之美谈。至今人们仍津津乐道"程门立雪"的典故。而47岁的朱熹,登黄中之门拜师求学,无疑也是尊师重教的典范。在程朱理学传承中,黄中从学于母舅游酢,而接受朱熹为入门弟子,于是构成二程—游酢—黄中—朱熹的传授脉络图。③

身为朱子之师的朱松、刘子翚、胡宪、刘勉之、范如圭和李侗等人,仕履相对简单。朱松、刘子翚、胡宪、范如圭,虽是政府官员,品阶却不高。刘勉之、李侗都是布衣,没有经过官场生活的大场面,生前都没有告诉朱熹有关进退大节的常识。朱熹仅当过一任低级官员,却不喜做官,常以各种理由辞免朝廷召命,近二十年里,多以请祠赋闲在家,虽然与不少地方官员打过交道,但毕竟以学问交流为多,缺乏上层社会生活经验,特别是与高官、重臣的交往,

---

① 朱熹:《晦庵先生朱文公文集》卷三四,《答吕伯恭书十三》,朱杰人等主编:《朱子全书》第21册,上海:上海古籍出版社,合肥:安徽教育出版社,2002年,第1479页。
② 朱熹:《晦庵先生朱文公文集》卷九一,《端明殿学士黄公墓志铭》,朱杰人等主编:《朱子全书》第24册,上海:上海古籍出版社,合肥:安徽教育出版社,2002年,第4223页。
③ 陈国代:《朱子诸师考释》,厦门:厦门大学出版社,2022年,第489页。

尤其是与君王的交往，明显存在短板，自说"平生气禀偏驳，治己则不能谨于细微，立志则不能持于常久，以至待人接物之际，温厚和平之气不能胜其粗厉猛起之心，是以常窃自悼"，内心充满"不知礼，无以立"的担忧①，尽管自知"禀性过刚"，其偏在忿愎，平时力加矫揉之功，忿愎却消磨未尽，以至于在不知不觉之顷，犹未免表露出来，甚碍事，故而急切需要拜师学礼。

礼不仅是各种行为的规定，也是一种受到广泛重视的政治伦理观念，贯穿于社会政治生活，规范着人的行为，历代的典章制度、政策法规的制定大都从经典中寻求理论依据，故而夏商周的典章制度都称为"礼"。周公、孔子特别重礼，为后世典范。孟子说："辞让之心，礼之端也。"而讲究礼义，以明人伦，是社会教化的重要内容。朱熹正是由于此认识，需要高明者指点迷津，学到真本领，致君尧舜上，再使风俗淳厚。

朱熹在黄中家馆留住十天，得以从容讨教，聆听教诲。黄中讲了许多关于礼的问题，涉及君臣之礼，父子之礼，邦国之礼，朝觐之礼，丧祭之礼等具体事例，让朱熹深受启发，获益良多。朱熹多年不肯轻易接受朝廷任命，就是要严守"出处"大关。如今朱熹正式拜黄中为师，所问所学侧重于礼学，对后来进入官场生活起到指导作用。

四、礼学思想的行动指南

黄中 20 多岁在太学读书，40 岁考取进士踏入仕途，于绍兴二十六年（1156 年）八月二十六日，由秘书省校书郎转为著作佐郎，不久兼两王府教授。②两王府，即为普安郡王府和恩平郡王府。黄中兼任教授普安郡王赵瑗、恩平郡王赵璩的重任。此前，黄中主管南外敦宗院，教授皇室疏属宗子，如今教授两郡王，实为培养储君，事关国家前途命运的发展大局，责任重大，意义非常。黄中受命，不敢懈怠，精心为郡王讲授《礼记》。十二月，"秘书省著作佐郎兼普安恩平郡王府教授黄中言，恩平郡王讲《礼记》终篇，令讲《易》"。③《礼记》是战国至汉初儒家礼仪论著的总集，内容包括礼制和儒家哲学思想两

---

① 《论语·尧曰第二十》。
② 李心传：《建炎以来系年要录》卷一七四，《影印文渊阁四库全书》第 327 册，上海：上海古籍出版社，1987 年，第 452 页。
③ 李心传：《建炎以来系年要录》卷一七五，《影印文渊阁四库全书》第 327 册，上海：上海古籍出版社，1987 年，第 475 页。

部分,侧重于阐明礼的作用和意义,为研究中国古代社会、文物制度、典礼、祭祀、教育、音乐和儒家学说的重要文献。《礼记》里面包含儒家的思想史料相当丰富,含有儒家对人生的一系列见解和态度,如《王制》《礼运》篇谈到儒家对国家、社会制度的设想。

黄中兼国子司业、国子祭酒、侍讲,又以王府教授,为太子师,侍读禁中,是名副其实的宿儒名师,隆礼则是其学问的显著特色。其中国子司业为祭酒副贰,掌国子监及各学的教法、政令,与国子祭酒一同考吉礼、嘉礼、军礼、宾礼、凶礼之用,管理全国学校事务、科举考试、藩属和外国之往来事。

黄中结合实例,向朱熹讲了许多关于礼的问题,涉及君臣之礼,父子之礼,邦国之礼,朝觐之礼,丧祭之礼等具体事例。如绍兴二十九年(1159年)九月十五,寿登八十的皇太后韦氏得疾,高宗不视朝,敕辅臣祈祷天地、宗庙、社稷,赦天下,减租税。庚子(20日),太后崩于慈宁宫。[①] 高宗披麻戴孝守丧。在太后去世的第四天,"甲辰,有司以辰日罢哭临",理由是依照旧例"三日哭而止"。[②] 起居郎兼权中书舍人黄中认为有司提议不合礼制精神,于是争之,曰:"此非经。且唐太宗犹以是日哭其臣,况臣子于君母乎!"[③] 黄中引《旧唐书》记载太宗闻张公谨卒于官,出次发哀,有司奏言:"准《阴阳书》,日子在辰,不可哭泣,又为流俗所忌。"太宗曰:"君臣之义,同于父子,情发于衷,安避辰日?"遂哭之。[④] 黄中非常重视义理对现实生活的引导作用,以先王制礼精神来规范人的行为,引唐太宗哭悼忠勇之臣为例,规劝高宗为子应尽孝道。同年十月初三日,"皇太后殿欑,有司以权制已讫,请百官以吉服行事"。[⑤] 丧服制度,是古代丧礼的重要内容。五等丧服的头绪很多,对象很多,内容相当复杂,但有一个基本原则就是"称情而立文"。[⑥] 黄中认为在殡日皇帝穿丧服,而若百官以穿吉服陪位,不仅仅是服饰上会形成很大反差,关键是君臣异制,于

[①] 脱脱等:《宋史》卷二四三,《列传第二·后妃下》,北京:中华书局,2017年,第8643页。
[②] 脱脱等:《宋史》卷一二二,《志》第七五《礼二十五》,北京:中华书局,2017年,第2851页。
[③] 李心传:《建炎以来系年要录》卷一八三,《影印文渊阁四库全书》第327册,上海:上海古籍出版社,1987年,第600页。
[④] 刘昫等:《旧唐书》卷六八,《列传第十八·张公瑾传》,北京:中华书局,2016年,第2507页。
[⑤] 李心传:《建炎以来系年要录》卷一八三,《影印文渊阁四库全书》第327册,上海:上海古籍出版社,1987年,第600页。
[⑥] 彭林:《儒家礼乐文明讲演录》,桂林:广西师范大学出版社,2008年,第269页。

礼制精神不符。黄中又论之曰:"唐制,殡在易月之内,则曰百僚各服其服。启殡在易月之外,则曰各服其初服。今殡虽过期,独不得以启殡例之而服其初服乎?且丧与其易宁戚,惟稽古定制,有以伸臣子之至情者,则幸甚。"①可见黄中深于礼学,熟悉汉代礼制。"朝廷议礼考文,礼官视他部为重,非通知古今之学,不足以当其任"②,确实如此。朱熹完全能够理解黄中遵循稽古定制原则,引经据典以说服君臣执行经典礼法,因为礼法关系到根本的政治问题。

五、建议修复蒙谷精舍

47岁的朱熹拜师80岁的黄中,光以这样年龄段建立起师徒关系而言,在中国教育史上极其罕见,却为后世树立尊师重教的典范。

朱熹接受黄中教育,不仅拓展了礼学视野,对社会实践有指导意义,还引发晚年组织门生十数人合力纂修《仪礼经传通解》之举,以期达到涵盖社会各个层面的教化作用。把先王之道,普天之理,通过具体的礼仪方式,贯彻到日常生活之中,有助于人们进一步掌握"礼者,所以定亲疏、决嫌疑、别同异、明是非"③的道理。朱熹登门拜师学礼,与其倾力修礼书的这层关系,尚待学界加意探究。

而随着朱子著作流传到儒家文化圈的韩国,便有朱子学代表人物退溪先生李滉(1501—1570)关注到朱子"纳拜黄端明"④,其后另一位学者郑经世(1563—1633)对李氏使用"纳拜"一词的"纳"字做疏解,以"入"与"献"来解之,有"此则纳非受义,乃献字之义也"⑤。而"尤庵先生,尝引朱子见黄端明故事,以书为贽,请见于金文正公",即朝鲜王朝中期政治家、哲学家宋时烈(1607—1689)引朱子蒙谷拜师的故事而拜师大臣金尚宪(1570—1652),在韩国学界也成一桩美谈。

---

① 朱熹:《晦庵先生朱文公文集》卷九一,《端明殿学士黄公墓志铭》,朱杰人等主编:《朱子全书》第24册,上海:上海古籍出版社,合肥:安徽教育出版社,2002年,第4215页。
② 杨时:《龟山集》卷三二,《李修撰墓志铭》,林海权点校本,福州:福建人民出版社,1993年,第719页。
③ 《礼记·曲礼上》。
④ 李滉:《退溪先生文集》卷之二十八,《答金惇叙(癸丑)》,第148页。
⑤ 郑经世:《愚伏先生文集》卷之十四,《金沙溪经书疑问辨论·小学》,第255页。

可以说,邵武故县蒙谷精舍是一处非常重要的朱子文化资源,是朱子师事黄中先生的重要场所。蒙谷拜师是中华文明中尊师重教的典故,虽然定格在特定的历史时空中,却流传到一衣带水的韩国,被人仿效。

笔者撰此文交流,还想借朱熹与邵武研究学术研讨会召开之际,建议邵武市有关部门修复蒙谷精舍,再现朱子拜师的场景,以此弘扬尊师重教的传统美德,使之纳入朱子文化品牌建设中的重要内容,成为宣传中华礼文化建设的重要窗口。

(作者单位:南平市大横中学)

朱子门人任希夷对理学家正统地位的确立

◎ 陈国代

任希夷出身官宦之家,勤奋好学,考取进士,脚踏实地从地方官员做起,晚年成为代理副宰相,人生达到巅峰,为家族赢得荣誉。而任希夷师从理学家朱子,在任礼部侍郎期间,奏请朝廷"赐程颢、程颐以美谥",终于有"颢谥纯,颐谥正"的结果,对理学家正统地位的确立做出重要贡献。

据《武夷山志》记载,在风景如画的武夷山风景名胜区水帘洞有一方摩崖石刻:

> 刘岳卿几叔招胡希圣、朱仲晦、梁文叔、吴茂实、蔡季通、冯作肃、陈君谟、饶廷老、任伯起来游。淳熙辛丑七月二十三日,仲晦书。[①]

这是朱熹(1130—1200)任满南康军两年,于淳熙八年(1181年)四月十九日回到五夫家后,受隐居在水帘洞的刘甫之邀,与诸士友同游武夷山的文献记录。题刻中梁文叔、吴茂实、冯作肃、饶廷老、任伯起,分别是邵武籍人士梁璪、吴英、冯允中、饶干(1158—1228)和任希夷,大多年岁不详。[②] 其中任氏奋发有为,后位登宰辅,在朱门中可谓地位通显者。然而《宋史》为任希夷立传,仅有二百余字,其他文献如《邵武府志》《考亭渊源录》《道南源委》《闽中理学渊源考》记载也大致相当,皆显简略。笔者钩稽史海,收集零散资料,以朱子师徒互动为主线,撰文以飨读者。

[①] 《闽中金石志》卷九亦有相同记载,但笔者2023年4月24日下午与当地学者实地考察,未见石刻所在。
[②] 有人以为任希夷绍兴二十六年(1156年)出生,有待考实。

一、故家子弟，求学朱门

任希夷，字伯起，号斯庵，为眉州眉山人任伯雨曾孙，任贤臣之孙，任璋之子。

任伯雨（字德翁，1047—1119）为任孜（字遵圣）之子[①]。德翁自幼矫然不群，深邃经术，文力雄健。登宋神宗元丰五年（1082年）进士第，历清江主簿、雍丘知县、大宗正丞。旋擢为右正言，为人刚正不阿，为官多有建树。徽宗初政，上章弹劾章惇、蔡卞、曾布，居谏省半载，大臣畏其多言，寻出知虢州。为蔡卞所陷，入元祐党籍，编管通州。崇宁二年（1103年）徙昌化军（今海南省儋州市），居海上三年而归，"其后仕闽，因家邵武"。宣和初卒，年七十三。绍兴初，诏赠龙图阁，又加谏议大夫。采其谏章，追贬章惇、蔡卞、邢恕、黄履，明着诬宣仁事以告天下。淳熙中，追谥忠敏，《宋史》卷三四五有传。

任伯雨为宋哲宗驸马都尉，有二子，任象先、任申先。长子象先，登世科，又中词学并茂举。有人说象先之文胜过其父德翁，有司启封，见为党人子，不奏名，调秦州户曹橼史。闻父远谪，弃官归养。王安中聘为燕山宣抚幕僚，途中患病还，终身不复仕。任象先之子任尽言，字元受，徙居华亭。

任伯雨次子申先（字世初），崇宁间，因父得罪权贵被逮下狱，终以无罪得释。靖康初，李纲荐任申先自布衣赐对。钦宗忽问曰："卿在前朝曾上书乞取燕、云。"申先云："诚有之。"并陈述上书根据。授承务郎，被录用。绍兴元年（1131年）十一月，辞授通判秀州召命。其后以尚书礼部员外郎试秘书少监，试起居舍人兼直史馆。绍兴五年（1135年）五月初一日，赐尚书礼部员外郎任申先进士出身。是年七月为中书省起居舍人，十月以中书舍人兼史馆修撰。绍兴六年（1136年），为起居郎，乞追赠官其父，且言伯雨因论章惇、蔡卞诬谤宣仁后有废立之意，遂被责，仍以伯雨手泽进之，乃诏赠伯雨谏议大夫。任申先后充集英殿修撰，提举江州太平观，免谢辞。晚年调湖南岳阳任湖广岳州刺史，除待制致仕。

早在绍兴四年（1134年），朱松（1097—1143）得到泉州太守谢克家、内翰綦崇礼的举荐入京，受知枢密院事赵鼎赏识，除秘书省正字。与秘书少监、起

[①] 任孜以学问气节推重乡里，与苏洵齐名。仕至光禄寺丞。与弟伋并知名，时称大任、小任。

居舍人兼直史馆任申先有交集，与任申先之子任贤臣兄弟相从游，即朱子说"予先君子尝与大夫公昆弟游"者[1]。任贤臣入官，后以右朝散郎通判鄂州，监乡试失职降官[2]，影响职务迁升，"通守武昌，久摄郡事"，历守数郡。晚岁奉祠以归，官终右朝请大夫。有子任璜、任玠、任璋三人，皆入仕。

任璋曾任袁州万载县丞，有三子，希夷、希惠、希尹。任希夷生长在官宦家庭，从小就受到文风熏陶，刻苦读书，为文精练，写得一手好文章。任希夷生活在邵武，与梁琢、吴英、冯允中、饶干等人，年龄相差不大，同气相求，交往深厚。任希夷以故家子弟得以问学于朱熹，最初从学大致在朱熹于建阳寒泉精舍守母夫人之丧期间。

朱熹登绍兴十八年（1148年）进士第，首仕泉州同安主簿四年归来，在武夷山下著述讲学，陆续有好学者前来拜师求学。乾道八年（1172年）六月，朱熹第四次辞朝廷召命，要蔡元定、李宗思与任希夷等人一同参修《资治通鉴纲目》。任希夷当是口头接受分修南北朝相关任务，但不上心，朱熹为赶进度，于是在九月里欲将此部分任务"或取过伯起者托"给建阳游酢族孙游九言（字诚之，1142—1206）。朱熹给李宗思信中说：

> 两月来修得数书，亦有一二论说文字，甚思与老兄评之。而相望邈然，又无人抄得，徒此郁郁，想闻之亦不无叹恨也。比来观书进学、诱掖后进次第如何？深所欲闻，因书详及之为幸。《通鉴纲目》三国以后草稿之属，临行忘记说及。今想随行有的便，旋付及，幸甚。唐事已了，但欲东汉之末接三国修之，庶几有绪，易为力耳。然伯起者亦尚悠悠，近游诚之（伯钧之子）相过，开爽可喜。渠南北事甚熟，或取过伯起者托渠料理也。[3]

然而游九言与任希夷一样没有接受参与撰写任务。

朱熹告诉李宗思说："某碌碌之况，已具前书。《通鉴》文字近方得暇修得

---

[1] 朱熹：《晦庵先生朱文公文集》卷九二，《宜人王氏墓志铭》，上海：上海古籍出版社，合肥：安徽教育出版社，2002年，第4241页。

[2] 即绍兴二十六年（1156）闰十月九日，诏"鄂州通判任贤臣监试不职，容纵举子假手传义，特降一官"。处分任贤臣是由当地举人控告监试官，"先是鄂州举人王昌言讼考试官策题差误，又冒贯合格者众，贤臣为监试，故责及之。上谕宰执：'以昌言讼主司，有害士风。'乃送邻州编管。"参见李心传《建炎以来系年要录》卷一百七十五。

[3] 朱熹：《晦庵先生朱文公文集·续集》卷八，《答李伯谏书一》，第4785页。

数卷,南北朝者伯起不承当,已托元善矣,度渠必能成之。"①尽管如此,朱熹物色年富力强的建阳蔡元定(字季通,1135—1198)、建安李宗思、浦城詹体仁(字元善,1143—1206)、邵武任希夷等人参与著述活动,说明这几位弟子有一定的史学功底与撰述能力。

二、登第入仕,仕而优学

任希夷登宋孝宗淳熙二年(1175年)詹骙榜进士第,调建宁府浦城主簿。出仕之前,勤奋读书,勤于问学。淳熙四年(1177年)八月,任希夷访师论学。朱熹告诉黄榦:"任伯起到此,昨夕方与痛说,觉得上面更无去处了,未知渠能领略否耳。"②这段话的意思是说任希夷已经脱却场屋束缚,应当在讲究义理上下工夫,不断提高道德涵养。这从朱熹讲学中说过一段话可以得以验证:"学者观书,先须读得正文,记得注解,成诵精熟。注中训释文意、事物、名义,发明经指,相穿纽处,一一认得,如自己做出来底一般,方能玩味反覆,向上有透处。若不如此,只是虚设议论,如举业一般,非为己之学也。"③任希夷一时"上面更无去处",就是遇到瓶颈,而朱熹说学者"向上有透处"便是在格物穷理上不断突破限制。

淳熙八年(1181年)六月,任希夷受到不能专心读书的困扰,致信讨教良法解决问题。朱熹回书信说:"示喻静中私意横生,此学者之通患。能自省察至此,甚不易得。此当以敬为主,而深察私意之萌多为何事,就其重处痛加惩窒,久之纯熟,自当见效。不可计功于旦暮,而多为说以乱之也。《论语》别本未曾改定,俟后便寄去。然且专意就日用处做涵养省察工夫,未必不胜读书也。"④朱熹不愧是教育家,常常要为从学者"通患"把脉,开具"药方"治病。随后的七月二十三日,任希夷与多位士友陪同朱熹游武夷山水帘洞,在洞壁留名。同年十月,朱熹又回任希夷书信说:"诚敬寡欲,皆是紧切用力处,不可分先后,亦不容有所遗也。然非逐项用力,但试着实持守体察,当自见耳。"⑤任希夷接受有道者的正确指导,步入正途,躬行实践,在为己之学上日益有

---

① 朱熹:《晦庵先生朱文公文集·续集》卷八,《答李伯谏书二》,第4785页。
② 朱熹:《晦庵先生朱文公文集·续集》卷一,《答黄直卿书三十六》,第4656页。
③ 黎靖德编:《朱子语类》卷一一,北京:中华书局,1986年,第191页。
④ 朱熹:《晦庵先生朱文公文集》卷四四,《答任伯起书一》,第2029页。
⑤ 朱熹:《晦庵先生朱文公文集》卷四四,《答任伯起书二》,第2029页。

收获。

淳熙九年(1182年)十一月三日,任希夷祖母王氏病逝。任希夷先是请友人方士繇(1150—1199)"述宜人阀阅事状",又于淳熙十年(1183年)三月到五夫紫阳楼拜谒朱熹,恳请老师拨冗撰写宜人王氏墓志铭。① 然后师徒结伴到武夷山隐屏峰下看视即将落成的武夷精舍。到了淳熙十三年(1186年)七月,任希夷受福建转运判官王师愈之托,特地送信给朱熹,而朱熹又向在信州上饶任上的程迥推荐:"前浦城主簿任希夷经由请见,幸与其进而教诲之。其人有志于学,守官不苟,王漕亦令去请教也。"②王师愈是杨龟山门人潘良贵的弟子,与朱熹同年进士而交厚,一样欣赏任希夷,共同推荐给以《易》学见长的程迥。

淳熙十四年(1187年)七月十日,任希夷到武夷精舍问学,并请朱熹为其家藏二苏遗迹作跋。朱熹作《跋任伯起家藏二苏遗迹》:

> 元丰间,西南夷与疆吏不相得,怒且生事,时眉山任公伋字师中,守泸州,曰"我曲彼直,不可与校",务一以恩信抚柔之。已听命矣,而部使者或坏其约以邀功,公争之不得,其后师出,果屡败。天子震怒,将吏皆伏诛,使者惧并及,则反诬公以幸免。事下有司,杂治未竟,而公没。其子三诉于朝,卒不得伸。然任氏自此世有闻人,而龙阁公遂以刚直不挠进为于世。今其家藏两苏公文记诗篇甚众,盖诗犹真迹,而于泸事尤反复致意焉。龙阁之曾孙希夷将刻石以视子孙,而属予序之。予惟任公当日之意,知其事理之当然,而不得不然耳,非以令名之可慕,后福之可邀而为之也。而以今观之,其效乃如此,岂《易》所谓"不耕获,不菑畲,而利有攸往"者耶?因记其事如此,后之君子有以考焉。淳熙丁未七月己酉,新安朱熹书。

跋文中"任氏自此世有闻人",确实如此。跋文中"龙阁公",即任希夷的曾祖父任伯雨。眉山任氏与苏氏关系密切,任氏子弟与朱熹关系也密切,不仅任希夷亲炙朱熹,任希夷堂兄弟任清叟有幸与朱熹相见于兰溪,以曾祖手帖见示。为此,朱熹于淳熙十五年(1188年)六月既望作跋云:

> 任公忠言直道,铭于彝鼎,副在史官。而此帖之传,尤可以见其当时事实之曲折,此巽岩李公所为太息而惓惓也。任公曾孙清叟,以其墨本

---

① 朱熹:《晦庵先生朱文公文集》卷九二,《宜人王氏墓志铭》,第4241页。
② 朱熹:《晦庵先生朱文公文集·别集》卷三,《程沙随可久书一》,第4875页。

见遗,三复以还,想见风烈,殊激衰懦之气。愿与公之子孙交相勉励,以无忘高山仰止之意焉。淳熙戊申六月十六日,新安朱熹书。①

朱熹要以"任公忠言直道"的精神"激衰懦之气",自然鼓舞任氏子孙"无忘高山仰止",砥砺前行。

任希夷在卸任浦城主簿后,又出任萧山县丞,又在江淮总领郑湜(？—1198)幕府任职。绍熙三年(1192年)十二月,陆九渊卒于荆门军,任希夷代江淮总领撰祭文,自己还写了悼亡诗。郑湜于绍熙二年(1191年)二月知建宁府,不久过建阳,特地到童游桥头拜访卸任知漳州归来的朱熹,问戢盗之法。朱熹学问广博,又有州县管理经验,告之曰:"只是严保伍之法。"而任希夷在这一年所经历的事很多,具有重要意义的事则潜藏在其晚年所作《读壬子以前诗》中:

> 壬子以前诗,大抵皆少作。一览欲销忧,万感纷如昨。
> 兰萱新去丛,棠棣无留萼。哀哉谁与言？泪雨九河落。②

其中诗句"兰萱新去丛"所表达的意思是自己离开考亭师友,因此"壬子"年这个关键时间节点,非常有纪念意义。由此推测任希夷出于其师之推荐而入郑湜幕府,人生发生巨大变化。

庆元元年(1195年)七月,身处庆元党禁逆境的朱熹给饶干信中有:"换阙竟如何？人生凡百信缘,祸福之来,岂计较所能免？见说贤者虑患过深,几至成疾,何必尔耶？伯起想已赴班引③矣。中间'道学'二字标榜不亲切,又不曾经官审验,多容伪滥。近蒙易以伪号,又责保任虚实,于是真赝始判矣。"④任希夷有望入京为官,但出自朱门,难保不受审核者阻扰。庆元二年(1196年)二月,朱熹再提谏官任伯雨章疏论事:

> 赵公为相时,高宗因览元符谏官任伯雨章疏论章惇、蔡卞,尝乞追废宣仁圣烈皇后事,赫然震怒,召直学士院胡寅草诏手书,以付三省,削夺惇、卞官爵,禁锢亲戚子孙。其词有"谁无母慈,何忍至此"之语,天下快之。赵公犹以行遣太重,奏为申理,乞免锢其亲戚。高庙手诏褒其仁恕,颇为末减,今宸翰犹藏。赵氏或为刻石以传于世矣,然章氏子孙不知也。

---

① 《石渠宝笈续编》卷五十七,《跋任伯雨帖》。
② 见载于《永乐大典》卷八百九十九。
③ 班引:宋代选人改官的程序,经磨勘许改京官的选人,数人结为一甲,定期引见皇帝。
④ 朱熹:《晦庵先生朱文公文集·续集》卷六,《与饶廷老书五》,第4759页。

但见赵公力主元祐,因谓此事皆出其意而深怨之。世亦鲜知其曲折者,因复并记于此云。①

北宋后期的元祐党禁,由学术分野不同发展而来。当前庆元党禁,是元祐党禁的翻版,其悲剧也在逐渐形成。庆元二年(1196年)十二月二十六日,诏朱熹落职罢祠。庆元三年(1197年)正月,布衣蔡元定遭受反道学者迫害,被流放到三千里外的道州改造,对任希夷触动不小。曾被乃师称为"开济士"的任希夷,对老师的处境表示担忧,致信劝老师辞退前来建阳考亭受学的门生,避免导致"流窜放殛"。朱熹回信说:"熹衰病之躯,饮食起居尚未能如旧。流窜放殛,久已置之度外。诸生远来,无可遣去之理。朝廷若欲行遣,亦须符到奉行,难以遽自匆匆也。详观来谕,似有仰人鼻息以为惨舒之意。若方寸之间日日如此,则与长戚戚者无以异矣。若欲学道,要须先去此心,然后可以语上。上蔡先生言'透得名利关,方是小歇处',今之士大夫何足道?"②对弟子"来谕,似有仰人鼻息以为惨舒之意"提出批评,且要求学道之人,要直面人生,要透过名利关,才能在政治风浪中站稳脚跟。

三、扶持道统,奏乞赐谥

在外戚韩侂胄把持朝纲而发动"庆元党禁"的政治运动中,许多士子前途受到影响,尤其是朱熹门人与追随者。庆元三年(1197年)三月,朱熹给黄榦的书信反映出这个问题:"近报误举伪学人许令首正,观此头势,恐子合受得王漕文字,亦不稳当。"③子合是从学于朱熹的漳州龙溪人王遇(1142—1211)。到了庆元三年十二月,朝廷发布"庆元党籍",罗列近三年被台谏言官弹劾过的人共五十九名。凡列党籍者的子弟、门徒,科举考试、任职与迁升都受到严格限制。庆元四年(1198年)九月,69岁的朱熹致信饶干说"伯启④闻已西去"⑤,当是任希夷仕进受阻,赋闲在家,回一趟祖籍地眉州探望亲友。从此,任希夷失去尊师的耳提面授,再无面见师尊的机会。庆元六年(1200年)三月

---

① 朱熹:《晦庵先生朱文公文集》卷八三,《再跋赵忠简公帖》,第3938页。
② 朱熹:《晦庵先生朱文公文集》卷四四,《答任伯起书三》,第2030页。
③ 朱熹:《晦庵先生朱文公文集·续集》卷一,《答黄直卿书八》,第4646页。
④ 伯启,即伯起。朱子在患病时,一些书信常为口占而门弟子代书,故会出现同音字现象。
⑤ 朱熹:《晦庵先生朱文公文集·续集》卷六,《与饶廷老书二》,第4758页。

初九,朱熹终老于考亭。

嘉泰二年(1202年),台谏上奏宁宗皇帝即赵扩(1168—1224)说,"真伪已别,人心归正",韩侂胄便正式建议弛禁"伪学"。弛禁伪学以二月甲申追复赵汝愚资政殿学士为标志,随之而来的是一大批列入"伪学逆党"的健在者相继起复官。是年十月,追复朱熹焕章阁待制致仕。开禧元年(1205年),任希夷入朝为官,成为太常寺主簿。任希夷上奏:"绍熙以来,礼书未经编次,岁月滋久,恐或散亡,乞下本寺修纂。"从之。早在绍熙五年(1194年),朱熹入朝为焕章阁待制兼侍讲、秘阁修撰时,就提出官方组织力量编次礼书,但因宁宗受韩侂胄鼓动而内批朱熹赋闲,使得朱熹任侍讲仅四十六日便离朝而归,官修的礼书计划没有得以实施。此次朝廷准许修礼书,由掌管礼乐的最高行政机关太常寺修纂。这次官修礼书的同时,还要解决绍熙以来过世的具有一定品级的官员定谥问题,必然要对生前精心为宁宗皇帝讲《大学》的帝师朱熹予以恰当的定谥。

嘉定元年(1208年)正月戊寅,右谏议大夫叶时等请枭韩侂胄首于两淮以谢天下,不报。二月戊申,追复赵汝愚观文殿大学士,谥忠定。宁宗声称要革除韩侂胄的弊政,为赵宋基业"作家活",诏史官改绍熙以来韩侂胄事迹。这些重要的政治举措,被称为"嘉定更化"。宁宗皇帝以朱熹"有德于朝",令太常寺讨论拟定谥号。嘉定二年(1209年)十二月初九,宁宗皇帝准"以荫补官"刘克庄代父所拟《侍讲朱公复谥议文》,宁宗皇帝最终力排众议采纳,赐朱熹谥曰"文",彰显其功德。至此,可以安慰一代儒宗于九泉之下。

"庆元党禁"与"嘉定更化"是程朱理学历史上两个转折点,对南宋儒学的走向产生了深刻的影响。而"嘉定更化"也给任希夷带来光明前程:嘉定四年(1211年)正月,任希夷以宗正丞兼太子舍人。六月,以秘书丞升兼侍讲,改除著作郎,仍兼侍讲。嘉定五年五月二十一日天申节,任希夷作《德寿宫庆寿诗》。十月,除将作少监,仍兼侍讲。嘉定六年(1213年)正月,任希夷兼权左司郎官。十月,除秘书少监,仍兼侍讲。是年十一月二十五日,李埴、真德秀、任希夷同观《兰亭叙》刻,于玻璃泉上题名。十二月暂兼权中书舍人,仍兼侍讲。嘉定七年(1214年)八月,任希夷除秘书监,仍兼侍讲。当月除中书舍人,升兼右谕德。嘉定九年(1216年),任希夷转为礼部侍郎兼给事中,上章请谥程颢、程颐先生,奏曰:

> 臣闻天之生圣贤也不数,苟出而命世,明道设教,继往圣,开来学,其功用实与天地参。故孟子谓尧舜以来至孔子,皆五百有余岁,独孟子去

孔子之世百有余岁。若是之未远,然犹异端纵横,正涂壅底,自非孟子辟邪说、讵诐行,则吾道亦几于泯矣。故论者谓其功不在禹下。孟子没,圣学失传,士大夫习于卑陋,故世无善治。千七百余岁而河南二程出焉,发明天地之纯,全古人之大体,使大道晦而复明,绝而复续,直继孟子之后。其肇端虽出于周氏,而大成实在于二程。道统有传,人心复正,视荀、扬诸子醇疵相杂,穹壤有间。恭惟神宗皇帝熙宁之际,尝擢程颢为御史。哲宗皇帝即位之初,首置程颐于经筵。盖以当世共尊其学,圣心灼知其贤,特加表显,复异诸儒。而先朝元老如文彦博、司马光、吕公著诸贤,莫不归敬而尊崇之。其后故胡安国尝请锡爵、陪祀,皆所以昭大原之统纪,增圣朝之光明也。近世之得其学者张栻、朱熹,又皆蒙陛下褒崇赐谥,加惠斯文厚甚。臣待罪仪曹,窃伏思念陛下崇儒重道,高出百王,凡为程氏之学者既已进录,而其所宗师者,节惠之文独未之讲,岂非有司之过欤?载在《谥法》,有声闻显著之文。窃谓国朝以来,官品未至,恃宜褒美,盖未有加于二人者也。欲望圣慈,涣发德音,赐程颢、程颐以美谥,以昭后学,以劝方来,实非小补。臣冒犯宸严,无任惶惧俟罪之至。取进止。①

任希夷亲炙朱熹,读《四书》《五经》等经典著作,崇儒尊贤,通过这篇奏章勾勒出儒家道统大脉络。而"臣待罪仪曹",即任希夷受任礼部侍郎期间,佐礼部尚书分掌五礼之仪制及学校贡举之法,及时奏请朝廷"赐程颢、程颐以美谥",乃礼官职责所在。于是经过反复讨论,至嘉定十三年(1220年)议定"敦颐谥元,颢谥纯,颐谥正"的结果,得益于诸多程、朱后学的不断宣扬与大力推动,起因"皆希夷发之"。②

朝廷为周敦颐、程颢、程颐颁赐谥号,实际上是对诸位著名理学家德行学问的充分肯定,也使"绍兴之初,故侍读南阳胡文定公尝欲有请于朝,加程氏以爵列,使得从食于先圣先师之庙。其后熹之亡友建安魏君掞之为太学官,又以其事白宰相……当时皆不果行"而终于得到落实③,胡安国、魏掞之、朱子等几代人的愿望得以实现。降至淳祐元年(1241年)正月,周敦颐、张载、程颢、程颐和朱熹从祀孔庙,文化品位又升了一格。

嘉定十年(1217年)八月,任希夷为中大夫、权工部尚书兼给事中,兼太子

---

① 李心传:《道命录》卷九,《为二程先生请谥奏》。
② 脱脱等:《宋史》卷三九五,《列传》第一五四,四库全书电子版,第395~397页。
③ 朱熹:《晦庵先生朱文公文集》卷七八,《袁州州学三先生祠记》,第3744页。

左庶子,兼实录院同修撰,兼直学士院。嘉定十一年,任希夷权吏部尚书。嘉定十二年(1219年)二月庚戌,任希夷自权吏部尚书除签书枢密院事。嘉定十三年(1220年)七月丙午,任希夷知枢密院事兼参知政事,人们寄希望其相业有所称。因为史弥远(1164—1233)于嘉定元年(1208年)十月丙子升任右丞相以来,连续掌权十七年之久,"执政皆具员"无为,而任希夷"合于史弥远",也被议者颇讥为"拱默"。任希夷知趣,知所当为,亦知所当止,以病上章乞闲。嘉定十四年(1221年)八月初三,任希夷罢权参知政事,退出中央政治舞台。八月五日,诏端明殿学士、通议大夫、签书枢密院事兼权参知政事任希夷除正议大夫、资政殿学士知福州[①],闰十二月十一日到任。嘉定十五年正月,任希夷请祠,除提举临安洞霄宫。薨,赠少师,谥宣献。

任希夷出身官宦之家,勤奋好学,登第入仕,从普通地方官员干起,成为代理副宰相,人生达到巅峰,为家族赢得荣誉。而任希夷作为朱门入门弟子,虽然没有留下解经释义的理学著作,却在维护儒家道统上做出重要贡献。就成己成人两大方面而言,任希夷对得起天地君亲师。

(作者单位:武夷学院朱子学研究中心)

---

① 李之亮:《宋福建路郡守年表》,成都:巴蜀书社,2001年,第30页,误书为"程希夷"。

李方子家族与朱熹

◎ 黄太勇

南宋邵武军光泽县云岩山（今福建南平市光泽县九里峰）有云岩书院，曾经是朱子的门人李方子讲学处。元天历二年（1329年），县令况逵重建云岩书院，并请著名文人虞集为书院撰记文。虞集在记文中说："邑南三里有云岩书院，故基在焉，故宋国子录、通守辰州李方子讲学之故处也。先生祖、子、孙三世受学朱子之门，邑之乡先生也。"①从虞集记文中的一个重要信息就是，李方子从祖上到子孙都曾从学朱子，是当时福建以家族为单位受学朱子的典型代表。清人李清馥在《闽中理学渊源录》中专列"光泽李氏家世学派"，并称："光泽一邑由西山李先生得道南之绪，大倡斯道月洲云岩，教育嗣布，与考亭师友济美当世而过化之，泽浃乎人心，流风余韵犹有存云。"其中所列李方子家族中的李郁得杨时之传，对朱熹思想有很大影响，李郁之侄李吕与朱熹为讲友，李吕之子李闳祖、李相祖、李壮祖问学朱熹，李吕之孙李方子、李文子皆为朱熹高弟。②

一、李郁对朱熹的影响

北宋末年，福建人游酢、杨时在河南拜程颢、程颐为师，学成归闽后将二程河洛之学带入福建。当时王安石的新学曾一度居于独尊地位的官学，而二程所倡导的"河洛之学"曾一度被视为伪学而遭到朝廷明令禁止。宋徽宗崇

---

① （元）虞集：《道园类稿》卷二四，《云岩书院记》。
② （清）李清馥：《闽中理学渊源录》卷六。

宁二年（1103年），朝廷禁锢元祐学术。该年四月，追毁程颐出身以来文字，限制程颐之学的传播。朝廷的明令禁止使得二程理学的传播在二程去世后处于低迷状态，但二程理学带回福建后，却在福建逐渐传播开来。据朱弁《曲洧旧闻》记载："崇宁以来，非王氏经术皆禁止，而士人罕言其学者号'伊川学'，往往自相传道。举子之得第者，亦有弃所学而从之者，建安尤盛。"①建安是当时福建建州的故称，下辖建安、崇安、瓯宁等七县，其时正是杨时、游酢等人传播二程理学的核心地带。特别是杨时，由于其长期在福建讲学，门下弟子众多，其中邵武军光泽县李郁便是其门下较为出色的弟子。

李郁（1086—1150），字光祖，去世后学者尊称"西山先生"。李郁之父李深娶沙县（今福建省三明市沙县）陈瓘的姐姐为妻。据《宋史》所载，杨时学成归闽后"所交皆天下士，先达陈瓘、邹浩皆以师礼事时"。②因此，李郁从少年时期便从学于陈瓘，逾冠便至余杭（今浙江省杭州市余杭区）拜杨时为师，杨时"一见奇之，即妻以女"。杨时曾对他说："学者当知古人之学何所用心，学之将何以用。若曰孔门之学仁而已，则何为而谓之仁。若曰仁人心也，则何者而谓之人心耶。"李郁受言退求其学。后又取《论语》《孟子》诸书，苦读18年，焕然若有所得。其好学深思深得杨时赞许。杨时去世后，"后进多从之游"。③李郁成为杨时学术思想重要的继承人和传播者之一。

李郁留有著述《易传》《参同契》《论孟遗稿》及平生遗文数十卷，其中《论孟遗稿》对朱熹影响较大，后来朱熹在写给其侄李吕的书信中说："熹少好读程氏书，年二十许时，始得西山先生所著论孟诸说读之，又知龟山之学横出此枝，而恨不及见也。"④李郁的"论孟之说"对朱熹确实产生较大影响，朱子在答弟子许升（字顺之）问《论语》相关内容中多次引用并赞成李郁的观点，如在讨论对《论语》十五章《卫灵公篇》中的"未若贫而乐，富而好礼也"的解释时，朱熹认为"先儒之说已略具矣，李光祖说甚善"。在讨论对《论语》三十一章《宪问》"不逆诈，不亿不信"的解释时认为："李光祖曰：'理地明白则私智无所用之矣。'此说极善。"⑤不仅如此，李郁易学思想对朱熹也有所影响。朱熹弟子

---

① （宋）朱弁：《曲洧旧闻》卷三，《伊川谓圣人书熟读之其义自见》，北京：中华书局，2002年，第123～124页。
② （元）脱脱等：《宋史》卷四二八，《道学传》。
③ （宋）朱熹：《晦庵先生朱文公文集》卷九〇，《西山先生李公墓表》。
④ （宋）朱熹：《晦庵先生朱文公文集》卷四六，《答李滨老》。
⑤ （宋）朱熹：《晦庵先生朱文公文集》卷三九，《答许顺之》。

叠渊录有朱熹讨论《易》的语录云:

> 阴阳皆自微至著,不是阴便积着,阳便合下具足,此处亦不说这个意。履霜坚冰,只是说从微时便须着慎来。所以说盖言慎也,由辨之不早辨。李光祖云:"不早辨他,且到得郎当了,却方辨划地激成事来。"此说最好。①

此外,李郁的侄女李氏族嫁朱熹弟子何镐,朱熹在给何镐所写的墓志铭中说:"娶同郡李氏,其叔父郁,学于龟山杨公,所谓西山先生者也。"②朱熹之所以如此强调,说明他还是比较在意这层关系的。

二、李吕与朱熹的交游

李吕(1122—1199),字滨老,一字东老,号澹轩。早年丧父,受学于从叔李郁。年四十,弃科举,"读易六十四卦皆为义说,观史传百家之书,尤留意《资治通鉴》,手抄至数四,凡兴衰得失论著数百篇""善学《大易》《大学》《孟子》"。③朱熹从弟子何镐那里得知李吕受学李郁而得家传,对其早有倾慕之心,后来李吕写书信给朱熹,向其"示喻向来为学之意"。朱熹留有《答李滨老吕》书信一通,其内容主要表达自己对李吕的倾慕,其原因有二:一是论及李吕学有所宗:"盖窃尝病今世学者幸得诸老先生为之先唱指示要途,以趣圣贤之域而不能自浅及深、自近及远,循序以进,或乃探测幽微驰骛于言意之表,以是徒为谈说之资,而卒无所得于造理行事之实。其幸不至于中道而废者,则必流于老佛之归而不悟。今足下之学之传远,有端绪,其必有以异于此者,顾恨未得面扣其详耳。"二是对未就的《通鉴纲目》向李吕求教表示遗憾。"《通鉴》之书,顷尝观考病其于正闰之际、名分之实有未安者,因尝窃取《春秋》条例稍加概括,别为一书而未及,就衰眊浸剧,草稿如山大,惧不能卒业,以为终身之恨。今闻足下亦尝有所论著,又恨其未得就正。以资博约之诲也。"④

除讨论学术外,二人日常交往也比较紧密,李吕一直较为倾慕朱熹,其非

---

① (宋)黎靖德编:《朱子语类》卷六九,《易五》。
② (宋)朱熹:《晦庵先生朱文公文集》卷九一,《何京叔墓碣铭》。
③ (宋)周必大:《周文忠集》卷七五,《澹轩李君吕墓志铭》。
④ (宋)朱熹:《晦庵先生朱文公文集》卷四六,《答李滨老吕》。

常希望朱熹能够为其父李纯德（字得之）写墓志，在李吕《澹轩集》卷一中有诗《喜入杉岭》的小注云："此行实附米纲船，欲到南康谒晦庵朱先生，为先人求墓文未至而反。"①卷六有《上晦庵干墓志书》，其中对朱熹有很高的赞许："共以明公果行，育德出于生，知正心诚意得之大学，极高明而道中庸，尊所闻，而行所知真，积力久，内外昭融。某虽顽钝，窃高明公下风亦有年矣。""窃料明公仁恕存心，仁斯立人，恕斯推己，纯孝优于锡类，全德富于有言。尚论人物主于至当，初不以贫贱利达为间。"②为了求墓志铭，李吕后专门赴江西求见时任南康军知军的朱熹，二人在此间曾一同游玩唱和。在游玉涧时，李吕作有《陪晦翁游玉涧》五言古诗一首："夜琴响空山，临流水方折。老仙何处来，欣赏共清绝。不知卢仝家，还有许风月。"③朱熹作有和诗《读李滨老玉涧诗偶成》："独抱瑶琴过玉溪，琅然清夜月明时。只今已是无心久，却怕山前荷蒉知。"④归来后，李吕对此次南康之行非常怀念，作有《归自南康寄怀朱史君》。⑤

此后二人往来一直较为频繁，绍熙元年（1190年）二月，李吕曾携其子访别朱子，过建阳江明（字清卿）处，留有诗《庚戌仲春携小子访别晦翁，过亲友江清卿之门，其嗣子尚幼不果见。次早道经江清卿墓下，怅然有怀》。⑥ 李吕曾协助光泽知县张䜣仿朱熹五夫社仓之法在光泽建立社仓，绍熙四年（1193年），朱熹为之记。朱熹在记文中称李吕为"讲友"，并对其怀才不遇表示遗憾："李君于子盖有讲学之旧，子每窃叹其负经事综物之才，以老而无所遇也。"⑦

三、李绍祖兄弟三人师从朱熹

周必大在给李吕所作的墓志铭中说其有"子六，男绍祖、依祖、闳祖、相祖、袭祖、壮祖"。⑧ 其中三子闳祖、四子相祖、六子壮祖都师从朱熹。

---

① （宋）李吕：《澹轩集》卷一。
② （宋）李吕：《澹轩集》卷六。
③ （宋）李吕：《澹轩集》卷一。
④ （宋）朱熹：《晦庵先生朱文公文集》卷七。
⑤ （宋）李吕：《澹轩集》卷二。
⑥ （宋）李吕：《澹轩集》卷二。
⑦ （宋）朱熹：《晦庵先生朱文公文集》卷八〇，《邵武军光泽县社仓记》。
⑧ （宋）周必大：《周文忠集》卷七五，《澹轩李君吕墓志铭》。

李闳祖，字守约，号綯斋。早年受学家庭，后与其二弟从朱子讲学，笃志学问，强力精思，论议切实，朱子置之西塾，训诸孙。为编《中庸章句》《或问辑略》。嘉定四年（1211年）进士及第，调静江府临桂（今广西壮族自治区桂林市）簿，暇日诣学，与诸生讲解，士习丕变。辟古田令，改广西帅干，勤慎明恕，诸司论荐改秩，未赴卒。淳熙十五年（1188年），朱熹入朝奏事，束景南先生认为李闳祖陪同朱熹一同入都奏事，其所记朱子语录，君为亲历。① 李闳祖作有《四书疑义》，其中对朱熹《论语集注·学而篇》"学而时习"章进行注解："谓晦庵注此章学之为言效也，人性皆善而觉有先后，为有病必言气禀有清浊。故质有昏明，而觉有先后。愚谓此于文字上生枝节，实则觉有先后，则清浊昏明者已在其中矣。晦庵折衷诸家而归之简净，读《集注》者何必更以求多为哉！若陆象山尝谓《论语》有无头柄底说话，如学而时习之不知时习者何事。"② 另著有《师弟问答》十卷，今《晦庵先生朱文公文集》中存有朱熹答李闳祖问学书信十四通，内容涉及"读书法""日常课程及日用工夫""读《论语》相关问题"等。③ 李闳祖在朱门受到黄榦、李燔、张洽、陈淳等敬重。其去世后，黄榦作《祭李守约》悼念。④

李相祖，字时可。在朱门辨质详明，用心精切，尝以朱子之命编《书说》三十卷。今《晦庵先生朱文公文集》中存有朱熹答李相祖问学书信七通。⑤

李壮祖，字处谦，与守约同登第，调闽清尉。今《晦庵先生朱文公文集》中存有朱熹答李壮祖问学书信一通，朱熹在书信中称赞其是"贤者之有志，庆阀之多才"，勉励其"为学当以存主为先，而致知力行亦不可以偏废"。⑥

四、李方子、李文子兄弟受学朱子之门

李方子（？—约1223），字公晦，号果斋，李绍祖之子，李吕长孙。据《宋史》载，李方子少年时期便博学能文，为人端谨纯笃。朱熹初见时便对其说："观公为人自是寡过，但宽大中要规矩，和缓中要果决。"因此，李方子遂以

---

① 束景南：《朱熹年谱长编》，上海：华东师范大学出版社，2001年，第896页。
② （宋）黄震：《黄氏日抄存》卷二，《读论语》。
③ （宋）朱熹：《晦庵先生朱文公文集》卷五五。
④ （宋）黄榦：《勉斋集》卷三六。
⑤ （宋）朱熹：《晦庵先生朱文公文集》卷五五。
⑥ （宋）朱熹：《晦庵先生朱文公文集》卷五九，《答李处谦》。

"果"名斋。中嘉定七年(1214年)进士,廷对擢第三,调泉州观察推官,逾年始除国子录。后被视为真德秀党,遭到史弥远打击,罢官归,以讲学终老。

陈宓认为"李公晦从紫阳先生久,尽得其道"。[①] 今《晦庵先生朱文公集》卷二十九有《答李公晦》书两通,卷五十九有三通。李方子在朱熹门下常与其他同门一通论道,体悟师说,他曾与同门黄榦论《中庸》"喜怒哀乐"的相关内容。[②] 魏了翁曾回忆说:"某亦时只喜记问、词章,所以无书不记。甲子、乙丑年间,与辅汉卿、李公晦邂逅于都城,即招二公时时同看朱子诸书,只数月间便觉记览、词章皆不足以为学。"李方子任泉州观察推官时,朱熹弟子真德秀出任泉州知府,其对李方子评价很高,言其"学邃而气平,本经术,明世用。事之大者,余必咨而后行"。[③] 黄榦认为朱熹去世后,朱门凋零,福建只有潘柄(字谦之)、杨复(字志仁)、林学蒙(字正卿)、李闳祖(字守约)、李方子(字公晦)等数人。[④] 可见李方子在朱门中的地位较高。

李方子著有《禹贡集解》,朱熹认为其"编得稍详",并让黄榦审阅,如果可用,让其找人抄下一本。[⑤] 另著有《传道精语》三十卷,《后集》二十六卷,该书类集周敦颐、邵雍、张载、程颢、程颐、张栻、吕祖谦之说为一书,大致模仿《近思录》。李方子另作有《朱子年谱》,由魏了翁作序,由高安人(今江西省宜春市高安市)洪友(字史君)刻板印刷。[⑥] 是为朱子最早的年谱。

李方子还与刘克庄友善,刘克庄曾至光泽乌州拜访。[⑦] 其去世后,刘克庄作《哭李公晦二首》,其中对李方子学习理学、遵从师说予以表彰:"少曾游洛下,晚乃相胶西。白首尊师说,丹心对御题。"[⑧]

李文子,字公谨,号耘叟,方子之弟。[⑨] 从朱子学,登绍熙四年(1193年)进士,历知阆(位于今四川省东北部)、潼川路(辖地包括今四川东部、重庆西部及云南北部部分地区)二州吏,在四川任职达二十年之久。在此期间,李文子命资中(今四川内江市省资中县)人郭允蹈搜择史传,将自秦取南郑至宋平

---

① (宋)陈宓:《复斋集》卷一七,《送泉州李推方子》。
② (宋)黄榦:《勉斋集》卷六,《复李公晦书》。
③ (宋)真德秀:《真西山集》卷四四,《叶安仁墓志铭》。
④ (宋)黄榦:《勉斋集》卷一四,《复李贯之兵部》。
⑤ (宋)朱熹:《晦庵先生朱文公续集》卷一,《答黄直卿》。
⑥ (宋)魏了翁:《鹤山集存》卷五四,《朱文公年谱序》。
⑦ (宋)刘克庄:《后村集》卷六,《访李方子山居》。
⑧ (宋)刘克庄:《后村集》卷七。
⑨ (清)黄宗羲、全祖望:《宋元学案》卷六九,《沧洲诸儒学案》。

孟昶上下千二百年事之系乎蜀者,编为一书十卷,取名《蜀鉴》,其目的是为仕蜀者了解蜀地古今成败、兴衰、治乱的事迹,并以此为借鉴。书前有李文子于端平三年(1236年)十月一日写的序文[①],书后有其于嘉熙元年(1237年)五月五日作的跋文。[②]

  李文子在四川任职期间,还不忘传播朱熹道学,蜀人宗之。今黎靖德本的《朱子语类》中有叶贺孙记李文子与朱子问答语录一条:"李公谨问:'读书且看大意,有少窒碍处,且放过,后来旋理会,如何?'曰:'公合下便立这规模,便不济事了,才恁地立规模,只是要苟简小处晓不得,也终不见大处。若说窒碍,到临时十分不得已,只得且放下如何,先如此立心。'"[③]

(作者单位:福建省社会科学院哲学研究所)

[①] (宋)郭允蹈:《蜀鉴》"序"。
[②] (宋)郭允蹈:《蜀鉴》"跋"。
[③] (宋)黎靖德编:《朱子语类》卷一二〇,《训门人八》。

两宋夷夏观视野下黄中的爱国情怀

◎ 叶梦婷

民族史观是史学的重要理论,夷夏观作为中国古代民族史观的主要理念之一,在不同的历史时期有不同的特点。宋人有着严格且强烈的夷夏观,这是基于历史上传统对夷夏态度的基础上,及两宋主客观历史背景下生成的。本文试从两宋夷夏观的角度来看待邵武贤臣黄中的爱国情怀,并做出需正确看待中国传统夷夏观,深刻理解中国统一多民族国家的国情,以此挖掘其包含爱国主义在内的精神价值等相关阐述。

夷夏观与"大一统""天下""正统"等观念为中国古代民族史观的重要内容。所谓民族史观,指的是人们在历史发展过程中形成的对于各民族相互关系、历史地位等相关问题的观念与看法,是中国民族历史学研究的重要领域之一。民族史观是生活在同一群体中不同阶层的人们均有的历史意识,对"夷夏"的态度是影响两宋君主将士、明贤士人、普通百姓等民族史观的主要因素之一。

一、两宋的夷夏观

夷,最初指的是生活在中国东方地区的群落,此后用于指代华夏地区之外的周边群体。夏,指华夏,在古代也指代中国。宋人有着较为严格的夷夏观,如陆九渊言:"圣人贵中国,贱夷狄,非私中国也。中国得天地中和之气,固礼仪自所在。贵重国者,非贵中国也,贵礼仪也。"[1]此一方面是基于传统的

---

[1] 陆九渊:《陆九渊集》,钟哲点校,北京:中华书局,1980年,第277页。

夷夏观。夷夏的观念在先秦时期已有出现,但在西周初期时,二者之间并未有明确的界限。直至西周末年及周王室东迁,夷夏之间才有了明显的分野。齐桓公就曾祭起尊王攘夷的旗帜抵御北狄而达到存刑救卫的目的,齐相管仲如此评价华夏和夷狄的关系。《左传·闵公》云:"戎狄豺狼,不可厌也。诸夏亲昵,不可弃也。"直接点出了华夏与戎狄的亲疏关系,并将戎狄以"豺狼"喻之。

《礼记》载:"中国夷狄,五方之民,皆有性也,不可推移。东方曰夷……南方曰蛮……西方曰戎……北方曰狄……"①夷蛮戎狄,被称为"四夷",处在《周礼》所载的"九服"要荒之地。"九服"中心曰王畿,其外分别为侯服、甸服、男服、采服、卫服、蛮服、夷服、镇服、藩服,由内而外、由中至远的分列排布。古代社会,人们对世界缺乏理性与科学的认识,中原地区的人们以自我为中心,认为不论是"王畿",还是"华夏"(中国)所在的中原地区即为世界的中心,为居正之位,是天命所眷顾的地区,为礼仪之邦,其文明程度、社会发展程度让夷蛮戎狄望尘莫及。孔颖达便说:"中国有礼仪之大,故称夏;有服章之美,谓之华。华、夏一也。"②居"天下"之正的中原地区的君主为天下之共主,其正统地位不容取代,最大的使命便是实现天下的"大一统","四夷"所在的四方皆臣:"天子,所以治天下也。"③由此,夷夏观念逐渐地突显出高低尊卑的倾向。

宋人有着严格的夷夏观的另一方面是出于宋人的自我优越感。有宋一代被后世称为中国古代社会最繁荣的时代,"华夏民族之文化,历数千载之演进,造极于赵宋之世"。④太平天国四年(979年),宋朝基本上完成了对中原地区的统一。作为华夏文明的主体部分,在政治、经济、文化上处于长期领先的地位,先进的生产水平、精湛的文化艺术等这一切都是宋人引以为傲的资本。然而两宋一直处于一个诸多夷狄政权并存且日益强大的时代,"重文轻武"的宋朝廷在面对拥有强大武力的"异族"不断威胁与骚扰下明显力不从心,其"正统"地位的威严被一再挑衅。宋人对"夷狄异族"的态度日益尖锐,

---

① 阮元校刻:《十三经注疏》,北京:中华书局,1980年,第1338页。
② 阮元校刻:《十三经注疏》,北京:中华书局,1980年,第2148页。
③ 单长城:《宋代构建夷夏关系的理念与现实》,山东师范大学硕士学位论文,2018年,第31页。
④ 陈寅恪:《金明馆丛稿二编》,上海:上海古籍出版社,1980年,第245页。

"只有位居'中国'的王朝才具有唯一的合法性,才是合理的,毕竟天无二日"。[1] 1127年的靖康之变更是成为宋人的奇耻大辱,由此升腾起出此起彼伏的雪耻之声,也成为宋人夷夏之防更加强烈的直接原因。理学家朱熹曾言:"夫金辱于我有不共戴天之仇,则其不可和也,义理明矣。"[2] 此外,宋人除了坚持"朝贡"制度,广赐诸多夷狄之外,还在书籍的禁售、服饰的禁仿等经济与文化上对其进行限制与隔绝。

在中国古代史上,辽宋夏金元时期是各民族交往融合等关系变化纷繁的一个时期,也是民族史研究的一个关键时期。两宋夷夏观的发展及在此影响下宋人的一系列历史行为折射出爱国主义精神的意涵,这其中便有邵武贤臣黄中。此人朱熹曾拜其为师,并赞其以德让"人之所以心悦而诚服者""天下知德之士所以莫不窃慕下风之义"。[3]

二、黄中爱国情怀的展现

邵武古隶七闽,吴永安三年(260年)置建安郡,立昭武镇。寻升为县,后几度更名,建制多有变改,至"顺治八年(1651年)三月八月,征南大将军贝勒孛由仙霞岭进取福建,遣总兵李成栋以偏师取邵武,设府,郡县一如明制,至今未改"。[4] 邵武历史悠久,山川风物毓秀传韵,名胜古迹底蕴深厚,人文风俗抱素怀朴,孕育了一批包括李纲、黄中等忠节孝友、仁心义行、文采斐然、技艺精湛等方面的古代人物。

黄中(1096—1180),字通老,生活在两宋之间,幼年读书,"一再辄成诵"。廷试时,说孝悌触动了皇帝,得到任用。黄中一生刚直,因不愿依附秦桧而"徙外二十余年",后秦桧死去,乃召为官。他仕途起伏,致仕后,有乡里晚辈或慕名而来的学者,中必以忠信孝悌为教。淳熙七年(1180年)去世,终年85岁,诏赠太师,谥简肃,留有奏议十卷。

两宋除了要应对与辽、金、元之间的战争外,还需面对西夏、高丽、河西部

---

[1] 单长城:《宋代构建夷夏关系的理念与现实》,山东师范大学硕士学位论文,2018年,第57页。
[2] 朱熹:《晦庵先生朱文公文集》卷一一,朱杰人等主编:《朱子全书》第20册,上海:上海古籍出版社,合肥:安徽教育出版社,2010年,第573页。
[3] 李正芳主修:咸丰《邵武县志》,福建省邵武市地方志编纂委员会,1986年,第334页。
[4] 李正芳主修:咸丰《邵武县志》,福建省邵武市地方志编纂委员会,1986年,第17页。

落等地区的"要挟"与"摇摆不定"。为此,宋朝堂上主和与主战派争论不断,黄中便是主战派的臣子之一。他常上书呈边防得失之事,即使君主有时未采纳其谏议,却也不允许其"补外",调任外地,并评价他是个淡泊名利、忠于职守、有原则有操守有德性的臣子。"天申上寿"时,臣子们围绕着"钦宗的守丧期已满,可以用乐"进行争议。黄中奏曰:"《春秋》'君弑贼未讨,虽葬不书'。"他以《春秋》寓事,国君被弑,臣子不去讨伐弑君之人,此事便不能记入葬礼,"钦宗实未葬,而可遽作乐乎"?若臣未能替君报仇,视为不忠不义,则为臣子之罪,君臣关系也就不复存在了。黄中以此再申明"主战"之缘由,即使退休在野时,中仍心系国家大事,"未尝一日忘朝廷",间或言起边疆时事,也常常是慷慨悲愤不能自已。当君主派人向黄中问朝政缺失之时,"中具对天下大计",言辞恳切,并"手草遗表",丹心可表。此外,黄中为了力主抗金的名臣张浚、名将刘锜能够重新得到重用而出力颇多,但他却"未尝以告人也"。[1] 黄中对夷夏的态度及由此产生的爱国情怀得以展现,此其一。

其二,黄中的夷夏观及爱国情怀还体现在他注重正统与气节这一方面,如对夷政权的不承认。汴京失守后,金兵扶立原北宋太宰张邦昌建立的"傀儡"政权——伪楚时,中便"出居外舍"。张邦昌带来物资慰劳诸生,只有黄中没有接受,如维护礼节纲常。金派使臣来贺天申节的时候,一并带来了钦宗去世的消息。朝堂之上,有臣子奏请可等到金使离开的时候再准备发丧的相关事宜。黄中听闻后马上向宰相禀告,指出:"这是国家的大事,君主逝世,每个臣子都极为哀痛,如果我们一旦有所失礼,如何对给我们的后世一个交代!"他反对因畏惧而刻意讨好金朝。其后,宋朝廷"乃如礼"。金兵渡江来袭,朝臣争相遣散家人逃走隐匿,黄中却不惧危险,淡定安然处之。金退兵后,只有黄中与陈康伯及其家属仍留在城中,众人闻此纷纷惭愧拜服。[2] 黄中的"宴然",是为人臣应当具备的操守、履行的义务,是道德纲常的良性体现。而道德纲常则是区分夷夏的重要标志之一。因此,黄中此举呈现的是宋人的正气与骨气及大宋朝的尊严与脸面。

此外,黄中针对宋与其他民族战争中处于劣势的现象进行了思考与反思,认为欲胜夷狄,需先强中国,只有内除奸邪,才能根本上外除祸患。为此他还专"陈十要道",分别为"察邪正,广言路,核事实,节用度,择监司,惩贪吏,陈方略,

---

[1] 李正芳主修:咸丰《邵武县志》,福建省邵武市地方志编纂委员会,1986年,第333页。
[2] 李正芳主修:咸丰《邵武县志》,福建省邵武市地方志编纂委员会,1986年,第331页。

考兵籍"等方面,得到了君主的赞同。关于内修外治以解决夷狄之祸的理念是两宋时期主要的政治思路之一。如宋名相赵汝愚曾言:"自古王者,外防夷狄,内防奸邪。夷狄侵国,奸邪败德。国侵则害加黎庶,德败则祸起萧墙。乃知奸邪之凶甚于夷狄之患。"①司马光也说:"古圣王之治天下,必先内而后外,安近以服远。"②这些言论与朱熹"修齐治平"思想理念的内旨一致。

朱熹曾裁书以见,自称"平生气秉偏驳",为人做事不能时刻保持谨小慎微,立志也不能够持久,以至待人接物之时,"温和和平之气不能胜其粗厉猛起之心",朱熹以拜师黄中为平生志,"使自进于门人弟子之列,而不孤其所以来之意,则熹之幸也。向往之深,不自知其僭越,敢以书先于将命者,而俟于庑下以听可否之命。熹不胜惶恐之至"。足见其拜师之诚、之敬。黄中以其"盛德容貌"、淡然安定之为人气象,不惧奸慝,忠信刚正的为臣节操及忧民忧天下的爱国热忱受到包括朱熹在内的学者及后世的感佩。

结　语

在两宋发达的社会化水平、"积贫积弱"的沉疴及复杂的民族矛盾与交往关系背景下,黄中强烈的主战态度、维护正统气节的言行受到当时严格的夷夏观影响,映射出朴素的爱国主义情怀。

社会存在决定社会意识。客观历史环境、主导的社会思潮及史学本身的历史传统与时代特色等因素制约着夷夏观在内的中国古代民族史观。③ 中国古代的各个历史时期,夷夏之辨各有特点。如早期的夷夏观与血缘划分、对种族与地理区域的认识紧密相关,后此观念又带有区分农耕文明与游牧文明的意涵,其后又延伸为文明程度、道德价值与城市化水平之间的分野。两宋严格且强烈的夷夏观,主要是受政治因素的影响。宋人"始终在'中国'的尊严与'天下'的窘迫之间寻找平衡"④,在亟亟雪耻的情绪下寻找支撑,这是符合当时的历史情境的。正因为如此,传统的夷夏观必然带有历史的局限性,

---

① 赵汝愚:《宋朝诸臣奏议》,北京大学中国中古史研究中心校点整理,上海:上海古籍出版社,1999年,第1662页。
② 司马光:《司马光集》,李文泽、霞邵晖校点整理,成都:四川大学出版社,2010年,第1205页。
③ 李珍:《试论辽宋夏金时期的民族史观》,《史学月刊》2002年第2期,第44～50页。
④ 单长城:《宋代构建夷夏关系的理念与现实》,山东师范大学硕士学位论文,2018年,第57页。

其展现的爱国情怀是狭义上的,不符合我国统一的多民族国家这一国情,但不可否认的是,其内含着朴素爱国主义的闪光点仍有助于当下中华民族共同体意识的铸造。因此,对传统的夷夏观进行分析与研讨应结合当时的主客观因素,从大历史观的角度,这样才能对中国古代民族史观及由此产生的古代王朝一系列爱国行为有着更加客观且清醒的认识,从而挖掘出符合时代发展的价值所在。

追本溯源,华夏族初始便包含着多民族的血统与多民族的文化,"夏人居伊、洛,殷人居河,周人居岐、澧,都在黄河流域。其周围还有淮夷、于夷、方夷、人方、土方、羌方、戎方、荆蛮等交错而居。到了战国时代,中原地区一些少数部族的名字消失了,融入以夏人、殷人、周人为主的族群中,统称为华夏族"。[1] 虽后人先由地理位置划分夷狄戎蛮,也曾出现了明确的夷夏之防观念,但民族之间的历史渊源不可忽视,融合交往不可断绝,这是历史本真的面貌,也是大势所趋。且周边地区的少数民族进入中原建立政权后普遍汉化,与汉族的文化、经济、政策融合在了一起,"在宋之时,见胡服、闻胡语者犹以为怪。至于元,百年之间,四海之内,起居、饮食、声音、器用,皆化而同之"。这也说明了少数民族对中原文化有着普遍的民族认同感。少数民族在中国历史上通过拓展疆域、促进边疆地区的开发,为民族交往,促成国家统一做出了重要的贡献。从这一层面而言,事实上,华夏族或是之后的汉族是包含着更多民族血统和更丰富民族文化的种族,不论是汉族,还是历史上称为"夷狄"等少数民族,都是中华民族的一部分。只有基于这一点,才能对"中华人民共和国是全国各族人民共同缔造的统一的多民族国家"这一国情有更加深刻的理解。自秦朝始,统一便是国家发展的主流,以华夏族—汉族为主体的政权与周边各族的政权不论是通过战争,还是贸易,都在长期融合中逐步的发展起来,它们共同构成了丰富灿烂的中华文化、统一多样的中华文明及精深广阔的中华民族精神。

(作者单位:南平市朱熹研究中心)

---

[1] 何溥滢:《中国民族史与中华民族精神的形成——以中国古代民族史事为例》,《社会科学辑刊》2013年第1期,第117~121页。

闽北开展朱子文化研究的几点思考

◎ 刘 倩

朱熹是我国古代著名的思想家、哲学家、教育家。其学说作为元、明、清时期的官方哲学,在漫长的历史中,显示了它对近古中国社会具有的价值和意义,并曾广泛传及东亚地区,在近古东亚文明的发展中产生过巨大的作用和影响。文化思想的发展是一个"推陈出新"的过程。今天,在建设中国特色社会主义的新时代,我们开展朱子文化研究,是推动朱子文化创造性转化、创新性发展,为新时代中国特色社会主义现代化建设发挥积极的作用。

一、何谓朱子文化

朱熹所生活的南宋前期,民族、阶级矛盾错综复杂,社会动荡不安。他一生关怀政治,力主恢复大义,他的政治思想是以格君心之非来改善政治生态。朱熹也希望靠道德和文化理念来转化政治,建构一个礼乐教化的社会。

从思想上来说,朱熹既继承了传统儒家的哲学思想,又融合吸收了佛学、道学的思辨精髓。在广泛吸取古典文化的基础上,他创立了著名的朱子学派,体现出当时民族哲学思维的最高水平,成为中国中世纪哲学的高峰。朱熹所构建的博大精深的哲学思想体系,可谓"致广大,尽精微,综罗百代"。

在仁学理论方面,他把仁与天理联系起来,以体用论仁爱,从本体论的角度发展了孔孟的仁爱思想。他强调发挥人的主观道德自觉,克己私,以廓然大公来实现仁。他特别重视仁与爱、仁与公的相互联系,强调通过爱和公来体现仁,反对"离爱而言仁"。这对于把孔孟的仁爱思想贯彻到道德践履中,具有重要的意义,从而把中国古代的仁学推进到一个新的阶段。

在人性论方面，朱熹提出"性即理"的命题，把人性纳入天理哲学体系。他通过"性"这一枢纽，使道德论与宇宙论合而为一，并使"天理"外化为纲常名教，以建立人伦哲学。

在心性论方面，朱熹在吸取前人心性哲学思想（包括佛教心学）的基础上，提出系统的心性论思想体系，把儒家伦理与思辨哲学紧密结合，丰富了宋代理学心性论的思想内涵，发展了中国的心性哲学。使理性的、伦理的、人文的世俗思辨哲学逐步取代了隋唐时期盛行的宗教哲学。

在认识论方面，朱熹借《大学》的"格物致知"来阐发其思想，提出"即物穷理"的观点。他的格致学说在重视人的道德修养的同时，强调外部事物的考察和知识的学习扩展，体现了理性主义精神。

从政事实践上，他创立社仓，南康救旱，浙东荒政，漳州经界，充分体现了超乎俗儒的管理水平。

从文化遗存而言，朱熹一生七十一载，有60多年在闽北度过。他与其门人开展文化学术活动，为闽北留下许多可视性的文化遗存，据调查统计，现存朱子文化遗址144处，是闽北宝贵的朱子文化资源。

闽北是朱子故里，又是朱子学的发源地。从这个意义上来说，朱子文化是闽北独具特色的人文、地域文化。朱子文化所包含的忧患意识、爱国思想、以人为本、自强不息、兼容并包、创新精神等，在中华民族性格的形成和发展上，产生过积极的作用，至今还有其存在的价值。

二、研究朱子文化的重要意义

朱子学产生于武夷山地区，形成之后，于元代北传上升为国家官方哲学，成为七百多年中国文化的主流。它不仅极大地影响了中华民族思想文化，而且还跨越国界，传播到东亚及欧美等国家，并对他国思想文化产生过不同程度的影响。朱熹是一位世界性的文化伟人。闽北打造朱子文化，对建设大武夷山朱子文化旅游生态区，推动南平社会经济发展有着积极的意义。

（一）有利于弘扬中华优秀传统文化，推动中外文化学术交流

现代，朱子学研究已经成为一种世界文化现象。海外不少国家和地区的朱子学研究团体和学者专家日益增多，并且把视线转向东方，发掘东方文化这座宝库。他们探讨东方文化的特点，与西方现代思想进行比较，希望从中

国朱子学说中研究出适合于现代西方人的部分,因而出现了世界性的"朱子文化热"。

改革开放后,海内外从事中国传统文化研究的专家学者,相互开展朱子文化研讨和交流活动。1982年,美国夏威夷大学举办了首次朱熹国际学术研讨会,会集世界知名朱子学者80多人,探讨朱熹思想。1990年,武夷山朱熹研究中心在武夷山举办了第二次朱熹国际学术会议,参加这次学术研讨会的有来自美国、法国、日本、韩国与中国多个省市的学者和社会名流260多人。此后,前来闽北进行朱子文化考察的海内外学者络绎不绝,与日俱增。他们在闽北开展文化交流,既把朱子文化传播到世界各地,同时也带来了世界各地的优秀文化,从而为朱子文化的发展注入了新的生机。

(二)有利于凝聚海内外炎黄子孙的民族情感,促进祖国统一大业

一个民族的文化是该民族共同的道德规范、价值观念、思维方式、习俗信仰以及心理素质的体现,是共同的民族精神活动与物质生产活动的方式和成果的积淀,也是一个民族赖以生存的根基。朱子文化是近古中国社会的主流文化,被联合国教科文组织称为"后孔子主义"。它以深厚的历史文化积淀,成为联系海内外炎黄子孙民族情感的一个重要精神纽带。泰国华人领袖郑午楼博士说:"我们海外华人在保持中华文化传统中占有重要地位。事实上,儒家思想早已通过历史塑造出华人特有的心态和生活方式。我们身居竞争性工商社会,深知社会价值观念西方化所造成的弊端。如果得到经济现代化,却失去了儒家传统,将是一个时代的悲剧。"[①]台湾与福建一水相隔,海峡两岸人民都是炎黄子孙,有着共同的民族感情、文化意识和风俗习惯。台湾在清代两百多年间一直是福建一个府,台湾文化根在大陆,与朱子文化渊源深厚,两岸文化交流频繁,做好这篇文章,有利于增进海峡两岸人员的交往,对于促进海峡西岸文化认同,实现祖国统一大业都是大有裨益的。

(三)有利于提高文化旅游的品位,推动大武夷旅游业的发展

闽北朱子文化旅游资源极为丰富,并且越开发越丰富多彩,是大武夷文化旅游发展的无限源泉。闽北各地至今保存着许多有关朱熹成长、就学、讲学、著书等文化创造活动的文化遗迹。这些朱子文化遗址大多得到修复和保

[①] 郑彝元:《儒家思想导论·序》,曼谷:时中出版社,1984年,第2页。

护,已形成了闽北朱子文化旅游线路,是我们发展大武夷旅游业的宝贵资源。

朱熹及其相关的文化遗存,是武夷山获准列入"世界文化遗产"的主要条件之一。正如联合国世界遗产委员会对武夷山评价的那样:"该地区为唐宋理学(按应为宋明理学)的发展和传播提供了良好的地理环境,自11世纪以来,理学对中国东部地区的文化产生了相当深刻的影响。"[①]因此,朱子文化是武夷山世界文化遗产的核心内容。

闽北在加大朱子文化旅游景观建设的同时,还要加大对朱子文化遗迹的发掘,评价和研究,不断提高旅游文化的品位,使闽北文化旅游走可持续发展道路。只有这样,才会使闽北旅游产业拥有更加深厚的文化底蕴。武夷山成为世界双遗产地和国家公园后,旅游业已呈现出勃勃生机,我们要抓住这一有利机遇,进一步加大环武夷山国家公园的文化旅游资源基础设施的建设力度,整合朱子文化旅游资源,促进大武夷旅游产业的发展。

(四)有利于开展招商引资,扩大对外经贸交流

当今社会,随着经济文化化和文化经济化的发展,文化与经济之间相互渗透,互为依存,并且经济社会发展的文化含量越来越高。朱子文化是世界级的文化品牌,是闽北的一张极具影响力的"名片",在推动对外开放的进程中,成为一个积极的交流媒介。许多海外社会名流、企业家正是通过朱子文化了解闽北,并进而来此投资兴业的。2005年10月举办的中国(武夷山)朱子文化节,参加这次文化节项目推介会的朱子后裔企业代表和项目业主400多人,共签约28个项目。其中外贸项目5个,总投资4055万美元,利用外资2484万美元;内联项目23个,总投资4.38亿元,利用市外资金3.96亿元。此外,在朱子文化节期间,武夷生态茶展示会还销售茶叶5.3吨,金额106万元,达成茶叶意向性销售协议950吨,成交额9500万元。"以文会友,以文为媒,以文引资"已成为经济文化生活中的一个亮点。

三、开展朱子文化研究的思考

朱子文化作为一种历史文化,我们对它需要进行梳理,继承其精华,摈弃

[①] 陶伟著:《中国世界遗产的可持续旅游发展研究》,北京:中国旅游出版社,2001年,第8页。

其糟粕,做到古为今用,推陈出新,与时俱进,为闽北物质文明和精神文明建设服务。

(一)注重传统与现代的对接

因为历史文化不仅是过去的文化,它更重要的是过去与现代的对接。活在现实中的历史文化,其腐朽的部分假如不剔除,它将影响文化创新,其精华部分不加继承和发扬,所要创新的文化就没有根。当今闽北开展朱子文化研究,要注重传统与现代对接,使传统体现出现代发展的要求,这样才能走出有地方特色的发展道路。在这方面,我国现代化的早发地区已取得了成功经验。如改革开放以来,岭南文化的开放兼容性与外资引进相结合,推动了珠江三角洲经济的快速发展;永嘉文化的"事功"传统与个体经济发展相结合,使温州经济异军突起;闽南文化的海洋性,使海外华商的财富积累与企业发展相结合,造就了闽南经济的崛起等等。

那么,朱子文化最突出的特征是什么呢?就是它的创新精神。闽北发展朱子文化,不是只强调它的继承性,而是更应强调它的开创性,把握它的独创精神,实现它从传统向现代的转化。近年来,南平市提出建设环武夷山国家公园生态文化区建设,着眼点是闽北具有生态性自然环境较好的特点。与此同时,我们还要看到闽北具有深厚的文化底蕴,寻找以文化为支撑的、独具特色的经济社会发展道路。

(二)实现研究重心的下移

发展朱子文化除对经典的阐释,深入进行高层理论研究外,更应注重研究面向现代,面向社会,寻找它与社会变革相联系的生长点。如把朱子的倡学重教精神与科教兴国联系起来,实现人的素质提高。在倡导市场观念和竞争意识的同时,弘扬朱子"和"文化,追求社会和谐;在培育企业精神,强调以创新求发展的过程中,坚持"立德、立功、立言"的超越性价值追求,形成经营者的社会责任感和历史使命感;在处理人与自然的关系上,根据现实发展的要求重新阐释朱子"天人合一"思想,追求可持续发展等等。

把朱子文化与闽北社会发展联系起来,不断提高闽北精神文化生活。朱熹在闽北生活了60多年,他的思想作为深入老百姓的思维方式、伦理道德、风俗习惯乃至生活方式的"潜意识",已扎根于闽北人民的精神生活中。这包括自强不息的精神、崇俭黜奢的精神、敬老爱幼的精神、扶弱济困的精神、求知敬贤的精神和"民胞物与"的精神,等等。所有这些精神的发扬都必须突破朱熹那个自然经济时代的眼界,在社会变革和社会开放中形成新的时代追求并赋予它创造性的生命力。这就要求我们对朱子文化的研究必须从理论阐释转向"田野调查",实现朱子文化研究重心下移,从中发现朱子文化作为一种历史沉淀,在哪些方面,以什么形式存在于人们的日常生活中,进而对其进行梳理、归纳,寻求它们与现代社会发展相联系的途径,以文化创新实现发展。

(三)与对外开放相结合,成为闽北对外交往的重要桥梁

朱子学的意义为闽北对外文化交流和对外开放提供了有利条件。朱子文化在国际的影响力,使之能够在对外交流和对外开放中扮演"文化使者"、"外交使者"与"和平使者"等多重身份,成为沟通闽北朱子故里与海内外的重要桥梁。我们要充分发挥和利用朱子文化这一优势,积极开展对外交流活动,推动闽北对外开放。

另外,还要发挥海内外朱子后裔的作用。现在海外就有朱子后裔一百多万,主要分布在韩国、日本、马来西亚、菲律宾、泰国、新加坡、美国和加拿大等国家,以及港台地区。近年来,海外朱子后裔来闽北寻根问祖和文化考察络绎不绝。他们不仅捐资帮助闽北办学和修复朱子文化遗址,而且还为闽北的产品在海外打开销售市场牵线搭桥。我们也通过打朱子文化牌,广交四海宾朋,招商引资,发展闽北。同时,朱子文化也随着对外交流和对外开放的扩大,不断地引起世人的关注。

(四)保护开发朱子文化遗址,不断提高大武夷旅游文化的品位

旅游文化是涵盖自然与人文胜迹的文化。我们深入发掘朱子文化内涵,使大武夷旅游产业拥有更深厚的文化底蕴。这正如一些专家所说:"朱子研究,肩负着指导和引领旅游文化方向与走势的责任,担负着提高旅游文化品位的使命,承担着如何使世界遗产旅游走可持续发展道路的前瞻性研究任务。"[1]

大武夷旅游文化是在改革开放以后形成的,历史不长,但发展速度很快。其主要原因之一是闽北拥有丰富的古文化资源。朱子文化有着八百多年的

---

[1] 杨国学、裘国伟:《朱子学·武夷学·世界遗产》,《朱子研究》2004年第4期。

历史,文化积淀丰厚,是闽北发展旅游业得天独厚的文化资源。近几十年来,我们在开展朱子文化研究的同时,注重朱子文化遗迹的保护、开发和利用,不断推动了以武夷山为中心的闽北旅游文化的发展。

随着人们对物质需求满足后,对文化需求有着不断增长的趋势,并且要求愈来愈高。这就要求我们必须深入发掘历史文化内涵,使闽北的旅游产业拥有深厚的文化底蕴。就朱子文化发展而言,首先,是要做好朱子文化资源的保护工作。朱子文化遗迹与其他文物一样,具有脆弱性、历史性和不可再生性的特点,它成为发展朱子文化、促进旅游经济发展的先决条件。其次,是要合理开发利用朱子文化资源。在开发利用朱子文化资源时,我们必须确立可持续发展的思想,以长期利益为重,使之永续利用。再次,是要充分发掘朱子文化资源的丰富内涵,不断提高大武夷旅游文化的品位。社会越是走向现代化,人们的寻古要求越迫切。这就必须突出文化内涵,使之体现出鲜明的地方色彩。

此外,还要适时举办提高影响力的朱子文化活动,如朱子文化节、朱子学学术研讨会,朱子文化遗迹考察活动等,推出传统的东西,挖掘朱子文化新内容。还应特别注意的是在提高朱子文化品位时,要限制庸俗的题材,改变媚俗的形象。

(五)突显爱国主义教育功能,弘扬民族精神

朱子文化产生于国家、民族危难时期,其主要特征之一就是强烈的忧患意识、爱国思想。朱子文化是开展爱国主义教育的好教材,其爱国主义教育功能十分明显。武夷山朱熹纪念馆已经成为福建爱国主义教育示范基地。

搞好爱国主义教育基地工作,是社会主义文化事业建设和文化产业发展的重要方面。弘扬朱子文化要加强爱国主义德育基地建设和示范工作,进一步完善硬件,充实软件,组织开展系列爱国主义教育活动。特别是要接待好每年暑假来武夷山夏令营的大陆和港澳台中小学生,到闽北朱子文化景观参观访问,开展爱国主义教育活动。做好这项工作,有利于弘扬民族精神,促进海峡两岸文化认同,实现祖国早日统一。

我们开展爱国主义教育的目的就是要提高公民的忧患爱国意识,振奋民族精神。在教育层面上,要通过朱子文化旅游让大陆和港澳台地区更多的人了解中华传统文化中的"大统一"爱国主义思想;在教育方式上,要寓教育于各种活动中,增加互动性、娱乐性,让人们特别是青少年学生在参观游玩活动

中,自觉地接受熏陶和教育;在教育内容上,要进一步加强研讨,挖掘朱子文化的博大精深的内涵,将有关朱熹爱国思想的材料编写成通俗小册子,制作成光盘,全方位地开展教育活动。

(作者单位:武夷学院朱子学研究中心)

打响朱子文化品牌的思考

◎ 林文志

2021年6月21日,中国共产党南平市委员会第五届第十三次全体会议做出《中共南平市委关于学习贯彻习近平总书记来闽考察重要讲话精神谱写新时代富美新南平建设新篇章的决定》,提出"构建闽北文化标识体系,打造优秀传统文化传承发展标杆"的战略决策,强调"打响世界级朱子文化品牌"。福建省朱子文化品牌建设联席会议充分肯定和大力支持南平市委的决策部署,形成了省市两级齐抓共管朱子文化品牌建设的新格局。两年来,南平市各级党委、政府及其部门,各文化社团,特别是朱子文化社团,广大干部群众包括朱子后裔,认真学习贯彻习近平总书记来闽考察重要讲话精神,落实落细打响世界级朱子文化品牌的各项措施,取得了明显成效。本文从理论与实践相统一、历史与当下相贯通、文化与经济相协调出发,对南平市打响世界级朱子文化品牌,联系邵武实际情况,提出粗浅的一些思考。

一、打响朱子文化品牌的思考

品牌,本来是一个经济学名词。我国是最早知道品牌、运用品牌、发展品牌的国家。欧洲进入中世纪后,在打造品牌、用活品牌方面走在了前面。品牌的核心价值是品质和可信度、创新和创造力、责任和环境保护。近年来,我们国家提出了品牌强国战略,全社会对品牌的认识有了巨大的提高,品牌建设已经从经济领域向文化领域、社会领域拓展,全省朱子文化品牌建设呈现出如火如荼之势。

（一）打响朱子文化品牌，要有世界级的战略眼光

2023年6月2日，习近平总书记在文化传承发展座谈会上的重要讲话中深刻指出，中华文明具有突出的连续性、创新性、统一性、包容性、和平性五个突出特性。朱子文化同样具有连续性、创新性、统一性、包容性、和平性。我们要站在构建人类命运共同体的高度，与国际友人、世界朱子文化界人士一起，交流互鉴，兼收并蓄，让朱子文化在推进一带一路发展，构建人类命运共同体方面发挥应有的作用。

（二）打响朱子文化品牌，要有世界级的物化载体

南平是福建省朱子文化遗存最集中、最丰富的区域，朱子文化遗存遍布南平市全境，共有不可移动朱子文化遗存149处，其中国保2处，省保22处，县保44处，未定级81处；可移动朱子文化遗存21件，可谓"县县有朱子，处处有遗存"。现有的朱子文化遗存、设施、场所，要保护更到位、展陈更优质、使用更有效。还要舍得投入，建设更多具有国际影响力的新设施、新场所，尤其要做到设施场所的体系化、配套化、功能化。这几年，先后建设了紫阳楼、朱文公庙、考亭书院、星溪书院、武夷学院朱子书院，还在扩建修建建瓯五经博士府、延平书院等重大项目，充分发挥了朱子文化的功能作用，给世界以极大的视觉冲击和思想震撼。

（三）打响朱子文化品牌，要有世界级的学术成果

2016年以来，南平市持续办好全球唯一的《朱子文化》期刊，编写出版《朱子十讲》《朱子文化读本》《朱子文化大典》《朱熹思想论稿》《朱子诸师考释》《首届考亭论坛：新时代朱子学与人类文明新形态》《环武夷山国家公园保护发展带朱子文化传承发展研究报告》等学术研究专著专文，引起全球朱子文化界的重视。在考亭书院设立"考亭论坛"，2021年第一届，以"新时代朱子学与人类文明新形态"为主题，一批国内著名专家学者做主旨讲论。2023年第二届，已经确认要把考亭论坛办成国际朱子文化高峰论坛，永久坚持下去，使其成为世界级朱子文化研究平台，力争取得更多更优质的世界级研究成果。

（四）打响朱子文化品牌，要有世界级的激励奖项

世界经济文化科技管理的经验证明，激励奖项具有稳定性、持续性、品牌

性,对激励人才、激发创造效果显著。诺贝尔奖就是成功案例。从2019年起,南平市朱子文化研究会设立"文脉奖",对在朱子文化传承发展中做出突出贡献的人士授予"文脉奖",每年一届,每届表彰1人。2019年以来,先后举办五届,授予政和县人大常委会原主任魏万能、厦门大学教授高令印、台湾海峡两岸朱子文化交流促进会理事长朱茂男、华东师范大学终身教授朱杰人、武夷文化研究院名誉院长吴邦才,赢得朱子文化界的广泛关注、高度评价、积极参与。"文脉奖"已经初步成为朱子故里的一个品牌。

(五)打响朱子文化品牌,要有世界级的非遗活化

南平市作为朱子文化生态保护区的核心区,朱子非物质文化遗产十分丰富,已经普查登记在册的就有104项,其中国家级4项、福建省级22项,南平市级24项,县级15项,预备项目38项。这几年,开发了朱子成年礼、朱子敬师礼、朱子婚礼、朱子祭祀礼、朱子乡饮酒礼、朱子乡射礼、龙鱼戏、文公宴,面向社会公众、在校学生、景区游客举行礼仪演绎活动,参与者、观看者、视频点击者达3亿人次,在全世界,特别是东南亚地区产生重大影响。朱子文化非遗走出了典籍,形式生动优美,成为教化民众,促进旅游的重要载体和形式。

(六)打响朱子文化品牌,要有世界级的宣传运作

联手中央电视台,拍摄、播出历史文化纪录片《朱熹》《大儒朱熹》。创作、编排《大儒朱熹——走进朱子咏诵会》,2022年全国两会期间,在北京天桥艺术中心首演。不断总结"朱子之路"做法经验,做大做强国际儒联、港澳台大学生、海峡两岸高校师生、世界朱氏联合会及朱子后裔等朱子之路研学、游学活动,促进了朱子文化国际化。

二、邵武市传承发展朱子文化大有可为

邵武是古"八闽"(一府五州两军)中的邵武军,历史悠久,文化厚重。从历史来看,朱子与邵武有深厚的渊源,邵武传承弘扬朱子文化责无旁贷;从当下来看,邵武经济社会发展一直走在南平十个县(市、区)前列,是南平发展的排头兵。邵武传承发展朱子文化,同样应该走前头。

(一)朱子在邵武拜黄中为师

黄中,今邵武市水北镇故县村人。他初入仕途,即任修职郎、御营使司干办公事,行在禁军官员。此后为官一生,平安顺利。他参加科举考试获得廷试第一名,因系在职官员,按惯例不列为榜首,经高宗皇帝准许公布为第二名。他在朝和在地方为官几十年,谙熟上层社会礼制规矩,著述立说多有建树,致仕返乡回馈父老乡亲,开门授徒,声名卓然。淳熙三年(1176年)八月十一日,朱子怀揣书信,亲赴邵武故县,正式向黄中执弟子礼,拜黄中为师。尔后在故县一住旬日。黄中向朱子亲授礼仪之学,涉及君臣之礼、父子之礼、邦国之礼、朝觐之礼、丧祭之礼等等,为朱子后来修撰《礼仪经传通解》打下扎实的基础,在朱子文化史上留下浓墨一笔,成为千古佳话。然黄中遗产无存,社会对黄中知之甚少。邵武可以积极创造条件,复建黄中遗迹,宣扬黄中品行,以彰显邵武朱子文化的底蕴。

(二)朱子在和平书院讲学授徒

和平古镇兴于唐,盛于宋,历经元、明、清、中华民国,一直保存至今,是邵武南部片区重要集镇、文化中心。历史上,和平书院规模庞大、学子众多。朱子多次到和平书院讲学,并挥毫书写和平书院牌匾。"和平书院"四个大字,字体端正,笔力雄硕,恢宏大气,是为书法上品。该匾额至今悬挂和平书院大门上方,保存良好,是朱子与邵武不解之缘的重要物件。但和平书院因被民宅所围,至今鲜有人知。邵武可以加强和平书院的保护和修缮,尤其是拓宽周边民宅道路,使其再现当年的辉煌。

(三)朱子与洪墩镇台溪精舍何镐互动频繁

何镐,今邵武市洪墩镇尚读村人,南宋理学家。朱子与何镐是师友关系。从乾道二年(1166年)何镐向朱子问学开始,二人志向相投,互动频繁,讲论学问,情深意笃,每月皆有书信往来。何镐建台溪精舍,朱子亲自为台溪精舍作记。朱子去铅山县参加鹅湖之会,何镐应邀专门陪同。何镐病卒后,朱子亲自赶往台溪吊唁,为何镐料理后事,作《祭何叔京知县文》《何叔京墓碣铭》。台溪精舍已被列入南平市第一批朱子文化遗存名录,邵武可以加强对台溪精舍的保护和使用,使其成为朱子文化研学、游学、旅游基地,让社会通过台溪精舍,更好地认识朱子和朱子文化。

（四）朱子与范如圭的师生情谊

范如圭，建阳人，南宋理学家，与朱松是好友，常到建瓯环溪精舍，与朱松论道赏诗。朱子在建瓯环溪精舍时，范如圭对朱子"亲为讲画，反复辨告"。因此，范如圭是朱子少年时期的老师。范如圭在泉州知州任上罢官后，奉祠寓居在邵武城关。范如圭在邵武寓所内病逝，朱子闻讯，亲往邵武哭祭，作挽诗二首，写范如圭墓记，在邵武奔忙多日，协助范家料理丧葬之事，最后迎范如圭灵柩归葬建阳。后来范如圭之子范念德，又师从朱子，此为后话。范如圭在邵武虽无遗存，但朱子与范如圭的故事仍在民间流传，值得拾掇整理，物化传承。

（作者单位：南平市朱子文化研究会）

闽北朱子文化传承发展研究

◎ 陈芳萍

蔡尚思说:"东周出孔丘,南宋有朱熹。中国古文化,泰山与武夷。"朱子用毕生精力建构起极大成的理学思想体系,对延续中华文明产生深刻影响。作为闽北最有代表性的文化品牌,朱子文化的创造性转化、创新性发展至关重要。系统总结闽北传承弘扬朱子文化的做法成效,客观剖析存在的问题与不足,进而有针对性地提出对策建议,有利于深化对朱子文化的认识,为进一步推动朱子文化创造性转化、创新性发展提供参考,对深入学习习近平总书记关于传统文化的重要论述,尤其是来闽考察重要讲话精神也具有一定实践意义。

一、闽北朱子文化传承发展取得的成效

朱子在闽北生活求学、传道授业、讲学著述大半生,留下了宝贵、丰富的文化资源。近年来,闽北各级、各部门深入贯彻落实习近平总书记关于中华优秀传统文化重要论述及来闽考察重要讲话精神要求,坚持推动中华优秀传统文化创造性转化、创新性发展,大力实施朱子文化"保护、学术、传播、教化、交流"五项工程,在物化保护、活化传承、实践转化等方面取得明显成效。

(一)丰富朱子文化传承发展的物化载体

朱子文化传承发展需要依托有效的物化载体。近年来,闽北坚持修旧如旧的原则,修缮一批重要朱子文化遗存;结合各县(市、区)实际,因地制宜,建设一批重大朱子文化项目;出台《南平市朱子文化遗存保护条例》,强化朱子

文化法治保障。

1. 修旧如旧,修缮一批重要朱子文化遗存

宣传、文旅、住建等部门合作联动,有序开展朱子文化遗存普查,在依门类进行造册汇总、摸清家底的基础上,坚持"生态优先,保护第一"的理念,按照修旧如旧的原则,修缮了紫阳楼、兴贤书院、刘氏家祠、朱子社仓、朱子巷、文庙崇圣祠、世袭五经博士府等朱子文化遗存,夯实朱子文化物化保护基础。

2. 因地制宜,建设一批重大朱子文化项目

朱子在闽北度过大半生,与闽北境内十个县(市、区)都有或深或浅的联系,形成了"县县有朱子,处处有遗存"的保护格局。为丰富物化载体,闽北因地制宜,建设一批重大朱子文化项目。政和县作为朱氏家族入闽首站,受朱氏一门祖孙三代(朱森、朱松、朱熹)的影响,被称作"先贤过化之乡",已重建朱子父亲朱松创办的云根书院、星溪书院,再现书院风采。武夷山市在朱子文化遗存最集中、最丰富的五夫镇,规划建设朱子学村,原址重建屏山书院、紫阳楼,兴建朱子雕像广场、朱文公庙,配套建设朱子文化园、理学讲堂等,成为朱子文化传播的重要基地。建阳区在朱子晚年卜居的考亭村,参照明代《考亭志》等有关史料记载,重建考亭书院,内设考亭书院纪念馆,通过朱子书院情缘、卜居建阳、道付沧洲、考亭学派、流芳百世等展区,融合雕塑雕刻、艺术造景、视频影音等多种表现形式,全方位展现朱子与建阳的深厚渊源、朱子文化的丰富内涵及历史地位。延平区深入挖掘"延平四贤"(杨时、罗从彦、李侗、朱熹)文化资源,以仿宋建筑风格,按照讲学、藏书、祭祀三个功能的书院规制,建设山水相融的延平书院。

3. 地方立法,强化朱子文化法治保障

2017年9月,南平市颁布实施第一部实体性地方法规——《南平市朱子文化遗存保护条例》,实现朱子文化保护地方性法规零的突破。该条例对全市行政区域内朱子文化遗存的认定、保护、管理、利用做出具体规定,为朱子文化遗存保护提供坚实法治保障。在此基础上,2018年8月,形成《南平市第一批朱子文化遗存保护名录》,包括五夫镇屏山书院遗址在内的69处朱子文化遗存被纳入依法保护体系。

(二)加强朱子文化传承发展的活化工作

在朱子文化传承发展的过程中,活化传承必不可少。闽北在非物质文化遗产传承、朱子文化学术研究、文艺产品创作、文化创意产业发展等方面强化朱子文化的活化传承,复活朱子文化的丰富内涵,展示其历史地位、时代价值。

1. 古为今用,做好非物质文化遗产传承

一是传承完善"朱子四礼"(朱子成年礼、朱子敬师礼、朱子婚礼、朱子祭祀典礼)。礼是中华优秀传统文化的重要代表,也是中华文明的重要标志。朱子传承弘扬中国传统礼仪,立足南宋现实,充实礼仪教化的具体内容,将其编撰成《家礼》《仪礼经传通解》,对冠礼、笄礼、拜师礼、婚礼等礼仪规范做出明确规定。闽北立足中国特色社会主义新时代,将朱子倡导的冠礼与笄礼合并为朱子成年礼,除了民俗社会的成年仪式外,选取每年"五四"青年节,结合学生学习进度和高考前的时间安排,在高中校集中举行朱子成年礼,引领受礼者将个人成长与国家命运联系在一起,把传统文化与时代脉搏联系在一起。将拜师礼与谢师礼合并为朱子敬师礼,每年教师节在全市范围内举行,既丰富了教师节的内容,也增强了尊师重教的仪式感。对《家礼》中的婚礼进行改版创新,成为引领社会新风尚的朱子婚礼。同时,沿用古代规制,赋予新的时代特点,每年朱子诞辰(秋)或清明(春)举行朱子祭祀典礼,吸引海内外朱子后裔、朱子文化专家、学者、爱好者参加。目前,朱子成年礼、朱子敬师礼、朱子婚礼已申报为福建省级非物质文化遗产,朱子祭祀典礼被列入省级非物质文化遗产代表性项目名录扩展项目名录。

二是保护传承朱子文化非物质文化遗产。朱子在闽北生活期间,"茶取养生,衣取蔽体,食取充饥,居取足以障风雨"。根据其本人记录、《崇安县志》等典籍记载、民间百姓口口相传,形成了独具特色的朱子家宴,定期举办的"风味南平朱子家宴"非遗美食展示活动吸引大众广泛关注。始于五代的莲鱼戏原是人们迎春纳福、祈求风调雨顺、国泰民安的民间戏种。绍兴十八年(1148年),19岁的朱子考中进士,人们为了鼓励后生向朱子学习,往莲鱼戏礼增加了龙的元素,改为龙头鱼身的特殊样式,象征"鲤鱼跃龙门"的美好向往,代代相传到今天。另有"程门立雪"典故:游酢、杨时北上河南洛阳求学,实现"载道南移",培养了包括罗从彦在内的众多弟子。罗从彦将毕生所学传授给李侗,李侗又成为朱子的老师,一脉相承传承理学。朱子家宴、龙鱼戏、"程门立雪"典故均被列入福建省级非物质文化遗产代表性项目名录,成为闽北朱子文化传承发展的鲜活载体。

2. 结合实际,开展朱子文化学术研究

立足深厚的朱子文化底蕴,闽北各类院校、研究机构、社团、专家、学者,按照习近平总书记"四个讲清楚"的要求,在中华优秀传统文化体系中,以朱子文化为重点,深入开展学术研究,为朱子文化传承发展营造浓厚的学术氛围。

一是建设朱子文化研究机构。中国社会科学院哲学研究所与福建社会科学院依托武夷学院共同创办的宋明理学研究中心,以宋明理学、朱子学为研究对象,在文献整理、理学阐发、思想普及、文化交流等方面发挥积极作用。南平市武夷山朱熹研究中心、朱熹纪念馆成为集朱子文化学术研究、文献整理、对外宣传、教育普及、遗址考察、博物展览为一体的综合性机构,被中国社会科学院中国伦理学会授予"道德文化教育基地"称号。还成立了南平市及各县(市、区)朱子文化研究会,推动朱子文化理论研究、指导朱子文化各类活动。世界朱子后裔联谊会也在武夷山设立秘书处,成为朱子文化学术研究的重要力量。

二是搭建朱子文化研究、交流平台。由南平市武夷山朱熹研究中心主办的《朱子文化》(双月刊),是目前全国唯一的以弘扬朱子文化为核心的综合性文化学术期刊,设置武夷论坛、理学研究、书院文化、朱子遗存、考亭文苑等栏目,已连续出版发行17年,100余期,收录朱子文化相关学术文章2000余篇。诞生于闽北的"中国·朱子网",成为人们全面了解朱子、关注朱子文化、交流朱子文化的专业网站。"中国朱子""朱子文化大观""朱子理学摇篮武夷山"等微信公众号亦逐渐在研究、宣传、交流朱子文化中发挥作用。

三是产生朱子文化研究成果。在广大朱子文化理论工作者的共同努力下,《朱子学在海外的传播及其影响》《世界双遗产地武夷山生态文化及其当代价值研究》《朱熹著述活动及其著作版本之研究》《朱熹"武夷棹歌"对韩国九曲文化影响研究》等重要课题成功结项,《朱子文化大典》《朱熹思想论稿》《朱子诸师考释》《大儒世泽·朱子传》《斯文在兹·朱子与闽北》等40余部著作、300余篇学术论文相继问世,为朱子文化传承发展的活化提供坚强学术支撑。

四是举办朱子文化研讨会。结合海峡两岸朱子文化节、"朱子之路"研习营等活动,举办"朱子与朱子学文献研究""朱子文化的当代新价值""书院文化内涵与当代意义""朱子文化与民间文艺""朱子家训的当代价值"等朱子文化学术研讨会,海内外朱子学专家、学者齐聚闽北,共同探讨朱子文化深刻内涵、时代价值以及深远影响。

3.创新形式,推出丰富多彩的文艺作品

文艺作品能够生动展示文化内涵,潜移默化地影响人的思想观念、价值判断、道德情操。闽北将朱子文化与社会主义核心价值观相结合、与新时代社会实际相结合,推出丰富多彩的文艺作品,以群众喜闻乐见的形式讲述朱子故事,传播朱子文化。以朱子故事、诗词、格言为素材,综合采用音乐、舞蹈、诵咏、情景剧等艺术形式,拍摄了《少年朱熹》《大儒朱熹》《武夷棹歌》等电影、纪录片、电视专题片,在同类节目中表现突出。"走在朱子之路上"文艺晚会、"朱子文化——源头活水绿色家园"吟诵晚会、"千年文脉活源毓秀"朱子文化演讲诵读比赛先后举办;《朱子家训》《观书有感》《九曲棹歌》《春日》等篇目或诗词,被传作成现代歌曲广为传唱;书院文化展、朱子文化书法展、摄影作品展、刻字作品展在各地巡回展出,在文艺作品的传播中弘扬朱子文化。

4.与时俱进,发展朱子文化创意产业

为激活朱子文化的生命力,闽北致力于把朱子文化资源优势转化为产业优势,积极探索朱子文化创意产业发展新路。以朱子为原型,设计"卡通朱子"文化IP,完成"大话熹游"之朱子论茶、朱子论礼、传统节日、二十四节气等系列动画短片逾60部,实现线上传播超3亿次,线下开发特色IP近70项,衍生出"大话熹游朱子爷爷"微信表情包、瓷器、茶具、玩偶、杯垫、抱枕、手机壳等30余种文创产品,设计推出"熹满社仓"大米、政和白茶、五夫莲子等50类近80款极具朱子文化特色的伴手礼。"卡通朱子"作为闽北"武夷山水"区域公用品牌"御用代言人",在武夷山茶博会、海峡两岸文博会、深圳文博会、第44届世界遗产大会、海峡论坛等活动上亮相,为朱子文化与文化创意产业发展相融合探索出成功样本。

(三)注重朱子文化传承发展的实践转化

"明镜所以照形,古事所以知今",朱子文化传承发展的最终落脚点必然在于实践。学校教育、党员干部教育培训、社会教化、对外交流是其实践转化的重点领域。

1.学校教育融入朱子文化校本课程

教育部颁布的《基础教育课程改革纲要》鼓励各地执行国家课程和地方课程的同时,应开发能体现办学宗旨、适应学生需要、展现地方特色的多样性、可选择性的校本课程。闽北各中小学依托丰富的朱子文化资源,开发形式多样的朱子文化校本课程,举办一系列"朱子文化进校园"活动。编写《朱

子文化中小学读本》，依据一至三年级、四至六年级、七至九年级学生不同年龄特点，选取合适的内容，循序渐进地将朱子生平、朱子故事、朱子格言、朱子诗词、朱子思想写入教材，进入全省百余所试点中小学课堂。《朱子家训（国画注解版）》《童蒙须知》《朱子故事》等国学系列丛书也相继问世，成为青少年走近朱子、感受朱子文化力的重要书目。

2.干部教育培训突出朱子文化特色

中华优秀传统文化所蕴含的丰富内涵、道德思想、价值观念是新时代治国理政的重要源泉，也理应是干部教育培训中必不可少的内容。闽北以党校、行政学院、社会主义学院为干部教育培训主阵地，将朱子文化与党性教育、理想信念教育、爱国主义教育、政德教育相结合，编写出版适合党员干部阅读学习的《朱子文化简明读本》，开设"朱子文化概说""朱子政治思想及当代启示""朱子廉政之道""《朱子家训》与党员干部家风建设"系列课程，打造考亭书院、黄坑朱子纪念馆、紫阳楼、兴贤书院等朱子文化现场教学基地，在干部教育培训中突出朱子文化特色。

3.社会教化彰显朱子文化氛围

中华优秀传统文化的传承不能脱离社会教化。闽北将朱子文化宣传教育融入精神文明建设，在图书馆、社区、乡村举办朱子文化讲座，以朱子文化微课、书画展、诗词学唱等方式丰富群众精神生活。与中国朱子学会、福建炎黄文化研究会共同举办朱子文化网络知识问答，100多万人次参与答题，凤凰网上创造3.6亿人次的点击量。打造祭祖寻根之旅、家风家训之旅、书院文化之旅、重走朱子之路等特色旅游线路，受到社会公众的青睐。利用讲理堂、文化宣传栏、墙绘等方式拉近群众与朱子文化的距离。评选表彰"明理贤达""美德市民""道德模范""身边好人"，有效推动了朱子理文化、孝文化、廉文化、俭文化等进课堂、进社区、进家庭，营造社会教化的良好氛围。

4.对外交流搭建朱子文化桥梁

朱子文化对后世的影响广泛而深远，在韩国、朝鲜、日本、新加坡、马来西亚等地都有鲜明的印记。闽北秉持"两岸一家亲"的理念，搭建朱子文化为桥梁，在对外交流中发挥文化凝聚力。武夷山五夫镇被中央台办、国务院台办授予"武夷山朱子故里海峡两岸交流基地"，为两岸朱子文化交流、考察、研学提供重要基地。"海峡两岸朱子之路研习营"已连续举办14届，"港澳台大学生重走朱子之路研习营"也已举办5届，成为增进文化认同、凝聚精神共识的游学品牌。"朱子祭祀典礼""朱子学高峰论坛""朱子文化文创产品展"等活动吸引世界各地朱子后裔、专家、学者参加。大型歌舞《朱子之歌》赴台、港、澳和马来西亚等地演出,"朱子之歌·两岸同声"音乐会在全省各地巡演。《朱子文化》期刊远播美国、韩国、新加坡、马来西亚等 20 多个国家和地区,受到海内外读者的喜爱。

二、闽北朱子文化传承发展存在的问题

近年来,闽北朱子文化传承发展取得了一定成效,但仍存在一些问题。

(一)发展目标定位不高,朱子文化应有的历史地位尚未得到体现

作为孔孟之后,对中华文明、世界文明产生莫大影响的又一文化巨匠,朱子在总结前人成果的基础上,构建起内涵丰富、影响深远的朱子文化体系,不仅成为中华优秀传统文化的重要组成部分,也是宋、明、清三代治国理政的"官方哲学",还逐渐传播到东亚的朝鲜、韩国、日本,东南亚的越南、新加坡、马来西亚等地,被视作"东亚文明的体现"。甚至欧美一些国家或地区也深受朱子文化影响,不少专家学者从不同角度出发,学习、借鉴朱子文化精华,联系各国实际,体现到政治、经济、文化、社会生活各领域。然而长期以来,朱子度过大半生的闽北,并未将朱子文化创造性转化、创新性发展提高到世界影响力的高度加以推进,还没有将朱子文化打造为闽北最具代表性的文化标识。而且闽北境内的武夷山以其得天独厚、保护良好的自然景观,加上深厚的历史文化底蕴,获得世界文化与自然"双遗产地"的殊荣。"朱子理学摇篮"这一特殊历史文化地位,是当年武夷山世界文化遗产得以顺利申报的重要条件。但是在近年来的实践中,武夷山世界自然遗产秀美风光的作用有充分发挥,国内外游客纷至沓来,但世界文化遗产的深厚底蕴尚未达到充分发掘和有效宣传。

(二)经费投入需求巨大,财政支持困难

在历史、区位等要素的限制之下,闽北(南平市)经济实力薄弱,在全省经济发展中排位靠后,与沿海发达地区有较大差距。2022 年,福建省生产总值(GDP)53109.85 亿元,人均 GDP11.73 万元。其中南平市 GDP 为 2211.84 亿元,排名最末,大约只有福州的 17.97%、泉州的 18.28%、厦门的 28.35%;南平市人均 GDP 为 8.28 万元,亦为全省最低,与名列前三的厦门、福州、泉州分

别差距 6.41 万元、6.43 万元、5.40 万元。(见下表)但是对朱子文化传承发展而言,不论是物化项目建设、非遗传承保护,还是以各种方式推动实践转化,都需要巨大的经费投入,地方财政支持困难重重。尤其是一些重点项目的实施,比如原址重建朱子故居紫阳楼,兴建朱文公庙、延平书院,修复世袭的五经博士府这些拳头项目建设,所需经费过亿,对所在县(市、区)而言,无疑都是极大的负担,配套经费跟不上,成为项目如期完成难以逾越的障碍。

表1 2022 年福建省各地 GDP 及排名

地级市	GDP 总量（亿元）	GDP 总量排名	常住人口（万）	人均 GDP（万元）	人均 DP 排名
福州	12308.23	1	842	14.62	2
泉州	12102.97	2	885	13.68	3
厦门	7802.70	3	531	14.69	1
漳州	5706.58	4	505	11.30	7
宁德	3554.62	5	282	12.61	4
龙岩	3314.47	5	273	12.14	6
莆田	3116.25	7	321	9.71	8
三明	3110.14	6	248	12.54	5
南平	2211.84	9	267	8.28	10
平潭综合实验区	367.71	10	39	9.43	9

(三)研究教育不够全面,实践转化成效有待加强

近年来,各级各部门积极推动闽北朱子文化研究教育,总体上呈现积极向好的态势。但是学术研究与宣传教育均存在不够深入、不够全面,实践转化成果不明显的问题。一是学术研究方面,朱子文化较之孔子文化而言,不论是广度,还是深度上,均差距甚远。维普咨询中文期刊服务平台搜索结果显示,以"孔子"为关键词,检索出 36644 篇相关期刊论文;以"朱子""朱熹"为关键词,搜索到的期刊论文仅为 2203 篇和 6257 篇。同时,在当前朱子文化研究中,往往侧重历史、哲学等理论性研究,对推动朱子文化传承发展,汲取其精华,使之与当代社会相适应、与现代文明相协调,推动社会文明程度新提

高,促进经济社会高质量发展等方面缺少深层次挖掘,创造性、创新性、时代性、实践性都有待进一步增强。二是宣传教育方面,朱子文化大众化、通俗化转化不足,大多数的社会公众只知道朱子是历史名人、理学集大成者,对朱子文化的丰富内涵、历史地位、当代价值知之甚少。加上关于朱子文化的正面宣传普及不足,造成公众对朱子及其学说存在误解,对朱子文化的创造性转化、创新性发展带来了一定困难和阻力。

(四)人才队伍薄弱,智力支持动能不足

朱子文化的传承发展,人才队伍建设是关键。当前,闽北朱子文化人才队伍薄弱,呈现出数量不多、素质不高、青黄不接的特征。一是学术研究型人才匮乏。专业对口、理论基础扎实,致力于朱子文化研究的学术研究型人才很少,活跃在朱子文化学术研究领域的专家、学者,大多局限于武夷学院、市委宣传部、市政协等部门,其他学校、党政机关及社会各界鲜有教师、学者、公众研究朱子文化,尤其是青年人参与朱子文化研究的不多,学术研究队伍中青黄不接、梯队断档。二是创意型人才缺乏。在朱子文化创造性转化、创新性发展中,与时俱进,发展特色文化产业,需将朱子文化的元素巧妙地融入影视、游戏、动漫、娱乐、会展等行业,这需要创意型人才的支撑,也是当前闽北朱子文化人才队伍的短板。三是管理型人才稀缺。通晓文化经营、市场推广、产业发展、文旅融合等多学科的交叉人才稀缺,导致闽北朱子文化资源无法得到更广泛、更深入地开发利用,部分朱子文化产品即便有庞大的市场需求,也难以迅速扩大。

三、闽北朱子文化传承发展的对策建议

2021年3月,习近平总书记在武夷山朱熹园考察时强调:"要推动中华优秀传统文化创造性转化、创新性发展,以时代精神激活中华优秀传统文化的生命力。"为保护、传承、振兴传统文化指明了方向,不断丰富朱子文化资源,闽北应深入贯彻落实习近平总书记关于文化建设的重要论述,尤其是来闽考察重要讲话精神,形成整体推进的战略设计,将朱子文化保护传承与现实文化建设相统一,在继承的基础上发展,在发展的过程中创新。

（一）高端定位、健全机制，形成闽北朱子文化传承发展工作合力

朱子文化不仅是闽北的标志性文化名片，也是福建的代表性文化瑰宝，其影响力辐射全国、影响世界。应深刻认识朱子文化的丰富内涵、历史地位和时代价值，明确全市一盘棋的理念，建立健全传承发展的工作机制，形成合力，将其打造为世界性的文化标识。

1. 建立有效的经费投入机制

多渠道筹措资金，加大闽北朱子文化传承发展的经费投入。一是将朱子文化创造性转化、创新性发展列入全市文化建设重点项目，纳入财政预算，设立专项经费，各县（市、区）财政按比例给予配套。二是积极创造条件，争取向省级财政、国家财政申请经费补助。三是充分发挥市场作用，有效导入社会资本，支持部分项目市场化运作，对一些企业文化氛围浓厚、市场发展前景广阔、科技创新水平较高、社会效益良好的文化企业和优质产品在政策、技术、信贷、税收等方面给予优惠，使之成为闽北朱子文化创造性转化、创造性发展的重要主体。

2. 建立系统的工作协调机制

应在市委、市政府领导下，建立闽北朱子文化传承发展工作协调组。以政协、宣传、文旅、教育、外侨等部门为重点，吸收高校、党校、行政学院、各类研究会及民间组织参与，按照工作性质和需要，划分为规划指导、保护传承、学术研究、宣传教育、对外交流、产业发展等工作小组，搭建起相对稳定的沟通交流平台，深入开展调查研究，制定闽北朱子文化传承发展的总体规划，定期汇总工作推进情况，适时开展分析研讨、工作交流，统筹推进闽北朱子文化传承发展各项工作。

3. 建立科学的工作考核机制

将闽北朱子文化创造性转化、创新性发展工作纳入各级党委、政府的年度工作考核体系，作为精神文明创建、乡村振兴、战略实施等工作考核的参考指标，提高其在文化建设动作中的考核比重，以制度的方式，引导各级党委政府及职能部门增强朱子文化传承发展意识。

（二）整合资源、有的放矢，推进闽北朱子文化保护传承

保护传承是闽北朱子文化传承发展的重中之重，应坚持有的放矢，以有

效保护、合理利用、传承发展为目标,加以有效推进。

1.整合资源,打造朱子文化传承发展示范区

闽北境内10个县(市、区)都与朱子有密切关联和深厚渊源,但目前各地主要按照行政区划分割朱子文化资源,还处于各自为战的状态,在朱子文化挖掘研究、保护传承定位上,站位不够高、定位不清晰,呈现出分散凌乱的问题,没有实现资源整合、优势互补。应整合各县(市、区)朱子文化资源,串联起武夷山、建阳、建瓯、延平、政和等重点区域,打造朱子文化传承发展示范区,统筹考虑时间表、路线图,更好地挖掘保护朱子文化遗迹遗存。

2.多管齐下,加强朱子文化非物质文化遗产保护传承

积极争取把龙鱼戏、朱子家宴、"程门立雪"典故等一批省级非物质文化遗产申报为国家级非物质文化遗产。推动朱子祭祀典礼、朱子婚礼、朱子成年礼、朱子敬师礼成为定期举办的社会性活动,并创作出具有普遍适用性的简化版本,可以在更广泛范围内不定期举办。组织专家学者深入钻研史实资料,挖掘其他蕴含朱子文化底蕴、展现朱子文化特色的非物质文化遗产。同时,开展创建传承朱子文化非物质文化遗产的生产性基地,推动社会效益与经济效益的有机统一。如可以在考亭书院或朱子雕像广场设置朱子文化非遗驻场演出,在朱子文化节、武夷山茶博会上展示朱子家宴等。

(三)深化研究、推动教育,促进闽北朱子文化实践转化

朱子文化理论研究和宣传教育是实现其实践转化的基础。应通过持之以恒、与时俱进地研究、宣传、教育,推动主子文化成为践行社会主义核心价值观、提高社会文明程度、增强国家文化软实力的源头活水。

1.深化理论研究,为朱子文化实践转化提供学术支撑

一方面,立足闽北朱子文化资源的独特优势,依托高校、党校、行政学院、朱子文化研究机构,围绕朱子哲学思想、政治思想、教育思想、伦理思想的思想精髓及其当代价值,组织专家学者开发一系列兼具理论深度与现实热度的重点课题,形成一批高质量研究成果,成为朱子文化实践转化的学术支撑。另一方面,以《武夷学院学报》《朱子文化》《福建林业职业技术学院学报》《闽北职业技术学院学报》《闽北日报》《闽北快讯》《闽北党校》等刊物、报纸为载体,面向全社会征集朱子文化学术文章,分批择优刊登,营造朱子文化理论研究的良好氛围。

2. 统筹部署谋划,构建朱子文化教育体系

以少年儿童和党员干部为重点,抓牢幼儿园、中小学、高校、党校等主要阵地,把朱子文化贯穿于启蒙教育、幼儿教育、义务教育、职业教育、高等教育和干部教育各领域,构建全覆盖、系统性的朱子文化教育体系。进一步扩大朱子文化中小学读本的使用范围,以宣传栏、黑板报、主题班会等多种多样的形式增强朱子文化校本课程的生动性。将朱子文化纳入全市干部教育培训规划,编写党员干部朱子文化通用教材,将其作为政德建设、干部教育培训的重要内容。

3. 加大宣传力度,推动朱子文化深入人心

以形式多样、生动活泼的方式,加大宣传力度,推动朱子文化深入人心,使其在社会生活各个领域中得到体现。一是将朱子文化融入精神文明建设。在新时代文明实践中心、农村文化礼堂建设中融入朱子文化,以理论宣讲、文化课堂等多种方式开展朱子文化志愿服务活动。二是积极开展朱子文化主题文艺创作。持续推进朱子文化文艺产品创作生产传播,开展以朱子文化为主题的音乐、美术、舞蹈、文学、摄影、书法、影视等文艺创作,适时进行展演、展览、展映,借助群众喜闻乐见的形式,展示朱子文化魅力。三是综合运用线上线下多种宣传方式。创新广播、电视、报刊等传统媒体平台职能,融合微博、微信、短视频、微电影等新媒体,全方位宣传、推介朱子文化。四是支持引导文创产品创新开发。强化与高校艺术设计学院、知名设计机构、特色文化企业的交流合作,定期举办朱子文化文创产品设计大赛,评选表彰一批高质量文创产品,纳入"武夷山水"区域公用品牌体系,开放官方旗舰店在各大网络购物平台上线,在闽北革命历史纪念馆、博物馆、图书馆、景区、酒店、民宿等地,设置朱子文化文创商店或自助售卖柜。

(四)多方推动、全面交流,加快闽北朱子文化"走出去"的步伐

加快闽北朱子文化"走出去"的步伐,探索建立对外交流机制、平台,将政府推动搭台与民间交流相结合,引导各类文化机构、文化企业广泛参与朱子文化对外交流,构建起全方位、宽领域、多层次的朱子文化对外传播交流格局。

1. 主动融入"一带一路"文化交流合作

当前,党中央提出的"一带一路"("丝绸之路经济带"和"21世纪海上丝绸之路")倡议得到国际上越来越广泛的认同和参与,成为国际文化交流的独特平台。闽北境内的武夷山是海陆两条"万里茶道"双起点,"万里茶道"同"丝绸之路"不仅路线走向、覆盖领域有诸多重合,而且在贸易往来商品和交流载体上也十分相似,都是以丝绸、茶叶、瓷器等中国特色商品为主,通过商品贸易的方式,连接起中、俄、蒙多国的两百多个城市沟通交流的桥梁。这种独特的历史地位和区位优势,为朱子文化走出福建、通往世界带来了新的历史机遇。闽北朱子文化创造性转化、创新性发展应抓住机遇,将朱子文化独特优势融入"一带一路",进行更广范围、更深领域的交流合作,与世界其他国家和地区的优秀文化元素相得益彰,推动朱子文化全球化、时代化、大众化。

2.致力建设多种文化交流载体和平台

以"道在武夷,理行天下"为主题,打造国际性的朱子文化交流平台,提高朱子文化节、茶博会、朱子文化论坛影响力,全面展示、宣传、推介朱子文化。建造大型朱子文化博物馆,理顺朱子理学思想形成、发展、完善脉络,展示朱子文化遗迹遗存复制品,介绍朱子学说的基本内涵与时代价值,成为朱子文化对外展示的综合性平台。与朱子文化渊源深厚的尤溪、同安、婺源、长沙和九江等地在朱子文化产业发展、宣传教育、文化旅游、文化产品创作营销等方面全面合作,打造朱子文化交流合作知名品牌。同时,加强与中央外宣媒体、国外媒体合作,发挥海外华文媒体作用,综合运用互联网、广播电视、微信、微博等多种媒体,大力宣传,促进更多朱子文化产品、服务走向国际视野。

3.积极拓宽民间朱子文化交流合作领域

鼓励各类民间组织、民营企业和个人从事与朱子文化有关的对外交流活动,全面推进文化领域交流合作,形成交流合力。如发挥世界朱氏联合会、闽北后裔联谊会的作用,以亲缘关系为纽带,展现朱子文化文缘魅力。挖掘海外侨团侨社、中国城、中餐馆、同乡会馆等平台的文化传播潜力,培育更多的海外传播主体。

(五)培养发现、合理利用,提供闽北朱子文化传承发展人才保障

优秀传统文化传承发展离不开高素质的人才队伍。须进一步制定完善切实可行的人才机制,加强朱子文化人才队伍建设,形成培养人才、发现人才、利用人才的良好环境,为闽北朱子文化创造性转化、创新性发展提供坚实的人才保障。

1.建设朱子文化人才聚集区

强化高端人才集聚意识,面向省内外引进一批朱子文化研究高端人才,

定期开展讲学、研讨,在朱子文化挖掘、研究、宣传、教育等方面予以有力指导。鼓励引导知名高校、研究机构在闽北设立朱子文化专门机构,探索建立朱子文化研究、传播的长效合作机制,建设独具闽北特色的朱子文化人才聚集区。

2. 多渠道培养造就朱子文化人才

注重多渠道培养造就朱子文化人才,为各领域人才成长创造良好条件。一是选送现有朱子文化专业人员到高校、科研机构或其他相关部门培训进修,提高专业水平。二是将朱子文化人才纳入闽北紧缺人才范畴,落实生活待遇、晋级奖励等方面的优惠政策,引进一批致力于朱子文化传承发展的专业人才。三是依托武夷学院、福建林业职业技术学院、闽北职业技术学院等本土高等院校,增设朱子文化相关专业,完善课程体系,扩大招生规模,培养朱子文化传承发展所需的专业后备人才。

3. 夯实基层朱子文化人才队伍

加强基层朱子文化人才队伍建设,通过师徒传承、定向培养等方式,培育朱子文化乡土艺术家,尤其是非物质文化遗产传承人。为基层朱子文化工作者提供更多培训、进修、学习机会,促进基层人才成长,增强发展后劲。发展壮大朱子文化志愿者队伍,成为朱子文化创造性转化、创新性发展的重要力量。同时,应建立激励机制,对有突出贡献的朱子文化项目和朱子文化人才,按照贡献大小予以不同程度的激励。

(作者单位:中共南平市委党校)

携手打造特色朱子文化品牌的路径探讨

◎ 杨　贞　廖远骝

邵武与将乐一样,同属闽北,建县历史悠久,同为三国吴永安三年(260年)建县。两县山连山,水连水,春秋战国时期同属闽越王管辖之地,是客家民系孕育期间的摇篮地之一,更是八闽历史上最早的开发地。

据史料载,中原汉人最早迁入闽北是在秦汉时期,西汉已设建州。三国时期,建州已辖七县(福建最早建的七县)。此后,居住闽北的部分中原汉人的后裔逐渐向闽东、闽中、闽南和闽西迁徙。三国东吴永安三年(260年)将乐建县至晋隆安三年(399年)拆县的79年间和唐垂拱四年(688年)复置将乐县至唐开元十三年(725)的37年间,全县境域含今将乐、顺昌、泰宁、建宁四县全境和宁化、清流、明溪等县部分地域,县境北至昭武(今邵武),东邻延平(今南平),西接石城、广昌,南连新罗(古汀州的前身),面积约13409平方公里,覆盖了闽赣连接区北部的大部分地域。从史料可以看出,在唐垂拱和唐开元期间,将乐与邵武同为一县,其间关系甚为亲密。

邵武与将乐,自然资源丰富,人文历史厚重。将乐是北宋著名理学家杨时故里。理学集大成者朱熹是杨时的三传弟子。杨时16岁就去邵武学习经史,24岁考中徐铎榜进士。邵武既是杨时读书、讲学过的地方,也是朱熹过化之地。中国著名哲学史家蔡尚思教授曾说:"闽学的形成与创立,朱熹代表作《四书集注》的完成,无不与杨时有关。""朱熹之学来自二程与杨时"。

1993年10月,蔡尚思先生应将乐县政府之邀,到将乐参加纪念杨龟山先生诞辰940周年活动时,曾写下一首五言绝句:"鲁南有孔孟,闽北出杨朱。古代人文上,均成为楷模。"今年恰逢杨时诞辰970周年,重温蔡教授的诗句,认真咀嚼他对杨时将二程洛学南传以及为其后朱熹创建闽学和朱熹思想体系的点评之语,更是令人感触甚深。蔡尚思先生在将乐与专家学者交流中,在谈到宋代理学流派时,曾说:"无论在中国文化史上、学术史上、思想史上、哲学史上、伦理史上都居于主要位置的是宋代理学,宋代理学中最主要的是濂洛关闽四大派,濂洛关闽四大派中最主要的是闽学一派,闽学一派最重要的是朱熹。"在谈到闽学的形成、发展过程中,杨时所起的承上启下作用时,他又说:"朱熹之学来自二程与杨时,杨时是中国理学由北传南的关键人物,所以被称为闽学创始人。"正是杨时的道学南传,闽学创立,接续千年文脉,使中国文化从"中原时代"走向南方,使福建从"蛮夷之地"跃成"海滨邹鲁""山中理窟""理学名邦",大大增强了福建乃至整个南方的文化自信。

闽学的形成也是儒家学派的哲学完成,是封建王权时期中国思想文化最新的发展,由此产生的哲学理论思想的时期,闽学在中华文化经营中占据着重要的地位,朱熹的《四书集注》也成为元、明、清开科取士的必读之书。在历史发展的长河中,闽学发挥了重要的作用,其意义不可取代。诚然,在今天,闽学必然将影响着现代社会的发展。闽学中的杰出人物杨时、罗从彦、李侗、朱熹被人们尊称为"延平四贤"。他们从闽北走出,历经数百年,其闽学文化思想深刻影响着人们的道德准则、思维习惯、价值判断,也因此由地域文化演变成中华文化传统中的核心文化。

历史人文是一个地方的精神源头,是一个地域核心价值的根源。以闽学文化彰显地方个性,以理学名邦展现地方风采,邵武与将乐都处于同一地域,也具备把这一优势转化为旅游市场竞争力的条件。如何进一步把闽学文化与旅游市场有机结合,让闽学文化在福建闽北地域体现出具有根本性的、不可替代的价值,使大众认可,从而为地方经济和社会发展服务,这是一个值得深入调研,认真思考,付诸实践的问题。

诚然,邵武与将乐同处的这块地域有着十分丰富的旅游资源。主要集中在两大块:一块是自然生态资源,一块是历史文化资源。不仅这些,而且从历史文化资源来讲,邵武与将乐在闽北几千年的社会发展进程中积淀了许多丰富的名人轶事、风物地理、民俗风情、历史掌故、革命历史等。不仅这些闽学文化资源丰富,而且客家文化、红色文化、生态文化等资源方面也具有浓郁的地方特色。这些文化资源,每项都是响亮的名片,彰显其悠久的历史和丰富资源的文化形态,因此打造以朱子文化为品牌的文旅融合产业条件已经十分成熟。本文试从以下几方面进行分析并提出具体建议,与大家共同探讨。

一、注重打造传承之旅的基础相同

据史料反映,党的十八大以来,邵武市委、市政府与将乐县委、县政府都十分重视本市县文化事业发展,提出新时期文化建设的一系列目标任务,经过近十余年努力,在优秀文化研究阐发、教育普及、保护传承、融合提高、创新发展、传播交流方面体系已初步形成,文化品牌战略成效日益显现。体现在具有地方特色的文化产品更为丰富、文化品牌更加响亮,文化自觉和文化自信明显增强,文化软实力和影响力明显提高。当下邵武和将乐正以传承中华优秀传统文化、传统美德、人文精神为主要内容,结合地情,精心组织实施新一轮文化品牌建设,以突出古为今用、守正创新,以研究梳理为基础,努力构建融入国民教育、道德建设、文化创造、生产生活的工作布局,推动优秀传统文化传承向纵深发展,逐步形成各自亮点,着力于提高文化建设在福建省乃至全国的知名度。

特别需要指出的是,近年来,邵武和将乐一方面大力推进文化基础设施建设和优秀传统文化的传承保护。全面贯彻《国务院关于进一步加强文物工作的指导意见》,推动各乡镇人民政府履行文物保护主体责任,实施以各级文物保护单位为责任主体,全面保护与优秀传统文化、历史名人有关的遗迹遗址。另一方面加大了对历史文化名村、传统村落的保护力度,推进国家级历史文化名村和国家级传统村落的保护开发,结合美丽乡村和特色小镇建设,重视加强乡村历史文化传承,发掘和保护一批处处有历史、步步有文化的小镇和村庄,用以促进乡村振兴。

邵武和将乐政府都十分注重地方文化建设与经济建设融合发展,重视挖掘城市历史文化价值,精选一批凸显闽学为主题的文化,把经典性元素、标志性符号、城市规划设计纳入城镇化建设,合理应用于城市雕塑、广场园林等公共空间,让传统文化显山露水。与此同时,还设法提高城市建筑品位,挖掘传统民居建筑文化,创新客家居民建筑风格,鼓励建筑设计继承创新,推进城市修补与生态修复,以延续城市文脉。

二、推动文化建设的路径相同

党的十八大以来,邵武与将乐都以闽学文化、红色文化和客家文化作为地方特色,作为文化建设的主要立足点。以提升公共文化事业发展水平、弘扬传统优秀文化与社会经济融合发展为目标,形成具有地方特色的文化建设新路径。具体表现在:

(一)注重推动闽学文化向纵深发展

将乐县是杨时的诞生地,邵武是朱熹讲学过化地,其所阐扬的闽学文化在中国的古代哲学中具有非常重要的地位,杨时思想经朱熹等的传承更彰显其传统和现代文化价值。

因此,邵武和将乐打造地域特色的朱子文化有三个共同点,一是主动融入《福建朱子文化生态保护区规划纲要》中的发展方向与内容,进一步充分挖掘闽学文化资源,开展闽学文化杨朱等相关人物重要遗存遗迹的普查、保护、升级工作。同时进一步科学规划,合理安排,加强纪念性基础设施建设。二是加强闽学文化的理论研究,系统收集整理闽学杨朱人物原著、研究著述、传说故事、诗词歌赋、家训族谱、格言警句等资料,编辑出版"杨朱故事"等文化读本。加大闽学文艺精品创作力度,推出一批有影响力的文艺精品。三是推动闽学文化交流合作,发挥朱子研究机构和杨时研究会作用,开展杨时文化、朱子文化对外交流研讨。策划闽学文化旅游线路,积极融入全国首条"朱子之路"文化旅游路线,组织开展闽学(杨朱)文化游学之旅、寻根之旅,打造闽学(杨朱)文化旅游重要目的地。

(二)注重打造红色品牌　重视赓续文化基因

红色是历史的印记,文化是民族的血脉。红色文化可以发挥其铸魂聚力的作用。作为著名的红色苏区县将乐和革命老区县邵武市,都具有丰富的红色文化资源,彭德怀、滕代远等老一辈无产阶级革命家领导东方军在这片红土地上建立红色政权,红旗插遍邵武与将乐城乡。邵武有红色遗址23个,有11个地处金坑乡,是邵武红色文化资源的中心。1931年6月,中国工农红军第三军团首次由江西黎川进驻金坑,总指挥彭德怀率兵开展活动,在金坑建立了区、乡苏维埃政权。淳朴的金坑人民在革命战争年代积极投入当地的革命战争中,在福建革命史上留下不可磨灭的光辉业绩,铸就了屹立于八闽大地的红色丰碑。将乐县有革命遗址36处,5处被列为省级文物保护单位,省党史教育基础2处,其中比较有名的是南口温坊村革命遗址群、白莲墈厚红军堡、铜铁岭战斗指挥部,以及中央苏区纪念馆等,红色文化的发掘成为党员干部开展革命教育以及对学生进行社会主义核心价值观教育实践活动的重要平台。

2021年中国共产党建党百年庆祝活动后,邵武市和将乐县政府更为重视红色文化保护、传承和弘扬工作,着力围绕在加强理论研究、展示传播、遗址保护和融合利用上下工夫,推动红色教育常态化、红色保护规范化、红色精神时代化。力争在打造红色文化保护重镇、红色文化传播高地、红色文艺创作基地、红色文化旅游目的地等方面推进弘扬工作。红色文化传承取得了新进展和新实效,具体表现在:

(1)加大了研究力度。有关部门深入挖掘红色历史和精神价值,组织党史社科研究力量,研究阐释其思想内涵和精神实质,深入开展彭德怀等革命领袖的革命史研究,不断挖掘"坚定信念,求真务实,一心为民,清正廉洁。艰苦奋斗,争创一流,无私奉献"的苏区精神历史价值和时代内涵,推出一批较高质量水平的红色文化研究成果。

(2)加大了宣传力度。两县各自有计划推出一批地方元素的文学、音乐和舞台剧目等红色题材文艺精品,对红色历史进行还原,对红色故事进行再现。另外,还加大了红色遗址保护力度。邵武有关部门按照《南平市红色文化遗产保护管理办法》,将乐按照《三明市红色文化遗址保护总体规划》等相关政策,把符合条件的遗址悉数纳入《红色文化遗址保护总体规划》,分期分批实施修缮工程,推动红色遗址依法申报,实施和提升。

(3)加大利用力度。推动境内各级各类学校开设红色文化专题课程,充分发挥邵武当代先模爱民怀乡故事读本《永远的丰碑》,将乐苏区爱党忠诚故事读本《崇高的信仰》的教育感化功能,推动红色文化入教材、进课堂,以教育青少年一代。以红色教育为主题,打造红色旅游精品线路,突出"红色+美丽乡村""红色+绿色生态""红色+文化遗产"等不同特色,加快重点红色旅游景点规划与建设,重视运用VR等新兴技术提升红色旅游品质。

(三)注重弘扬各具特色民俗文化

民间民俗文化蕴含着优秀的传统文化内涵,在道德教化、文化传承等方面有重要作用。作为福建省最早置县的古县之一,邵武市和将乐县民间民俗文化资源十分丰富,各有特色。

邵武钟灵毓秀,人杰地灵,境内客家文化博大精深,非遗文化内涵丰富,特色鲜明。且类别涵盖了民间民俗、传统音乐、传统技艺、传统舞蹈、传统戏剧、传统美术、传统体育、游艺与杂技等许多门类。除此之外,邵武作为客家县还流行许多民间民俗活动,诸如开基造房、婚丧喜庆、乔迁新居、修缮祭祀、迎神打醮、民间文艺等。诚然,将乐也是客家县,也具有丰富的客家特色的文化传承和载体。如将乐擂茶、西山纸、龙池砚制作成为将乐县非物质文化的代表,食闹音乐、万安花灯、安仁的板凳龙等是将乐民俗文化和大众文化的体现,而古廊桥、文武庙、古粮仓、宗祠等则成为乡民生活和精神文化的物质载体。将乐地方特色的民俗文化最具代表性的有南词文化、村落文化、宗族文化、民间信仰等。将乐县非物质文化遗产现有国家级 1 项、省级 6 项,目前正引导和推动更多项目列入国家级和省级非物质文化遗产。

三、打造文化品牌建设中遇到的问题相同

(一)文化发展碎片化问题突出,限制文化多元融合

当前,文化发展应以融合式发展为主要趋势。而目前邵武与将乐的文化政策主导方向是以文化多元化发展方向为目标,但并未产生融合式发展,即发展碎片化、片面化,没有形成合力。总体上说,文化事业和文化产业发展停留在初级阶段。邵武与将乐的文化发展有个共性问题,都是以传承修复传统文化物质载体、丰富其基本内容为目标,没有充分利用现代科学信息技术对传统文化进行组合升级,特别是文化产业的信息科技含量较低,这难免使得传统文化建设实效受到影响。

以将乐为例,当前文化发展虽然确立自身发展的多个主题,"闽学(杨时)文化"的传承有"红色文化"弘扬、"客家文化"留存、历史文化遗存的发展等等,但是没有形成一个完整的发展脉络。每个支脉各自发展,自然难以形成合力。因此文化发展的方向是走向多元化的融合,达到特殊性和普遍性的统一,首先我们在强调区域文化的独特性的同时必须兼顾文化的共性,这样才能将零散的碎片串联起来。文化发展走向碎片会使得政府在进行文化保护和传承、文化特色产业的建设时投入的成本过大,效果却不佳,因为政府的资源是有限的,投入面太广,针对性就差。例如将乐县前些年重点投入 300 多万元对各个乡镇 30 多处的红色文化遗址进行维修和保护,但是这些遗址在修缮后是否能产生自生能力,这还有待考察。文化要做到自我生存,自我发展,乃至创造更多价值,重要的应该是打造几种文化之间的发展链,例如将生

态文化、历史文化、特色文化结合起来打造兼具保护和发展的文化产业链。

(二)非物质文化传承难,文化经济功能虚化

首先,是市场经济的逐利性与文化技艺的保护性相矛盾,导致非物质文化传承难,这点也是全国非物质文化传承建设面临的普遍难题。主要体现在资本市场由于其追逐经济利益的最大化,需要走向规模化和产业化方向,其目标是以最小成本获得最大的收益,体现在当代就是机器大生产,迅速、统一并且非人化。然而非物质文化的生产则是强调其独特性和异质性,注重工艺和精神,最根本在于作品中呈现的人因素,人的记忆和人的感情,这种特质与市场经济商品的标准化发展规律背道而驰。对追求艺术性和个性化的技艺传承者而言,当然就是无法获得实际的经济来源。当生存无法满足时,当然,很多匠人或传承者只能抛弃自己的技术,转而走向其他的生存之路。笔者在将乐安仁乡大南坑古陶瓷手工作坊进行访谈时,其工艺传承人就表示,自己的后代很少接触陶瓷了,只是偶尔会过来,因为柴窑烧制一年只能烧2次,从制瓷到烧瓷的时间太长,基本是赚不了什么钱的。而将乐西山纸也同样面临着这样的情况,其传承人刘仰根表示:"儿子在家读书,以后也不会做纸了,做这个太辛苦了。"作为非物质文化传承人,刘仰根也表示,竹纸制作扣除工钱之外,剩余的也仅能维持一家基本生活,无法做到经济效益与文化效益的统一。特别是目前能够全程参与西山纸传统制作的工人屈指可数。等这批人退休之后,估计很难找到工艺的传承者了。

其次,是时空因素限制其有效进入市场。一些非物质文化遗产的产品生产地,生产地域过于偏远,使其进入市场的时间过于漫长,影响其产业化发展前景。例如大南坑的瓷器、陇西山的毛边纸等等,都是在相当偏远的地方,这些传承人生产的产品,很多时候已经不是为了获利而仅仅只是一种情怀,但是如果再无出现下一代有情怀的传承者,那么技艺就失传了。面对这些问题,其实需要的是一种鼓励和引导,如果在县城成立非物质文化技艺馆,兼具展览和销售的功能,就可很好地解决这个问题。很简单,只是实现产销分离而已,生产和创作仍然在人间仙境般的深山中,但是销售却可以放到商业化最繁荣的地区,只有时空压缩才能从中焕发出经济资本的活力。

最后,是文化产品与市场的需要存在脱节,导致文化经济功能虚化。文化产品需求与供给不断缩小,针对的消费人群越来越小,消费层次无法提高,市场的盲目性之下,"劣币驱逐良币",做工优良、具有保障的工艺品越来越难

以在市场上生存下去。这种状况下政府若利用其价值性高、具有象征性、文人化色彩浓厚等特点发展高端消费的营销手段就显得尤为重要。

(三)文化产业发展创新不足　驱动力与持续力不强

实践证明,文化事业发展和文化振兴必须通过文化产业化发展才具有可持续性,传承优秀传统文化,打造朱子文化品牌,要以科学的态度进行创造性转化和创造性发展。时代不同了,不能无的放矢,脱离实际,而要坚持问题导向意识,立足于应用,同我们需要解决的现实问题相联系,运用到我们正在从事的实践中,充分发挥其资政育人,文以化人的作用,为解决当今时代遇到的新情况、新问题服务。这就要求我们必须紧跟时代发展的脉搏与步伐,找到传统与现代的最佳结合点,以科学态度激发朱子文化创新活力,不断对朱子文化进行创意开发,将传统与新潮相结合,体现出朱子文化的勃勃生机,让朱子文化创新发展、持续发力。因此大力推进文化建设转型升级是当前邵武与将乐的文化事业创新发展和文化产业振兴升级面临的主要任务。我们要探讨如何借助"文化+互联网+""文化+旅游+"等产业融合发展的思路,提高文化产业的附加值,提高文化产业的科技含量,特别是各类具有市场化发展前景的非物质文化如何通过产业创新转型升级发挥其产业价值,进而带动全县传统文化产业向现代化文化产业转型,带动文化与旅游等其他产业融合发展,这是值得探索的一个关键议题。

四、打造朱子文化品牌区域路径构想

在打造具有闽学文化地域特色的品牌中,在促进邵武与将乐的文化产业转型和文化振兴过程中,一方面必须做大做强"朱子文化·闽学区域"这个文化符号,要讲好"闽学四贤"的故事,依托世界文化与自然遗产地武夷山的影响力,塑造一个全新的闽学文化新形象。让世人和游客得以认同和接受。另一方面要特别注意处理好文化的产业经济属性和公共属性之间的关系。实际上,无论是文化产业,还是文化事业,都具有满足人民群众精神文化需求的公共属性和外部性,因此从这个角度来说,大力扶持文化产业发展本身就是各级政府部门的责任。文化产业发展的最终目的是满足人们不断增长的物质文化和精神文化需求,提高民众的文化素质和道德修养。因此政府部门首先要大力发展文化民生事业,为文化产业化发展营造一个良好的社会氛围和土壤,提高民众的文化品位和文化消费能力。结合当前文化事业发展和文化产业发展现状,建议从以下几个方面来促进品牌建设与文化振兴。

(一)以生态文化掣领文化品牌振兴为主导方向

生态环境是最具差异化竞争优势的发展要素。文化因其具有的独特性而珍贵,但凡文化发展形成规模化的地区,都是利用了本区域最有特点而独一无二的文化因素,将其进行深入的挖掘,形成相关的文化产业集群。例如浙江绍兴利用名人鲁迅的故乡开展文化布局,所到之处,所用之物无不打下这一烙印,形成言及绍兴,必谈鲁迅的现象。再如近一点的沙县,主打沙县小吃文化,小吃成为文化的主线。这两个例子可以窥探出文化具有广泛性,并不仅限于狭隘的历史文化、名人故居、风俗习惯,可以突破文化谈文化,跳出文化发展文化。事实上,生态文明建设是当前社会发展的主要方向。习近平总书记提出了"五位一体"的战略总布局,其中把生态文明建设放入总布局中,提出未来社会发展的主要方向,走生态可持续的发展道路,可见生态文明建设成为我国现阶段的主要方向。在"十四五"规划中,我们要按照党的二十大精神和习近平总书记提出的"绿水青山就是金山银山"的理念,以"练好发展经、画好山水画"为主题,突出"深呼吸、慢生活、大健康"的理念,把生态发展成为贯穿整体发展的主轴。随着消费方式的转向,人们消费的领域呈现了多样化的趋势。特别是对于康体养生和旅游等需求逐渐增加,在基本的生存条件满足之下,人们更多追求更高层次的消费,所谓景观式、参与互动体验式文化消费,这种趋势为发展生态文化提供一种可能。我们邵武、将乐两地在打造"朱子文化"区域中,应该将生态文化置于文化振兴和文化发展的顶层,成为统摄其他文化事业和文化相关产业发展的核心。

具体而言,邵武、将乐两地应以"深呼吸+""文化+互联网""朱子文化+""红色文化+"等为文化事业和文化产业发展主题,打造一体文化产业链。一般而言,旅游业是文化产业发展的普遍方式,旅游业因其具有"关注和了解宾主双方的风俗习惯、传统文化以及生活方式",使得旅游时常与当地文化联系在一起。以将乐为例,将乐以生态绝佳的"深呼吸小城"作为名片,开展生态旅游为主,利用玉华洞自然特色,加上将乐擂茶的展示与体验,南词的品味与欣赏,闽学文化传承,最后到非物质文化技艺及其产品的消费等,打造一体化的文化消费模式。如果以文化产业链的方式打造文化旅游,可以最大限度集中资源,形成规模效应。让民众和游客从吃喝玩乐的低层次消费到文化体验精神升华的高层次消费。

（二）着力优化文化产业链和价值链

促进文化产业化对于提高弘扬传统文化，促进民众文化消费升级和地方经济产业结构升级具有重要的作用。当前如何打造两县的地方特色文化产业链和价值链是文化产业发展的关键所在。结合邵武、将乐两地已有文化建设优势和未来文化产业发展主导方向，大力推动农村地区实行传统工艺振兴计划，培育形成具有地域特色的传统工艺产品，促进传统工艺提高品质，形成品牌，带动就业。积极开发传统节日需要引入市场的力量，促进文化资源与现代消费需求有效对接。文化产业化是趋势，但在这个过程中也要谨防淹没在盲目的同质化生产中，生产优质化和独特化是文化产业在保护中发展行之有效的方式。结合已有的文化历史和基础，邵武、将乐两地的文化建设和文化产业发展的重点应该以促进文化旅游融合和文化创意产业发展为抓手，以弘扬朱子文化集群为核心，以感受生态环境文化为总体布局，提升文化振兴的深度和高度。

（三）引导乡贤参与乡村振兴事业，培养新时代人才队伍

今年中央一号文件《中共中央国务院关于全面推进乡村振兴战略的意见》明确提出，在乡村振兴战略实施过程中，要重点培养造就一支懂农村、爱农业、爱农民的三农工作队伍。要"积极发挥新乡贤作用"，要重点"扶持培养一批农业职业经理人、经纪人、乡村工匠、文化能人、非遗传承人等"。乡村文化振兴，必须设法吸引在外乡贤返乡投资或者捐助各类文化产业和文化公共事业，同时培养打造一支乡土文化人才工作队伍。有关部门应该在文化产业开发和文化遗产保护中，在土地开发利用、项目审批等方面提供相应的政策扶持，着力营造一种文化振兴中共建、共治、共享的体制机制。

邵武市和将乐县都是典型的山区县，农村仍是最主要的社会形态，属于人口"流出型"地区。如果以户籍人口和常住人口对比分析，以邵武为例，有近9万的邵武人在外经商、务工、生活，有关部门应该利用商会的力量引导在外乡贤回乡投资发展文化产业，或者资助捐助文化公共事业发展。同时，各级政府应该大力引导企业家、文化工作者、退休人员、文化志愿者等投身乡村文化建设，打造一支扎根乡土、奉献乡土的文化人才工作队伍，丰富文化业态。实际上，在向外游移频繁的传统乡村，保护村落习俗和传统，重要的途径

在于利用观念、技术、符号等文化表征,招引城乡之间的这些游移人群,并将其融入一种乡民的信仰文化体系中,以达到双向互动。外出游子受植根于生命之中的原生文化指引,回到魂牵梦萦的故乡,寻找传统的记忆,奉献自身力量。同时文化在这个过程中以实体或者精神的状态得以留存,这是增强文化自信和加快乡村振兴中不可忽视的,而且可以大力善加利用的一种情怀。

五、全力打造将乐与邵武全域旅游新名片

国家大力倡导全域旅游,尤其是在文化和旅游部进行机构重组后,我们有理由相信诗和远方会在一起。这是因为邵武与将乐都有浓厚的文化资源和丰富的自然资源,如何在已有资源的基础上,做到文旅融合,笔者以为应从以下三方面入手。

一是应紧紧围绕朱子文化展开全域旅游。把"程门立雪"和朱子文化放在更加突出的位置,全力打造杨时、朱熹文化人文山水景观。与此同时充分利用好红色文化资源,它对打造邵武、将乐两地全域旅游具有很好的助推价值。

二要深度挖掘邵武、将乐两地的旅游资源,重点打造集观光、度假和体验性旅游产品,积极培育休闲旅游发展新生态,如养生度假、生态康养、修学拓展等,不断增加游客的消费体验。

三是积极创新旅游营销策略,将区域位置的地理劣势转为地理优势,做到合纵连横,融入清新福建旅游区块链,不断培育旅游目的地形象。重点是融入大武夷,依托大武夷旅游联盟,共同拓展旅游市场。同时主动出击,建立与江西、浙江、广东等周边省份的营销合作关系。

文旅融合是一项系统性工程,需要政府牵头,加强领导,多方协作,共同配合。相信只要邵武、将乐两地共同努力,一定能在新时代有新作为,一定能打造出邵武与将乐朱子文化品牌全域旅游新名片。

结　语

闽北有幸拥有杨时与朱熹这样享誉海内外的文化名人,这是宝贵的文化财富。朱子文化传承如文化历史时空隧道中的一串亮丽珍珠,古韵绵延不绝,我们应该沿着千年以前杨时与朱熹开创的文化之路追溯以往,承续未来。

诚然,邵武、将乐两地传承优秀传统文化,打造朱子与邵武、杨时与将乐文化品牌,都要找准它的时代韵脚。随着物质文化的不断丰富,人们提出更高的精神文化需求,通过名人、通过文物等载体对话历史,让人们从对话历史"到"走进历史,让名人"活过来",让文化"潮"起来,这些文旅融合发展的路子,能增进全社会对中华优秀传统文化有更深切的体会,能为时代提供更多的精神滋养。

　　抚古思今,不断深化对中华文明源流的探寻与思考,相信文化基因的源头活水将引领我们认识过去,把握今天,奔向未来。

（作者单位:将乐县文化馆;将乐县文联）

朱子五世孙朱煃迁居邵武溯源

◎ 丁芝斌　方田耕

在朱子文化研究中，族群成员中迁居问题没有得到太多学者的关注。本文从朱子五世孙迁居邵武生活的事例进行溯源，对谱牒、志书等文献记载略作梳理，发现徽州婺源朱松入闽后，子孙发展成为建州一系，其后的朱熹、朱塾、朱埜、朱在、朱鉴以及朱煃等，都是处于侨居、迁居、定居的过程中，在融入当地生活圈的同时，也将某种文化传衍开来。

据尤溪县朱子文化研究会资料显示，朱子第十五世孙、翰林院五经博士朱莹于明万历四十八年（1620年）组织编纂刊印《紫阳朱氏建安谱》。时过360多年的1982年5月，尤溪县文物工作者在梅仙镇乾美村进行文物普查时，于朱子三十世孙朱培光家发现了该谱。后经过省文物专家鉴定，确定为全国木刻孤本。同年6月《人民日报》报道后，引起学界重视。《紫阳朱氏建安谱》全书490余页，分上下两册，约9万余字，木刻竖排，宣纸印刷。字迹清晰，篇幅完整。由明代福建按察副使蔡善继作序。《紫阳朱氏建安谱》的许多内容承袭朱子于南宋淳熙十年（1183年）撰修的《婺源茶院朱氏世谱》，收有朱子撰写的《婺源茶院朱氏世谱序》。《紫阳朱氏建安谱》内容分会元、尚像、世系、褒典、实录、象贤、丘陇、祠院、渊源、留题等十个部分。在万历版过后二甲子的乾隆六年（1741年），朱子后裔又组织编纂刊印《紫阳朱氏建安谱》，是在万历本的基础上增加族田、祭规两大板块。此后，仍有修谱和补充。

从《紫阳朱氏建安谱》世系中可以看出，从朱松起，朱氏宗族的辈分是按五行木、火、土、金、水的顺序循环排列。世系部分记载各世的系派，以朱熹为始支，分为三派，长子朱塾派于建安、考亭，次子朱埜派于考亭、祖籍婺源，季子朱在派于建安、邵武。建安派、考亭派、婺源派、邵武派，在不同时期仍有分支播迁到其他地方,于《紫阳朱氏建安谱》中标识迁居各地的始迁祖,实为追根溯源的重要信息,亦为续谱留下支点,以尊朱子所愿"徽、建二族,自今每岁当以新收名数,更相告语而附益之,庶千里之外两书如一"的修谱原则。"两书如一"可以理解为《徽州朱氏谱》与《建州朱氏谱》保持一致。本文除辨识外,所称"朱氏"多指与朱熹有血缘关系的。

一、朱瓌为婺源朱氏支脉始迁祖

朱熹(1130—1200)在《奉使直秘阁朱公行状》言:"公讳弁,字少章,其先吴郡人,中徙歙之黄墩。唐末有讳古僚者,为陶雅偏将,以兵戍婺源,因家焉。"按罗愿撰《汪司空(武)传》记载:"(唐哀宗)天祐三年(906年)二月,(汪)武死,(陶)雅使衙内指挥朱瓌代之,因制置巡辖四县(婺源、德兴、浮梁、祁门四县)。"朱子所称"陶雅偏将"与罗愿所讲"衙内指挥"的意思一样,则"古僚"即"朱瓌"。朱瓌(880—937),又名古僚,字舜臣,即朱熹在《婺源茶院朱氏世谱后序》称"制置茶院府君"者。朱瓌因官于婺源,而由歙州黄墩迁婺源万安之乡松岩里。《紫阳朱氏建安谱》以茶院府君为婺源支一世祖,即以朱瓌为婺源始祖,本于朱子之定说。

按朱子《婺源茶院朱氏世谱》,一世朱瓌→二世廷隽→三世昭元→四世惟甫→五世振(惟甫生三男,振,季子也)→六世绚→七世森。

朱森(1075—1120),字良材,号退林,徽州婺源人。娶歙州(后改为徽州)歙县程五娘,生朱松、朱柽、朱槔三子,女二。朱森科举不遂,在家乡开办私塾教授学子,每举先训戒饬诸子,谆谆以忠孝和友为本。因长子朱松进士及第、授建州政和县尉,次年举家八口入闽,到闽北政和落脚。朱森于宣和二年(1120年)五月二十日卒于政和官舍,以方腊起义道路梗阻不能归葬,葬于政和东瞿乡感化里四都桂林坊护国院西侧。朱松作《先君行状》,朱子于庆元五年(1199年)末作《跋大父承事府君行状》,备见其生平事迹之大概。

二、朱熹以先父为建州朱氏支脉始迁祖

朱松(1097—1143),字乔年,号韦斋,徽州婺源人。登宋徽宗政和八年(1118年)王昂榜进士第,授迪功郎、建州政和县尉。朱松与父母商量,质押百亩田产筹集盘缠,率父母、弟妹八人度岭南下,入闽为官,于宣和初年(1119

年)十月接任政和县尉。① 朱松在任上制治有方,民赖以安。由于父亲突然病逝,守制三年,葬先父于政和。朱松服除,于宣和五年(1123年)八月更调尤溪县尉。宣和七年(1125年)冬,金人南侵,社会动荡,朱松得不到正常年度考核,直接影响到迁职。建炎三年(1129年)十二月,朱松在建州权职,因闻金兵南下,慌忙弃职,携全家避往政和,躲居在垄寺。建炎四年五月,又避浙中叛兵之乱,携全家到尤溪避乱,借住好友郑德与溪南旧馆。九月十五日,季子朱子降生于此。绍兴元年(1131年),朱家人避乱于闽东。绍兴二年,朱松由监察御史、福建路安抚使胡世将的推荐而委任为泉州石井镇监税。同年夏五月,举家赴任。绍兴四年(1134年),朱松得到泉州太守谢克家、内翰綦崇礼的举荐入京,受知枢密院事赵鼎赏识,除秘书省正字。不久,朱松因母程五娘卒,归尤溪,再扶柩往政和安葬。绍兴七年(1137年)夏,朱松得左相张浚荐举,朝廷再召入对。八月改宣教郎,除任秘书省正字。绍兴七年九月,朱松上书论不可撤两淮之戍。受御史中丞常同等举荐,朱松由著作佐郎直升吏部员外郎,参修《神宗正史》《哲徽两朝实录》。绍兴八年(1138年),与同馆职官联名上书反对秦桧卖国和议政策。绍兴十年(1140年)三月,因忤秦桧,被捏造罪名而贬谪去职。出知饶州,不赴,愤离临安归闽,家居请祠,主管台州崇道观。

朱松在建州城南溪边筑环溪精舍以居,教育朱子,使之早日成材。绍兴十三年(1143年)三月二十四日,病卒于环溪精舍。环溪精舍便是朱松在建州留下的一份家业,朱松生前曾告诉儿子说:"吾家先世居歙州歙县之篁墩。"意在不要忘记故国乡邦。朱松临终前托挚友刘子羽安顿朱子母子,托好友刘子翚、刘勉之、胡宪教育朱子,于是14岁的朱子遵命到建州崇安县五夫求学和生活。朱子于淳熙十年(1183年)四月在武夷山中建成武夷精舍,著述讲学,于五月修《婺源茶院朱氏世谱》,并作后序云:"先吏部于茶院为八世孙,宣和中始官建之政和,而葬承事府君于其邑,遂为建人。于今六十年,而熹抱孙焉,则居闽五世矣。"依此往前推60年,即为北宋宣和五年(1123年)。宣和五年(1123年),朱松调任南剑州尤溪县尉,与胞弟一起葬先父于政和县,于是便有朱松、朱柽、朱槔及其子孙"遂为建人"之说。从宣和元年(1119年)朱家八人入闽,在建州政和落脚,至于朱子抱孙,朱家在建州境内生活共有五代人。

---

① 朱松:《韦斋集》卷十,《送程复亨序》。该序作于宣和辛丑(1121年)八月,言"广平程某复亨谓予外兄从予游于闽者二年",从程鼎从游于闽二年可推知朱松入闽时间。

按此,朱子将父亲列为入闽始祖。《紫阳朱氏建安谱》以八世韦斋公朱松为入闽始祖,即本于朱子之定说。

三、朱子为建阳考亭朱氏开宗始祖

绍兴十年(1140年)夏,11岁的朱子随父母离开都城临安,秋间居建州城南环溪精舍,并接受教育。因父病逝,14岁的朱子携妹奉母到建州崇安县开耀乡外五夫里"依诸刘",在屏山下的紫阳楼安顿下来,并进入刘子羽、刘子翚兄弟创办的六经堂——刘氏家塾读书。朱子勤奋好学,18岁考中乡试举人,次年考中进士,授官入仕五十载,历高宗、孝宗、光宗和宁宗四朝,官至焕章阁待制、宁宗侍讲,集孔孟以来儒家思想之大成,将中华优秀传统文化推向历史高峰,生平事迹见诸黄榦所撰的《朱文公行状》。

朱子中举后,娶白水先生刘勉之长女刘清四为妻,婚后生三子朱塾、朱埜、朱在。因朱塾(1157—1191)于绍熙二年(1191年)正月二十四日病逝于金华,朱子老年痛失长子,悲痛不已,向朝廷提出辞免漳州太守,回乡料理后事。是年夏,朱子北归,怕回五夫紫阳楼,睹物伤情,便在建阳童游桥头租赁房屋居住。绍熙三年(1192年),在建阳城西三桂里考亭建成竹林精舍,便从五夫搬家而定居考亭,直至庆元六年(1200年)九月初九日谢世。

建阳考亭是朱松生前经过而想定居之地,未能如愿。朱子承父志,买地建房,定居于此,度过晚年。后世修建安朱氏族谱,以朱子为建阳考亭朱氏始迁祖一世。

四、朱熹生三子分三房三派

(一)朱熹生朱塾、朱埜、朱在三子分三房

朱塾(1153—1191),字受之,先后受学于朱子、陈焞、欧阳光祖、蔡元定、林择之、吕祖谦、陈亮等人。乾道九年(1173年)六月,朱塾承父命,往浙东金华从学于吕祖谦,就读于潘景宪舍旁书室,按吕祖谦安排课程,与潘叔昌共学和商量。淳熙六年(1179年),朱塾娶潘景宪之女为妻,生二子朱镇、朱鉴,生四女归、昭、接、满,而镇、满夭折。39岁的朱塾病逝于金华。

朱埜(1154—1210),字文之,先后受学于朱子、蔡元定、欧阳光祖、林用中等人。其应试不中,主要承担家务活,乾道八年(1172年)助父在建阳书坊刊印图书。以荫奏补将仕郎,监湖州德清县户部新市犒赏酒库,勤政清廉。嘉定三年(1210年)卒,赠朝奉郎,葬建阳崇泰里大同山龙隐庵侧。淳熙元年(1174年)十月,朱埜娶刘子羽族弟刘复之女,生有钜、铨、铎、铿及女儿,其中一女成为黄榦的儿媳。朱埜派下子孙,早期世居考亭,传至第五代孙朱勋,生有五子,后携二子返回婺源祖居故乡,守护婺源祖墓家庙,负责掌管朱氏婺源方面的祭祀事宜。

朱在(1169—1239),字敬之,生于五夫,随父迁考亭,晚年再迁建安,实现"文公始居崇安之五夫,徙建阳之考亭,甚欲卜城居而未遂"之愿。朱在先后受学于朱子、黄榦、吕祖俭等人。淳熙十六年(1189年)冬,朱在娶父亲好友吕祖谦之小妹为妻,原配于绍熙四年(1193年)腊月病逝,后续娶黄岩赵氏、古杭方氏,仅方氏生四子铉、钦、镈、铅。朱在于绍熙五年(1194年)闰十月八日,补承务郎。庆元六年(1200年)三月调官中都,始铨拟福州海口镇。嘉定初为籍田令,为官清正,政绩显著。后累官大理寺丞,嘉定九年(1216年)知南康军,重修白鹿洞书院。历浙西常平使右曹郎官兼知嘉兴府,召为司农少卿、吏部侍郎、宝谟阁待制,知平江府,迁焕章阁待制。后奉祠,嘉熙三年(1239年)卒,赠银青光禄大夫,葬建安永安寺后黄华山之麓。在朱子三个儿子中,朱在任官职时间最长、爵位最高,最为显赫。

(二)朱子后裔子孙入建安自朱鉴始

朱鉴(1190—1260),字子明,生于金华,未满周岁便失怙,由祖父、叔父扶持教养。朱子在谢世前,向仲子、季子做了家事安排,要朱埜和朱在兄弟扶持嫡长孙朱鉴。朱鉴及冠,以祖荫补迪功郎,后历官知巢县、漳州、无为军,监进奏院,知兴国军、淮西转运使,累迁奉直大夫、湖广总领。宝庆三年(1227年),在三叔父朱在的扶持下,朱鉴迁居建安的紫霞州,建文公祠于所居之左,以嫡长孙身份主奉春秋之祀。《建阳县志》以朱子后裔子孙入建安则自朱鉴始。其派下子孙世居建安紫霞洲中和坊,主奉福建一脉的朱子祭祀之事,形成考亭朱氏三大派中的长房——建安朱氏一派。朱鉴娶温州周侍郎之女为妻[①],继娶吴氏,生二子浚、川。朱鉴晚年随子在南剑州剑浦生活,卒后与周氏、吴氏合葬于剑浦县汾常里焙口八仙山。

---

① 周侍郎,即周端朝(1172—1234),字子静,号西麓,刑部侍郎。

朱浚(1233—1276),字深源,号尚友。少负奇志,"以进士累官两浙转运使",咸淳八年(1272年)十月为运判①,官至朝散大夫、右文殿修撰总卿,吏部侍郎。原配永嘉人薛氏,续娶理宗公主,为驸马。元兵入建宁,朱浚与公主入福州,欲与从都城临安城流亡而来的南宋小朝廷会合,增加抗元力量,誓与知府王刚中死守。宋恭宗德祐二年(1276年)十月"癸丑,(元)大军至福安府,知府王刚中以城降"(《宋史·瀛国公纪》)。"时江西帅府遣使入闽说降"②,朱浚拒绝降元,但赵宋王朝大厦已倾,回天无力。朱浚与公主仰天大哭说:"君帝室王姬,吾大儒世胄,义不可辱!"③遂饮药死,以身殉国,而《宋史》未为其立传。

据《紫阳朱氏建安谱》载,朱塾、朱埜、朱在三兄弟的儿辈有朱鉴、钜、铨、铎、铚、铉、钦、镈、铅,后代分布在闽北各县市,主要有建安派、考亭派、邵武派。其中建安派以朱子为建安始迁祖,长房一世朱塾→二世朱鉴→三世朱浚→四世朱林、朱彬,朱林生五子炯、煟、烇、煃、耿,朱彬生子朱炜、烨、燿、灿(五世祖)。

与三世祖朱浚同辈还有朱埜和朱在的孙子朱溥、朱湜、朱淮、朱沂等人。朱浚二子朱林、朱彬,都任儒学提举,教育了大批学生,其中则有过继给朱采为嗣的朱煃便是佼佼者。

五、朱煃为邵武朱氏支脉始迁祖

按闽北朱子后裔联谊会、武夷山朱子研究中心联合编辑《考亭紫阳朱氏总谱》记载,朱子嫡长孙朱鉴和朱在的子孙多居建安,朱埜的子孙多居考亭。朱在的后裔则有朱煃迁居邵武,称邵武派,奉朱在为一世祖,朱煃为始迁祖。

一世:朱在,娶金华东莱先生吕祖谦的小妹为妻,生一女;继娶黄岩赵氏,生一女;三娶古杭方氏,有四子铉、镈、钦、铅,女一。

二世:朱铉、朱镈、朱钦、朱铅(同辈有朱鉴、钜、铨)。

朱铉,字子玉,恩荫通直郎,任皖湖知县,任两浙运管使,卒赠朝奉大夫。

---

① 潜说友:《咸淳临安志》卷五十,《秩官八·两浙转运》。
② 元阙名《昭忠录》云:"朱浚,字深原,建宁府人。酷嗜墨刻,人号之曰朱古碑。元兵至其家,浚曰:'宁有朱晦庵孙而失节者哉!'遂自缢死。时江西帅府遣使入闽说降。"
③ 李清馥:《闽中理学渊源考》卷十五,《侍郎朱深源先生浚》。条目内容采自《紫阳书院志》《闽书》。

有子三：泾、源、浣。

朱铸(1215—1276)，字子颜，恩荫朝请郎，任湖南运使。妻刘氏，继娶董氏，有子四：灏、沆、溱、潇。

朱钦，字子安，恩补将仕郎。生子一：泽。

朱铅，字子容，官至将仕郎。生子二：濗、清。

三世：朱泾、朱源、朱浣、朱灏、朱沆、朱溱、朱潇、朱泽、朱濗、朱清（同辈还有朱浚、溥、湜、淮、沂）。

朱泾，字源清，荫补登仕郎，任建康路上元县丞。妻李氏，子二：楫、楷。

朱源(1202—？)，字泊清，任提督。娶陈氏，生子二：楷、楂(止)。

朱浣，字深渊，官任提督。自建安徙居盐官湖塘里。生子二：楠,迁凤岗镇；桂,迁宁波小桃源。

朱灏，宋末任饶州金判，子孙居波阳。生子三：桂、槐、栟。

朱濗，字季明，宋末任官饶州金判，遂家饶州。生子莱。

朱沆(1246—1299)，字端凝，荫补将仕郎，任邵武路建宁县主簿，终年54岁。生子四：桦、桂、棫、栟，俱失谱。

朱溱，字巨端，官至将仕郎，邵武县主簿。生子榕，无传。

朱潇，有子三：杞、椅、乘。

朱泽，字叔诜，官南雄州司法。生子采。

朱清，字夷圣，官海道漕运使。妻王氏。子纲，迁居江苏澄江。

按：其中朱桂者，系于朱浣、朱灏、朱沆三人名下，朱栟系于朱灏、朱沆二人名下，修谱者未予以厘定。朱灏与朱濗同为"宋末任饶州金判"，"子孙居波阳"与"遂家饶州"，也需要厘清。在宋末元初，天下大乱，族群生活受到冲击和影响，有的留在原址，有的外迁他处生活。就修谱、续谱而言，同样受到影响，存在不完整性、不确切性的真实问题。

四世：朱楫、朱楷、朱楂、朱檜（原作稽）、朱楠、朱桂、朱槐、朱栟、朱桦、朱棫、朱采、朱莱、朱纲（或为枫）。

因三房朱在曾孙朱采，是南雄州司法朱泽之子，成婚后未有子嗣，将长房堂弟朱林的第四子朱煊过继为嗣。也就是《族谱》所言"在公次子钦，字子容，嗣子泽。泽生采，采无子，以浚公之孙煊为嗣"。在古代，无子者以近支兄弟之子过继到名下为后嗣，尤其是有一定经济基础和社会地位的家庭，过继子嗣以续香火，比较常见。

五世：朱煊、朱照、朱煇、朱焘、朱庆、朱龙。

朱熺,字光行,自幼聪明过人,人称神童。9岁时书"天开图画",真迹悬挂隐真堂的方丈上。陈性定《仙都志》卷一载:"隐真堂,韩永锡书扁,吴俊尝留题。今奉钟吕诸仙像,方丈扁曰'天开图画',文公五代孙朱熺九岁书。"朱熺娶张氏,继徐氏,续虞氏,有子坪、培。朱坪有子朱钝、朱钰,朱钝生五子朱泽、朱灏、朱海、朱滢、朱濒。后世繁衍,人丁兴旺,在邵武城东关发展为"朱半街",屯上乡也有朱姓聚居。而朱在第三子朱铸之子朱沉,任邵武府建宁县主簿,其子孙也留居邵武、建宁一带。也就是朱在的二儿子、三儿子后代的子孙在邵武、建宁一带发展,这就是《紫阳朱氏建安谱》所载朱在一脉"间或派分于樵川、武林之间"的依据。

清李德懋《青庄馆全书》卷之五十八《朱文公子孙》云:

朱鉴撰《诗传遗说》,纳兰成德序,略曰:子明于《易说》外,复取文公文集、语录、论诗者,为书六卷,名曰《诗传遗说》。时为端平乙未(1235年,二年),子明官承议郎,权知兴国军事所成也。文公凡三子,长曰塾,字受之,以荫补将仕郎。为子明之父,与弟埜皆受业于吕东莱,先文公十年卒。公请陈同父志其墓志者也。仲即埜,字文之,淳祐间荫补迪功郎,差监德清县户部赡军酒库。后公十年卒,黄直卿诔之。季曰在,字敬之,一字叔敬,荫补官,累至焕章阁待制,知袁州。埜子钜,南康丞。铨,知登闻鼓院。在子铉,两浙转运判官。名皆见黄直卿所为《行状》中。再传曰溥,浙西提举;湜,知丹徒县;淮,泉州路推官;沂,考亭书院山长,《行状》不载。盖皆后公卒而生者。若泉州,于宋为军州,至元始改为路。岂淮与沂,又已入元欤?若鉴之子浚,《行状》亦不载其名,尝尚宋理宗公主,官两浙转运使兼吏部郎。元兵入建宁,浚与公主走福州,知府王刚中以城降于阿剌罕。浚谓公主曰:"君帝室王姬,吾大儒世胄,不可辱人手。"夫妇仰药死。浚子林,官甘肃提举。林子柯,延平路照磨;焰,武平簿;耿,昭武路照磨。林弟彬,子烨,济宁路同知。林孙堂,建宁路照磨;塈,屏山书院山长。塈子銮,銮子淞,淞子梴。明景泰壬申(二年,1452年),诏录文公后,得世袭五经博士,主建宁祠祀。在婺源者曰樗,于公为十世孙,举明天顺丁丑(元年,1457年)进士,官福建盐运使。弟懋,永年丞;桢,本县训导。正德中,给事中戴铣等请朱氏比孔子衢州例,赠一博士,以主婺源祀,以十一世孙墅为之。嗟乎!文公,孔子后一人也。其垂裕之泽,长且久。如鉴者,能采辑公之所著,开示来学。其子浚,执节守义,不愧乃祖。

李德懋是韩国人,文中称朱林之子朱炯、朱焰、朱耿,未提朱林第四子朱煃,与《紫阳朱氏建安谱》有出入。

从上述资料可以看出,朱沂出任考亭书院山长,朱煃亦任考亭书院山长。朱煃生活在元朝,既是大儒世胄,又是理宗外甥,天资聪明,富有学养,授考亭书院山长,不仅负责书院的组织管理工作,同时还肩负着教书育人的职责。熊禾《考亭书院记》记载:"初,省府以公三世孙沂充书院山长。(沂)既没,诸生请以四世孙椿袭其职,侯仍为增置弟子员,属其事于邑。"即在朱沂与朱煃之间,尚有"诸生请以四世孙椿袭"考亭书院山长之职。朱煃后以朝奉大夫、邵武府同知,以邵武是个好地方,遂迁居邵武,子孙在邵武繁衍生息,人丁兴旺。

在朱氏寻根网有人说"邵武市是福建省朱姓人口最多的19个县之一。邵武朱氏是朱在后裔,奉朱在五世孙朱煃为始迁祖,聚居于城东关及屯上乡等地",其中"朱在五世孙朱煃"当是四世孙,而"邵武朱氏是朱在后裔"的说法值得商榷。如明代凌迪知撰《万姓统谱》、廖用贤编纂《尚友录》,皆收入邵武名人条目甚多,其中有:

  蒙正,字养源,邵武人。元丰八年(1085年)登第,尝为衡州茶陵丞。大观中,以司农寺丞通判德顺军,时郡守武人越常例,遗之甚厚,蒙正辞弗获,乃以所遗寄公帑。后守坐赃除名,而蒙正无所累。

凌氏、廖氏之文相似而简略,记录了北宋元丰八年(1085年)进士朱蒙正(1055—1118)就是邵武人。对朱蒙正生平资料记录更详细的则见于南宋首任宰相李纲(1083—1140)《梁溪集》卷一百六十七《宋故朝请郎朱公墓志铭》,其中云:"公讳蒙正,字养源,姓朱氏,其先亳州永城人也。十世祖仕闽,乐邵武故县溪山之胜,因家焉,遂为邵武人。曾祖讳贯,赠承事郎;祖讳浦;父讳藻,累赠通议大夫。通议公娶故赠太师黄公讳汝济之女、资政殿大学士讳履之姊,累赠硕人,生五子,公其长也。"因李纲祖父李浦娶黄履之姊,朱藻亦娶履之姊,李氏和朱氏与黄氏姻亲关系,故李纲称朱蒙正为外叔父。而朱蒙正登第入仕,名留史册,故李纲铭云:"朱氏之先,有功于闽。十世其昌,公为闻人。"朱蒙正有二子:康年、唐年。由此可知,邵武朱氏不全是朱在的后裔。

研究朱子后裔迁徙情况,有赖于史料的丰富性与可靠性,由于受改朝换代和人口外迁等多种因素的影响,朱氏家族修谱会遇到资料不全的问题,虽万历版《紫阳朱氏建安谱》也不可避免缺漏。但承继《婺源茶院朱氏世谱》记载朱子祖上及朱子后三代的资料还是可靠的。而朱炜为朱子五世孙,世系为朱熹→朱在→朱钦→朱泽→朱采→朱炜也是清楚的。朱炜迁居邵武生活和繁衍后代,在邵武开疆拓土的同时,将朱子文化带到邵武,并传衍开来。

(作者单位:贵州世特豪斯酒店管理有限公司)

后 记

为了深入贯彻落实习近平总书记来闽考察武夷山朱熹园时指示"我们要特别重视挖掘中华五千年文明中的精华,把弘扬优秀传统文化同马克思主义立场观点方法结合起来,坚定不移走中国特色社会主义道路"的精神,进一步弘扬朱子文化,打造"邵武是个好地方"城市名片。2023年8月27日,武夷学院和中共邵武市委、邵武市政府共同主办,政协邵武市委员会、武夷学院朱子学研究中心、中共邵武市委宣传部、邵武市文化体育和旅游局共同承办的朱熹与邵武研究学术研讨会在邵武市举行。这次学术研讨会时间虽短,但与会学者全心投入,各抒己见,围绕朱熹与邵武关系论题展开了广泛、深入的探讨,获得了丰硕的学术成果,有利于推动朱子文化的创造性转化和创新性发展。

在武夷学院和政协邵武市委员会的大力支持下,朱熹与邵武研究学术研讨会论文得以结集出版。在编辑出版的过程中,武夷学院朱子学研究中心陈国代先生、政协邵武市委员会黄长迎和丁建发先生在文稿收集、整理和校对等方面提供了不少帮助,厦门大学出版社薛鹏志编辑为本书的出版付出了辛勤的劳动,在此表示感谢!

由于学识有限,本书不可避免地存在不足之处,敬请方家批评指正。

编 者

2024年10月